中国能源统计年鉴

CHINA ENERGY STATISTICAL YEARBOOK

2018

国家统计局能源统计司 编

Compiled by
Department of Energy Statistics,
National Bureau of Statistics

中国统计出版社
China Statistics Press

图书在版编目（CIP）数据

中国能源统计年鉴. 2018 : 汉英对照 / 国家统计局能源统计司编. -- 北京 : 中国统计出版社, 2019.6
ISBN 978-7-5037-8788-1

Ⅰ. ①中… Ⅱ. ①国… Ⅲ. ①能源经济－经济统计－中国－2018－年鉴－汉、英 Ⅳ. ①F426.2-54

中国版本图书馆 CIP 数据核字(2019)第 028929 号

中国能源统计年鉴 2018

作　　者／国家统计局能源统计司
责任编辑／许立舫
装帧设计／李雪燕
出版发行／中国统计出版社
通信地址／北京市丰台区西三环南路甲 6 号　邮政编码/100073
电　　话／邮购（010）63376909　书店（010）68783171
网　　址／http://www.zgtjcbs.com
印　　刷／河北鑫兆源印刷有限公司
经　　销／新华书店
开　　本／880 × 1230mm　1/16
字　　数／1200 千字
印　　张／23
版　　别／2019 年 6 月第 1 版
版　　次／2019 年 6 月第 1 次印刷
定　　价／298.00 元

如有印装差错，由本社发行部调换。

《中国能源统计年鉴2018》

编辑出版人员

China Energy Statistical Yearbook 2018

EDITORIAL BOARD AND STAFF

编 辑 说 明

一、《中国能源统计年鉴》是一部全面反映中国能源建设、生产、消费、供需平衡的权威性资料书，从 1986 年开始，由国家统计局工业交通统计司主编。2008 年版起，由国家统计局能源统计司主编，中国统计出版社出版，向国内外公开发行。

二、为满足广大读者对中国能源统计数据的需求，提高数据应用的时效性，从 2004 年起，《中国能源统计年鉴》由每两年出版一册改为每年出版一册。

三、《中国能源统计年鉴》共分为 7 个篇章：1. 综合；2. 能源建设；3. 能源生产；4. 能源消费；5. 全国能源平衡表；6. 地区能源平衡表；7. 香港、澳门特别行政区能源数据；附录内容为台湾省及有关国家和地区能源数据、主要统计指标解释以及各种能源折标准煤参考系数。

四、本书大部分资料来源于国家统计局年度统计报表及《中国统计年鉴》。全国统计数字均未包括香港、澳门特别行政区和台湾省。西藏自治区能源平衡表数据暂缺。能源平衡表核算范围不包括非商品能源。

五、本书中，中国能源数据截止到 2017 年，世界和各国及地区能源数据截止到 2016 年。

六、符号使用说明：年鉴各表中“空格”表示该项统计指标数据不足本表最小位数、数据不详或无该项数据；“#”表示其中的主要项。

七、从 2012 年起，行业分类均采用 2011 年版最新行业分类标准。

PREFACE

China Energy Statistical Yearbook is an annual statistical publication, which covers very comprehensive data in energy construction, production, consumption, equilibrium of supply and demand in an all-round way, established in 1986, edited by Department of Industry and Transport Statistics, National Bureau of Statistics. 2008 annual is edited by Department of Energy Statistics, National Bureau of Statistics, published by China Statistics Press, to the domestic and international public publication.

In order to satisfy the masses of readers' demands for China energy statistics, improve the efficiency and timeliness of the data use, from each of 2004, China Energy Statistical Yearbook is published one volume every year instead of one volume every 2 years.

China Energy Statistical Yearbook consists of seven chapters: 1. General Survey; 2. Construction of Energy Industry; 3. Energy Production; 4. Energy Consumption; 5. Energy Balance Table of China; 6. Energy Balance Table by Region; 7. Energy data for the Hong Kong and Macao Special Administrative Region. Additional information provided in the appendices include major energy data for Taiwan province, energy data for related countries or areas and explanatory notes of main statistical indicators and conversion factors from physical units to coal equivalent.

Annual statistical reports from the National Bureau of Statistics and the China Statistical Yearbook are the main data sources of this document. However, the national data in this book does not include that of the Hong Kong and Macao Special Administrative Region, the Taiwan province. The Tibet energy balance data is unavailable yet. The data in the energy balance tables does not cover non-commercial energy.

The China energy data were by the year of 2017, energy data for the world and other countries or area were by the year of 2016.

Notations used in the yearbook：blank space indicates that the figure is not large enough to be measured with the smallest unit in the table, or data are unknown or are not available; "＃"indicates a major breakdown of the total.

Since 2012, Classification for national standard of industry classification is implementing new version of 2011.

目　　录

CONTENTS

一、综合

Chapter 1　General Survey

二、能源建设

Chapter 2　Construction of Energy Industry

三、能源生产
Chapter 3 Energy Production

附录 2 有关国家和地区能源数据

Appendix Ⅱ Energy Data for Related Countries or Areas

一、综　　合

Chapter 1　General Survey

1-1 能源生产、消费与国内生产总值增长速度
Growth Rate of Energy Production and Consumption Compared With Growth Rate of GDP

年 份 Year	国内生产总值增长速度(%) Growth Rate of GDP (%)	能源生产增长速度(%) Growth Rate of Energy Production	电力生产增长速度(%) Growth Rate of Electricity Production	能源消费增长速度(%) Growth Rate of Energy Consumption	电力消费增长速度(%) Growth Rate of Electricity Consumption	能源生产弹性系数 Elasticity of Energy Production	电力生产弹性系数 Elasticity of Electricity Production	能源消费弹性系数 Elasticity of Energy Consumption	电力消费弹性系数 Elasticity of Electricity Consumption
1980	7.8	-1.3	6.6	2.9	6.6		0.85	0.37	0.85
1981	5.1	-0.8	2.9	-1.4	3.0		0.57	-0.27	0.59
1982	9.0	5.6	6.0	4.4	5.9	0.62	0.67	0.49	0.66
1983	10.8	6.7	7.2	6.4	7.3	0.62	0.67	0.59	0.68
1984	15.2	9.2	7.3	7.4	7.4	0.61	0.48	0.49	0.49
1985	13.4	9.9	8.9	8.1	9.0	0.74	0.66	0.60	0.67
1986	8.9	3.0	9.5	5.4	9.5	0.34	1.07	0.61	1.07
1987	11.7	3.6	10.6	7.2	10.6	0.31	0.91	0.62	0.91
1988	11.2	5.0	9.6	7.4	9.7	0.45	0.86	0.66	0.87
1989	4.2	6.1	7.3	4.2	7.3	1.45	1.74	1.00	1.74
1990	3.9	2.2	6.2	1.8	6.2	0.56	1.59	0.46	1.59
1991	9.3	0.9	9.1	5.1	9.2	0.10	0.98	0.55	0.99
1992	14.2	2.3	11.3	5.2	11.5	0.16	0.80	0.37	0.81
1993	13.9	3.6	15.3	6.3	11.0	0.26	1.10	0.45	0.79
1994	13.0	6.9	10.7	5.8	9.9	0.53	0.82	0.45	0.76
1995	11.0	8.7	8.6	6.9	8.2	0.79	0.78	0.63	0.75
1996	9.9	3.1	7.2	3.1	7.4	0.31	0.73	0.31	0.75
1997	9.2	0.3	5.1	0.5	4.8	0.03	0.55	0.05	0.52
1998	7.8	-2.7	2.7	0.2	2.8		0.35	0.03	0.36
1999	7.7	1.6	6.3	3.2	6.1	0.21	0.82	0.42	0.79
2000	8.5	5.0	9.4	4.5	9.5	0.59	1.11	0.54	1.12
2001	8.3	6.4	9.2	5.8	9.3	0.77	1.11	0.70	1.12
2002	9.1	6.0	11.7	9.0	11.8	0.66	1.29	0.99	1.30
2003	10.0	14.1	15.5	16.2	15.6	1.41	1.55	1.62	1.56
2004	10.1	15.6	15.3	16.8	15.4	1.54	1.51	1.67	1.52
2005	11.4	11.1	13.5	13.5	13.5	0.98	1.18	1.18	1.18
2006	12.7	6.9	14.6	9.6	14.6	0.54	1.15	0.76	1.15
2007	14.2	7.9	14.5	8.7	14.4	0.56	1.02	0.61	1.01
2008	9.7	5.0	5.6	2.9	5.6	0.52	0.58	0.30	0.58
2009	9.4	3.1	7.1	4.8	7.2	0.33	0.76	0.51	0.77
2010	10.6	9.1	13.3	7.3	13.2	0.86	1.25	0.69	1.25
2011	9.6	9.0	12.0	7.3	12.1	0.94	1.25	0.76	1.26
2012	7.9	3.2	5.8	3.9	5.9	0.40	0.73	0.49	0.75
2013	7.8	2.2	8.9	3.7	8.9	0.28	1.14	0.47	1.14
2014	7.3	0.9	4.0	2.1	4.0	0.12	0.55	0.29	0.55
2015	6.9		2.9	1.0	2.9		0.42	0.14	0.42
2016	6.7	-4.3	5.6	1.4	5.6		0.84	0.21	0.84
2017	6.8	3.6	5.7	2.9	5.7	0.53	0.84	0.43	0.84

注：国内生产总值增长速度按可比价格计算，能源生产和消费增长速度采用等价值总量计算。

Note: GDP growth rate is calculated at comparable prices, the growth rates of energy production and consumption are calculated by coal equivalent.

1-2 国民经济和能源经济主要指标

指　　标	Item	2000	2001	2002	2003	2004
1.年底人口总数(万人)	1.Year-end Population (10^4 persons)	126743	127627	128453	129227	129988
城镇	Urban	45906	48064	50212	52376	54283
乡村	Rural	80837	79563	78241	76851	75705
2.国内生产总值(亿元)*	2.Gross Domestic Products (10^8 yuan)	100280	110863	121717	137422	161840
第一产业	Primary Industry	14717	15503	16190	16970	20904
第二产业	Secondary Industry	45665	49661	54106	62697	74287
工业	Industry	40260	43856	47776	55364	65777
建筑业	Construction	5534	5946	6482	7511	8721
第三产业	Tertiary Industry	39898	45700	51422	57754	66649
3.全社会固定资产投资总额(亿元)	3.Investment in Fixed Assets (10^8 yuan)	32918	37214	43500	55567	70477
能源工业(国有)	Energy Industry (State-owned)	2840	2622	2626	2876	3643
煤炭采选业	Coal Mining and Processing	199	199	233	310	420
石油和天然气开采业	Petroleum and Natural Gas Extraction	365	375	158	236	301
电力、蒸汽、热水生产和供应业	Electricity, Steam Production and Supply	2130	1861	2082	2158	2640
石油加工及炼焦业	Petroleum Processing and Coking	95	127	93	90	188
煤气生产和供应业	Gas Production and Supply	60	58	60	82	95
4.进出口总额(亿元)	4.Total Value of Exports and Imports (10^8 yuan)	39273	42184	51378	70484	95539
出口总额	Exports	20634	22024	26948	36288	49103
进口总额	Imports	18639	20159	24430	34196	46436
5.一次能源生产总量(发电煤耗计算法)** (万吨标准煤)	5.Primary Energy Production (coal equivalent calculation) (10^4 tce)	138570	147425	156277	178299	206108
一次能源生产总量(电热当量计算法)*** (万吨标准煤)	Primary Energy Production (calorific value calculation) (10^4 tce)	132384	139928	148450	170305	196418
6.能源消费总量(发电煤耗计算法)** (万吨标准煤)	6.Total Energy Consumption (coal equivalent calculation) (10^4 tce)	146964	155547	169577	197083	230281
能源消费总量(电热当量计算法)*** (万吨标准煤)	Total Energy Consumption (calorific value calculation) (10^4 tce)	140993	148264	161935	189269	220738

注： * 国内生产总值按当年价格计算。
** 发电煤耗计算法是指电力按当年平均火力发电煤耗换算成标准煤(下表同)。
*** 电热当量计算法是指电力按自身的热功当量换算成标准煤。采用的折标系数为1万千瓦时=1.229吨标准煤(下表同)。

Main Indicators of National Economy and Energy Economy

2005	2006	2007	2008	2009	2010	2011	2012	2013	2014	2015	2016	2017
130756	131448	132129	132802	133450	134091	134735	135404	136072	136782	137462	138271	139008
56212	58288	60633	62403	64512	66978	69079	71182	7311	74916	77116	79298	81347
74544	73160	71496	70399	68938	67113	65656	64222	62961	61866	60346	58973	57661
187319	219439	270232	319516	349081	413030	489301	540367	595244	643974	689052	743586	827122
21807	23317	27788	32753	34162	39363	46163	50902	55329	58344	60862	63673	65468
88084	104362	126634	149957	160172	191630	227039	244643	261956	277572	282040	296548	334623
77961	92238	111694	131728	138096	165126	195143	208906	222338	233856	236506	247878	279997
10401	12450	15348	18808	22682	27259	32927	36896	40897	44881	46627	49703	55689
77428	91760	115811	136806	154748	182038	216099	244822	277959	308059	346150	383365	427032
88774	109998	137324	172828	224599	278122	311485	374695	446294	512021	562000	606466	641238
4766	5687	6715	7940	10003	11219	11468	12402	14011	15425	15419	11758	11400
624	759	836	1014	1241	1477	1635	1784	1657	1496	1277	561	572
279	387	586	740	1271	1798	2009	1963	2480	2695	2068	811	901
3451	4042	4611	5336	6686	7054	6806	7670	8458	9929	10855	9318	8929
299	369	549	698	561	556	653	540	723	628	597	573	450
113	129	133	153	244	336	365	446	693	678	622	494	548
116922	140974	166864	179921	150648	201722	236402	244160	258169	264242	245503	243386	278101
62648	77597	93564	100395	82030	107023	123241	129359	137131	143884	141167	138419	153311
54274	63377	73300	79527	68618	94699	113161	114801	121038	120358	104336	104967	124790
229037	244763	264173	277419	286092	312125	340178	351041	358784	361866	361476	346037	358500
218355	233269	251772	262992	271067	294807	323045	330203	336452	336149	333505	315131	325829
261369	286467	311442	320611	336126	360648	387043	402138	416913	425806	429905	435819	448529
250835	275134	299271	306455	321336	343601	370163	381515	394794	400299	402164	405144	416091

Note: * GDP is calculated at current prices.

** Electricity is converted to TCE by average quantity of fuel used for power generation. (the same as in the following tables)

*** Electricity is converted to TCE by 10^4 kW·h=1.229TCE. (The same as in the following tables)

1-3 平均每万元国内生产总值能源消费量
Energy Intensity by GDP

年 份 Year	万元国内生产总值能源消费量(吨标准煤/万元) Total Energy (tce/10^4 yuan)	万元国内生产总值煤炭消费量(吨/万元) Coal (tons/10^4 yuan)	万元国内生产总值焦炭消费量(吨/万元) Coke (tons/10^4 yuan)	万元国内生产总值石油消费量(吨/万元) Petroleum (tons/10^4 yuan)	万元国内生产总值原油消费量(吨/万元) Crude Oil (tons/10^4 yuan)	万元国内生产总值燃料油消费量(吨/万元) Fuel Oil (tons/10^4 yuan)	万元国内生产总值电力消费量(万千瓦小时/万元) Electricity (10^4 kW·h/10^4 yuan)
	国内生产总值按1980年可比价格计算 GDP is calculated at 1980 constant prices						
1980	13.14	13.30	0.94	1.91	2.01	0.67	0.66
1981	12.33	12.56	0.81	1.93	1.81	0.59	0.64
1982	11.81	12.20	0.76	1.56	1.65	0.53	0.62
1983	11.34	11.80	0.71	1.44	1.56	0.49	0.60
1984	10.57	11.18	0.66	1.29	1.37	0.43	0.56
1985	10.08	10.72	0.62	1.21	1.25	0.37	0.54
1986	9.75	10.38	0.63	1.17	1.23	0.36	0.54
1987	9.36	10.03	0.62	1.11	1.15	0.34	0.54
1988	9.03	9.65	0.59	1.08	1.09	0.31	0.53
1989	9.04	9.64	0.59	1.08	1.08	0.32	0.55
1990	8.85	9.47	0.62	1.03	1.06	0.30	0.56
	国内生产总值按1990年可比价格计算 GDP is calculated at 1990 constant prices						
1990	5.23	5.59	0.37	0.61	0.62	0.18	0.33
1991	5.03	5.36	0.35	0.60	0.60	0.17	0.33
1992	4.63	4.84	0.33	0.57	0.56	0.15	0.32
1993	4.32	4.51	0.33	0.55	0.52	0.14	0.31
1994	4.05	4.24	0.30	0.49	0.46	0.12	0.31
1995	3.90	4.09	0.32	0.48	0.44	0.11	0.30
1996	3.66	3.79	0.32	0.48	0.43	0.10	0.29
1997	3.36	3.41	0.27	0.48	0.43	0.09	0.28
1998	3.13	3.10	0.26	0.45	0.40	0.09	0.27
1999	3.00	2.97	0.23	0.45	0.40	0.08	0.26
2000	2.89	2.67	0.21	0.44	0.42	0.08	0.26
	国内生产总值按2000年可比价格计算 GDP is calculated at 2000 constant prices						
2000	1.47	1.35	0.11	0.22	0.21	0.04	0.13
2001	1.43	1.32	0.11	0.21	0.20	0.04	0.14
2002	1.43	1.30	0.11	0.21	0.19	0.03	0.14
2003	1.51	1.41	0.12	0.21	0.19	0.03	0.15
2004	1.60	1.48	0.13	0.22	0.20	0.03	0.15
2005	1.63	1.52	0.16	0.20	0.19	0.03	0.16
	国内生产总值按2005年可比价格计算 GDP is calculated at 2005 constant prices						
2005	1.40	1.30	0.13	0.17	0.16	0.02	0.13
2006	1.36	1.28	0.13	0.17	0.15	0.02	0.14
2007	1.29	1.20	0.13	0.15	0.14	0.02	0.14
2008	1.21	1.14	0.12	0.14	0.13	0.01	0.13
2009	1.16	1.12	0.13	0.13	0.13	0.01	0.13
2010	1.13	1.09	0.12	0.14	0.13	0.01	0.13
	国内生产总值按2010年可比价格计算 GDP is calculated at 2010 constant prices						
2010	0.88	0.85	0.09	0.11	0.10	0.01	0.10
2011	0.86	0.86	0.09	0.10	0.10	0.01	0.10
2012	0.83	0.85	0.09	0.10	0.10	0.01	0.10
2013	0.79	0.81	0.09	0.10	0.09	0.01	0.10
2014	0.76	0.73	0.08	0.09	0.09	0.01	0.10
2015	0.71	0.66	0.07	0.09	0.09	0.01	0.10
	国内生产总值按2015年可比价格计算 GDP is calculated at 2015 constant prices						
2015	0.63	0.58	0.06	0.08	0.08	0.01	0.08
2016	0.60	0.53	0.06	0.08	0.08	0.01	0.08
2017	0.57	0.49	0.06	0.08	0.08	0.01	0.08

1-4 能源加工转换效率
Efficiency of Energy Transformation

单位：% (%)

年 份 Year	总效率 Total Efficiency	发电及电站供热 Power Generation and Heating by Power Station	炼 焦 Coking	炼 油 Petroleum Refinery
1980	69.54	36.02	88.68	99.00
1981	69.28	36.68	90.89	99.06
1982	69.20	36.78	90.51	99.13
1983	69.93	36.94	91.18	99.16
1984	69.16	36.95	90.08	99.17
1985	68.29	36.85	90.79	99.10
1986	68.32	36.69	90.63	99.04
1987	67.48	36.75	90.46	98.81
1988	66.54	36.34	90.77	98.76
1989	66.51	36.74	90.30	98.57
1990	66.48	37.34	91.28	90.19
1991	65.90	37.60	89.90	98.10
1992	66.00	37.80	92.70	96.80
1993	67.32	39.90	98.05	98.49
1994	65.20	39.35	89.62	97.48
1995	71.05	37.31	91.99	97.67
1996	70.19	36.63	94.07	97.46
1997	69.76	35.89	94.01	97.37
1998	69.28	37.09	94.97	96.41
1999	69.25	37.04	96.13	97.51
2000	69.38	37.78	96.20	97.32
2001	69.70	38.15	96.47	97.60
2002	68.99	38.67	96.63	96.73
2003	69.38	38.46	96.13	96.38
2004	70.60	38.64	97.10	96.48
2005	71.11	38.97	97.14	96.94
2006	70.87	39.08	97.02	96.90
2007	71.23	39.80	97.54	97.17
2008	71.46	40.47	98.46	96.22
2009	72.41	41.23	98.00	96.74
2010	72.52	41.99	96.38	97.00
2011	72.19	42.13	96.30	97.41
2012	72.68	42.81	95.65	97.11
2013	72.96	43.12	95.60	97.65
2014	73.49	43.55	95.07	97.54
2015	73.72	44.22	92.34	97.55
2016	73.85	44.60	92.76	97.81
2017	73.69	45.07	92.83	97.60

1-5 人均能源生产量和消费量
Energy Production and Consumption Per Capita

年份 Year	人均能源生产量 Per-Capita Energy Production				人均能源消费量 Per-Capita Energy Consumption			
	能源总量（千克标准煤）Total Energy (kgce)	原煤（千克）Raw Coal (kg)	原油（千克）Crude Oil (kg)	电力（千瓦小时）Electricity (kW•h)	能源总量（千克标准煤）Total Energy (kgce)	煤炭（千克）Coal (kg)	石油（千克）Oil (kg)	电力（千瓦小时）Electricity (kW•h)
1980	650	632	108	306	614	622	89	306
1981	636	625	102	311	598	610	94	311
1982	662	661	101	325	615	636	81	325
1983	696	698	104	343	645	671	82	344
1984	751	761	111	364	684	723	83	364
1985	814	830	119	391	730	776	87	392
1986	826	838	123	421	758	806	91	422
1987	842	856	124	459	799	856	95	460
1988	870	889	124	495	844	902	101	496
1989	909	942	123	523	867	925	104	524
1990	915	951	122	547	869	930	101	549
1991	911	945	123	589	902	960	108	591
1992	921	958	122	647	937	979	115	651
1993	942	976	123	711	984	1026	125	715
1994	996	1040	123	779	1030	1078	125	777
1995	1071	1129	125	836	1089	1143	133	832
1996	1093	1147	129	887	1110	1150	145	884
1997	1085	1128	131	923	1105	1120	157	917
1998	1045	1073	130	939	1097	1087	160	934
1999	1053	1089	128	989	1122	1112	168	982
2000	1097	1096	129	1074	1156	1075	178	1067
2001	1159	1157	129	1164	1223	1125	180	1158
2002	1221	1211	130	1292	1324	1200	194	1286
2003	1384	1424	132	1483	1530	1426	214	1477
2004	1590	1638	136	1700	1777	1637	241	1695
2005	1757	1814	139	1918	2005	1867	250	1913
2006	1867	1960	141	2186	2185	2064	266	2181
2007	2005	2094	141	2490	2363	2204	278	2482
2008	2094	2192	144	2617	2420	2269	282	2608
2009	2149	2340	142	2790	2525	2441	290	2782
2010	2399	2563	152	3145	2696	2609	330	3135
2011	2531	2801	151	3506	2880	2894	339	3497
2012	2599	2921	154	3693	2977	3018	354	3684
2013	2643	2928	155	4002	3071	3127	368	3993
2014	2652	2840	155	4141	3121	3017	380	4133
2015	2636	2732	156	4240	3135	2895	402	4231
2016	2510	2474	145	4455	3161	2789	409	4446
2017	2586	2542	138	4685	3235	2782	424	4676

注：本表按年平均人口数计算，下表同。
Note: This table is calculated by annual average population, the same applies to table following.

1-6 人均生活用能量
Residential Energy Consumption Per Capita

年 份 Year	全国人均生活用能量（千克标准煤） Annual Average (kgce)	煤炭（千克） Coal (kg)	电力（千瓦小时） Electricity (kW•h)	液化石油气（千克） LPG (kg)	天然气（立方米） Natural Gas (cu.m)	煤气（立方米） Gas (cu.m)	城镇人均生活用能量（千克标准煤） Urban (kgce)	农村人均生活用能量（千克标准煤） Rural (kgce)
1980	112	118	11	0.4	0.2	1.4	332	60
1981	101	122	12	0.5	0.2	1.4	290	55
1982	102	124	12	0.5	0.2	1.5	281	56
1983	107	128	13	0.6	0.1	1.5	283	59
1984	113	135	15	0.6	0.4	1.6	288	63
1985	127	149	21	0.9	0.4	1.3	307	72
1986	127	148	23	1.1	0.6	1.3	306	71
1987	132	152	26	1.1	0.7	1.6	300	76
1988	141	159	31	1.2	1.4	1.6	307	84
1989	139	152	35	1.4	1.5	2.4	297	84
1990	139	147	42	1.4	1.6	2.5	298	83
1991	139	143	47	1.8	1.6	3.2	292	83
1992	134	127	55	2.1	1.8	4.4	267	85
1993	133	123	63	2.5	1.5	4.6	258	86
1994	129	109	73	3.2	1.7	6.3	238	86
1995	131	112	83	4.4	1.6	4.7	242	86
1996	121	83	88	5.9	1.7	6.4	238	71
1997	119	77	99	6.2	1.7	8.9	226	71
1998	119	73	104	6.9	1.9	9.7	218	71
1999	122	70	109	6.8	2.1	9.3	213	75
2000	132	67	115	6.8	2.6	10.0	213	88
2001	136	66	127	6.7	3.3	9.4	210	93
2002	146	66	138	7.6	3.6	9.8	215	103
2003	166	70	160	8.6	4.0	10.1	238	119
2004	191	75	184	10.4	5.2	10.7	264	140
2005	211	77	221	10.2	6.1	11.1	288	155
2006	230	77	256	11.5	7.8	12.7	248	169
2007	250	74	308	12.4	10.9	14.1	327	186
2008	254	69	332	11.0	12.8	13.9	324	194
2009	264	69	366	11.2	13.3	12.5	328	206
2010	273	68	383	10.5	17.0	12.5	320	227
2011	294	69	418	12.0	19.7	10.9	331	257
2012	313	69	460	12.1	21.3	10.2	344	280
2013	335	68	515	13.6	23.8	7.9	357	311
2014	346	68	526	15.9	25.1	7.1	364	325
2015	365	68	552	18.6	26.2	5.9	377	351
2016	393	69	611	21.4	27.5	4.6	395	390
2017	416	67	654	23.3	30.3	3.7	415	417

1-7 年末交通运输设备拥有量
Number of Transportation Equipment (Year-End)

指标 Item	2000	2005	2010	2011	2012	2013	2014	2015	2016	2017
铁路机车合计(台) Total Railway Locomotives(unit)	15253	17473	19431	20721	20797	20835	21069	21366	21453	21420
蒸汽机车 Steam Locomotives	911	193	72	15	15	15	15	15	15	15
内燃机车 Diesel Locomotives	10826	12114	10990	11081	10602	9961	9485	9132	8974	8568
电力机车 Electric Locomotives	3516	5166	8369	9625	10180	10859	11596	12219	12464	12837
铁路客车(辆) Railway Passenger Coaches(coach)	35989	40328	50391	54731	57721	58965	60629	67706	70872	72262
铁路货车(辆) Railway Freight Cars(coach)	439943	541824	622284	651175	670891	721850	716578	768516	764783	808736
民用汽车合计(万辆) Total Civil Motor Vehicles(10^4 unit)	1609	3160	7802	9356	10933	12670.1	14598	16284	18575	20907
载客汽车 Passenger Vehicles	854	2132	6124	7478	8943	10561.8	12327	14096	16278	18470
载货汽车 Trucks	716	956	1598	1788	1895	2011	2125	2066	2172	2339
其他机动车(万辆) Others(10^4 unit)	4168	8595	11306	11549	11322	10546.7	9852	9570	7450	7608
公路部门营运车辆(万辆) Motor Vehicles Owned by Highway Department(10^4 unit)	703	733	1133	1264	1340	1505	1538	1473	1436	1450
私人汽车(万辆) Private Vehicles(10^4 unit)	625	1848	5939	7327	8839	10501.7	12339	14099	16330	18515
民航飞机合计(架) Total Civil Aircraft(unit)	982	1386	2405	3191	3589	4004	4168	4554	5046	5593
民用运输船舶合计(艘) Total Civil Transport Vessels(unit)	229676	207294	178407	179242	178591	172554	171977	165905	160144	144924
机动船 Motor Vessels	185018	165900	155624	157950	158309	155340	154974	149659	144568	131746
驳船 Barges	44658	41394	22783	21292	20282	17214	17003	16246	15576	13178
#私人运输船舶 #Private Transport Vessels	142117	95838								

1-8 主要能源品种进、出口量
Imports and Exports of Major Energy Products

指 标 Item	2000	2005	2010	2011	2012	2013	2014	2015	2016	2017
进口量 Import										
煤(万吨) Coal(10^4 tons)	218	2622	18307	22236	28841	32702	29122	20406	25555	27092
焦炭(万吨) Coke(10^4 tons)		1	11	12	8	3				1
原油(万吨) Crude Oil(10^4 tons)	7027	12682	23768	25378	27103	28174	30837	33548	38101	41946
汽油(万吨) Gasoline(10^4 tons)				3			3	17	21	2
煤油(万吨) Kerosene(10^4 tons)	255	328	487	618	621	669	414	348	352	376
柴油(万吨) Diesel Oil(10^4 tons)	26	53	180	233	91	27	47	43	92	75
燃料油(万吨) Fuel Oil(10^4 tons)	1480	2609	2299	2684	2683	2347	1785	1540	1174	1357
液化石油气(万吨) LPG(10^4 tons)	482	617	327	350	359	452	739	1244	1679	1922
其他石油制品(万吨) Other Petroleum Products(10^4 tons)	161	443	1731	1648	1548	1924	1677	2083	2067	2396
天然气(亿立方米) Natural Gas(10^8 cu.m)			165	312	421	525	591	611	746	946
电力(亿千瓦小时) Electricity(10^8 kW•h)	15	50	56	66	69	75	68	62	62	64
出口量 Export										
煤(万吨) Coal(10^4 tons)	5505	7172	1910	1466	928	751	574	534	879	802
焦炭、半焦炭 (万吨) Coke and Semi-coke(10^4 tons)	1520	1276	335	330	102	467	851	965	1012	808
原油(万吨) Crude Oil(10^4 tons)	1031	807	303	252	243	162	60	287	294	486
汽油(万吨) Gasoline(10^4 tons)	455	560	517	406	292	469	508	589	969	1051
煤油(万吨) Kerosene(10^4 tons)	199	269	605	656	745	917	1067	1237	1310	1313
柴油(万吨) Diesel Oil(10^4 tons)	55	148	464	202	185	278	410	716	1540	1719
燃料油(万吨) Fuel Oil(10^4 tons)	33	230	990	1227	1162	1135	948	1052	986	1109
液化石油气(万吨) LPG(10^4 tons)	2	3	93	119	128	127	144	144	132	132
其它石油制品(万吨) Other Petroleum Products(10^4 tons)	280	473	386	459	328	315	342	348	367	338
天然气(亿立方米) Natural Gas(10^8 cu.m)		30	40	32	29	27	26	33	34	35
电力(亿千瓦小时) Electricity(10^8 kW•h)	99	112	191	193	177	187	182	187	189	195

1-9 主要高耗能产品的进、出口量
Imports and Exports of Energy Intensive Products

指 标 Item	2000	2005	2010	2011	2012	2013	2014	2015	2016	2017
进口量 Import										
钢材（万吨） Steel Products(10^4 tons)	1596	2582	1643	1558	1366	1408	1443	1278	1322	1330
未锻轧的铜及铜合金(万吨) Unwrought Copper and Copper Alloys(10^4 tons)	81	142	338	329	398	389	422	425	439	411
未锻轧的铝及铝合金(万吨) Aluminum and Aluminum Alloys(10^4 tons)	91	64	36	33	64	48	35	22	26	19
纯碱(万吨) Soda Ash(10^4 tons)	13	7								
肥料(万吨) Chemical Fertilizers, Manufactured(10^4 tons)	1189	1397	718	795	843	793	959	1116	832	918
纸浆(万吨) Paper Pulp(10^4 tons)	335	759	1137	1445	1646	1685	1796	1984	2107	2372
纺织用合成纤维(万吨) Synthetic Fiber Suitable for Spinning(10^4 tons)	100	84	37	35	33	38	34	34	32	40
出口量 Export										
水泥(万吨) Cement(10^4 tons)	605	2216	1616	1061	1200	1454	1391	1575	1785	1286
平板玻璃(万平方米) Plate Glass(10^4 sq.m)	5592	19925	17398	18726	17632	19546	21896	21460	22661	21032
钢材（万吨） Steel Products(10^4 tons)	621	2052	4256	4888	5573	6234	9378	11240	10853	7541
铜材(吨) Copper Products(ton)	144484	463560	508580	500347	492980	489000	507858	466077	452313	477898
铝材(万吨) Aluminum Products(10^4 tons)	13	71	218	300	283	307	367	420	407	424
未锻轧的锌及锌合金(吨) Unwrought Zinc and Zinc Alloys(ton)	593336	146845	43395	48369	7937	5395	132719	96683	22642	16445
纸及纸板(未切成形)(万吨) Paper and Paperboard in Rolls(10^4 tons)	65	167	380	450	471	565	630	593	683	652

1-10 分地区废气中主要污染物排放情况（2017年）
Main Pollutant Emission in Waste Gas by Region (2017)

地 区	Region	废气中主要污染物排放量 Main Pollutant Emission in Waste Gas		
		二氧化硫 (万吨) Sulphur Dioxide (10^4 tons)	氮氧化物 (万吨) Nitrogen Oxides (10^4 tons)	烟(粉)尘 (万吨) Smoke and Dust (10^4 tons)
全 国	**National Total**	**875.40**	**1258.83**	**796.26**
北 京	Beijing	2.01	14.45	2.04
天 津	Tianjin	5.56	14.23	6.52
河 北	Hebei	60.24	105.60	80.37
山 西	Shanxi	57.31	52.10	43.38
内蒙古	Inner Mongolia	54.63	50.55	53.62
辽 宁	Liaoning	38.97	60.51	55.75
吉 林	Jilin	16.61	25.54	19.57
黑龙江	Heilongjiang	29.37	40.96	40.22
上 海	Shanghai	1.85	19.39	4.70
江 苏	Jiangsu	41.07	90.72	39.08
浙 江	Zhejiang	19.05	43.20	15.34
安 徽	Anhui	23.54	49.00	28.08
福 建	Fujian	13.39	27.72	17.02
江 西	Jiangxi	21.55	35.54	27.95
山 东	Shandong	73.91	115.86	54.96
河 南	Henan	28.63	66.29	22.34
湖 北	Hubei	22.01	37.67	18.80
湖 南	Hunan	21.46	36.47	20.71
广 东	Guangdong	27.68	82.97	26.08
广 西	Guangxi	17.73	34.56	20.91
海 南	Hainan	1.43	6.01	2.09
重 庆	Chongqing	25.34	20.40	8.33
四 川	Sichuan	38.91	45.76	22.40
贵 州	Guizhou	68.75	35.97	19.68
云 南	Yunnan	38.44	26.88	22.42
西 藏	Tibet	0.35	3.02	0.66
陕 西	Shaanxi	27.94	33.98	23.67
甘 肃	Gansu	25.88	21.25	17.71
青 海	Qinghai	9.24	7.23	12.95
宁 夏	Ningxia	20.75	16.17	18.77
新 疆	Xinjiang	41.82	38.84	50.15

注：本表数据为初步数。
Note: the data of this table are preliminary.

1-11 分地区废水中主要污染物排放情况（2017年）

地 区	Region	废水排放总量(万吨) Total Waste Water Discharged (10^4 tons)	废水中主要污染物排放量 Main Pullutant Emission in Waste Water			
			化学需氧量(万吨) COD (10^4 tons)	氨氮(万吨) Ammonia Nitrogen (10^4 tons)	总氮(万吨) Total Nitrogen (10^4 tons)	总磷(万吨) Total Phosphorus (10^4 tons)
全 国	**National Total**	**6996610**	**1022.0**	**139.5**	**216.5**	**11.8**
北 京	Beijing	133188	8.2	0.6	1.9	0.1
天 津	Tianjin	90790	9.3	1.4	2.2	0.1
河 北	Hebei	253685	48.7	7.1	10.3	0.5
山 西	Shanxi	135057	19.5	3.1	4.7	0.3
内蒙古	Inner Mongolia	104251	15.0	1.9	2.6	0.2
辽 宁	Liaoning	237971	25.4	4.8	7.6	0.2
吉 林	Jilin	121464	17.4	2.4	3.4	0.2
黑龙江	Heilongjiang	138121	24.8	3.8	5.6	0.2
上 海	Shanghai	211951	14.2	3.7	7.8	0.3
江 苏	Jiangsu	575196	74.4	10.1	17.1	0.9
浙 江	Zhejiang	453935	41.9	6.7	12.0	0.5
安 徽	Anhui	233838	49.6	5.8	8.4	0.4
福 建	Fujian	238279	39.5	5.4	7.9	0.5
江 西	Jiangxi	189362	52.0	5.8	8.1	0.5
山 东	Shandong	499884	52.1	8.0	14.1	0.7
河 南	Henan	409107	43.1	6.2	9.4	0.5
湖 北	Hubei	272694	51.9	7.2	10.8	0.6
湖 南	Hunan	300563	57.6	8.3	10.3	0.6
广 东	Guangdong	882020	100.1	13.8	21.9	1.0
广 西	Guangxi	198144	45.6	4.8	8.9	0.5
海 南	Hainan	44081	7.8	1.1	1.5	0.1
重 庆	Chongqing	200677	25.3	3.5	5.0	0.3
四 川	Sichuan	362438	67.5	7.9	11.5	0.9
贵 州	Guizhou	118017	27.2	3.4	4.7	0.4
云 南	Yunnan	185112	33.1	4.1	5.9	0.5
西 藏	Tibet	7176	2.5	0.3	0.4	
陕 西	Shaanxi	175955	19.6	2.6	3.7	0.3
甘 肃	Gansu	64514	13.2	1.9	2.4	0.3
青 海	Qinghai	27115	5.7	0.8	1.7	0.1
宁 夏	Ningxia	30735	10.0	0.6	1.1	
新 疆	Xinjiang	101291	19.9	2.3	3.5	0.2

注：本表数据为初步数。
Note: the data of this table are preliminary.

Main Pollutant Emission in Waste Water by Region (2017)

废水中主要污染物排放量 Main Pollutant Emission in Waste Water						
石油类 (吨) Petroleum (ton)	挥发酚 (吨) Volatile Phenol (ton)	铅 (千克) Plumbum (kg)	汞 (千克) Mercury (kg)	镉 (千克) Cadmium (kg)	总铬 (千克) Total Chromium (kg)	砷 (千克) Arsenic (kg)
5202.1	**233.1**	**38348**	**880**	**7127**	**100052**	**34317**
19.9	1.0	4		1	52	5
163.0	0.1	66	11	7	86	1
237.5	8.2	316	7	5	9270	23
113.6	18.1	80	9	8	54	1304
141.8	18.6	2349	34	112	343	657
344.0	13.4	63	3	7	2275	12
313.7	1.6	203	7	78	243	1684
149.4	1.4	25	1	3	164	2
493.0	1.1	90	32	20	2313	219
348.4	35.3	588	1	33	24135	110
188.5	0.5	550	8	77	14704	303
222.3	12.3	640	29	83	1529	341
54.7	0.2	1277	9	97	1848	558
159.7	6.2	7004	129	2942	5967	10055
266.6	25.1	1075	5	32	5585	199
174.4	2.4	451	15	61	1586	52
165.9	5.4	1462	4	101	10825	1023
331.5	3.6	2976	39	702	1800	6766
201.9	1.7	3232	153	527	7409	814
67.8	0.7	1399	17	251	881	1671
17.1		4	4	2	60	16
117.9	0.3	64	1	4	574	12
162.5	9.3	1378	87	132	2314	970
163.6	0.3	209	3	30	974	66
40.0	10.2	7657	198	870	1095	4104
0.1		14		3	6	118
149.2	13.7	807	19	326	2095	572
76.5	24.6	3417	24	534	1006	928
101.2	2.3	600	14	61	86	809
36.3	6.7	42	5	1	461	52
180.1	8.8	306	14	21	315	871

二、能源建设

Chapter 2　Construction of Energy Industry

2-1 国有经济能源工业分行业固定资产投资
Investment In Fixed Assets of State-Owned Units in Energy Industry

单位：亿元 (100 million yuan)

项 目 Item	1995	2000	2005	2010	2011	2012	2013	2014	2015	2016	2017
能源工业 Energy Industry	2025	2840	4766	11219	11468	12402	14011	15425	15419	11758	11400
煤炭采选业 Coal Mining and Processing	282	199	624	1477	1635	1784	1657	1496	1277	561	572
石油和天然气开采业 Petroleum and Natural Gas Extraction	500	356	279	1798	2009	1963	2480	2695	2068	811	901
电力、蒸汽、热水生产和供应业 Electricity, Steam, Hot Water Producing and Supply	1043	2130	3451	7054	6806	7670	8458	9929	10855	9318	8929
石油加工及炼焦业 Petroleum Processing and Coking	162	95	299	556	653	540	723	628	597	573	450
煤气生产和供应业 Coal Gas and Coal Products	39	60	113	336	365	446	693	678	622	494	548

注：自2011年起，除房地产开发投资和农户投资，固定资产投资统计起点由50万元提高到500万元；城镇固定资产投资数据发布口径改为固定资产投资(不含农户)，该口径等于原来城镇固定资产投资加上农村企事业组织的项目投资,以下表同。

Note: Since 2011, the cut-off point has changed from 500 000 yuan to 5 million yuan, published coverage of investment in fixed assets in urban area changed into investment in fixed assets (excluding rural households) which included investment in urban area and investment in rural enterprises (units). The same applies to the tables following.

2-2 国有经济能源工业分行业固定资产投资构成
Proportions of Investment in Fixed Assets of State-Owned Units in Energy Industry

单位：% (%)

项 目 Item	1995	2000	2005	2010	2011	2012	2013	2014	2015	2016	2017
能源工业 Energy Industry	100.00	100.00	100.00	100.00	100.00	100.00	100.00	100.00	100.00	100.00	100.00
煤炭采选业 Coal Mining and Processing	13.94	7.00	13.08	13.16	14.26	14.38	11.83	9.70	8.28	4.77	5.01
石油和天然气开采业 Petroleum and Natural Gas Extraction	24.67	12.52	5.85	16.02	17.52	15.83	17.70	17.47	13.41	6.90	7.90
电力、蒸汽、热水生产和供应业 Electricity, Steam, Hot Water Producing and Supply	51.48	75.02	72.42	62.87	59.35	61.84	60.37	64.37	70.40	79.25	78.33
石油加工及炼焦业 Petroleum Processing and Coking	7.98	3.34	6.28	4.95	5.70	4.35	5.16	4.07	3.87	4.88	3.95
煤气生产和供应业 Coal Gas and Coal Products	1.93	2.11	2.37	2.99	3.18	3.60	4.94	4.39	4.04	4.21	4.81

2-3 分地区国有经济能源工业固定资产投资
Investment in Fixed Assets of State-Owned Units in Energy Industry by Region

单位：亿元 (100 million yuan)

地 区	Region	1995	2000	2005	2010	2011	2012	2013	2014	2015	2016	2017
北 京	Beijing	48	54	100	94	88	89	121	168	140	182	333
天 津	Tianjin	121	31	47	235	241	194	174	164	224	173	153
河 北	Hebei	109	167	190	370	426	400	464	463	584	567	550
山 西	Shanxi	70	107	263	797	868	995	1012	1178	1194	608	301
内蒙古	Inner Mongolia	74	33	382	906	824	648	887	1224	766	982	796
辽 宁	Liaoning	133	180	127	407	366	424	385	330	286	104	195
吉 林	Jilin	44	66	47	321	253	229	266	307	314	230	213
黑龙江	Heilongjiang	163	72	114	586	566	620	549	528	444	110	192
上 海	Shanghai	76	76	108	140	101	115	116	143	127	142	133
江 苏	Jiangsu	49	202	311	294	275	417	404	447	681	392	361
浙 江	Zhejiang	56	91	291	326	420	433	459	529	509	419	416
安 徽	Anhui	77	54	170	321	289	422	382	340	424	312	350
福 建	Fujian	38	71	115	268	280	362	468	435	401	438	448
江 西	Jiangxi	19	51	81	150	129	134	149	168	195	205	185
山 东	Shandong	181	330	216	407	531	323	458	890	675	654	730
河 南	Henan	100	181	210	298	275	285	280	220	268	263	329
湖 北	Hubei	138	222	188	334	298	287	301	284	327	262	278
湖 南	Hunan	58	89	117	195	226	215	227	265	276	245	259
广 东	Guangdong	85	90	376	691	544	691	795	874	812	686	687
广 西	Guangxi	21	71	67	256	284	257	234	266	296	241	187
海 南	Hainan	2	13	71	27	32	32	27	59	65	33	77
重 庆	Chongqing		43	74	151	174	266	330	385	452	193	204
四 川	Sichuan	111	95	183	513	669	751	744	919	901	806	729
贵 州	Guizhou	27	67	180	263	283	230	268	331	319	145	137
云 南	Yunnan	23	49	141	348	358	453	535	545	722	374	247
西 藏	Tibet	9	10	15	44	49	77	144	202	107	125	205
陕 西	Shaanxi	40	94	238	667	717	766	1026	1037	1021	745	797
甘 肃	Gansu	34	53	97	416	384	373	532	463	401	256	164
青 海	Qinghai	22	11	21	57	111	180	235	218	344	209	123
宁 夏	Ningxia	12	16	61	199	243	188	213	286	398	280	234
新 疆	Xinjiang	107	50	74	277	308	616	860	877	1210	673	444

2-4 分地区国有经济煤炭采选业固定资产投资
Investment in Fixed Assets of State-Owned Units in Coal Mining and Processing by Region

单位：亿元 (100 million yuan)

地 区	Region	1995	2000	2005	2010	2011	2012	2013	2014	2015	2016	2017
北 京	Beijing	0.62	0.21	0.01	1.15	0.33		1.39	1.04			
天 津	Tianjin	60.30										
河 北	Hebei	62.86	19.54	30.68	33.88	52.50	40.96	28.79	30.38	19.05	7.43	5.71
山 西	Shanxi	46.59	34.25	180.97	505.01	573.41	622.18	528.11	482.67	453.37	145.87	63.48
内蒙古	Inner Mongolia	35.26	2.49	31.74	166.89	210.74	205.51	257.35	308.43	138.99	79.25	124.66
辽 宁	Liaoning	6.09	7.95	15.34	13.89	18.17	36.17	6.11	6.30	2.15	3.25	1.56
吉 林	Jilin	2.86	0.84	5.07	13.21	12.33	8.36	4.34	4.75	8.48	4.24	3.87
黑龙江	Heilongjiang	14.12	7.46	22.48	46.95	54.78	51.77	51.35	37.75	29.21	21.78	16.77
上 海	Shanghai											
江 苏	Jiangsu	6.16	5.48	12.31	11.55	4.59	4.11				0.50	
浙 江	Zhejiang	0.12										
安 徽	Anhui	34.64	13.16	91.42	164.91	104.34	163.33	89.05	71.70	76.98	9.77	16.96
福 建	Fujian	1.48	1.27	1.73	3.32	2.38	2.44	3.50	2.27	1.55	0.48	1.03
江 西	Jiangxi	1.72	0.89	4.40	1.00	2.07	0.18	0.41	0.21	0.12	0.26	3.22
山 东	Shandong	24.62	39.50	55.61	21.52	26.97	26.43	22.08	19.24	17.96	11.40	10.21
河 南	Henan	22.83	18.47	23.80	44.87	49.95	59.07	38.25	26.71	17.60	15.56	15.19
湖 北	Hubei	0.56	0.43		0.65	0.45		0.82				0.56
湖 南	Hunan	3.38	1.04	4.16	8.84	10.20	16.55	13.90	11.80	12.79	11.83	5.92
广 东	Guangdong	0.99	0.17						0.60		0.16	
广 西	Guangxi	0.93	0.52	1.58	6.57	10.29	3.94	2.02	1.77	1.33	1.17	1.98
海 南	Hainan	0.01							2.29			
重 庆	Chongqing		1.08	5.06	14.37	13.13	20.26	27.38	20.61	20.33	5.85	6.51
四 川	Sichuan	6.61	2.21	6.90	15.68	25.46	15.09	11.45	15.55	25.46	5.01	7.33
贵 州	Guizhou	6.65	4.46	21.56	42.58	56.44	61.58	45.06	39.87	47.49	41.48	25.31
云 南	Yunnan	3.59	1.90	6.30	23.35	14.33	21.53	20.94	13.40	12.66	5.52	8.22
西 藏	Tibet	0.09					0.20					
陕 西	Shaanxi	8.38	3.20	12.93	146.32	200.54	216.75	211.62	136.01	183.61	112.70	118.33
甘 肃	Gansu	4.07	4.97	10.21	60.63	78.32	66.38	86.13	66.13	56.22	16.51	8.45
青 海	Qinghai	0.24	0.01	0.42	2.29	4.61	5.01	17.93	15.24	20.21	0.70	0.50
宁 夏	Ningxia	5.21	2.79	32.88	77.76	75.67	76.61	104.25	106.23	30.28	12.56	107.51
新 疆	Xinjiang	3.34	2.15	6.92	49.75	33.10	59.24	84.92	74.70	100.90	47.72	18.23

2-5 分地区国有经济石油和天然气开采业固定资产投资
Investment in Fixed Assets of State-Owned Units in Petroleum and Natural Gas Extraction by Region

单位：亿元 (100 million yuan)

地区	Region	1995	2000	2005	2010	2011	2012	2013	2014	2015	2016	2017
北京	Beijing			0.03		0.14		1.11	0.61			
天津	Tianjin	30.77	4.11	9.03	62.30	66.51	1.40	8.22		34.68	1.88	2.93
河北	Hebei	3.06	3.35	2.09	4.98	3.95	0.90	0.10			0.50	
山西	Shanxi				5.98	6.08	26.60	59.88	79.81	53.46	12.42	7.00
内蒙古	Inner Mongolia		0.70	18.05	184.41	92.55	38.78	129.01	126.54	30.00	51.48	48.70
辽宁	Liaoning	54.91	67.50	21.58	16.18	24.74	4.80	12.07	9.56	72.57	0.36	2.07
吉林	Jilin	17.39	20.85	0.14	66.51	54.99	59.27	66.46	87.32	87.42	63.64	56.00
黑龙江	Heilongjiang	103.85	0.40	7.52	327.04	337.64	296.37	322.88	302.73	268.08		7.56
上海	Shanghai	0.07	2.17		0.33	0.57						
江苏	Jiangsu	6.28	10.74	11.62	25.71	13.67	28.20	30.59	35.25	44.27	12.17	17.61
浙江	Zhejiang											
安徽	Anhui				1.50				0.68	0.47		0.32
福建	Fujian								3.64			
江西	Jiangxi											
山东	Shandong	79.97	132.95		172.27	279.13	2.05	3.88	279.09	1.84	14.90	11.42
河南	Henan	26.10	43.95	55.37	71.26	55.49	59.15	50.28	33.01	31.45	10.28	11.36
湖北	Hubei	3.77	13.20	12.19	1.64	2.02	0.17	1.62			0.42	
湖南	Hunan				0.10	0.77		0.30				0.40
广东	Guangdong	6.28	0.72	0.47	0.08	1.90	0.84	80.46	110.61	10.84		
广西	Guangxi	0.04			1.02	4.24		1.90	0.65	2.22	0.96	0.12
海南	Hainan		5.00								4.83	5.77
重庆	Chongqing		0.09	0.28	6.20	4.88	11.84	24.29	113.56	136.03	9.51	6.36
四川	Sichuan	24.11	6.87	13.65	7.45		3.16	1.90	8.83	86.17	50.41	82.20
贵州	Guizhou			0.52		0.56						
云南	Yunnan		0.03		0.73	0.17						
西藏	Tibet									0.28	0.24	
陕西	Shaanxi	2.76	23.98	94.69	233.38	273.57	275.01	396.21	358.84	422.20	10.33	11.67
甘肃	Gansu	4.29	6.57	5.76	10.82	17.65	74.09	73.19	110.49	57.30	13.30	5.91
青海	Qinghai	6.00	1.76	4.54	0.15	0.05	38.67	60.15	47.98	45.09		
宁夏	Ningxia				0.05			5.11	1.34		2.00	1.50
新疆	Xinjiang	85.85	10.61	21.23	11.18	18.05	215.80	290.67	189.09	206.95	66.63	15.43

2-6 分地区国有经济电力、蒸汽、热水生产和供应业固定资产投资
Investment in Fixed Assets of State-Owned Units in Electricity, Steam, Hot Water Production and Supply by Region

单位：亿元 (100 million yuan)

地 区	Region	1995	2000	2005	2010	2011	2012	2013	2014	2015	2016	2017
北 京	Beijing	37	36	76	82	74	78	96	162	135	155	306
天 津	Tianjin	23	21	28	130	154	167	121	116	158	136	123
河 北	Hebei	38	134	142	307	357	343	368	408	516	502	458
山 西	Shanxi	21	67	77	240	259	310	322	493	563	377	202
内蒙古	Inner Mongolia	33	29	308	536	450	369	457	756	587	825	555
辽 宁	Liaoning	42	86	77	320	215	240	258	261	149	97	187
吉 林	Jilin	20	43	41	238	177	155	190	188	205	157	134
黑龙江	Heilongjiang	26	59	76	181	143	224	152	164	128	82	162
上 海	Shanghai	57	62	103	124	95	105	105	129	117	136	124
江 苏	Jiangsu	29	172	284	196	246	351	341	368	578	372	332
浙 江	Zhejiang	54	90	261	319	403	403	411	494	482	388	403
安 徽	Anhui	27	39	66	141	128	219	268	253	333	279	322
福 建	Fujian	33	67	95	174	227	257	322	379	378	418	364
江 西	Jiangxi	14	47	66	136	119	120	115	156	179	188	171
山 东	Shandong	61	149	140	181	198	274	422	541	628	595	656
河 南	Henan	46	113	123	157	150	147	168	142	198	217	282
湖 北	Hubei	126	204	169	252	168	178	229	242	292	245	260
湖 南	Hunan	51	75	101	180	205	187	199	237	243	215	230
广 东	Guangdong	64	82	330	645	487	626	628	649	602	480	593
广 西	Guangxi	20	69	65	210	219	222	215	245	240	211	178
海 南	Hainan	2	6	8	23	32	31	22	36	50	28	70
重 庆	Chongqing		41	67	125	150	219	208	219	233	163	148
四 川	Sichuan	77	83	158	475	545	717	709	871	744	689	603
贵 州	Guizhou	20	62	157	218	218	163	210	270	264	98	107
云 南	Yunnan	19	47	130	309	332	423	446	435	621	352	222
西 藏	Tibet	9	10	15	44	48	75	101	152	106	122	205
陕 西	Shaanxi	25	63	110	208	164	189	256	351	315	434	438
甘 肃	Gansu	18	39	44	278	236	208	315	246	263	214	143
青 海	Qinghai	16	9	16	52	104	136	156	154	274	207	117
宁 夏	Ningxia	6	13	27	120	165	110	99	177	366	265	124
新 疆	Xinjiang	12	34	37	178	234	318	441	546	842	454	373

2-7 分地区国有经济石油加工及炼焦业固定资产投资
Investment in Fixed Assets of State-Owned Units in Petroleum Processing and Coking by Region

单位：亿元 (100 million yuan)

地 区	Region	1995	2000	2005	2010	2011	2012	2013	2014	2015	2016	2017
北 京	Beijing	6.95	5.59	12.37	5.81	6.61	8.35	11.28	1.15	0.99	1.00	0.43
天 津	Tianjin	5.17	1.48	6.94	29.71	5.10	7.84	7.32	16.42	5.68	9.14	8.67
河 北	Hebei	4.66	7.14	11.03	8.24	6.30	2.78	34.25	7.92	11.59	33.03	34.55
山 西	Shanxi	1.06	2.90	5.08	20.21	6.71	3.18	73.49	98.25	75.38	33.29	8.99
内蒙古	Inner Mongolia	5.59	0.26	23.24	13.35	61.26	29.11	30.85	3.29	1.98	10.57	6.11
辽 宁	Liaoning	28.90	16.59	8.81	22.71	43.61	32.42	18.95	25.33	48.80	1.05	2.50
吉 林	Jilin	3.15	0.55	0.25	0.09	0.95		0.95	13.71	2.53		
黑龙江	Heilongjiang	16.74	4.26	7.09	27.15	21.41	41.18	14.40	16.35	12.62	5.06	2.97
上 海	Shanghai	10.05	5.33	0.97	10.96	4.19	5.02	3.05	5.08	4.38	1.22	3.96
江 苏	Jiangsu	6.80	12.24	1.55	16.89	1.61	27.59	22.02	32.29	44.63	3.99	2.92
浙 江	Zhejiang	1.36	0.24	0.44			0.11	6.09	7.55		1.54	0.12
安 徽	Anhui	14.39	1.42	9.79	2.28	46.55	33.64	14.28	2.54	2.88	14.11	5.15
福 建	Fujian	3.56		11.07	74.55	42.05	98.64	123.26	1.23	1.10	2.54	72.91
江 西	Jiangxi	1.87	1.76	9.13	0.71			7.33	5.60	4.18	6.70	7.76
山 东	Shandong	13.21	5.68	16.68	20.41	17.05	9.93	4.51	31.93	10.15	19.55	19.34
河 南	Henan	1.48	1.42	0.19	1.84	0.83	1.54	1.61	2.87	1.28	0.63	0.19
湖 北	Hubei	6.80	3.33	3.24	68.02	117.23	95.94	55.90	17.59	12.83	2.31	2.47
湖 南	Hunan	2.02	11.62	10.15	0.90	1.26	0.44	1.90				2.30
广 东	Guangdong	11.70	6.48	36.52	28.53	46.20	48.38	64.05	92.94	167.50	180.28	78.12
广 西	Guangxi	0.09	0.10	0.22	36.83	44.36	15.63	1.63	3.96	2.79	0.84	0.29
海 南	Hainan			62.53	0.80			4.13	18.29	12.05		
重 庆	Chongqing		0.15	0.09	0.03		0.60	9.39	1.52	9.85	0.94	
四 川	Sichuan	0.53	0.03	0.33	5.47	62.93	2.52	1.23	1.04	2.54	8.35	2.03
贵 州	Guizhou		0.07	0.13	1.31	2.38	4.42	2.70	2.62	2.32		0.10
云 南	Yunnan	0.05	0.06	0.66	9.22	8.56	2.41	57.19	92.81	75.02	0.23	0.50
西 藏	Tibet						0.20				0.94	
陕 西	Shaanxi	3.31	1.70	16.92	58.24	53.86	51.45	93.82	87.94	56.08	149.04	171.44
甘 肃	Gansu	6.64	2.26	36.31	59.08	40.85	7.28	38.52	29.17	6.33	1.34	1.32
青 海	Qinghai				0.38	1.00	0.10			0.27	0.20	0.20
宁 夏	Ningxia	0.25	0.05	0.49		0.10	0.25	2.86		1.30	0.07	0.05
新 疆	Xinjiang	5.32	2.07	7.11	31.86	10.28	8.97	15.64	9.07	19.92	85.38	14.90

2-8 分地区国有经济煤气生产和供应业固定资产投资
Investment in Fixed Assets of State-Owned Units in Gas Production and Supply by Region

单位：亿元 (100 million yuan)

地 区	Region	1995	2000	2005	2010	2011	2012	2013	2014	2015	2016	2017
北 京	Beijing	4.04	12.50	11.03	4.73	7.24	1.90	11.16	2.67	3.18	25.77	26.63
天 津	Tianjin	1.10	3.90	2.63	13.88	15.29	17.81	37.80	31.01	24.75	26.38	18.10
河 北	Hebei	0.53	2.53	4.20	16.78	6.18	12.30	32.37	16.33	36.52	23.28	51.30
山 西	Shanxi	1.07	2.80	0.79	26.24	22.43	32.38	28.30	24.47	48.18	39.15	19.56
内蒙古	Inner Mongolia	0.14	0.74	1.44	4.49	9.25	6.18	12.40	29.94	7.95	16.02	61.16
辽 宁	Liaoning	1.55	1.83	4.15	34.57	64.71	111.10	89.51	27.67	13.58	2.25	2.20
吉 林	Jilin	0.91	0.76	0.50	3.47	7.03	5.77	4.07	13.03	10.43	4.78	18.71
黑龙江	Heilongjiang	2.61	1.22	0.71	4.41	9.51	7.17	7.52	7.19	5.64	0.70	2.42
上 海	Shanghai	8.43	6.88	4.18	5.39	1.07	4.72	8.07	9.71	5.94	4.75	4.92
江 苏	Jiangsu	0.86	1.41	1.32	43.47	9.85	5.60	10.55	11.31	13.60	2.65	8.79
浙 江	Zhejiang	1.38	1.16	29.35	6.48	16.96	28.96	41.79	27.30	26.83	30.07	13.39
安 徽	Anhui	0.88	0.61	3.27	11.82	9.90	6.76	10.42	11.34	10.08	9.09	5.97
福 建	Fujian	0.26	2.03	7.36	15.77	9.04	4.07	18.69	49.51	20.03	16.90	10.45
江 西	Jiangxi	0.78	0.64	1.14	12.08	7.95	14.60	26.84	6.03	11.59	9.87	3.19
山 东	Shandong	2.37	3.38	4.40	11.54	9.90	10.93	5.42	18.14	16.70	13.35	33.75
河 南	Henan	3.24	3.64	7.62	22.42	19.33	19.14	21.54	14.83	19.49	19.34	20.17
湖 北	Hubei	1.29	0.44	3.10	11.37	10.37	12.20	14.00	23.99	22.31	14.94	15.09
湖 南	Hunan	1.05	0.83	1.07	5.61	9.23	11.06	12.77	16.57	19.81	17.86	20.40
广 东	Guangdong	1.83	1.45	8.99	17.14	9.56	15.84	21.72	20.14	31.58	25.83	15.30
广 西	Guangxi	0.11	1.44	0.27	1.34	6.06	15.36	14.17	14.71	49.73	27.60	6.73
海 南	Hainan	0.01	1.58	0.14	2.66		0.63	0.66	2.36	3.22	0.00	0.82
重 庆	Chongqing		0.72	1.40	4.52	6.27	13.56	60.44	30.58	52.23	14.02	43.19
四 川	Sichuan	2.27	3.00	4.51	9.91	36.34	13.38	20.36	22.61	42.70	53.78	33.54
贵 州	Guizhou	0.20	0.49	0.36	1.17	5.61	0.54	10.20	18.49	5.27	5.12	4.67
云 南	Yunnan	0.41	0.19	3.16	5.86	3.50	6.30	10.54	3.76	12.72	16.88	15.37
西 藏	Tibet				0.40	0.72	1.99	43.26	49.25	1.08	2.36	0.07
陕 西	Shaanxi	0.78	2.37	3.21	20.72	25.17	33.93	68.29	103.35	44.20	39.25	58.29
甘 肃	Gansu	0.52	0.36	0.80	8.10	11.74	16.51	18.87	11.41	17.88	11.06	5.47
青 海	Qinghai			0.09	2.12	1.46	0.24	1.22	1.39	3.88	1.15	5.52
宁 夏	Ningxia	0.09	0.47	0.21	0.98	1.55	1.09	1.92	1.17	0.63	0.89	0.71
新 疆	Xinjiang	0.29	0.68	1.50	6.10	11.65	13.89	27.92	57.42	40.58	19.35	22.11

2-9　能源工业分行业投资
Investment in Energy Industry

单位：亿元　　(100 million yuan)

项　目　Item	1995	2000	2005	2010	2011	2012	2013	2014	2015	2016	2017
能源工业 Energy Industry	2369	3991	10206	21627	23046	25500	29009	31515	32562	32837	32259
煤炭采选业 Coal Mining and Processing	286	211	1163	3785	4907	5370	5213	4684	4007	3038	2648
石油和天然气开采业 Petroleum and Natural Gas Extraction	504	789	1464	2928	3022	3077	3821	3948	3425	2331	2649
电力、蒸汽、热水生产和供应业 Electricity Steam, Hot Water Producing and and Supply	1337	2744	6503	11915	11603	12948	14726	17432	20260	22638	22055
石油加工及炼焦业 Petroleum Processing and Coking	194	173	801	2035	2268	2500	3039	3208	2539	2696	2677
煤气生产和供应业 Gas Production and Supply	49	74	275	964	1244	1605	2210	2242	2331	2135	2230

2-10　能源工业分行业投资构成
Investment in Energy Industry by Proportions

单位：%　　(%)

项　目　Item	1995	2000	2005	2010	2011	2012	2013	2014	2015	2016	2017
能源工业 Energy Industry	100.00	100.00	100.00	100.00	100.00	100.00	100.00	100.00	100.00	100.00	100.00
煤炭采选业 Coal Mining and Processing	12.05	5.30	11.40	17.50	21.29	21.06	17.97	14.86	12.30	9.25	8.21
石油和天然气开采业 Petroleum and Natural Gas Extraction	21.27	19.78	14.34	13.54	13.11	12.06	13.17	12.53	10.52	7.10	8.21
电力、蒸汽、热水生产和供应业 Electricity Steam, Hot Water Producing and and Supply	56.43	68.76	63.72	55.09	50.35	50.78	50.76	55.32	62.22	68.94	68.37
石油加工及炼焦业 Petroleum Processing and Coking	8.20	4.32	7.85	9.41	9.84	9.81	10.48	10.18	7.80	8.21	8.30
煤气生产和供应业 Gas Production and Supply	2.05	1.85	2.69	4.46	5.40	6.29	7.62	7.11	7.16	6.50	6.91

2-11 分地区能源工业投资
Investment in Energy Industry by Region

单位：亿元 (100 million yuan)

地区	Region	1995	2000	2005	2010	2011	2012	2013	2014	2015	2016	2017
北京	Beijing	58	58	117	134	141	192	230	258	181	223	418
天津	Tianjin	59	100	178	546	431	447	591	596	591	422	493
河北	Hebei	80	200	417	882	963	1051	1202	1296	1643	2053	2170
山西	Shanxi	73	157	603	1521	1919	2113	2098	2313	2582	2121	1182
内蒙古	Inner Mongolia	74	40	790	2093	1903	1827	2331	2887	2133	2232	2011
辽宁	Liaoning	154	190	321	1191	960	1059	1094	970	701	451	769
吉林	Jilin	44	80	160	774	616	739	663	758	785	736	683
黑龙江	Heilongjiang	163	225	335	1014	983	1113	991	835	680	625	735
上海	Shanghai	81	115	139	199	145	160	143	165	145	163	158
江苏	Jiangsu	90	223	560	479	598	840	908	1019	1455	1584	1570
浙江	Zhejiang	70	215	478	430	529	623	756	881	919	998	1030
安徽	Anhui	78	81	294	527	481	624	606	614	757	910	1081
福建	Fujian	64	125	247	637	630	728	877	946	862	1010	949
江西	Jiangxi	25	60	133	281	331	298	350	368	464	710	623
山东	Shandong	196	393	764	972	1133	1275	1559	2047	2332	2950	3383
河南	Henan	133	188	498	773	827	785	868	764	1154	1662	1922
湖北	Hubei	146	239	287	512	518	491	511	510	643	760	928
湖南	Hunan	59	96	249	496	601	607	677	774	733	744	828
广东	Guangdong	174	182	674	966	891	999	1147	1310	1282	1349	1540
广西	Guangxi	27	87	187	368	421	473	560	560	662	811	810
海南	Hainan	24	15	83	61	101	124	127	167	127	115	106
重庆	Chongqing		50	164	316	343	483	575	680	633	463	393
四川	Sichuan	123	137	431	1050	1315	1427	1429	1574	1603	1660	1563
贵州	Guizhou	27	72	269	467	704	513	586	584	622	648	537
云南	Yunnan	35	57	371	832	891	1086	1184	1073	1364	1005	689
西藏	Tibet	9	10	15	53	64	90	167	229	154	189	285
陕西	Shaanxi	42	106	301	1043	1235	1343	1786	1676	1697	1803	1799
甘肃	Gansu	34	65	142	667	638	851	1094	1138	826	683	357
青海	Qinghai	22	30	86	141	232	295	397	429	511	497	410
宁夏	Ningxia	12	19	104	351	414	422	439	606	786	673	549
新疆	Xinjiang	107	180	375	988	1233	1491	2101	2603	2998	1886	1344

2-12 分地区煤炭采选业投资
Investment in Coal Mining and Processing by Region

单位：亿元 (100 million yuan)

地 区	Region	1995	2000	2005	2010	2011	2012	2013	2014	2015	2016	2017
北 京	Beijing	0.62	0.21	0.43	2.62	2.70		2.39	1.29	0.12		
天 津	Tianjin		0.08			3.74					0.74	0.70
河 北	Hebei	17.10	19.96	43.36	114.13	135.02	164.20	143.54	127.13	111.85	51.31	44.98
山 西	Shanxi	47.33	36.53	258.75	929.51	1240.24	1352.22	1157.95	1078.08	1047.05	769.18	374.90
内蒙古	Inner Mongolia	35.28	2.82	109.54	528.36	588.66	674.38	852.20	863.77	508.98	452.82	590.03
辽 宁	Liaoning	6.09	7.96	25.05	69.90	62.36	72.29	50.10	49.95	24.78	7.94	5.52
吉 林	Jilin	3.00	0.89	9.02	59.86	88.11	97.65	56.31	40.09	45.61	57.84	24.77
黑龙江	Heilongjiang	14.29	11.46	40.71	201.12	171.66	207.86	193.18	101.07	96.76	82.16	98.44
上 海	Shanghai											
江 苏	Jiangsu	6.16	5.52	13.36	17.45	13.91	17.91	5.61	15.67	3.77	14.04	7.64
浙 江	Zhejiang	0.12		0.34			0.19	0.18	0.55	0.05	0.07	0.10
安 徽	Anhui	34.70	14.19	106.81	194.03	142.04	206.04	145.90	126.34	110.46	50.17	50.07
福 建	Fujian	1.48	1.35	4.54	18.90	43.66	62.19	90.23	75.03	107.83	50.30	18.29
江 西	Jiangxi	1.86	0.99	9.37	37.79	78.56	64.76	49.55	47.73	29.21	32.83	23.99
山 东	Shandong	25.26	40.35	148.63	97.25	93.62	79.40	59.89	77.42	75.93	78.73	89.91
河 南	Henan	23.18	18.71	102.88	231.93	296.11	247.61	187.27	145.50	99.98	67.42	124.44
湖 北	Hubei	0.58	0.78	3.93	19.32	45.60	45.92	51.23	39.74	32.03	22.59	17.06
湖 南	Hunan	3.38	1.22	18.42	146.27	182.15	222.98	241.73	252.53	192.77	166.92	119.02
广 东	Guangdong	0.99	0.17	0.02	0.46	0.49			0.60		0.34	
广 西	Guangxi	1.04	0.52	5.18	11.39	21.49	25.20	14.62	12.72	10.08	4.79	3.87
海 南	Hainan	0.01							2.29			
重 庆	Chongqing		1.11	23.70	69.86	89.83	92.03	99.27	81.06	67.78	31.77	14.20
四 川	Sichuan	6.64	2.84	28.74	139.38	252.46	261.05	186.70	174.55	161.35	111.03	92.69
贵 州	Guizhou	6.65	5.31	32.69	171.81	359.97	229.09	248.89	174.53	257.08	329.75	195.69
云 南	Yunnan	3.68	2.07	37.07	74.90	106.37	175.84	227.31	167.20	204.90	155.39	158.76
西 藏	Tibet	0.09					0.20	0.71	0.03		0.03	0.09
陕 西	Shaanxi	8.73	3.75	36.66	315.98	507.11	593.20	582.38	462.11	381.00	281.19	335.45
甘 肃	Gansu	4.07	4.98	13.01	77.04	111.89	138.49	168.30	117.08	87.63	43.64	28.84
青 海	Qinghai	0.24	0.01	2.56	9.41	14.39	23.80	34.30	41.17	33.73	16.53	11.26
宁 夏	Ningxia	5.37	2.82	33.03	110.69	119.79	143.83	159.29	155.37	72.53	25.12	131.16
新 疆	Xinjiang	3.36	2.35	16.02	135.33	135.33	171.89	203.54	253.87	243.39	133.05	86.52

2-13 分地区石油和天然气开采业投资
Investment in Petroleum and Natural Gas Extraction by Region

单位：亿元 (100 million yuan)

地 区	Region	1995	2000	2005	2010	2011	2012	2013	2014	2015	2016	2017
北 京	Beijing			0.03	0.12	0.14		1.11	0.61			
天 津	Tianjin	30.77	60.14	123.41	306.39	219.77	172.02	286.57	303.82	261.70	101.13	169.61
河 北	Hebei	3.06	3.35	24.89	33.51	36.79	26.81	39.65	40.70	33.64	30.71	19.01
山 西	Shanxi				21.62	65.68	88.31	111.63	140.64	124.07	63.01	32.15
内蒙古	Inner Mongolia		0.70	22.15	196.58	96.48	53.64	141.31	159.06	42.55	115.61	111.50
辽 宁	Liaoning	54.91	67.50	94.90	145.80	110.40	90.71	131.46	95.98	85.03	47.77	94.33
吉 林	Jilin	17.40	22.20	66.39	242.42	160.13	228.44	177.90	253.73	295.11	173.53	159.04
黑龙江	Heilongjiang	103.85	139.44	166.44	339.90	350.32	312.55	338.93	306.98	271.80	200.88	232.06
上 海	Shanghai	0.07	2.17	1.68	0.33	0.57						
江 苏	Jiangsu	6.28	10.74	12.57	27.35	15.01	28.20	32.14	35.89	44.27	17.28	27.05
浙 江	Zhejiang										0.16	
安 徽	Anhui			0.02	1.63	1.04	0.66	2.04	3.40	0.87	0.60	0.78
福 建	Fujian		0.10						11.89			
江 西	Jiangxi											
山 东	Shandong	79.97	132.95	117.68	219.15	289.60	283.62	289.08	298.87	307.88	133.25	157.94
河 南	Henan	26.10	43.95	55.37	71.46	59.03	59.54	50.28	42.13	31.45	15.67	19.02
湖 北	Hubei	3.77	13.20	12.85	3.64	4.45	0.56	3.20	0.82	1.09	5.11	6.80
湖 南	Hunan				0.44	2.11		0.30		1.08		0.40
广 东	Guangdong	6.28	4.41	10.24	12.35	30.87	28.15	89.18	135.52	23.74	42.48	63.94
广 西	Guangxi	0.04		0.16	1.75	4.94	0.35	1.90	2.24	4.88	1.45	2.73
海 南	Hainan	3.62	5.00		0.27	11.43	3.01	3.30	5.72	1.36	4.83	5.77
重 庆	Chongqing		0.34	0.68	8.95	23.46	12.19	33.00	115.01	138.93	75.65	58.37
四 川	Sichuan	24.23	11.63	15.90	10.48		6.19	13.46	14.35	129.76	92.03	145.37
贵 州	Guizhou		0.10	0.52		1.08				1.44	15.99	34.50
云 南	Yunnan		0.03	0.02	0.78	0.17						
西 藏	Tibet			0.02						0.28	0.24	
陕 西	Shaanxi	3.16	23.98	95.71	256.04	301.25	299.49	502.79	394.27	473.74	274.48	238.47
甘 肃	Gansu	4.29	6.57	6.11	11.72	20.98	75.24	115.70	121.20	67.12	25.83	12.14
青 海	Qinghai	6.00	16.92	30.73	39.44	34.51	39.92	62.34	59.85	49.35	48.56	47.33
宁 夏	Ningxia				1.58	0.95	0.86	8.03	4.52	14.31	2.13	1.50
新 疆	Xinjiang	85.85	129.38	262.06	387.93	431.36	440.50	525.30	605.64	543.10	357.54	402.82

2-14 分地区电力、蒸汽、热水生产和供应业投资
Investment in Electricity, Steam, Hot Water Production and Supply by Region

单位：亿元 (100 million yuan)

地区	Region	1995	2000	2005	2010	2011	2012	2013	2014	2015	2016	2017
北京	Beijing	46	38	93	110	114	160	177	231	169	188	344
天津	Tianjin	22	34	40	173	175	226	226	186	249	261	276
河北	Hebei	54	166	283	543	598	558	593	756	1105	1476	1408
山西	Shanxi	22	105	246	418	463	501	551	828	1126	1004	663
内蒙古	Inner Mongolia	33	35	603	1152	865	786	940	1457	1387	1506	1075
辽宁	Liaoning	50	89	116	637	498	502	523	547	375	244	478
吉林	Jilin	20	55	77	424	309	345	348	351	359	384	395
黑龙江	Heilongjiang	26	67	103	351	278	427	341	342	252	262	335
上海	Shanghai	58	89	120	148	105	111	116	145	132	147	140
江苏	Jiangsu	69	187	510	308	433	619	714	761	1171	1328	1321
浙江	Zhejiang	60	204	436	391	473	541	642	740	776	827	893
安徽	Anhui	27	65	166	276	240	325	377	405	576	777	956
福建	Fujian	58	121	222	426	456	499	566	684	630	845	772
江西	Jiangxi	21	56	106	191	182	164	164	252	370	598	533
山东	Shandong	74	190	373	431	487	536	744	1016	1333	2125	2435
河南	Henan	79	120	303	340	314	310	443	389	711	1340	1504
湖北	Hubei	130	218	244	384	310	291	322	345	484	614	766
湖南	Hunan	53	81	206	294	340	322	363	431	433	481	607
广东	Guangdong	151	167	547	846	735	778	824	867	914	965	1161
广西	Guangxi	25	85	175	280	311	327	347	418	496	676	697
海南	Hainan	14	7	17	54	80	80	75	94	82	91	86
重庆	Chongqing		47	130	193	202	282	289	272	269	269	227
四川	Sichuan	89	118	370	815	885	1046	1104	1236	1111	1225	1071
贵州	Guizhou	20	65	232	269	292	226	285	371	339	268	282
云南	Yunnan	31	55	321	708	747	863	844	781	1033	728	467
西藏	Tibet	9	10	15	52	63	87	123	179	152	184	284
陕西	Shaanxi	26	73	138	301	234	268	370	488	616	954	877
甘肃	Gansu	18	50	85	501	437	579	693	795	592	527	276
青海	Qinghai	16	13	52	84	173	225	287	317	420	419	340
宁夏	Ningxia	6	15	69	207	224	209	211	403	663	593	356
新疆	Xinjiang	12	42	55	333	476	649	1021	1257	1873	1117	690

2-15 分地区石油加工及炼焦业投资
Investment in Petroleum Processing and Coking by Region

单位：亿元 (100 million yuan)

地 区	Region	1995	2000	2005	2010	2011	2012	2013	2014	2015	2016	2017
北 京	Beijing	6.95	6.67	12.37	5.85	6.72	8.66	11.39	4.18	1.01	1.69	3.56
天 津	Tianjin	5.17	1.52	8.31	50.96	14.54	26.46	34.18	40.97	20.81	27.00	17.28
河 北	Hebei	5.09	7.65	55.33	155.33	137.03	215.20	308.99	250.13	170.40	278.80	375.44
山 西	Shanxi	2.12	11.89	94.03	96.42	98.43	101.78	197.13	170.22	135.12	110.90	44.78
内蒙古	Inner Mongolia	5.64	0.49	51.09	90.16	158.87	126.10	204.59	228.29	99.76	84.89	104.26
辽 宁	Liaoning	41.89	23.70	78.31	266.88	189.63	230.81	216.05	179.23	146.14	140.67	174.06
吉 林	Jilin	3.15	1.09	3.25	18.34	21.56	30.60	20.57	30.00	17.80	51.93	32.25
黑龙江	Heilongjiang	16.93	6.27	24.55	100.68	126.71	105.79	63.82	32.11	24.43	31.63	33.46
上 海	Shanghai	10.05	17.06	5.54	24.80	26.59	36.86	3.33	7.13	4.46	4.27	13.26
江 苏	Jiangsu	7.12	17.46	11.11	60.64	72.35	116.97	103.26	134.50	160.10	147.14	121.59
浙 江	Zhejiang	8.24	9.86	8.88	21.19	22.41	24.41	47.39	75.79	90.32	88.07	82.71
安 徽	Anhui	15.05	1.46	13.74	25.30	68.47	59.72	30.82	30.79	29.42	35.38	29.96
福 建	Fujian	3.59	1.05	11.82	168.43	111.31	146.29	173.24	84.97	61.07	67.90	118.18
江 西	Jiangxi	1.87	1.76	11.93	15.17	29.29	26.05	62.41	41.75	16.80	24.42	29.77
山 东	Shandong	14.04	26.00	104.50	178.97	201.64	287.25	361.98	529.29	441.69	490.40	542.17
河 南	Henan	1.53	1.76	18.84	74.80	96.29	77.10	69.07	59.16	99.79	88.38	95.81
湖 北	Hubei	9.86	4.97	9.70	83.37	129.38	116.05	85.00	54.84	66.98	36.26	51.07
湖 南	Hunan	2.02	12.47	15.01	34.63	33.06	18.98	23.09	22.43	30.41	25.70	17.52
广 东	Guangdong	11.85	6.96	71.62	55.38	75.50	116.72	143.79	218.20	258.70	270.15	242.86
广 西	Guangxi	0.09	0.14	2.59	63.15	67.69	55.95	85.15	49.24	48.94	27.39	57.70
海 南	Hainan	5.60	0.38	62.65	2.08	1.13	29.30	33.68	38.40	30.32	17.72	12.08
重 庆	Chongqing		0.15	3.09	8.75	7.43	65.53	70.37	147.75	65.94	18.22	8.47
四 川	Sichuan	0.67	0.14	7.15	37.81	101.76	43.39	42.60	46.88	48.84	61.84	78.76
贵 州	Guizhou		0.48	3.18	21.76	38.09	39.35	30.17	13.75	7.47	5.07	5.31
云 南	Yunnan	0.05	0.22	9.62	37.36	29.11	29.54	73.33	97.82	83.92	76.47	9.80
西 藏	Tibet						0.20		1.15	0.15	2.26	0.56
陕 西	Shaanxi	3.48	2.09	26.33	136.15	158.84	129.90	211.11	184.58	135.52	203.26	221.59
甘 肃	Gansu	6.65	2.78	36.65	66.86	48.57	31.04	79.38	61.28	18.76	32.26	14.44
青 海	Qinghai				5.58	6.97	1.35	3.23	4.79	0.91	5.24	2.48
宁 夏	Ningxia	0.25	0.84	2.37	21.64	60.99	56.96	38.53	24.82	21.41	28.14	47.65
新 疆	Xinjiang	5.43	5.25	37.73	106.63	128.10	146.13	211.46	344.04	201.25	212.79	87.96

2-16 分地区煤气生产和供应业投资
Investment in Gas Production and Supply by Region

单位：亿元 (100 million yuan)

地 区	Region	1995	2000	2005	2010	2011	2012	2013	2014	2015	2016	2017
北 京	Beijing	4.04	12.50	11.12	15.10	16.98	23.86	38.14	21.31	11.25	33.12	69.90
天 津	Tianjin	1.10	3.90	6.21	15.70	18.06	22.84	44.34	65.39	58.97	31.88	29.03
河 北	Hebei	0.59	3.15	10.83	36.97	56.26	87.30	117.05	122.14	221.93	216.07	322.51
山 西	Shanxi	1.07	3.45	3.66	55.63	51.87	69.34	80.29	95.94	149.89	173.90	67.08
内蒙古	Inner Mongolia	0.14	0.78	4.17	126.19	194.54	186.29	192.44	178.80	93.87	72.46	129.56
辽 宁	Liaoning	1.55	2.25	6.64	71.63	99.51	163.59	173.67	97.23	69.52	11.05	16.45
吉 林	Jilin	0.91	1.07	4.69	29.56	37.29	37.06	59.47	83.35	67.33	68.95	71.91
黑龙江	Heilongjiang	2.61	1.36	1.13	21.18	55.52	59.69	54.25	53.43	34.94	48.71	35.73
上 海	Shanghai	12.98	6.88	11.60	24.95	12.37	11.89	22.74	12.80	8.10	12.14	4.92
江 苏	Jiangsu	1.88	2.19	12.46	65.18	64.24	57.61	52.32	72.15	75.82	77.90	92.22
浙 江	Zhejiang	1.77	1.59	33.32	17.07	33.32	57.34	66.23	64.77	52.72	82.93	54.18
安 徽	Anhui	0.94	0.82	8.18	30.26	29.07	32.45	50.24	48.75	40.25	46.94	43.86
福 建	Fujian	0.26	2.12	8.59	23.87	18.70	20.65	47.75	89.62	63.54	45.92	40.20
江 西	Jiangxi	0.79	0.69	5.53	37.47	40.81	43.28	73.84	26.58	48.03	55.23	35.60
山 东	Shandong	2.37	3.99	20.68	46.49	61.00	88.69	104.14	125.02	173.13	122.63	157.97
河 南	Henan	3.24	3.92	17.36	55.34	61.49	90.20	118.70	127.85	211.96	151.35	178.70
湖 北	Hubei	1.30	2.35	16.36	22.19	29.40	36.88	50.11	69.58	59.64	81.35	87.09
湖 南	Hunan	1.17	1.11	9.39	20.84	44.48	43.41	48.52	67.84	74.95	70.40	83.48
广 东	Guangdong	4.11	3.67	45.24	51.72	49.60	75.96	90.67	88.99	85.51	71.59	73.07
广 西	Guangxi	0.11	1.77	4.08	10.89	15.30	64.66	111.12	77.11	102.36	101.93	48.60
海 南	Hainan	0.76	2.08	2.70	4.26	8.62	11.19	15.21	27.30	12.98	0.55	2.30
重 庆	Chongqing		1.53	5.90	36.00	20.70	31.16	83.48	63.82	91.92	68.77	84.44
四 川	Sichuan	2.44	3.92	9.05	47.25	75.05	71.02	82.77	102.49	151.73	170.49	175.90
贵 州	Guizhou	0.20	0.98	1.20	4.81	13.14	18.45	21.34	24.85	16.92	29.64	19.91
云 南	Yunnan	0.41	0.20	3.33	10.44	9.16	17.65	38.96	26.71	42.53	44.61	53.02
西 藏	Tibet			0.01	0.64	0.77	2.04	43.46	49.27	1.08	2.62	0.87
陕 西	Shaanxi	0.78	2.83	3.90	33.87	33.93	52.37	120.08	147.22	90.60	90.12	127.34
甘 肃	Gansu	0.61	0.36	1.46	10.57	19.60	27.67	37.13	43.47	60.44	54.13	25.70
青 海	Qinghai		0.01	0.86	3.26	3.35	5.45	10.38	6.70	7.52	7.16	8.85
宁 夏	Ningxia	0.09	1.01	0.39	9.84	7.98	10.50	21.91	18.39	14.69	24.03	12.34
新 疆	Xinjiang	0.29	1.21	4.61	25.04	62.32	84.20	139.49	142.69	137.36	66.24	77.04

三、能源生产

Chapter 3　Energy Production

3-1 一次能源生产量和构成
Primary Energy Production and Composition

年 份 Year	电热当量计算法 calorific value calculation						
	一次能源生产量(万吨标准煤) Primary Energy Production (10^4 tce)	占能源生产总量的比重(%) As percentage of primary energy production (%)					
		原 煤 Raw Coal	原 油 Crude Oil	天然气 Natural Gas	一次电力及其他能源 Primary Electricty and Other Energy	#水电 Hydro Power	#核电 Nuclear Power
1980	62046	71.4	24.4	3.0	1.2	1.2	-
1981	61364	72.4	23.6	2.7	1.3	1.3	-
1982	64686	73.5	22.6	2.5	1.4	1.4	-
1983	68877	74.1	22.0	2.4	1.5	1.5	-
1984	75493	74.7	21.7	2.2	1.4	1.4	-
1985	83005	75.1	21.5	2.1	1.3	1.3	-
1986	85523	74.7	21.8	2.1	1.4	1.4	-
1987	88524	74.9	21.6	2.1	1.4	1.4	-
1988	92809	75.5	21.1	2.0	1.4	1.4	-
1989	98418	76.5	20.0	2.0	1.5	1.5	-
1990	100487	76.8	19.7	2.0	1.5	1.5	-
1991	101490	76.5	19.9	2.1	1.5	1.5	-
1992	103771	76.9	19.6	2.0	1.5	1.5	-
1993	107059	76.8	19.4	2.2	1.8	1.8	
1994	114009	77.7	18.3	2.3	2.2	2.1	0.1
1995	123519	78.7	17.4	1.9	2.0	1.9	0.1
1996	127404	78.3	17.6	2.1	2.0	1.8	0.1
1997	127431	77.8	18.0	2.2	2.0	1.9	0.1
1998	123713	76.9	18.6	2.3	2.2	2.1	0.1
1999	126264	77.2	18.1	2.7	2.1	1.9	0.2
2000	132384	76.3	17.6	2.7	3.4	2.1	0.2
2001	139928	76.5	16.7	2.9	3.9	2.4	0.2
2002	148450	77.0	16.1	2.9	4.0	2.4	0.2
2003	170305	79.3	14.2	2.7	3.8	2.0	0.3
2004	196418	80.5	12.8	2.8	3.9	2.2	0.3
2005	218355	81.2	11.9	3.0	3.9	2.2	0.3
2006	233269	81.4	11.3	3.3	4.0	2.3	0.3
2007	251772	81.6	10.6	3.7	4.1	2.4	0.3
2008	262992	81.0	10.3	4.1	4.6	2.7	0.3
2009	271067	81.0	10.0	4.2	4.8	2.8	0.3
2010	294807	80.7	9.8	4.3	5.2	3.0	0.3
2011	323045	81.9	9.0	4.3	4.8	2.7	0.3
2012	330203	81.0	9.0	4.4	5.6	3.2	0.4
2013	336452	80.4	8.9	4.7	6.0	3.4	0.4
2014	336149	79.2	9.0	5.0	6.8	3.9	0.5
2015	333505	78.2	9.2	5.3	7.3	4.2	0.6
2016	315131	76.7	9.0	5.7	8.6	4.7	0.8
2017	325829	76.6	8.4	6.0	9.0	4.5	0.9

3-1 续表 Continued

年 份 Year	发电煤耗计算法 coal equivalent calculation						
	一次能源生产量(万吨标准煤) Primary Energy Production (10^4 tce)	占能源生产总量的比重 (%) As percentage of primary energy production (%)					
		原 煤 Raw Coal	原 油 Crude Oil	天然气 Natural Gas	一次电力及其他能源 Primary Electricty and Other Energy	#水电 Hydro Power	#核电 Nuclear Power
1980	63735	69.4	23.8	3.0	3.8	3.8	-
1981	63227	70.2	22.9	2.7	4.2	4.2	-
1982	66778	71.3	21.8	2.4	4.5	4.5	-
1983	71270	71.6	21.3	2.3	4.8	4.8	-
1984	77855	72.4	21.0	2.1	4.5	4.5	-
1985	85546	72.8	20.9	2.0	4.3	4.3	-
1986	88124	72.4	21.2	2.1	4.3	4.3	-
1987	91266	72.6	21.0	2.0	4.4	4.4	-
1988	95801	73.1	20.4	2.0	4.5	4.5	-
1989	101639	74.1	19.3	2.0	4.6	4.6	-
1990	103922	74.2	19.0	2.0	4.8	4.8	-
1991	104844	74.1	19.2	2.0	4.7	4.7	-
1992	107256	74.3	18.9	2.0	4.8	4.8	-
1993	111059	74.0	18.7	2.0	5.3	5.2	0.1
1994	118729	74.6	17.6	1.9	5.9	5.4	0.5
1995	129034	75.3	16.6	1.9	6.2	5.8	0.4
1996	133032	75.0	16.9	2.0	6.1	5.7	0.4
1997	133460	74.3	17.2	2.1	6.5	6.0	0.4
1998	129834	73.3	17.7	2.2	6.8	6.4	0.4
1999	131935	73.9	17.3	2.5	6.3	5.9	0.4
2000	138570	72.9	16.8	2.6	7.7	6.1	0.5
2001	147425	72.6	15.9	2.7	8.8	7.1	0.4
2002	156277	73.1	15.3	2.8	8.8	6.8	0.6
2003	178299	75.7	13.6	2.6	8.1	5.8	0.9
2004	206108	76.7	12.2	2.7	8.4	6.2	0.9
2005	229037	77.4	11.3	2.9	8.4	6.2	0.8
2006	244763	77.5	10.8	3.2	8.5	6.3	0.8
2007	264173	77.8	10.1	3.5	8.6	6.3	0.8
2008	277419	76.8	9.8	3.9	9.5	7.1	0.8
2009	286092	76.8	9.4	4.0	9.8	7.1	0.8
2010	312125	76.2	9.3	4.1	10.4	7.4	0.8
2011	340178	77.8	8.5	4.1	9.6	6.5	0.8
2012	351041	76.2	8.5	4.1	11.2	7.8	0.9
2013	358784	75.4	8.4	4.4	11.8	8.0	1.0
2014	361866	73.6	8.4	4.7	13.3	9.1	1.1
2015	361476	72.2	8.5	4.8	14.5	9.6	1.4
2016	346037	69.8	8.2	5.2	16.8	10.5	1.9
2017	358500	69.6	7.6	5.4	17.4	10.0	2.1

3-2 分地区原煤生产量
Raw Coal Production by Region

单位：万吨 (10^4 tons)

地 区	Region	2014	2015	2016	2017
北 京	Beijing	457.49	450.12	317.64	255.02
天 津	Tianjin				
河 北	Hebei	7345.44	7437.05	6484.32	6019.95
山 西	Shanxi	92793.65	96679.95	83043.72	87221.36
内蒙古	Inner Mongolia	99391.26	90957.05	84558.88	90597.26
辽 宁	Liaoning	5001.07	4752.33	4169.68	3630.22
吉 林	Jilin	3100.23	2634.44	1684.06	1638.77
黑龙江	Heilongjiang	7059.27	6551.11	5890.46	6195.75
上 海	Shanghai				
江 苏	Jiangsu	2019.20	1918.90	1367.91	1278.47
浙 江	Zhejiang				
安 徽	Anhui	12803.86	13404.17	12235.61	11724.38
福 建	Fujian	1589.45	1590.95	1383.91	1129.54
江 西	Jiangxi	2813.70	2270.69	1556.75	938.92
山 东	Shandong	14684.29	14220.16	12817.63	13159.65
河 南	Henan	14415.64	13595.94	11946.76	11750.64
湖 北	Hubei	1057.20	859.89	593.88	315.50
湖 南	Hunan	5553.81	3558.60	2787.18	1938.02
广 东	Guangdong				
广 西	Guangxi	615.43	425.45	432.50	442.68
海 南	Hainan				
重 庆	Chongqing	3884.09	3561.83	2437.01	1194.20
四 川	Sichuan	7662.79	6406.47	6164.83	4798.51
贵 州	Guizhou	18508.31	17204.99	16850.64	16343.80
云 南	Yunnan	4740.86	5184.45	4586.88	4674.98
西 藏	Tibet				
陕 西	Shaanxi	52225.60	52576.25	51566.15	57102.48
甘 肃	Gansu	4753.03	4399.63	4254.29	3738.45
青 海	Qinghai	1833.36	816.46	787.30	841.74
宁 夏	Ningxia	8563.47	7975.80	7069.32	7643.59
新 疆	Xinjiang	14519.50	15221.48	16073.10	17782.30

3-3 分地区焦炭生产量
Coke Production by Region

单位：万吨 (10^4 tons)

地区	Region	1995	2000	2005	2010	2011	2012	2013	2014	2015	2016	2017
北京	Beijing	401	402	344	161							
天津	Tianjin	175	171	361	238	234	229	260	229	196	205	158
河北	Hebei	938	792	2613	5046	6290	6701	6382	5614	5481	5312	4814
山西	Shanxi	5298	4967	7981	8505	9010	8608	9022	8766	8040	8186	8383
内蒙古	Inner Mongolia	395	394	1034	2034	2482	2569	3180	3446	3041	2817	3046
辽宁	Liaoning	820	789	1238	1876	2027	2021	2147	2141	2097	2131	2216
吉林	Jilin	136	154	270	411	485	524	489	448	372	315	314
黑龙江	Heilongjiang	190	129	474	957	1011	957	821	803	687	675	761
上海	Shanghai	651	776	762	631	641	633	540	489	534	543	557
江苏	Jiangsu	191	237	576	1394	1855	2052	2253	2396	2433	2527	2060
浙江	Zhejiang	57	60	55	282	292	295	296	297	294	228	229
安徽	Anhui	293	330	488	875	869	899	904	930	958	973	1058
福建	Fujian	39	45	91	143	151	190	167	196	152	127	158
江西	Jiangxi	167	187	401	799	876	810	831	868	815	749	594
山东	Shandong	465	362	1709	3429	3973	4225	4396	4608	4365	4420	3934
河南	Henan	489	355	1381	2572	2417	2361	2766	2898	2942	2920	2291
湖北	Hubei	398	411	678	947	994	922	943	932	920	892	885
湖南	Hunan	215	207	446	582	677	640	652	660	657	667	654
广东	Guangdong	54	54	125	195	194	178	178	193	244	483	591
广西	Guangxi	64	61	223	392	411	420	540	606	586	678	704
海南	Hainan											
重庆	Chongqing		136	223	359	397	332	349	267	218	134	174
四川	Sichuan	708	382	828	1159	1281	1312	1400	1356	1304	1275	1072
贵州	Guizhou	426	134	716	713	685	839	891	762	729	659	510
云南	Yunnan	370	221	1214	1607	1603	1573	1747	1508	1150	1090	964
西藏	Tibet											
陕西	Shaanxi	341	175	591	1571	2172	2894	3475	3835	3658	3921	4050
甘肃	Gansu	95	126	222	244	263	338	458	583	525	509	472
青海	Qinghai	1	2	2	130	168	240	252	133		134	151
宁夏	Ningxia	43	30	117	424	438	577	705	784	758	768	755
新疆	Xinjiang	92	95	249	1188	1377	1441	2137	2235	1662	1574	1591

3-4 分地区原油生产量
Crude Oil Production by Region

单位：万吨 (10⁴ tons)

地 区	Region	1995	2000	2005	2010	2011	2012	2013	2014	2015	2016	2017
北 京	Beijing											
天 津	Tianjin	620.8	764.0	1793.0	3332.7	3187.8	3098.3	3044.5	3074.8	3496.8	3273.3	3102.4
河 北	Hebei	517.0	518.3	562.5	599.0	586.1	584.0	591.0	592.3	580.1	546.0	539.1
山 西	Shanxi											
内蒙古	Inner Mongolia								21.5	45.8	44.9	12.2
辽 宁	Liaoning	1552.7	1401.1	1261.0	950.0	1000.0	1000.0	1001.0	1021.9	1037.1	1017.3	1044.2
吉 林	Jilin	342.7	348.5	550.6	702.3	739.4	810.4	703.7	663.9	665.5	610.7	420.9
黑龙江	Heilongjiang	5601.5	5306.7	4516.0	4004.9	4006.0	4001.5	4001.0	4000.0	3838.6	3656.0	3420.3
上 海	Shanghai		52.7	25.3	8.3	8.1	5.3	7.9	5.7	6.8	6.5	6.8
江 苏	Jiangsu	101.4	155.0	164.7	186.0	189.0	194.5	201.5	206.0	190.5	166.0	156.1
浙 江	Zhejiang											
安 徽	Anhui											
福 建	Fujian											
江 西	Jiangxi											
山 东	Shandong	3006.3	2675.7	2694.5	2786.0	2713.5	2774.7	2726.4	2713.2	2608.0	2295.3	2234.9
河 南	Henan	602.0	562.2	507.2	497.9	485.5	476.6	476.5	470.5	412.1	315.7	282.9
湖 北	Hubei	85.0	75.1	78.1	86.5	79.0	78.9	80.1	79.0	71.0	58.1	55.5
湖 南	Hunan											
广 东	Guangdong	651.0	1393.2	1470.0	1287.1	1152.8	1209.3	1291.8	1245.4	1572.6	1556.3	1435.2
广 西	Guangxi	3.6	3.3	3.4	2.7	2.3	2.3	43.8	58.7	50.5	47.4	44.1
海 南	Hainan	0.1		10.1	20.0	19.7	19.0	26.5	28.5	30.0	29.4	30.0
重 庆	Chongqing											
四 川	Sichuan	17.2	17.3	13.9	15.1	16.2	17.5	22.4	19.2	15.4	10.8	8.7
贵 州	Guizhou											
云 南	Yunnan	10.2		0.1								
西 藏	Tibet											
陕 西	Shaanxi	166.9	746.4	1778.2	3017.3	3225.4	3527.6	3688.0	3767.8	3736.7	3502.4	3489.8
甘 肃	Gansu	267.8	55.3	78.9	58.2	62.6	69.9	72.8	71.2	66.6	40.4	47.0
青 海	Qinghai	121.7	200.0	221.5	186.1	195.0	205.0	214.5	220.0	223.0	221.0	228.0
宁 夏	Ningxia	39.0	139.0		3.1	3.6	2.3	6.1	7.9	13.4	6.2	0.7
新 疆	Xinjiang	1297.8	1848.2	2406.4	2558.2	2615.6	2670.7	2792.5	2875.3	2795.1	2564.9	2591.8

3-5 分地区汽油生产量
Gasoline Production by Region

单位：万吨 (10^4 tons)

地 区	Region	1995	2000	2005	2010	2011	2012	2013	2014	2015	2016	2017
北 京	Beijing	101.95	146.20	170.90	257.10	251.20	261.90	243.31	299.49	297.98	267.26	273.67
天 津	Tianjin	94.02	122.02	145.42	164.60	178.20	183.60	211.31	199.60	245.84	229.06	251.95
河 北	Hebei	135.11	159.04	223.60	270.00	292.80	293.60	304.68	322.21	432.83	475.88	385.86
山 西	Shanxi				3.20	2.80		10.03	2.99	0.34		0.11
内蒙古	Inner Mongolia	23.43		44.99	42.10	34.30	15.30	147.50	151.87	147.91	176.62	176.69
辽 宁	Liaoning	398.22	683.88	965.60	1057.74	1017.43	1088.10	1059.99	1057.66	1128.52	1212.11	1316.49
吉 林	Jilin	147.88	159.45	164.72	163.00	193.50	195.30	201.73	208.23	196.79	211.31	221.16
黑龙江	Heilongjiang	261.72	347.46	384.85	462.90	481.70	463.50	480.71	429.52	480.42	501.92	519.24
上 海	Shanghai	111.00	263.69	263.45	259.70	274.40	305.00	499.24	471.59	537.31	536.12	570.01
江 苏	Jiangsu	108.07	171.53	233.25	286.50	298.50	344.40	451.95	564.26	657.52	698.65	678.17
浙 江	Zhejiang	124.15	178.98	288.69	305.10	315.20	284.53	285.10	308.46	333.27	307.69	352.08
安 徽	Anhui	74.11	79.38	86.00	97.00	96.30	83.00	126.88	230.85	216.55	176.38	243.43
福 建	Fujian	81.49	102.22	95.19	149.60	137.10	170.30	149.38	324.30	391.30	394.15	368.65
江 西	Jiangxi	64.56	82.51	86.10	108.60	100.70	130.60	178.22	173.51	193.79	219.37	208.39
山 东	Shandong	214.88	280.15	474.54	1195.46	1286.30	1525.36	1670.96	2188.35	2650.54	3252.16	3145.30
河 南	Henan	138.68	136.86	127.65	208.00	191.40	239.20	222.47	209.60	163.95	203.62	186.87
湖 北	Hubei	126.32	154.97	178.87	239.80	242.90	241.00	281.34	278.88	317.14	324.13	375.17
湖 南	Hunan	90.38	120.19	122.83	125.50	191.00	240.70	241.34	199.02	228.33	240.18	220.89
广 东	Guangdong	286.47	331.50	367.23	635.70	635.50	674.10	759.68	873.16	885.73	904.67	946.76
广 西	Guangxi	15.09	15.64	19.38	77.30	229.70	300.60	337.39	409.34	432.15	432.04	497.45
海 南	Hainan				263.20	295.20	302.70	233.78	218.06	248.19	233.44	224.41
重 庆	Chongqing											
四 川	Sichuan	5.92	8.42	23.20	57.80	76.20	65.20	74.07	194.80	217.44	256.58	280.34
贵 州	Guizhou											
云 南	Yunnan								2.91	2.08	0.66	103.76
西 藏	Tibet											
陕 西	Shaanxi	49.68	180.13	387.83	572.50	610.80	737.70	745.21	766.18	705.07	621.77	612.73
甘 肃	Gansu	166.84	150.92	229.30	287.90	398.60	375.00	390.18	381.23	395.48	388.28	424.83
青 海	Qinghai	29.48	20.78	29.40	40.80	46.30	42.10	44.89	49.34	53.91	52.47	51.68
宁 夏	Ningxia	23.57	26.91	58.17	76.80	46.50	174.00	205.35	193.54	219.53	259.01	247.59
新 疆	Xinjiang	178.53	211.86	238.06	268.15	233.53	239.28	277.35	320.88	323.63	356.48	392.49

3-6 分地区煤油生产量
Kerosene Production by Region

单位：万吨 (10^4 tons)

地 区	Region	1995	2000	2005	2010	2011	2012	2013	2014	2015	2016	2017
北 京	Beijing	0.26		12.36	116.10	126.40	132.90	99.38	152.31	160.00	149.79	190.77
天 津	Tianjin	8.85	32.57	25.83	81.20	115.00	94.50	130.76	134.14	157.42	125.62	172.09
河 北	Hebei	4.83	12.69	11.94	4.30		0.30	13.72	13.50	44.15	57.90	42.64
山 西	Shanxi											
内蒙古	Inner Mongolia	0.02						2.17	7.75	9.13	14.22	24.00
辽 宁	Liaoning	84.34	231.53	220.00	224.20	222.00	293.30	355.90	380.50	429.10	495.91	504.59
吉 林	Jilin	1.96	1.28						8.79	21.61	28.22	29.54
黑龙江	Heilongjiang	22.27	23.27	19.28	31.50	34.70	42.30	63.97	73.98	68.46	82.14	87.75
上 海	Shanghai	35.84	48.38	144.25	149.30	150.10	165.10	222.69	244.61	292.93	292.39	292.80
江 苏	Jiangsu	50.64	67.21	99.41	165.60	201.30	231.60	244.84	290.39	410.60	434.35	390.89
浙 江	Zhejiang	32.31	107.28	130.97	154.60	162.90	156.20	208.97	218.77	226.26	213.31	246.55
安 徽	Anhui									0.44	12.98	34.83
福 建	Fujian	3.49	8.64	5.81	94.70	106.80	103.20	79.34	118.40	274.82	359.34	332.32
江 西	Jiangxi	2.14	4.44	4.67			3.20	21.93	24.35	34.17	54.95	57.47
山 东	Shandong	24.89	44.96	34.65	86.70	92.20	114.90	163.50	199.53	200.79	257.86	289.02
河 南	Henan	21.10	17.04	20.07	56.90	47.70	72.10	78.28	72.63	49.48	62.78	62.80
湖 北	Hubei	13.64	16.38	8.85	46.20	51.20	50.90	63.78	84.84	107.75	98.25	120.88
湖 南	Hunan	7.49	8.57	10.99	4.80	12.50	28.30	35.22	38.98	51.69	63.35	64.36
广 东	Guangdong	72.28	147.68	156.29	344.00	366.10	399.10	438.34	535.00	641.13	682.88	713.39
广 西	Guangxi	0.55	0.05	0.01	3.30	18.40	35.10	23.80	90.30	105.67	88.60	112.66
海 南	Hainan				44.60	68.10	78.00	90.57	138.64	150.21	151.19	133.09
重 庆	Chongqing			0.02								
四 川	Sichuan	2.76	4.23	1.44	1.10	0.90	1.20	1.86	0.42	29.07	46.88	46.05
贵 州	Guizhou											
云 南	Yunnan											21.84
西 藏	Tibet											
陕 西	Shaanxi	1.65	8.46		27.70	25.70	30.80	29.84	35.28	33.08	30.25	49.76
甘 肃	Gansu	38.64	55.88	49.61	32.30	31.70	39.40	75.29	63.99	74.21	82.04	108.52
青 海	Qinghai											
宁 夏	Ningxia							7.04	8.65	14.22	19.64	18.70
新 疆	Xinjiang	15.80	31.75	32.14	45.60	46.10	59.00	62.66	65.27	72.25	79.00	83.57

3-7 分地区柴油生产量
Diesel Oil Production by Region

单位：万吨 (10[4] tons)

地区	Region	1995	2000	2005	2010	2011	2012	2013	2014	2015	2016	2017
北京	Beijing	79.20	183.92	199.41	350.40	355.70	319.10	247.15	266.95	208.62	189.57	169.84
天津	Tianjin	119.44	246.82	364.54	602.70	646.00	607.10	659.53	582.43	545.26	450.88	467.73
河北	Hebei	165.81	271.19	403.42	486.90	538.30	547.00	438.50	394.36	497.79	501.92	437.34
山西	Shanxi	0.16			0.20							
内蒙古	Inner Mongolia	20.46		41.01	79.30	93.60	76.40	207.87	214.67	177.29	177.58	192.04
辽宁	Liaoning	677.68	1202.07	1899.60	2379.82	2284.75	2357.95	2391.33	2331.03	2270.88	2044.31	2015.24
吉林	Jilin	99.83	178.81	367.43	322.20	412.90	383.40	387.95	382.09	349.61	349.65	317.87
黑龙江	Heilongjiang	379.68	532.61	627.52	615.50	609.12	573.00	584.50	530.46	534.42	482.28	425.86
上海	Shanghai	129.13	401.30	717.86	773.60	798.90	822.10	859.25	685.12	761.00	708.79	707.14
江苏	Jiangsu	207.31	408.69	725.87	808.30	746.80	678.70	759.08	687.31	718.67	761.14	844.97
浙江	Zhejiang	201.52	387.40	728.09	832.60	870.90	801.80	769.07	713.93	685.23	630.50	671.51
安徽	Anhui	98.87	151.85	177.36	196.00	208.20	180.00	225.14	303.32	280.04	197.47	251.88
福建	Fujian	85.15	161.49	150.34	388.00	253.20	327.70	283.36	559.96	506.29	422.46	388.11
江西	Jiangxi	83.17	127.09	132.53	190.80	193.90	229.00	204.78	179.61	211.92	307.32	288.26
山东	Shandong	328.63	540.04	939.01	2263.86	2463.50	2666.36	2885.08	3244.32	3952.20	4882.10	5083.25
河南	Henan	121.69	213.42	219.02	297.57	274.32	310.60	250.19	191.22	138.43	143.80	176.43
湖北	Hubei	153.05	247.01	329.83	379.60	389.32	354.80	464.28	459.65	450.42	426.58	489.65
湖南	Hunan	104.36	215.53	229.25	215.00	291.60	342.50	322.40	243.25	287.41	258.99	193.40
广东	Guangdong	377.36	654.02	875.28	1531.00	1551.70	1539.90	1580.73	1503.74	1419.41	1376.46	1370.60
广西	Guangxi	14.98	24.92	36.33	145.50	474.80	650.90	595.46	574.82	592.35	528.41	608.97
海南	Hainan				346.00	319.20	294.00	229.70	280.88	331.16	268.26	229.27
重庆	Chongqing				0.60		0.40	0.44				
四川	Sichuan	5.78	11.14	48.52	83.30	86.60	86.00	59.11	313.63	340.91	289.16	291.88
贵州	Guizhou											
云南	Yunnan											156.23
西藏	Tibet											
陕西	Shaanxi	52.93	223.19	513.38	854.40	853.30	921.50	883.97	895.75	841.99	744.20	722.63
甘肃	Gansu	188.59	276.23	535.67	619.90	736.00	685.00	660.54	628.39	584.38	526.28	532.60
青海	Qinghai	20.99	22.63	44.31	56.70	73.00	67.50	65.49	61.97	67.32	63.45	66.90
宁夏	Ningxia	24.92	33.44	76.57	92.30	53.30	182.00	197.66	193.11	205.31	237.21	302.22
新疆	Xinjiang	231.88	364.79	697.27	976.10	1097.40	1059.10	1063.15	1213.38	1049.58	948.91	916.21

3-8 分地区燃料油生产量
Fuel Oil Production by Region

单位：万吨 (10^4 tons)

地区	Region	1995	2000	2005	2010	2011	2012	2013	2014	2015	2016	2017
北京	Beijing	220.31	78.95	75.29	35.08	21.40	18.40	22.76	12.08	4.11	2.79	3.89
天津	Tianjin	142.38	40.60	29.38	62.68	21.90	23.30	19.34	12.16	5.69	2.67	0.64
河北	Hebei	44.26	30.17	25.37	116.94	17.40	25.00	109.49	132.27	123.01	160.31	194.12
山西	Shanxi											
内蒙古	Inner Mongolia	18.85		13.56	30.78	11.20	7.20	9.26	7.97	6.81	5.18	7.96
辽宁	Liaoning	610.43	413.40	466.15	602.36	572.80	454.20	377.60	297.25	194.80	165.79	149.20
吉林	Jilin	85.11	95.59	34.76	36.83	40.00	31.90	27.19	22.48	23.20	28.16	28.68
黑龙江	Heilongjiang	181.28	120.56	44.69	55.38	40.40	46.50	42.73	53.70	44.27	26.68	17.73
上海	Shanghai	290.40	139.03	119.67	29.57	29.30	17.30	40.79	42.94	27.82	21.70	12.99
江苏	Jiangsu	162.04	136.29	159.43	187.61	232.40	284.00	281.16	317.74	300.12	365.01	320.70
浙江	Zhejiang	78.33	123.40	109.76	134.66	157.80	115.50	104.12	98.85	110.50	108.74	139.63
安徽	Anhui	48.48	10.68	8.30	12.44	7.90	6.00	4.60	4.60	1.81	1.23	0.53
福建	Fujian	10.44	10.01	8.86	2.60	3.70	4.30	21.75	53.48	68.75	35.81	29.79
江西	Jiangxi	43.27	54.27	39.53	20.89	7.80	4.30	5.38	1.40	0.20		0.24
山东	Shandong	334.33	274.66	602.62	365.19	327.90	398.40	871.47	917.81	928.84	1192.75	1245.07
河南	Henan	19.56	30.42	40.02	17.20	14.70	14.50	43.65	49.78	41.55	26.22	12.07
湖北	Hubei	95.49	40.24	28.38	21.93	21.30	16.20	12.06	10.31	7.77	1.89	1.76
湖南	Hunan	55.29	33.95	31.55	22.66	24.00	25.10	55.67	53.53	24.87	5.27	4.53
广东	Guangdong	214.73	186.13	248.08	156.38	130.80	192.20	333.01	254.55	190.92	204.66	186.12
广西	Guangxi	3.60	4.37	9.16	30.82	60.80	72.70	63.92	31.17	19.41	17.63	6.30
海南	Hainan		9.45	4.36	27.04	36.70	33.70	17.02	24.86	24.23	80.45	50.51
重庆	Chongqing			0.06			5.20					
四川	Sichuan	3.58	4.10		14.39	26.20	27.30	27.90	40.72	49.51	46.04	30.59
贵州	Guizhou							0.05				
云南	Yunnan	0.58										7.57
西藏	Tibet											
陕西	Shaanxi	55.64	41.54	83.69	85.30	30.90	61.80	21.64	18.68	23.32	12.41	157.08
甘肃	Gansu	101.21	91.65	39.57	20.57	15.50	19.80	22.67	25.11	16.92	6.78	2.28
青海	Qinghai	19.72	6.39	2.11	3.34	4.20	4.10	4.25	3.81	3.50	3.93	4.10
宁夏	Ningxia	10.24	10.54	3.23	3.10	1.70	9.90	7.71	7.67	25.64	19.95	25.92
新疆	Xinjiang	111.22	67.26	33.61	19.33	10.10	10.30	47.14	46.77	45.44	44.84	53.36

3-9 分地区天然气生产量
Natural Gas Production by Region

单位：亿立方米 (10⁸ cu.m)

地 区	Region	1995	2000	2005	2010	2011	2012	2013	2014	2015	2016	2017
北 京	Beijing							7.50	12.80	16.88	21.68	15.41
天 津	Tianjin	7.57	9.10	8.79	17.20	18.40	18.70	18.73	21.15	20.54	19.69	21.50
河 北	Hebei	3.49	5.14	6.92	12.70	12.20	13.40	15.58	17.50	10.43	7.78	7.39
山 西	Shanxi	0.47	1.14	3.24				25.11	31.60	43.08	43.22	46.76
内蒙古	Inner Mongolia		4.55					10.04	15.45	9.24	0.27	0.19
辽 宁	Liaoning	21.12	14.70	11.72	8.00	7.20	7.20	8.32	8.11	6.59	5.52	5.11
吉 林	Jilin	1.83	2.05	5.40	13.70	15.00	22.20	23.91	22.28	20.31	19.77	18.58
黑龙江	Heilongjiang	25.91	23.04	24.43	30.00	31.00	33.70	34.99	35.39	35.82	38.04	40.54
上 海	Shanghai		2.60	6.04	3.30	3.00	2.90	2.35	2.12	1.88	2.02	1.71
江 苏	Jiangsu	0.19	0.24	0.64	0.60	0.50	0.60	0.51	0.52	0.37	1.33	2.94
浙 江	Zhejiang		0.04	0.03								6.14
安 徽	Anhui										3.38	2.60
福 建	Fujian											
江 西	Jiangxi								0.43	0.35	0.23	0.21
山 东	Shandong	12.85	6.88	9.25	5.33	5.20	6.00	5.11	4.92	4.57	4.22	4.15
河 南	Henan	11.38	14.95	17.62	6.72	5.00	5.00	4.93	4.87	4.19	3.30	2.98
湖 北	Hubei	0.76	0.91	1.12	2.00	2.28	1.70	3.09	1.45	1.35	1.31	1.27
湖 南	Hunan											
广 东	Guangdong	1.03	34.60	44.75	78.40	83.30	83.50	75.26	83.66	96.57	79.25	89.23
广 西	Guangxi							0.10	0.16	0.16	0.20	0.21
海 南	Hainan			1.66	1.80	2.00	1.80	2.25	1.58	1.88	1.37	1.10
重 庆	Chongqing		1.94	3.27	1.20	0.46	0.40	1.70	7.78	33.32	51.75	60.70
四 川	Sichuan	76.64	88.60	142.30	237.65	265.53	242.26	244.81	253.53	267.22	296.91	356.39
贵 州	Guizhou		0.70	0.53	0.12			0.41	0.40	0.93	3.41	4.15
云 南	Yunnan	1.81	0.05	0.22	0.06	0.07	0.05	0.02	0.02		0.02	0.04
西 藏	Tibet											
陕 西	Shaanxi	0.22	21.10	75.46	223.50	272.20	311.30	371.65	410.11	415.92	411.91	419.40
甘 肃	Gansu	1.13	0.20	0.84	0.20	0.20	0.20	0.17	0.15	0.08	0.06	0.60
青 海	Qinghai	0.64	3.91	22.26	56.10	65.00	64.28	68.06	68.90	61.37	60.81	64.01
宁 夏	Ningxia	0.62	0.15			3.02	3.33					
新 疆	Xinjiang	11.81	35.38	106.71	249.90	235.33	253.01	283.98	296.70	293.02	291.21	307.04

3-10 分地区发电量
Power Generation by Region

单位：亿千瓦小时 (10⁸ kW•h)

地 区	Region	1995	2000	2005	2010	2011	2012	2013	2014	2015	2016	2017
北 京	Beijing	132	145	213	269	263	291	336	369	421	434	388
天 津	Tianjin	134	211	369	589	621	590	624	626	623	618	611
河 北	Hebei	607	844	1339	1993	2327	2411	2507	2559	2498	2631	2817
山 西	Shanxi	506	620	1312	2151	2344	2546	2641	2679	2449	2535	2824
内蒙古	Inner Mongolia	279	439	1057	2489	2973	3172	3567	3977	3929	3950	4436
辽 宁	Liaoning	540	646	904	1295	1370	1441	1554	1656	1665	1779	1829
吉 林	Jilin	285	314	433	605	710	692	779	781	731	760	800
黑龙江	Heilongjiang	388	427	596	777	835	849	839	889	874	900	917
上 海	Shanghai	403	553	734	876	949	886	959	793	793	807	859
江 苏	Jiangsu	700	910	2120	3359	3763	4001	4321	4346	4361	4709	4915
浙 江	Zhejiang	401	625	1456	2568	2777	2808	2942	2898	3011	3198	3312
安 徽	Anhui	310	355	648	1444	1635	1771	1970	2074	2062	2253	2456
福 建	Fujian	262	404	778	1356	1580	1623	1777	1907	1901	2007	2201
江 西	Jiangxi	176	203	373	664	730	728	875	882	982	1085	1129
山 东	Shandong	739	1005	1911	3043	3169	3212	3549	4655	4685	5329	5163
河 南	Henan	548	695	1415	2192	2585	2643	2864	2741	2625	2653	2740
湖 北	Hubei	453	559	1290	2043	2086	2238	2237	2351	2341	2479	2615
湖 南	Hunan	333	354	644	1226	1347	1398	1356	1337	1314	1385	1435
广 东	Guangdong	821	1293	2279	3237	3802	3764	3875	4013	4035	4170	4503
广 西	Guangxi	217	289	446	1032	1039	1186	1266	1336	1300	1347	1401
海 南	Hainan	32	39	82	153	173	199	231	245	261	288	299
重 庆	Chongqing		168	254	504	582	598	630	678	680	701	728
四 川	Sichuan	576	500	1019	1795	1981	2151	2631	3095	3130	3274	3480
贵 州	Guizhou	232	405	798	1386	1379	1618	1678	1746	1815	1904	1899
云 南	Yunnan	228	298	624	1365	1555	1759	2181	2526	2553	2693	2955
西 藏	Tibet	5	7	13	21	27	26	29	36	45	54	56
陕 西	Shaanxi	237	272	549	1112	1222	1342	1512	1630	1623	1757	1814
甘 肃	Gansu	238	254	506	792	1028	1103	1202	1241	1242	1214	1349
青 海	Qinghai	60	134	216	468	463	584	611	581	566	553	627
宁 夏	Ningxia	108	137	313	587	939	1010	1105	1196	1155	1144	1381
新 疆	Xinjiang	120	182	310	679	875	1237	1668	2100	2479	2719	3011

3-11 分地区水力发电量
Hydro Power Generation by Region

单位：亿千瓦小时 (10[8] kW•h)

地 区	Region	1995	2000	2005	2010	2011	2012	2013	2014	2015	2016	2017
北 京	Beijing	3.18	8.64	4.71	4.40	4.48	4.38	4.72	6.82	6.64	12.29	11.32
天 津	Tianjin	0.21	0.14					0.20	0.18	0.16	0.03	0.07
河 北	Hebei	12.63	4.70	5.61	5.55	7.25	4.70	10.93	11.00	9.98	22.26	18.64
山 西	Shanxi	7.11	13.04	20.32	36.63	34.63	43.79	38.87	33.06	29.26	37.50	42.22
内蒙古	Inner Mongolia	1.43	5.59	11.55	16.29	12.21	17.66	19.74	37.49	36.42	27.48	19.99
辽 宁	Liaoning	41.71	14.89	56.73	43.98	31.69	38.24	61.11	41.80	32.28	47.03	34.53
吉 林	Jilin	83.16	47.84	78.30	105.50	62.90	65.78	118.48	72.55	58.42	82.42	67.09
黑龙江	Heilongjiang	6.69	13.19	14.70	22.53	17.02	16.34	30.52	20.04	16.86	16.87	18.62
上 海	Shanghai											
江 苏	Jiangsu	0.35	0.13	2.66	2.98	2.02	11.22	11.09	11.65	11.69	17.35	29.02
浙 江	Zhejiang	78.25	65.23	135.11	230.85	161.72	187.01	173.28	176.18	229.06	274.41	198.73
安 徽	Anhui	11.39	4.58	12.52	18.85	17.90	19.60	34.15	40.51	48.67	63.17	52.97
福 建	Fujian	154.91	195.22	291.00	453.69	285.20	476.20	402.68	454.40	466.07	644.39	454.61
江 西	Jiangxi	55.13	53.50	67.88	117.85	79.82	111.66	128.93	138.16	178.31	198.53	144.17
山 东	Shandong	0.40	0.03	1.30	2.14	2.03	1.23	3.45	5.19	7.77	13.92	6.26
河 南	Henan	15.64	15.52	67.91	91.67	103.42	136.72	114.71	98.95	110.16	95.54	102.32
湖 北	Hubei	258.82	281.40	813.65	1263.83	1163.89	1415.34	1202.96	1375.99	1328.47	1410.72	1499.39
湖 南	Hunan	157.97	191.15	241.28	502.53	459.03	602.70	507.14	559.86	572.52	621.51	597.37
广 东	Guangdong	131.10	106.11	207.74	348.86	331.03	367.31	388.81	407.14	436.76	443.34	307.65
广 西	Guangxi	138.30	168.87	195.82	475.26	415.49	541.56	488.95	654.52	749.31	654.38	629.34
海 南	Hainan	11.32	11.54	10.64	13.34	12.55	15.36	23.93	24.55	11.39	19.13	20.81
重 庆	Chongqing		38.22	67.32	169.25	184.27	244.75	177.32	240.20	229.44	247.18	250.99
四 川	Sichuan	259.79	315.11	653.35	1213.42	1364.02	1562.46	2002.01	2501.14	2667.64	2852.07	3041.20
贵 州	Guizhou	114.90	183.44	213.35	416.58	355.00	582.05	477.80	683.96	789.22	733.73	699.91
云 南	Yunnan	162.05	196.53	349.19	814.12	1007.43	1238.23	1656.34	2058.76	2177.57	2278.15	2493.43
西 藏	Tibet	3.04	5.54	12.10	15.85	20.62	18.98	19.75	29.03	39.51	48.78	48.29
陕 西	Shaanxi	25.43	34.80	50.54	87.24	99.63	88.91	110.87	116.89	134.26	125.14	142.13
甘 肃	Gansu	96.18	102.54	165.57	262.32	252.00	294.67	332.98	354.18	335.98	313.51	374.15
青 海	Qinghai	42.57	107.69	160.58	371.11	370.87	455.50	435.49	391.28	364.33	300.85	334.22
宁 夏	Ningxia	9.30	8.18	16.41	18.02	16.75	19.06	18.76	17.46	15.53	14.02	15.45
新 疆	Xinjiang	22.82	30.83	42.33	97.08	114.58	139.66	206.95	165.91	209.05	224.75	243.50

3-12 分地区火力发电量
Thermal Power Generation by Region

单位：亿千瓦小时 (10⁸ kW•h)

地 区	Region	1995	2000	2005	2010	2011	2012	2013	2014	2015	2016	2017
北 京	Beijing	128.18	136.62	209.80	261.80	255.50	283.20	327.88	359.04	411.16	417.76	372.25
天 津	Tianjin	131.58	211.35	365.69	559.60	619.52	587.32	619.05	619.84	615.45	611.51	603.41
河 北	Hebei	593.72	839.53	1332.17	1926.28	2214.67	2246.36	2334.06	2368.85	2291.62	2372.47	2484.51
山 西	Shanxi	498.85	607.27	1291.65	2104.00	2301.73	2456.14	2551.32	2576.32	2330.26	2362.85	2589.12
内蒙古	Inner Mongolia	277.11	432.09	1042.28	2226.55	2639.00	2845.29	3167.64	3522.75	3427.49	3374.88	3750.33
辽 宁	Liaoning	496.63	628.00	845.00	1204.04	1260.40	1304.35	1333.65	1369.64	1357.71	1399.56	1408.90
吉 林	Jilin	201.45	265.48	354.16	463.29	591.97	577.62	606.13	647.82	597.05	592.28	642.85
黑龙江	Heilongjiang	381.30	413.54	581.13	720.35	771.57	765.88	732.66	795.87	790.43	803.48	805.77
上 海	Shanghai	401.93	553.09	728.74	864.79	946.00	882.45	951.51	789.53	787.55	800.14	841.99
江 苏	Jiangsu	698.42	909.57	2114.03	3166.32	3562.63	3779.05	4099.24	4093.76	4104.31	4403.02	4529.84
浙 江	Zhejiang	300.67	539.18	1094.64	2075.47	2323.10	2258.60	2412.80	2354.49	2259.86	2374.01	2554.51
安 徽	Anhui	297.94	350.87	636.37	1420.18	1609.86	1744.11	1928.35	2017.84	1988.11	2134.69	2318.32
福 建	Fujian	106.60	208.45	486.88	890.43	1272.58	1118.97	1263.03	1268.92	1092.25	900.20	1121.19
江 西	Jiangxi	121.35	149.85	305.61	545.36	648.70	615.04	745.34	734.55	785.61	856.93	939.42
山 东	Shandong	738.83	1005.14	1909.59	3003.60	3128.18	3141.53	3464.17	4528.47	4545.63	5142.88	4913.85
河 南	Henan	532.01	677.76	1346.77	2092.09	2467.24	2489.42	2741.34	2633.91	2498.99	2526.05	2575.94
湖 北	Hubei	193.71	277.73	476.15	752.72	913.63	813.88	1021.59	966.39	993.76	1016.50	1043.10
湖 南	Hunan	174.86	163.27	403.13	723.75	880.78	779.17	841.89	765.69	712.65	723.32	786.52
广 东	Guangdong	583.62	1038.61	1764.53	2487.86	3017.97	2880.99	2973.41	3019.24	2934.43	2971.70	3329.31
广 西	Guangxi	78.99	120.21	250.23	543.73	623.02	639.83	774.21	678.66	544.33	574.49	617.35
海 南	Hainan	20.21	27.51	72.46	137.39	157.24	180.96	200.62	215.10	236.07	199.95	195.45
重 庆	Chongqing		129.68	185.81	333.76	393.50	338.80	450.92	436.45	448.28	449.37	468.89
四 川	Sichuan	316.18	185.13	365.42	570.21	609.42	587.90	628.10	589.62	450.13	397.83	384.45
贵 州	Guizhou	116.64	221.27	584.30	969.05	1024.00	1026.77	1185.44	1045.08	986.64	1114.21	1134.42
云 南	Yunnan	66.37	101.32	274.89	546.25	536.03	493.42	479.30	402.80	277.85	238.04	239.66
西 藏	Tibet	0.25	0.05	0.08	3.82	4.60	4.60	6.76	3.62	1.49	1.82	1.62
陕 西	Shaanxi	211.34	237.48	495.85	1024.89	1122.04	1252.07	1391.71	1490.57	1452.38	1581.48	1586.05
甘 肃	Gansu	141.56	150.98	339.70	502.29	709.90	717.50	734.64	731.51	719.76	704.18	713.92
青 海	Qinghai	17.85	26.10	55.63	97.15	91.80	114.70	134.43	129.86	122.00	152.19	161.19
宁 夏	Ningxia	98.48	128.43	295.19	551.36	909.42	954.70	1011.60	1086.89	1017.09	953.56	1144.39
新 疆	Xinjiang	97.27	149.29	265.48	550.90	731.02	1047.52	1357.29	1758.03	2061.52	2219.36	2368.88

3-13 分地区核能、风力、太阳能发电量
Nuclear,Wind,Solar Power Generation by Region

单位：亿千瓦小时 (10⁸ kW•h)

地 区	Region	核能发电量 (Nuclear Power Generation)			风力发电量 (Wind Power Generation)			太阳能发电量 (Solar Power Generation)		
		2015	2016	2017	2015	2016	2017	2015	2016	2017
北 京	Beijing				2.57	3.27	3.46	0.51	1.07	1.36
天 津	Tianjin				6.28	5.84	5.91	0.03	0.16	1.61
河 北	Hebei				186.18	209.32	257.54	9.47	26.54	56.22
山 西	Shanxi				85.80	120.28	146.06	3.24	14.45	46.54
内蒙古	Inner Mongolia				407.88	464.18	551.43	56.99	83.26	114.19
辽 宁	Liaoning	144.66	199.83	235.98	111.84	128.93	143.50	1.23	3.41	6.17
吉 林	Jilin				72.66	84.66	87.64	0.80	0.91	1.86
黑龙江	Heilongjiang				64.67	79.62	90.70	0.16	0.44	1.22
上 海	Shanghai				4.79	6.70	16.64	0.35	0.45	0.62
江 苏	Jiangsu	166.17	153.73	172.80	59.25	94.12	116.65	19.34	41.15	61.94
浙 江	Zhejiang	496.23	503.64	510.56	16.42	23.42	23.59	7.65	22.17	23.52
安 徽	Anhui				20.57	34.17	39.74	3.74	20.67	45.25
福 建	Fujian	289.97	409.12	560.08	44.97	50.26	62.40	4.71	3.46	2.38
江 西	Jiangxi				11.33	18.77	29.84	2.34	11.13	15.39
山 东	Shandong				102.91	142.51	166.08	21.05	29.96	73.60
河 南	Henan				13.69	18.01	33.29	0.90	13.06	26.91
湖 北	Hubei				17.19	40.40	52.18	1.36	11.40	11.54
湖 南	Hunan				28.35	39.63	45.24	0.37	0.63	4.73
广 东	Guangdong	606.48	703.45	799.87	55.41	47.44	55.07	1.81	4.47	10.55
广 西	Guangxi		102.99	126.81	5.91	13.81	24.29	0.38	0.84	2.69
海 南	Hainan	4.37	60.11	74.59	5.95	6.41	5.47	1.94	2.14	3.01
重 庆	Chongqing				2.09	4.65	6.00			0.55
四 川	Sichuan				10.19	17.90	37.80	1.12	6.06	16.92
贵 州	Guizhou				39.00	55.17	60.15		0.88	4.61
云 南	Yunnan				92.28	155.32	194.40	5.68	21.03	27.58
西 藏	Tibet							2.61	2.88	4.49
陕 西	Shaanxi				27.87	37.46	50.86	8.07	13.34	34.25
甘 肃	Gansu				126.70	136.44	187.60	59.12	60.19	73.48
青 海	Qinghai				6.59	10.01	18.61	72.67	89.91	112.57
宁 夏	Ningxia				80.51	125.47	149.32	40.78	51.34	71.79
新 疆	Xinjiang				147.83	196.55	288.76	59.38	78.47	109.64

3-14 分地区城市天然气供应情况

地 区	Region	供气总量(万立方米) Total Gas Supply (10^4 cu.m)									
		2000	2005	2010	2011	2012	2013	2014	2015	2016	2017
全 国	**National Total**	**821476**	**2104951**	**4875808**	**6787997**	**7950377**	**8882417**	**9643783**	**10407906**	**11717186**	**12637546**
北 京	Beijing	95740	317397	719740	729608	924763	989484	1136874	1444924	1622393	1641696
天 津	Tianjin	23474	68966	169453	169739	256241	281885	301000	306630	341705	422860
河 北	Hebei	4647	25374	106740	193461	214451	244012	257439	314237	366439	485113
山 西	Shanxi	5611	10802	141440	176342	213502	233051	177638	247397	261057	316260
内蒙古	Inner Mongolia		9444	69531	127724	113040	104732	110922	133207	152198	181191
辽 宁	Liaoning	24923	36817	66173	76601	85701	97745	126814	170434	204093	308119
吉 林	Jilin	13162	17333	43462	51758	69697	85834	115404	111432	130251	148205
黑龙江	Heilongjiang	4185	19555	72497	85070	88191	111136	116623	113245	121539	141437
上 海	Shanghai	25974	174962	450032	543314	631126	690885	696093	734776	770332	808141
江 苏	Jiangsu		87634	472309	591493	691763	765869	842071	969799	962542	1087514
浙 江	Zhejiang		10428	118884	148674	191322	230091	328121	319276	386397	484008
安 徽	Anhui	600	11564	112190	138832	171251	199095	219684	234585	285424	311230
福 建	Fujian			51101	66297	95325	112446	132312	148807	159641	197249
江 西	Jiangxi		1051	11263	27004	41910	56127	69115	73570	90645	118153
山 东	Shandong	84065	116691	326931	438016	518344	610755	627532	633917	675242	816265
河 南	Henan	55018	53337	158928	194720	241272	288625	305240	332808	366133	454874
湖 北	Hubei	1	17422	152833	204472	240807	285324	309438	330397	377102	423990
湖 南	Hunan		5632	111757	139137	161274	199746	217162	215488	225562	236293
广 东	Guangdong	339	71597	170266	1183316	1174509	1231702	1291347	1232938	1662579	1247389
广 西	Guangxi		84	10320	13606	16904	22234	28510	38789	48713	69676
海 南	Hainan		6360	14264	16374	17664	25280	27635	29004	23611	24611
重 庆	Chongqing	68049	164614	254021	268790	324965	324336	321485	349378	384521	466511
四 川	Sichuan	388394	598531	525686	564557	568317	590236	610050	627976	688686	718967
贵 州	Guizhou	450	6199	3546	5484	9853	16078	29011	32906	39822	70939
云 南	Yunnan	1533	14500	119	212	1207	2286	4414	7345	16799	28746
西 藏	Tibet		808				13	16	1346	1346	2772
陕 西	Shaanxi	17770	76285	164654	182495	221162	238667	285839	311286	342797	385643
甘 肃	Gansu	78	4100	72917	88100	112098	134044	159230	161907	168571	203741
青 海	Qinghai	2022	63606	61557	65738	111917	118969	129793	133022	136733	146460
宁 夏	Ningxia	56	68193	108485	122647	179132	210854	218700	199279	214980	182460
新 疆	Xinjiang	5385	45665	134711	174413	262670	380880	448271	447797	489334	507035

Basic Statistics on Supply of Natural Gas in Cities by Region

用气人口(万人) Population with Access(10^4 persons)									
2000	2005	2010	2011	2012	2013	2014	2015	2016	2017
2581	**7104**	**17021**	**19028**	**21208**	**23783**	**25973**	**28561**	**30856**	**33934**
295	880	1292	1334	1367	1399	1425	1446	1447	1445
304	412	574	598	637	651	772	847	891	811
31	142	839	919	982	1059	1028	1214	1374	1500
36	50	431	509	584	769	826	897	952	1003
	50	258	287	347	459	505	536	587	623
410	567	797	852	957	1021	996	1068	1155	1417
77	167	290	359	387	424	539	677	674	740
56	104	568	601	638	673	726	747	802	868
67	522	1093	1231	1321	1447	1554	1594	1621	1720
	380	1300	1558	1744	1907	2125	2346	2506	2626
	119	553	644	704	840	937	1005	1170	1445
5	208	636	786	912	976	1083	1184	1264	1342
		274	287	295	347	375	438	491	568
	38	157	259	322	430	474	503	538	685
62	381	1444	1628	1866	2086	2280	2454	2723	3015
186	399	831	931	1095	1307	1449	1591	1652	1865
	264	700	819	945	1106	1175	1283	1414	1574
	62	422	444	562	640	761	852	888	1023
4	79	922	1028	1155	1380	1619	1885	2043	2304
	1	106	133	187	242	266	348	423	479
	21	77	91	105	111	128	149	170	187
329	509	861	862	934	955	1071	1181	1296	1357
556	967	1164	1284	1383	1492	1595	1703	1910	2080
2	2	12	24	55	129	138	248	270	337
2	5	37	27	33	38	110	169	256	430
	15				5	8	24	26	24
126	359	547	594	644	713	767	812	877	940
2	118	197	221	252	276	298	372	404	444
4	33	89	100	108	123	127	139	144	158
1	34	108	128	141	178	188	204	216	232
27	220	445	490	548	602	629	648	671	692

3-15 分地区城市人工煤气供应情况

地 区	Region	供气总量(万立方米) Total Gas Supply (10^4 cu.m)									
		2000	2005	2010	2011	2012	2013	2014	2015	2016	2017
全 国	**National Total**	**1523615**	**2558343**	**2799380**	**847256**	**769686**	**627989**	**559513**	**471378**	**440944**	**270882**
北 京	Beijing	47310	20211								
天 津	Tianjin	9882	28803								
河 北	Hebei	45918	78435	89834	84634	89595	71058	56763	53538	73300	69573
山 西	Shanxi	241869	82291	87203	93515	87787	56556	46851	39450	30742	59857
内蒙古	Inner Mongolia	7485	6887	3069	2806	2786	3500	3500	3090	6800	4581
辽 宁	Liaoning	81957	63614	55177	56625	59736	59264	63604	57394	48835	43621
吉 林	Jilin	15508	13755	16727	17445	17086	16575	12827	7945	3868	3051
黑龙江	Heilongjiang	30347	40199	7587	8040	8185	8443	7783	7202	6832	3235
上 海	Shanghai	213147	199744	142167	118541	90438	59346	31379	5309		
江 苏	Jiangsu	362606	1290834	1931995	10310	4889	3940	612			
浙 江	Zhejiang	27796	27686	484	493	463	500	478	488	421	429
安 徽	Anhui	22996	8723								
福 建	Fujian	12727	1810	2673	2892	3080	2927	2977	3000	3000	2689
江 西	Jiangxi	39463	31707	58208	49641	48497	36049	30991	25097	19362	17972
山 东	Shandong	43041	47743	35730	34513	21316	9210	9438	59		
河 南	Henan	81775	117592	109500	116309	85359	60052	59436	53100	40302	36405
湖 北	Hubei	14588	9184	12042	9950	5100					
湖 南	Hunan	60375	44064	3044	2334	2707	2765	2765	2767	3032	
广 东	Guangdong	12097	29310	7037	5307	2509					
广 西	Guangxi	2817	4483	4517	4503	4423	4533	4739	4439	4428	3495
海 南	Hainan										
重 庆	Chongqing	100									
四 川	Sichuan	111677	128252	159719	159719	159925	165003	165113	165604	166428	17004
贵 州	Guizhou	8727	19209	26963	30515	34167	23788	16034	5540	2705	
云 南	Yunnan	15407	20287	33818	35309	37653	40535	40722	33959	27293	5017
西 藏	Tibet										
陕 西	Shaanxi	4447	4365								
甘 肃	Gansu	6691	3802	9438	1617	1658	1722	1676	1644	1845	2195
青 海	Qinghai	24									
宁 夏	Ningxia	2838	3013	697	240	137	132	70			
新 疆	Xinjiang		232340	1752	1999	2190	2090	1752	1752	1752	1757

Basic Statistics on Supply of Coal Gas in Cities by Region

用气人口(万人) Population with Access(10^4 persons)									
2000	2005	2010	2011	2012	2013	2014	2015	2016	2017
3944	**4369**	**2802**	**2676**	**2442**	**1943**	**1757**	**1322**	**1085**	**752**
83	22								
73	97								
279	401	180	185	188	181	173	159	67	59
295	395	238	244	237	102	85	66	62	43
78	93	52	49	46	40	41	39	16	11
422	532	542	574	557	574	591	531	506	401
150	169	165	168	189	179	117	41	43	40
211	289	74	81	81	89	94	57	58	35
450	662	358	275	198	112	35			
325	234	90	46	28	9	9			
48	83	5	4	4	4	4	4	4	4
169	67								
21	11	15	16	19	20	21	21	21	12
125	131	150	95	80	32	18	15	11	10
335	357	159	140	88	28	18			
136	142	165	154	121	43	29	15	3	0
180	22	41	35	12					
81	75	33	21	31	32	32	33	35	
150	163	18							
15	25	43	45	46	47	47	43	42	40
1									
30	33	41	43	49	50	50	52	52	49
73	125	167	208	176	127	128	31	31	
100	177	233	267	265	248	239	193	115	26
33	27								
70	24	20	15	19	18	15	15	15	14
3									
10	9	6	5	4	3	3			
	5	9	6	7	5	5	5	5	7

3-16 分地区城市液化石油气供应情况

地 区	Region	供气总量(吨) Total Gas Supply (ton)									
		2000	2005	2010	2011	2012	2013	2014	2015	2016	2017
全 国	**National Total**	**10537147**	**12220141**	**12680054**	**11658326**	**11148032**	**11097298**	**10828490**	**10392169**	**10788042**	**9988088**
北 京	Beijing	176460	374358	323104	442535	418156	472980	546293	576306	500213	492288
天 津	Tianjin	44203	61503	53368	58608	49105	49490	43154	50494	55954	57567
河 北	Hebei	189612	327294	205007	224873	205388	183591	161923	166370	170737	241230
山 西	Shanxi	34152	42004	63331	74789	90534	74399	69557	66168	33614	90792
内蒙古	Inner Mongolia	59425	138348	74251	113190	98496	69174	63069	57950	69198	52364
辽 宁	Liaoning	379194	402659	395058	504938	516426	495244	492406	468889	492499	654818
吉 林	Jilin	169062	184659	214818	236297	220874	181420	184553	157752	177927	179750
黑龙江	Heilongjiang	601427	228630	219784	211074	206057	218023	214429	210492	197456	189183
上 海	Shanghai	490561	452613	398427	394278	392514	397314	418013	424112	397885	344534
江 苏	Jiangsu	705010	1129147	766586	766635	735757	700765	651779	593577	515611	577137
浙 江	Zhejiang	630895	1060572	877956	807562	776396	821658	701812	695947	759710	691203
安 徽	Anhui	458621	613614	615770	567246	537160	619620	752627	736312	731114	131054
福 建	Fujian	737609	378053	333758	324768	288978	277846	298252	286906	277437	308113
江 西	Jiangxi	164698	174521	188847	194329	204258	223399	237316	228912	242942	218325
山 东	Shandong	276543	572194	760332	541533	511489	484287	395521	366750	343724	347511
河 南	Henan	162199	225864	241602	238178	234450	227208	223532	217382	215099	214764
湖 北	Hubei	296179	311171	421507	426496	386152	361641	350092	352112	347891	336102
湖 南	Hunan	199873	294718	252906	265876	201279	195167	189230	241529	243865	203024
广 东	Guangdong	3108612	4101990	5055955	4049701	3872441	3889033	3684390	3340353	3901892	3636182
广 西	Guangxi	204904	315998	303804	297416	326110	309475	267632	262313	255863	264066
海 南	Hainan	77856	66866	63959	76650	55344	91151	89419	82189	82559	82108
重 庆	Chongqing	38769	95577	92807	92861	93315	87922	95672	76435	81603	73458
四 川	Sichuan	66154	164266	191071	206628	180447	183581	175131	173652	174570	195862
贵 州	Guizhou	28973	53779	63772	65375	66101	71027	76043	88670	94902	114085
云 南	Yunnan	82954	70436	166108	162402	174936	196004	210629	210095	207073	129316
西 藏	Tibet	16680	1500	5521	24650	25918	20394	62481	66661	66661	6059
陕 西	Shaanxi	79038	121943	43381	34059	31516	32732	28635	28796	24423	27949
甘 肃	Gansu	783739	71904	185523	151715	151392	73971	59662	85327	49611	44473
青 海	Qinghai	11496	14339	7142	6633	6834	5366	6250	6353	6763	7497
宁 夏	Ningxia	18231	22697	14984	14037	17086	18444	19885	13193	9145	8911
新 疆	Xinjiang	244018	147314	79617	82993	73123	64973	59105	60174	60103	68363

Basic Statistics on Supply of LPG in Cities by Region

用气人口(万人) Population with Access(10^4 persons)									
2000	2005	2010	2011	2012	2013	2014	2015	2016	2017
11107	**18013**	**16503**	**16094**	**15683**	**15102**	**14378**	**13955**	**13744**	**12616**
253	341	394	407	417	427	434	432	432	432
89	123	42	17	12	13	15	28	49	35
476	705	503	459	422	342	334	300	298	267
102	170	201	205	167	146	127	119	93	75
192	295	354	355	347	279	260	248	239	221
569	713	652	669	665	639	601	559	501	382
350	493	461	460	443	428	407	365	343	304
546	612	507	430	427	403	369	425	384	347
421	711	852	839	862	856	837	821	798	698
883	1765	1115	1043	1007	957	829	715	622	581
555	1135	1244	1166	1161	1150	1083	1157	1153	994
379	541	491	393	353	351	304	269	224	178
341	604	699	716	745	725	724	705	678	665
220	412	453	454	456	451	448	478	493	423
887	1836	1104	1017	922	819	725	657	629	503
430	574	564	560	575	552	533	527	513	484
908	1142	862	818	768	644	606	581	573	582
461	648	612	718	687	643	537	494	515	644
1485	3223	3275	3295	3287	3413	3319	3140	3272	3002
374	551	634	649	632	593	608	596	577	586
117	113	111	119	115	122	127	137	115	107
35	72	114	108	110	100	101	95	100	89
81	152	131	126	133	131	146	140	135	129
90	189	199	188	200	210	217	261	279	306
138	141	290	295	276	291	282	322	367	263
14	3	36	41	17	19	30	37	37	18
206	243	165	143	132	95	71	71	61	66
102	142	185	179	169	162	164	159	149	127
30	37	19	18	19	16	20	21	19	22
70	90	83	77	65	54	52	43	42	43
306	240	151	131	95	74	68	55	54	42

3-17 分地区城市集中供热情况

地 区	Region	蒸汽供应能力(吨/小时) Capacity of Steam Supply (ton/hour)									
		2000	2005	2010	2011	2012	2013	2014	2015	2016	2017
全 国	**National Total**	**74148**	**106723**	**105084**	**85274**	**86452**	**84362**	**84664**	**80699**	**78307**	**98328**
北 京	Beijing	3408	2297	450	450	450	300	300	300	300	
天 津	Tianjin	9106	3294	3167	3025	3463	3717	3769	3568	3348	2696
河 北	Hebei	6427	9290	11570	10357	9244	6975	7142	7539	7944	8268
山 西	Shanxi	3316	3133	2674	2802	2639	1291	1225	1385	1262	3920
内蒙古	Inner Mongolia	1200	844	662	1182	1135	767	342	341	342	2769
辽 宁	Liaoning	11569	12583	13186	11544	13038	12787	12776	12933	12915	17536
吉 林	Jilin	3425	4749	5208	3494	1537	1536	1598	1403	1453	1960
黑龙江	Heilongjiang	4513	5937	4411	4951	4789	4874	4874	4574	4949	6003
上 海	Shanghai										
江 苏	Jiangsu	2554	19744	6280							
浙 江	Zhejiang	1516	4569	5438	4923	5442	8039	8914	3145		
安 徽	Anhui	1915	2006	3530	3753	3846	4305	4493	4593	4393	2681
福 建	Fujian										
江 西	Jiangxi										
山 东	Shandong	12498	22770	31086	25634	24678	25211	23396	24373	24690	30332
河 南	Henan	3261	4698	5590	5530	5856	6008	6088	6093	6477	6110
湖 北	Hubei	775	1404	1564	1816	1816	1874	2080	2680	2286	1596
湖 南	Hunan	493	105								
广 东	Guangdong										
广 西	Guangxi										
海 南	Hainan										
重 庆	Chongqing										
四 川	Sichuan		160	60							
贵 州	Guizhou										
云 南	Yunnan										
西 藏	Tibet							13	14	14	
陕 西	Shaanxi	1923	2240	3731	3681	5795	4118	3708	3728	3742	7359
甘 肃	Gansu	3949	4813	4525		384	224	200	26	26	700
青 海	Qinghai										
宁 夏	Ningxia	662	646	576	672	381	396	1687	1795	1795	2538
新 疆	Xinjiang	1638	1441	1376	1460	1959	1940	2060	2210	2372	3860

Basic Statistics on Heating Supply in Cities by Region

热水供应能力(兆瓦) Capacity of Hot Water Supply(10^6 W)									
2000	2005	2010	2011	2012	2013	2014	2015	2016	2017
97417	**197976**	**315717**	**338752**	**365278**	**403542**	**447068**	**472556**	**493254**	**647827**
4755	30115	35684	36805	38298	38585	40445	41451	42951	123814
5608	10563	18055	19325	21063	21572	22596	24261	26312	28654
8388	13917	23177	24535	26129	27441	29554	32035	35556	39839
5347	8578	17405	18210	20706	23068	26412	30991	27389	31035
5687	10887	25850	28560	29489	33729	38000	45683	41988	42776
19154	36051	55770	59855	62826	68631	69158	71834	74373	68876
10564	18925	29145	30988	36536	40576	41998	42760	42992	43276
13750	23952	32052	41000	38743	42296	44551	46602	47511	50157
8	200	6055							
	233	75	75	75	85	20	30		
214	135	182	182	182	182	20182	142	142	90
43	286								
9206	16744	27587	28922	33450	39722	43427	47487	53700	54372
1334	2118	4767	6763	6204	8568	9544	11644	16446	20522
	78	278	278	278	278	278	478		220
					239	240		35	169
									148
									402
551	1806	4215	5309	6682	8902	11428	22023	23027	22083
3611	5791	10208	11137	12758	14069	14146	14331	15441	15648
89	173	370	230	258	348	348	348	348	4717
2963	5115	5945	6113	7927	8252	7138	7848	8286	66351
6145	12309	18897	20465	23675	26997	27604	32608	36758	34678

四、能源消费

Chapter 4 Energy Consumption

4-1 能源消费总量和构成
Total Energy Consumption and Composition

年 份 Year	能源消费总量 (万吨标准煤) Total Energy Consumption (10^4 tce)	电热当量计算法 calorific value calculation 占能源消费总量的比重（%） As percentage of primary energy consumption (%) 煤 炭 Coal	石 油 Petroleum	天然气 Natural Gas	一次电力及其他能源 Primary Electricty and Other Energy	#水电 Hydro Power	#核电 Nuclear Power
1980	58587	74.2	21.4	3.2	1.2	1.2	-
1981	57577	75.1	20.6	2.9	1.4	1.4	-
1982	59966	76.3	19.6	2.6	1.5	1.5	-
1983	63635	77.0	18.8	2.5	1.7	1.7	-
1984	68495	77.8	18.1	2.5	1.6	1.6	-
1985	74112	78.5	17.7	2.3	1.5	1.5	-
1986	77776	78.2	17.9	2.4	1.5	1.5	-
1987	83850	78.7	17.6	2.2	1.5	1.5	-
1988	89963	78.8	17.6	2.1	1.5	1.5	-
1989	93666	79.3	17.1	2.0	1.6	1.6	-
1990	95384	79.0	17.2	2.1	1.7	1.7	-
1991	100413	78.7	17.7	2.1	1.5	1.5	-
1992	105602	78.3	18.1	2.0	1.6	1.6	-
1993	111490	79.0	17.1	2.1	1.8	1.8	-
1994	118071	79.5	16.2	2.2	2.1	2.0	0.1
1995	123471	77.0	18.6	1.9	2.5	2.4	0.1
1996	129665	76.7	19.5	1.9	1.9	1.8	0.1
1997	130082	74.9	21.3	1.8	2.0	1.9	0.1
1998	130260	74.2	21.8	1.9	2.1	2.0	0.1
1999	135132	73.6	22.3	2.1	1.9	1.8	0.1
2000	140993	71.5	22.9	2.3	3.3	1.9	0.1
2001	148264	71.5	22.2	2.5	3.8	2.3	0.1
2002	161935	71.8	22.0	2.4	3.8	2.2	0.2
2003	189269	73.2	20.9	2.4	3.5	1.8	0.3
2004	220738	73.2	20.8	2.4	3.6	2.0	0.3
2005	250835	75.4	18.6	2.5	3.5	1.9	0.3
2006	275134	75.5	18.2	2.8	3.5	1.9	0.2
2007	299271	75.6	17.6	3.1	3.7	2.0	0.3
2008	306455	75.0	17.4	3.5	4.1	2.3	0.3
2009	321336	74.9	17.2	3.7	4.2	2.4	0.3
2010	343601	72.7	18.3	4.2	4.8	2.6	0.3
2011	370163	73.4	17.6	4.8	4.2	2.3	0.3
2012	381515	72.2	17.9	5.1	4.8	2.8	0.3
2013	394794	71.3	18.0	5.6	5.1	2.9	0.3
2014	400299	69.8	18.5	6.0	5.7	3.3	0.4
2015	402164	68.1	19.6	6.2	6.1	3.5	0.5
2016	405144	66.7	19.9	6.7	6.7	3.6	0.6
2017	416091	65.2	20.2	7.5	7.1	3.5	0.7

4-1 续表 Continued

年 份 Year	发电煤耗计算法 coal equivalent calculation						
	能源消费总量 (万吨标准煤) Total Energy Consumption (10^4 tce)	占能源消费总量的比重 (%) As percentage of primary energy consumption (%)					
		煤 炭 Coal	石 油 Petroleum	天然气 Natural Gas	一次电力及其他能源 Primary Electricty and Other Energy	#水电 Hydro Power	#核电 Nuclear Power
1980	60275	72.2	20.7	3.1	4.0	4.0	-
1981	59447	72.7	20.0	2.8	4.5	4.5	-
1982	62067	73.7	18.9	2.5	4.9	4.9	-
1983	66040	74.2	18.1	2.4	5.3	5.3	-
1984	70904	75.3	17.4	2.4	4.9	4.9	-
1985	76682	75.8	17.1	2.2	4.9	4.9	-
1986	80850	75.8	17.2	2.3	4.7	4.7	-
1987	86632	76.2	17.0	2.1	4.7	4.7	-
1988	92997	76.1	17.1	2.1	4.7	4.7	-
1989	96934	76.1	17.1	2.1	4.7	4.7	-
1990	98703	76.2	16.6	2.1	5.1	5.1	-
1991	103783	76.1	17.1	2.0	4.8	4.8	-
1992	109170	75.7	17.5	1.9	4.9	4.9	-
1993	115993	74.7	18.2	1.9	5.2	5.1	0.1
1994	122737	75.0	17.4	1.9	5.7	5.2	0.5
1995	131176	74.6	17.5	1.8	6.1	5.7	0.4
1996	135192	73.5	18.7	1.8	6.0	5.6	0.4
1997	135909	71.4	20.4	1.8	6.4	5.9	0.4
1998	136184	70.9	20.8	1.8	6.5	6.1	0.4
1999	140569	70.6	21.5	2.0	5.9	5.5	0.4
2000	146964	68.5	22.0	2.2	7.3	5.7	0.4
2001	155547	68.0	21.2	2.4	8.4	6.7	0.4
2002	169577	68.5	21.0	2.3	8.2	6.3	0.5
2003	197083	70.2	20.1	2.3	7.4	5.3	0.8
2004	230281	70.2	19.9	2.3	7.6	5.5	0.8
2005	261369	72.4	17.8	2.4	7.4	5.4	0.7
2006	286467	72.4	17.5	2.7	7.4	5.4	0.7
2007	311442	72.5	17.0	3.0	7.5	5.4	0.7
2008	320611	71.5	16.7	3.4	8.4	6.1	0.7
2009	336126	71.6	16.4	3.5	8.5	6.0	0.7
2010	360648	69.2	17.4	4.0	9.4	6.4	0.7
2011	387043	70.2	16.8	4.6	8.4	5.7	0.7
2012	402138	68.5	17.0	4.8	9.7	6.8	0.8
2013	416913	67.4	17.1	5.3	10.2	6.9	0.8
2014	425806	65.6	17.4	5.7	11.3	7.7	1.0
2015	429905	63.7	18.3	5.9	12.1	8.0	1.2
2016	435819	62.0	18.5	6.2	13.3	8.3	1.5
2017	448529	60.4	18.8	7.0	13.8	8.0	1.7

4-2 工业分行业终端能源消费量(实物量)-2017

行　业	Item	煤合计 (万吨) Coal Total (10[4] tons)
工业	**Industry**	**71438.03**
(一)采掘业	**Mining and Quarrying**	**4709.93**
煤炭开采和洗选业	Mining and Washing of Coal	3885.55
石油和天然气开采业	Extraction of Petroleum and Natural Gas	121.26
黑色金属矿采选业	Mining and Processing of Ferrous Metal Ores	176.41
有色金属矿采选业	Mining and Processing of Non-Ferrous Metal Ores	106.87
非金属矿采选业	Mining and Processing of Nonmetal Ores	404.33
开采辅助活动	Support Activities for Mining	14.72
其他采矿业	Mining of Other Ores	0.79
(二)制造业	**Manufacturing**	**65759.58**
农副食品加工业	Processing of Food from Agricultural Products	1547.88
食品制造业	Manufacture of Foods	1106.67
酒、饮料和精制茶制造业	Manufacture of Liquor, Beverages and Refined Tea	877.43
烟草制品业	Manufacture of Tobacco	20.25
纺织业	Manufacture of Textile	882.03
纺织服装、服饰业	Manufacture of Textile, Wearing Apparel and Accessories	106.99
皮革、毛皮、羽毛及其制品和制鞋业	Manufacture of Leather, Fur, Feather and Related Products and Footwear	89.07
木材加工和木、竹、藤、棕、草制品业	Processing of Timber,Manufacture of Wood,Bamboo,Rattan,Palm, and Straw Products	189.72
家具制造业	Manufacture of Furniture	16.37
造纸和纸制品业	Manufacture of Paper and Paper Products	1447.14
印刷和记录媒介复制业	Printing and Reproduction of Recording Media	40.78
文教、工美、体育和娱乐用品制造业	Manufacture of Articles for Culture, Education, Arts and Crafts, Sport and Entertainment Activities	65.15
石油加工、炼焦和核燃料加工业	Processing of Petroleum, Coking and Processing of Nuclear Fuel	2498.81
化学原料和化学制品制造业	Manufacture of Raw Chemical Materials and Chemical Products	15035.36
医药制造业	Manufacture of Medicines	820.64
化学纤维制造业	Manufacture of Chemical Fibers	553.51
橡胶和塑料制品业	Manufacture of Rubber and Plastics Products	467.45
非金属矿物制品业	Manufacture of Non-metallic Mineral Products	26845.55
黑色金属冶炼和压延加工业	Smelting and Pressing of Ferrous Metals	10068.45
有色金属冶炼和压延加工业	Smelting and Pressing of Non-ferrous Metals	2045.38
金属制品业	Manufacture of Metal Products	222.61
通用设备制造业	Manufacture of General Purpose Machinery	178.22
专用设备制造业	Manufacture of Special Purpose Machinery	112.58
汽车制造业	Manufacture of Automobiles	98.01
铁路、船舶、航空航天和其他运输设备制造业	Manufacture of Railway, Ship, Aerospace and Other Transport Equipments	181.62
电气机械和器材制造业	Manufacture of Electrical Machinery and Apparatus	97.22
计算机、通信和其他电子设备制造业	Manufacture of Computers, Communication and Other Electronic Equipment	53.73
仪器仪表制造业	Manufacture of Measuring Instruments and Machinery	12.41
其他制造业	Other Manufacture	27.09
废弃资源综合利用业	Utilization of Waste Resources	48.28
金属制品、机械和设备修理业	Repair Service of Metal Products, Machinery and Equipment	3.19
(三)电力、燃气及水生产和供应业	**Electric Power, Gas and Water Production and Supply**	**968.52**
电力、热力生产和供应业	Production and Supply of Electric Power and Heat Power	956.69
燃气生产和供应业	Production and Supply of Gas	0.90
水的生产和供应业	Production and Supply of Water	10.92

Final Energy Consumption by Industrial Sector (Physical Quantity) -2017

原煤 (万吨) Raw Coal (10^4 tons)	洗精煤 (万吨) Cleaned Coal (10^4 tons)	其他洗煤 (万吨) Other Washed Coal (10^4 tons)	焦炭 (万吨) Coke (10^4 tons)	焦炉煤气 (亿立方米) Coke Oven Gas (10^8 cu.m)	高炉煤气 (亿立方米) Blast Furnace Gas (10^8 cu.m)	转炉煤气 (亿立方米) Converter Gas (10^8 cu.m)	其他煤气 (亿立方米) Other Gas (10^8 cu.m)	其他焦化产品 (万吨) Other Coking Products (10^4 tons)
56871.66		**13613.13**	**43607.42**	**581.66**	**6110.95**	**416.53**	**106.49**	**1076.32**
3104.13		**1582.79**	**202.90**	**7.42**	**27.99**	**1.88**	**0.10**	**2.58**
2441.33		1433.59	74.91	2.89	12.23		0.09	2.58
121.24								
165.33		4.52	116.48	4.16	14.97	1.88		
105.12		1.24	3.49					
255.59		143.43	8.01	0.38	0.79		0.01	
14.72								
0.79								
52945.11		**11887.67**	**43365.74**	**574.15**	**6082.96**	**414.65**	**106.39**	**1072.28**
1489.08		49.34	137.64	0.01	37.15	2.63	0.15	0.04
1090.20		9.31	2.36	0.03		0.01	0.01	
861.40		14.28	0.85	0.10				0.01
18.44		1.35						
851.53		6.48	1.39	7.56				
103.88		1.26	0.65				0.02	0.03
87.95		0.43	0.07					
188.60		0.86	0.43	0.04				0.05
15.58		0.61	0.74					
1375.38		56.98	0.47	0.01				0.07
39.33		0.62	0.36					0.12
59.24		1.84	3.97					0.01
1272.72		1154.62	41.33	99.30	86.04		6.66	163.04
14454.38		266.85	3674.38	52.68	7.02	1.13	12.53	540.79
811.17		7.18	1.52	0.26				0.19
470.24		5.67	16.79					
443.89		10.80	1.22	0.70				0.32
17397.95		9349.85	773.28	29.12	27.53	3.60	10.43	80.97
9183.46		617.37	37520.60	370.51	5892.32	404.34	7.06	257.79
1860.11		177.06	517.75	10.10	0.60		63.42	28.62
217.74		3.36	60.38	1.63	17.04	1.03	0.11	0.05
175.20		2.50	444.39	0.19	0.04	0.10		0.03
104.72		7.35	63.87	1.15	11.75		5.75	
95.63		1.45	69.20	0.18	0.07	0.14	0.22	
56.69		124.80	1.19	0.19			0.01	
94.00		2.89	5.43	0.02			0.01	
50.54		2.95	13.00	0.02	0.01			0.11
11.21		1.19	0.51					
19.91		4.54	2.03	0.05		0.10		
41.81		3.88	9.92	0.28	3.39	1.57		
3.11			0.03					0.03
822.42		**142.67**	**38.78**	**0.09**				**1.46**
810.68		142.67	38.78					1.46
0.90				0.09				
10.85								

4-2 续表 1

行 业	Item	油品合计 (万吨) Petroleum Products Total (10^4 tons)
工业	**Industry**	**17043.47**
(一)采掘业	**Mining and Quarrying**	**822.83**
煤炭开采和洗选业	Mining and Washing of Coal	165.31
石油和天然气开采业	Extraction of Petroleum and Natural Gas	399.24
黑色金属矿采选业	Mining and Processing of Ferrous Metal Ores	58.75
有色金属矿采选业	Mining and Processing of Non-Ferrous Metal Ores	33.99
非金属矿采选业	Mining and Processing of Nonmetal Ores	59.17
开采辅助活动	Support Activities for Mining	105.92
其他采矿业	Mining of Other Ores	0.45
(二)制造业	**Manufacturing**	**16131.93**
农副食品加工业	Processing of Food from Agricultural Products	58.81
食品制造业	Manufacture of Foods	25.51
酒、饮料和精制茶制造业	Manufacture of Liquor, Beverages and Refined Tea	16.39
烟草制品业	Manufacture of Tobacco	2.04
纺织业	Manufacture of Textile	43.75
纺织服装、服饰业	Manufacture of Textile, Wearing Apparel and Accessories	20.75
皮革、毛皮、羽毛及其制品和制鞋业	Manufacture of Leather, Fur, Feather and Related Products and Footwear	10.50
木材加工和木、竹、藤、棕、草制品业	Processing of Timber,Manufacture of Wood,Bamboo,Rattan,Palm, and Straw Products	15.45
家具制造业	Manufacture of Furniture	10.44
造纸和纸制品业	Manufacture of Paper and Paper Products	25.86
印刷和记录媒介复制业	Printing and Reproduction of Recording Media	13.15
文教、工美、体育和娱乐用品制造业	Manufacture of Articles for Culture, Education, Arts and Crafts, Sport and Entertainment Activities	15.45
石油加工、炼焦和核燃料加工业	Processing of Petroleum, Coking and Processing of Nuclear Fuel	6346.56
化学原料和化学制品制造业	Manufacture of Raw Chemical Materials and Chemical Products	6301.18
医药制造业	Manufacture of Medicines	21.77
化学纤维制造业	Manufacture of Chemical Fibers	6.57
橡胶和塑料制品业	Manufacture of Rubber and Plastics Products	52.55
非金属矿物制品业	Manufacture of Non-metallic Mineral Products	2313.17
黑色金属冶炼和压延加工业	Smelting and Pressing of Ferrous Metals	129.53
有色金属冶炼和压延加工业	Smelting and Pressing of Non-ferrous Metals	300.18
金属制品业	Manufacture of Metal Products	53.93
通用设备制造业	Manufacture of General Purpose Machinery	63.47
专用设备制造业	Manufacture of Special Purpose Machinery	51.74
汽车制造业	Manufacture of Automobiles	87.48
铁路、船舶、航空航天和其他运输设备制造业	Manufacture of Railway, Ship, Aerospace and Other Transport Equipments	30.50
电气机械和器材制造业	Manufacture of Electrical Machinery and Apparatus	52.19
计算机、通信和其他电子设备制造业	Manufacture of Computers, Communication and Other Electronic Equipment	29.90
仪器仪表制造业	Manufacture of Measuring Instruments and Machinery	8.37
其他制造业	Other Manufacture	8.64
废弃资源综合利用业	Utilization of Waste Resources	6.45
金属制品、机械和设备修理业	Repair Service of Metal Products, Machinery and Equipment	9.64
(三)电力、燃气及水生产和供应业	**Electric Power, Gas and Water Production and Supply**	**88.71**
电力、热力生产和供应业	Production and Supply of Electric Power and Heat Power	77.80
燃气生产和供应业	Production and Supply of Gas	4.65
水的生产和供应业	Production and Supply of Water	6.26

Continued 1

原油 (万吨) Crude Oil (10^4 tons)	汽油 (万吨) Gasoline (10^4 tons)	煤油 (万吨) Kerosene (10^4 tons)	柴油 (万吨) Diesel Oil (10^4 tons)	燃料油 (万吨) Fuel Oil (10^4 tons)	石脑油 (万吨) Naphtha (10^4 tons)	润滑油 (万吨) Lubricants (10^4 tons)	石蜡 (万吨) Paraffin Waxes (10^4 tons)	溶剂油 (万吨) White Spirit (10^4 tons)
364.65	**380.97**	**14.35**	**1265.84**	**353.38**	**5135.29**	**207.02**	**227.17**	**201.00**
298.08	**29.52**	**1.30**	**438.42**	**24.36**		**1.34**		
0.06	7.21	0.81	155.51	0.28		0.84		
297.86	8.90		41.34	22.40		0.03		
	2.12	0.02	56.43	0.02		0.13		
	4.50	0.43	27.65	1.40		0.01		
	2.72	0.03	56.20	0.02		0.02		
0.16	4.03		100.87	0.24		0.31		
	0.03		0.42					
66.37	**322.94**	**13.02**	**787.10**	**328.13**	**5135.29**	**205.54**	**227.17**	**201.00**
0.02	17.55	0.20	36.31	2.24		0.02	0.01	1.37
	7.91	0.01	13.31	2.48			0.40	0.03
	5.04	0.05	8.24	2.15		0.01		
	0.52		1.32	0.13				
0.01	13.07	0.05	20.90	6.29		0.12		0.10
0.01	8.96		9.83	0.62		0.01		
	5.18	0.07	4.04	0.37	0.01	0.06	0.04	0.32
	4.73	0.02	8.73	0.23		0.28	1.15	
	4.62		4.96	0.31		0.01		
0.04	4.80	0.02	15.59	4.20	0.01	0.07	0.02	0.29
	6.25	0.03	5.82	0.22		0.01		0.05
	6.64	0.04	6.55	0.84	0.01	0.03	0.43	0.02
63.45	2.58	0.07	17.71	43.48	1091.50	183.95	2.54	24.13
2.18	28.47	2.17	50.34	50.81	4043.70	4.25	221.06	173.48
	8.16	0.05	9.64	1.70	0.05	0.01	0.05	0.26
	1.13	0.06	2.13	3.01		0.03		0.06
	17.04	0.24	21.18	6.12		0.50	0.46	0.55
0.42	23.92	1.00	280.25	155.82		0.31	0.49	
0.01	6.61	0.09	59.91	2.13		0.59	0.02	
	4.94	1.08	38.40	27.92		0.39	0.01	0.07
0.01	17.29	0.63	22.26	4.51		0.30	0.01	0.04
0.01	23.86	2.11	29.58	0.91		1.87	0.02	0.02
0.09	20.42	0.93	21.77	1.15		1.10	0.03	0.03
0.06	34.65	0.43	37.76	0.57	0.01	9.04	0.05	0.09
0.01	5.89	1.82	16.04	4.41		0.23		0.01
0.02	21.25	0.69	17.07	2.78	0.01	2.16	0.32	0.06
	13.86	0.19	11.12	0.90		0.08	0.02	0.01
0.01	4.74	0.25	2.67	0.21		0.05	0.03	
	1.43	0.02	1.56	0.27				
	0.59	0.03	4.62	0.86		0.01		
	0.85	0.67	7.47	0.49		0.03		
0.20	**28.49**	**0.03**	**40.32**	**0.87**		**0.14**		
0.20	21.85	0.03	36.48	0.66		0.12		
	2.87		1.57	0.11		0.01		
	3.77		2.27	0.10		0.01		

4-2 续表 2

行 业	Item	石油沥青 (万吨) Bitumen Asphalt (10^4 tons)
工业	**Industry**	**104.36**
(一)采掘业	**Mining and Quarrying**	**0.16**
煤炭开采和洗选业	Mining and Washing of Coal	
石油和天然气开采业	Extraction of Petroleum and Natural Gas	
黑色金属矿采选业	Mining and Processing of Ferrous Metal Ores	
有色金属矿采选业	Mining and Processing of Non-Ferrous Metal Ores	
非金属矿采选业	Mining and Processing of Nonmetal Ores	0.16
开采辅助活动	Support Activities for Mining	
其他采矿业	Mining of Other Ores	
(二)制造业	**Manufacturing**	**101.86**
农副食品加工业	Processing of Food from Agricultural Products	
食品制造业	Manufacture of Foods	
酒、饮料和精制茶制造业	Manufacture of Liquor, Beverages and Refined Tea	
烟草制品业	Manufacture of Tobacco	
纺织业	Manufacture of Textile	
纺织服装、服饰业	Manufacture of Textile, Wearing Apparel and Accessories	
皮革、毛皮、羽毛及其制品和制鞋业	Manufacture of Leather, Fur, Feather and Related Products and Footwear	
木材加工和木、竹、藤、棕、草制品业	Processing of Timber,Manufacture of Wood,Bamboo,Rattan,Palm, and Straw Products	
家具制造业	Manufacture of Furniture	
造纸和纸制品业	Manufacture of Paper and Paper Products	
印刷和记录媒介复制业	Printing and Reproduction of Recording Media	
文教、工美、体育和娱乐用品制造业	Manufacture of Articles for Culture, Education, Arts and Crafts, Sport and Entertainment Activities	
石油加工、炼焦和核燃料加工业	Processing of Petroleum, Coking and Processing of Nuclear Fuel	4.80
化学原料和化学制品制造业	Manufacture of Raw Chemical Materials and Chemical Products	1.40
医药制造业	Manufacture of Medicines	
化学纤维制造业	Manufacture of Chemical Fibers	
橡胶和塑料制品业	Manufacture of Rubber and Plastics Products	0.53
非金属矿物制品业	Manufacture of Non-metallic Mineral Products	83.39
黑色金属冶炼和压延加工业	Smelting and Pressing of Ferrous Metals	
有色金属冶炼和压延加工业	Smelting and Pressing of Non-ferrous Metals	9.42
金属制品业	Manufacture of Metal Products	0.27
通用设备制造业	Manufacture of General Purpose Machinery	
专用设备制造业	Manufacture of Special Purpose Machinery	0.09
汽车制造业	Manufacture of Automobiles	
铁路、船舶、航空航天和其他运输设备制造业	Manufacture of Railway, Ship, Aerospace and Other Transport Equipments	
电气机械和器材制造业	Manufacture of Electrical Machinery and Apparatus	0.03
计算机、通信和其他电子设备制造业	Manufacture of Computers, Communication and Other Electronic Equipment	
仪器仪表制造业	Manufacture of Measuring Instruments and Machinery	
其他制造业	Other Manufacture	1.62
废弃资源综合利用业	Utilization of Waste Resources	0.31
金属制品、机械和设备修理业	Repair Service of Metal Products, Machinery and Equipment	
(三)电力、燃气及水生产和供应业	**Electric Power, Gas and Water Production and Supply**	**2.34**
电力、热力生产和供应业	Production and Supply of Electric Power and Heat Power	2.34
燃气生产和供应业	Production and Supply of Gas	
水的生产和供应业	Production and Supply of Water	

Continued 2

石油焦 (万吨) Petroleum Coke (10^4 tons)	液化石油气 (万吨) LPG (10^4 tons)	炼厂干气 (万吨) Refinery Gas (10^4 tons)	其他石油制品 (万吨) Other Petroleum Products (10^4 tons)	天然气 (亿立方米) Natural Gas (10^8 cu.m)	液化天然气 (万吨) LNG (10^4 tons)	热力 (万百万千焦) Heat (10^{10} kJ)	电力 (亿千瓦小时) Electricity (10^8 kW·h)	其他能源 (万吨标煤) Other Energy (10^4 tce)
2191.82	**1238.62**	**1629.41**	**3729.59**	**539.35**	**3995.96**	**319820.87**	**41764.02**	**900.54**
	0.29	**14.29**	**15.05**	**132.92**	**6.46**	**6574.13**	**2403.62**	**5.63**
	0.04		0.54	11.58	1.11	551.99	881.57	1.82
	0.15	14.29	14.26	118.97	4.71	2335.59	454.06	0.04
			0.02			200.92	374.11	1.89
				0.17		0.09	326.11	0.53
				0.32	0.45	2781.58	228.93	1.35
	0.10		0.22	1.87	0.19	703.95	23.87	0.01
							114.96	
2179.65	**1238.10**	**1612.52**	**3713.23**	**401.20**	**3958.20**	**306333.80**	**33594.63**	**876.13**
	0.92		0.18	2.87	102.19	5228.11	716.29	176.54
	1.09		0.28	10.38	51.76	6239.25	263.34	28.24
0.31	0.57		0.01	7.54	24.19	4625.11	156.37	21.11
	0.07			1.06		259.83	51.96	2.84
	2.01		1.20	9.89	151.26	32160.02	1684.90	58.79
	0.81		0.50	1.49	34.53	721.79	215.83	7.31
	0.24		0.15	0.10	9.80	259.84	147.25	4.97
	0.30			1.91	2.47	890.77	245.28	131.62
	0.52		0.02	1.22	3.72	63.24	98.60	2.90
	0.73		0.10	3.07	116.57	20997.71	712.37	88.85
	0.45		0.31	2.73	5.02	469.65	121.32	2.97
	0.64		0.27	2.88	31.13	117.69	82.58	11.92
167.15	559.34	1544.70	2641.17	28.80	1049.88	43451.84	946.44	13.53
77.98	554.26	67.61	1023.47	175.24	715.49	119497.26	5122.26	98.46
	1.10		0.76	6.30	22.20	9187.30	364.77	17.83
	0.08		0.07	1.01	42.77	10438.01	425.47	4.57
0.08	2.13		3.73	5.54	43.47	2725.23	1349.35	10.73
1678.93	70.69	0.05	17.90	32.31	527.78	1397.87	3305.08	37.79
44.32	11.90	0.15	3.79	35.17	173.38	20971.94	5261.49	102.77
206.28	3.43		8.25	19.95	222.19	18289.42	6003.30	12.30
1.98	5.09		1.53	8.33	168.51	495.61	1447.58	12.50
	3.15	0.01	1.93	9.40	43.30	414.82	913.95	3.08
0.49	4.06		1.58	5.06	43.22	778.08	423.87	1.83
	3.03		1.80	8.28	100.07	3901.86	885.42	3.96
	1.69	0.01	0.39	6.85	115.58	519.99	174.51	0.85
0.86	5.25		1.71	3.37	49.45	1089.88	745.59	9.54
	1.87		1.84	8.47	45.45	929.90	1106.77	2.93
	0.23		0.18	0.57	3.77	96.80	88.69	0.44
1.28	2.44			0.03	37.34	76.38	482.13	1.06
	0.02			1.12	15.54	14.01	37.15	1.00
	0.01		0.12	0.26	6.19	24.58	14.71	
12.17	**0.23**	**2.60**	**1.31**	**5.23**	**31.30**	**6912.94**	**5765.77**	**18.78**
12.17	0.03	2.60	1.31	2.05		6682.26	5096.33	18.77
	0.09			2.84	30.80	88.53	182.68	0.01
	0.11			0.34	0.50	142.15	486.77	

4-3 工业分行业终端能源消费量(标准量)-2017

单位：万吨标准煤

行 业	Sector	终端消费合计 Final Consumption Total (发电煤耗计算法) (coal equivalent calculation)	终端消费合计 Final Consumption Total (电热当量计算法) (calorific value calculation)
工业	**Industry**	**283273.24**	**208810.07**
(一)采掘业	**Mining and Quarrying**	**13778.15**	**9492.60**
煤炭开采和洗选业	Mining and Washing of Coal	5673.02	4101.22
石油和天然气开采业	Extraction of Petroleum and Natural Gas	3677.09	2867.51
黑色金属矿采选业	Mining and Processing of Ferrous Metal Ores	1521.56	854.54
有色金属矿采选业	Mining and Processing of Non-Ferrous Metal Ores	1110.11	528.66
非金属矿采选业	Mining and Processing of Nonmetal Ores	1162.74	754.57
开采辅助活动	Support Activities for Mining	286.09	243.53
其他采矿业	Mining of Other Ores	347.54	142.57
(二)制造业	**Manufacturing**	**250900.49**	**191002.95**
农副食品加工业	Processing of Food from Agricultural Products	4119.94	2842.82
食品制造业	Manufacture of Foods	1973.77	1504.24
酒、饮料和精制茶制造业	Manufacture of Liquor, Beverages and Refined Tea	1410.17	1131.37
烟草制品业	Manufacture of Tobacco	199.94	107.30
纺织业	Manufacture of Textile	7396.39	4392.30
纺织服装、服饰业	Manufacture of Textile, Wearing Apparel and Accessories	875.88	491.08
皮革、毛皮、羽毛及其制品和制鞋业	Manufacture of Leather, Fur, Feather and Related Products and Footwear	559.90	297.37
木材加工和木、竹、藤、棕、草制品业	Processing of Timber,Manufacture of Wood,Bamboo,Rattan, Palm,and Straw Products	1093.50	656.18
家具制造业	Manufacture of Furniture	352.94	177.14
造纸和纸制品业	Manufacture of Paper and Paper Products	4241.59	2971.47
印刷和记录媒介复制业	Printing and Reproduction of Recording Media	479.61	263.30
文教、工美、体育和娱乐用品制造业	Manufacture of Articles for Culture, Education, Arts and Crafts, Sport and Entertainment Activities	433.32	286.08
石油加工、炼焦和核燃料加工业	Processing of Petroleum, Coking and Processing of Nuclear Fuel	18416.50	16729.05
化学原料和化学制品制造业	Manufacture of Raw Chemical Materials and Chemical Products	48265.65	39132.91
医药制造业	Manufacture of Medicines	2198.32	1547.94
化学纤维制造业	Manufacture of Chemical Fibers	2156.94	1398.35
橡胶和塑料制品业	Manufacture of Rubber and Plastics Products	4739.67	2333.84
非金属矿物制品业	Manufacture of Non-metallic Mineral Products	33489.45	27596.67
黑色金属冶炼和压延加工业	Smelting and Pressing of Ferrous Metals	73301.01	63920.04
有色金属冶炼和压延加工业	Smelting and Pressing of Non-ferrous Metals	21958.72	11255.14
金属制品业	Manufacture of Metal Products	5147.93	2566.97
通用设备制造业	Manufacture of General Purpose Machinery	3630.56	2001.03
专用设备制造业	Manufacture of Special Purpose Machinery	1702.62	946.87
汽车制造业	Manufacture of Automobiles	3362.59	1783.93
铁路、船舶、航空航天和其他运输设备制造业	Manufacture of Railway, Ship, Aerospace and Other Transport Equipments	992.27	681.12
电气机械和器材制造业	Manufacture of Electrical Machinery and Apparatus	2580.97	1251.61
计算机、通信和其他电子设备制造业	Manufacture of Computers, Communication and Other Electronic Equipment	3657.56	1684.25
仪器仪表制造业	Manufacture of Measuring Instruments and Machinery	306.86	148.72
其他制造业	Other Manufacture	1556.16	696.54
废弃资源综合利用业	Utilization of Waste Resources	223.57	157.32
金属制品、机械和设备修理业	Repair Service of Metal Products, Machinery and Equipment	76.22	50.00
(三)电力、燃气及水生产和供应业	**Electric Power, Gas and Water Production and Supply**	**18594.59**	**8314.51**
电力、热力生产和供应业	Production and Supply of Electric Power and Heat Power	16446.81	7360.31
燃气生产和供应业	Production and Supply of Gas	654.13	328.43
水的生产和供应业	Production and Supply of Water	1493.65	625.77

Final Energy Consumption by Industrial Sector (Standard Quantity) -2017

(10^4 tce)

煤合计 Coal Total	原煤 Raw Coal	洗精煤 Cleaned Coal	其他洗煤 Other Washed Coal	焦炭 Coke	焦炉煤气 Coke Oven Gas	高炉煤气 Blast Furnace Gas	转炉煤气 Converter Gas	其他煤气 Other Gas
51146.10	**43216.20**		**7351.09**	**42360.25**	**3323.62**	**7858.68**	**1130.47**	**190.20**
3082.11	**2213.43**		**854.71**	**197.10**	**42.41**	**36.00**	**5.10**	**0.17**
2494.37	1713.78		774.15	72.78	16.50	15.72		0.16
90.14	90.13							
139.10	132.67		2.44	113.15	23.74	19.26	5.10	
72.14	71.16		0.67	3.39				
274.81	194.14		77.45	7.78	2.16	1.02		0.01
10.94	10.94							
0.61	0.61							
47379.56	**40397.46**		**6419.34**	**42125.48**	**3280.71**	**7822.68**	**1125.37**	**190.03**
1110.21	1077.82		26.64	133.71	0.08	47.77	7.13	0.26
670.09	660.72		5.03	2.29	0.16		0.03	0.01
592.58	583.80		7.71	0.83	0.59			
14.82	13.82		0.73					
654.48	636.40		3.50	1.35	43.21			
80.77	78.96		0.68	0.63				0.04
68.10	67.45		0.23	0.06				
139.93	139.31		0.46	0.42	0.25			
12.06	11.62		0.33	0.72				
1001.72	961.98		30.77	0.46	0.03			
30.62	29.79		0.34	0.35				
48.07	44.60		0.99	3.85				
1677.73	1010.84		623.49	40.15	567.38	110.65		11.91
11223.13	10888.29		144.10	3569.29	301.03	9.03	3.06	22.39
610.69	605.42		3.88	1.48	1.50			
398.60	348.43		3.06	16.31				
338.58	325.00		5.83	1.19	3.97			
18310.54	13202.27		5048.92	751.16	166.37	35.40	9.77	18.63
8138.65	7642.76		333.38	36447.51	2117.09	7577.52	1097.38	12.62
1519.20	1418.60		95.61	502.94	57.73	0.77		113.26
172.85	170.12		1.81	58.65	9.34	21.92	2.79	0.20
132.70	131.04		1.35	431.68	1.10	0.05	0.27	
82.87	78.59		3.97	62.05	6.59	15.11	0.01	10.26
72.13	70.78		0.78	67.22	1.03	0.09	0.39	0.39
102.25	34.79		67.39	1.15	1.10			0.01
72.70	70.94		1.56	5.27	0.13			0.02
39.44	37.70		1.59	12.63	0.14	0.01		
8.90	8.25		0.64	0.50				
17.48	13.43		2.45	1.97	0.29		0.28	
35.26	31.59		2.09	9.63	1.59	4.36	4.27	
2.40	2.36			0.03				
684.43	**605.31**		**77.04**	**37.67**	**0.50**			
675.62	596.55		77.04	37.67				
0.70	0.70				0.50			
8.11	8.07							

4-3 续表 1

单位：万吨标准煤

行　业	Sector	其他焦化产品 Other Coking Products
工业	**Industry**	**1242.07**
(一)采掘业	**Mining and Quarrying**	**2.98**
煤炭开采和洗选业	Mining and Washing of Coal	2.98
石油和天然气开采业	Extraction of Petroleum and Natural Gas	
黑色金属矿采选业	Mining and Processing of Ferrous Metal Ores	
有色金属矿采选业	Mining and Processing of Non-Ferrous Metal Ores	
非金属矿采选业	Mining and Processing of Nonmetal Ores	
开采辅助活动	Support Activities for Mining	
其他采矿业	Mining of Other Ores	
(二)制造业	**Manufacturing**	**1237.40**
农副食品加工业	Processing of Food from Agricultural Products	0.05
食品制造业	Manufacture of Foods	
酒、饮料和精制茶制造业	Manufacture of Liquor, Beverages and Refined Tea	0.01
烟草制品业	Manufacture of Tobacco	
纺织业	Manufacture of Textile	
纺织服装、服饰业	Manufacture of Textile, Wearing Apparel and Accessories	0.03
皮革、毛皮、羽毛及其制品和制鞋业	Manufacture of Leather, Fur, Feather and Related Products and Footwear	
木材加工和木、竹、藤、棕、草制品业	Processing of Timber,Manufacture of Wood,Bamboo,Rattan, Palm,and Straw Products	0.05
家具制造业	Manufacture of Furniture	
造纸和纸制品业	Manufacture of Paper and Paper Products	0.08
印刷和记录媒介复制业	Printing and Reproduction of Recording Media	0.14
文教、工美、体育和娱乐用品制造业	Manufacture of Articles for Culture, Education, Arts and Crafts, Sport and Entertainment Activities	0.02
石油加工、炼焦和核燃料加工业	Processing of Petroleum, Coking and Processing of Nuclear Fuel	188.15
化学原料和化学制品制造业	Manufacture of Raw Chemical Materials and Chemical Products	624.06
医药制造业	Manufacture of Medicines	0.21
化学纤维制造业	Manufacture of Chemical Fibers	
橡胶和塑料制品业	Manufacture of Rubber and Plastics Products	0.37
非金属矿物制品业	Manufacture of Non-metallic Mineral Products	93.44
黑色金属冶炼和压延加工业	Smelting and Pressing of Ferrous Metals	297.49
有色金属冶炼和压延加工业	Smelting and Pressing of Non-ferrous Metals	33.03
金属制品业	Manufacture of Metal Products	0.06
通用设备制造业	Manufacture of General Purpose Machinery	0.04
专用设备制造业	Manufacture of Special Purpose Machinery	
汽车制造业	Manufacture of Automobiles	
铁路、船舶、航空航天和其他运输设备制造业	Manufacture of Railway, Ship, Aerospace and Other Transport Equipments	
电气机械和器材制造业	Manufacture of Electrical Machinery and Apparatus	
计算机、通信和其他电子设备制造业	Manufacture of Computers, Communication and Other Electronic Equipment	0.13
仪器仪表制造业	Manufacture of Measuring Instruments and Machinery	
其他制造业	Other Manufacture	
废弃资源综合利用业	Utilization of Waste Resources	
金属制品、机械和设备修理业	Repair Service of Metal Products, Machinery and Equipment	0.04
(三)电力、燃气及水生产和供应业	**Electric Power, Gas and Water Production and Supply**	**1.69**
电力、热力生产和供应业	Production and Supply of Electric Power and Heat Power	1.69
燃气生产和供应业	Production and Supply of Gas	
水的生产和供应业	Production and Supply of Water	

Continued 1

(10[4] tce)

油品合计 Petroleum Products Total	原油 Crude Oil	汽油 Gasoline	煤油 Kerosene	柴油 Diesel Oil	燃料油 Fuel Oil	石脑油 Naphtha	润滑油 Lubricants	石蜡 Paraffin Waxes	溶剂油 White Spirit
24134.88	**520.95**	**560.55**	**21.11**	**1844.45**	**504.83**	**7702.93**	**292.79**	**310.04**	**294.91**
1189.91	**425.84**	**43.45**	**1.90**	**638.82**	**34.81**		**1.89**		
240.88	0.09	10.62	1.18	226.59	0.40		1.19		
572.59	425.52	13.10		60.23	32.01		0.04		
85.62		3.13	0.03	82.22	0.03		0.19		
49.56		6.62	0.63	40.29	2.00		0.02		
86.23		4.00	0.05	81.89	0.03		0.03		
154.37	0.23	5.93		146.98	0.34		0.43		
0.66		0.05		0.62					
22820.45	**94.82**	**475.17**	**19.17**	**1146.89**	**468.77**	**7702.93**	**290.70**	**310.04**	**294.91**
86.11	0.03	25.82	0.29	52.91	3.19		0.03	0.01	2.01
37.42		11.63	0.02	19.39	3.54			0.55	0.04
23.91		7.42	0.07	12.01	3.07		0.02		
2.99		0.76		1.93	0.18				
64.11	0.01	19.23	0.07	30.46	8.99		0.17		0.14
30.50	0.02	13.19	0.01	14.33	0.89		0.02		
15.41		7.62	0.12	5.89	0.53	0.01	0.09	0.06	0.47
22.53		6.96	0.04	12.73	0.33		0.40	1.57	
15.40		6.79	0.01	7.23	0.44		0.01		
37.80	0.05	7.07	0.03	22.71	6.00	0.01	0.10	0.02	0.42
19.32		9.20	0.05	8.48	0.31		0.02		0.08
22.67		9.77	0.06	9.54	1.20	0.01	0.04	0.59	0.03
9199.50	90.64	3.79	0.10	25.80	62.12	1637.25	260.17	3.47	35.40
9323.26	3.12	41.90	3.20	73.35	72.58	6065.56	6.01	301.70	254.52
31.98		12.01	0.08	14.05	2.43	0.07	0.01	0.07	0.38
9.51		1.66	0.08	3.10	4.31		0.05		0.10
76.56	0.01	25.08	0.35	30.86	8.74		0.71	0.63	0.80
2686.52	0.61	35.20	1.46	408.35	222.61		0.44	0.67	
173.30	0.01	9.73	0.13	87.30	3.04		0.84	0.02	
351.14		7.27	1.59	55.95	39.89		0.56	0.01	0.10
78.96	0.01	25.44	0.92	32.44	6.45		0.43	0.01	0.06
93.32	0.02	35.11	3.11	43.10	1.29		2.64	0.03	0.04
76.25	0.13	30.05	1.36	31.72	1.65		1.55	0.04	0.05
128.11	0.08	50.98	0.63	55.02	0.82	0.01	12.78	0.06	0.13
44.80	0.01	8.66	2.68	23.38	6.31		0.32		0.02
76.93	0.02	31.26	1.01	24.87	3.97	0.01	3.06	0.44	0.09
43.99	0.01	20.40	0.28	16.21	1.28		0.12	0.03	0.01
12.30	0.02	6.97	0.37	3.89	0.30		0.07	0.04	
12.47		2.10	0.03	2.27	0.39				0.01
9.35		0.87	0.05	6.74	1.23		0.01		
14.03		1.25	0.98	10.88	0.70		0.04		0.01
124.52	**0.29**	**41.93**	**0.04**	**58.74**	**1.25**		**0.20**		
108.49	0.29	32.15	0.04	53.15	0.95		0.18		
6.83		4.22		2.28	0.16		0.01		
9.20		5.55		3.31	0.14		0.01		

4-3 续表 2

单位：万吨标准煤

行　业	Sector	石油沥青 Bitumen Asphalt
工业	**Industry**	**136.71**
(一)采掘业	**Mining and Quarrying**	**0.21**
煤炭开采和洗选业	Mining and Washing of Coal	
石油和天然气开采业	Extraction of Petroleum and Natural Gas	
黑色金属矿采选业	Mining and Processing of Ferrous Metal Ores	
有色金属矿采选业	Mining and Processing of Non-Ferrous Metal Ores	
非金属矿采选业	Mining and Processing of Nonmetal Ores	0.21
开采辅助活动	Support Activities for Mining	
其他采矿业	Mining of Other Ores	
(二)制造业	**Manufacturing**	**133.44**
农副食品加工业	Processing of Food from Agricultural Products	
食品制造业	Manufacture of Foods	
酒、饮料和精制茶制造业	Manufacture of Liquor, Beverages and Refined Tea	
烟草制品业	Manufacture of Tobacco	
纺织业	Manufacture of Textile	
纺织服装、服饰业	Manufacture of Textile, Wearing Apparel and Accessories	
皮革、毛皮、羽毛及其制品和制鞋业	Manufacture of Leather, Fur, Feather and Related Products and Footwear	
木材加工和木、竹、藤、棕、草制品业	Processing of Timber,Manufacture of Wood,Bamboo,Rattan, Palm,and Straw Products	
家具制造业	Manufacture of Furniture	
造纸和纸制品业	Manufacture of Paper and Paper Products	
印刷和记录媒介复制业	Printing and Reproduction of Recording Media	
文教、工美、体育和娱乐用品制造业	Manufacture of Articles for Culture, Education, Arts and Crafts, Sport and Entertainment Activities	
石油加工、炼焦和核燃料加工业	Processing of Petroleum, Coking and Processing of Nuclear Fuel	6.29
化学原料和化学制品制造业	Manufacture of Raw Chemical Materials and Chemical Products	1.83
医药制造业	Manufacture of Medicines	
化学纤维制造业	Manufacture of Chemical Fibers	
橡胶和塑料制品业	Manufacture of Rubber and Plastics Products	0.70
非金属矿物制品业	Manufacture of Non-metallic Mineral Products	109.24
黑色金属冶炼和压延加工业	Smelting and Pressing of Ferrous Metals	
有色金属冶炼和压延加工业	Smelting and Pressing of Non-ferrous Metals	12.34
金属制品业	Manufacture of Metal Products	0.35
通用设备制造业	Manufacture of General Purpose Machinery	
专用设备制造业	Manufacture of Special Purpose Machinery	0.11
汽车制造业	Manufacture of Automobiles	
铁路、船舶、航空航天和其他运输设备制造业	Manufacture of Railway, Ship, Aerospace and Other Transport Equipments	
电气机械和器材制造业	Manufacture of Electrical Machinery and Apparatus	0.04
计算机、通信和其他电子设备制造业	Manufacture of Computers, Communication and Other Electronic Equipment	
仪器仪表制造业	Manufacture of Measuring Instruments and Machinery	
其他制造业	Other Manufacture	2.13
废弃资源综合利用业	Utilization of Waste Resources	0.41
金属制品、机械和设备修理业	Repair Service of Metal Products, Machinery and Equipment	
(三)电力、燃气及水生产和供应业	**Electric Power, Gas and Water Production and Supply**	**3.06**
电力、热力生产和供应业	Production and Supply of Electric Power and Heat Power	3.06
燃气生产和供应业	Production and Supply of Gas	
水的生产和供应业	Production and Supply of Water	

Continued 2

(10[4] tce)

石油焦 Petroleum Coke	液化石油气 LPG	炼厂干气 Refinery Gas	其他石油制品 Other Petroleum Products	天然气 Natural Gas	液化天然气 LNG	热力 Heat	电力 Electricity	其他能源 Other Energy
2301.41	**2123.37**	**2560.46**	**4960.36**	**7065.51**	**7223.90**	**10905.89**	**51327.98**	**900.54**
	0.51	**22.46**	**20.01**	**1741.28**	**11.68**	**224.18**	**2954.05**	**5.63**
	0.08		0.72	151.74	2.00	18.82	1083.45	1.82
	0.26	22.46	18.96	1558.55	8.51	79.64	558.04	0.04
			0.03	0.06		6.85	459.78	1.89
				2.24			400.79	0.53
				4.18	0.82	94.85	281.36	1.35
	0.17		0.29	24.51	0.35	24.00	29.34	0.01
							141.29	
2288.63	**2122.46**	**2533.92**	**4938.60**	**5255.75**	**7155.64**	**10445.98**	**41287.80**	**876.13**
	1.58		0.24	37.63	184.73	178.28	880.32	176.54
	1.87		0.38	136.01	93.58	212.76	323.65	28.24
0.33	0.98		0.01	98.72	43.73	157.72	192.17	21.11
	0.12			13.93		8.86	63.85	2.84
	3.44		1.60	129.50	273.45	1096.66	2070.74	58.79
	1.39		0.66	19.52	62.42	24.61	265.25	7.31
	0.41		0.20	1.27	17.72	8.86	180.97	4.97
	0.51			25.07	4.47	30.38	301.45	131.62
	0.89		0.03	16.00	6.72	2.16	121.18	2.90
	1.24		0.14	40.26	210.74	716.02	875.51	88.85
	0.78		0.41	35.70	9.07	16.02	149.10	2.97
	1.09		0.35	37.77	56.27	4.01	101.49	11.92
175.51	958.87	2427.34	3512.75	377.22	1897.97	1481.71	1163.17	13.53
81.88	950.16	106.25	1361.21	2295.62	1293.46	4074.86	6295.26	98.46
	1.88		1.01	82.52	40.13	313.29	448.31	17.83
	0.13		0.09	13.20	77.32	355.94	522.90	4.57
0.08	3.65		4.96	72.57	78.59	92.93	1658.35	10.73
1762.88	121.18	0.07	23.80	423.32	954.12	47.67	4061.94	37.79
46.54	20.40	0.24	5.05	460.76	313.44	715.14	6466.37	102.77
216.59	5.88		10.97	261.36	401.67	623.67	7378.05	12.30
2.08	8.73		2.04	109.10	304.63	16.90	1779.07	12.50
	5.40	0.01	2.57	123.14	78.27	14.15	1123.25	3.08
0.51	6.96		2.10	66.30	78.13	26.53	520.94	1.83
	5.19		2.40	108.47	180.90	133.05	1088.18	3.96
	2.89	0.01	0.51	89.80	208.95	17.73	214.48	0.85
0.90	9.00		2.27	44.11	89.40	37.17	916.33	9.54
	3.20		2.45	110.91	82.16	31.71	1360.22	2.93
	0.39		0.24	7.47	6.81	3.30	109.00	0.44
1.34	4.19			0.35	67.50	2.60	592.54	1.06
	0.04			14.73	28.09	0.48	45.66	3.90
	0.01		0.16	3.39	11.20	0.84	18.07	
12.78	**0.40**	**4.08**	**1.75**	**68.48**	**56.58**	**235.73**	**7086.13**	**18.78**
12.78	0.06	4.08	1.75	26.83		227.87	6263.38	18.77
	0.15			37.19	55.67	3.02	224.51	0.01
	0.19			4.46	0.91	4.85	598.24	

4-4 分行业能源消费总量

单位：万吨标准煤

行　业	Sector	1995	2000
消 费 总 量	**Total Consumption**	**131176**	**146964**
农、林、牧、渔业	**Agriculture, Forestry, Animal Husbandry and Fishery**	**5505**	**4233**
工业	**Industry**	**96191**	**103014**
采掘业	**Mining and Quarrying**	**9941**	**10286**
煤炭开采和洗选业	Mining and Washing of Coal	5500	4576
石油和天然气开采业	Extraction of Petroleum and Natural Gas	2813	3966
黑色金属矿采选业	Mining and Processing of Ferrous Metal Ores	268	376
有色金属矿采选业	Mining and Processing of Non-Ferrous Metal Ores	557	427
非金属矿采选业	Mining and Processing of Nonmetal Ores	553	708
开采辅助活动	Support Activities for Mining		
其他采矿业	Mining of Other Ores	250	234
制造业	**Manufacturing**	**78368**	**80914**
农副食品加工业	Processing of Food from Agricultural Products	1973	1669
食品制造业	Manufacture of Foods	1208	1092
酒、饮料和精制茶制造业	Manufacture of Liquor, Beverages and Refined Tea	1000	844
烟草制品业	Manufacture of Tobacco	224	313
纺织业	Manufacture of Textile	3531	3020
纺织服装、服饰业	Manufacture of Textile, Wearing Apparel and Accessories	329	357
皮革、毛皮、羽毛及其制品和制鞋业	Manufacture of Leather, Fur, Feather and Related Products and Footwear	290	208
木材加工和木、竹、藤、棕、草制品业	Processing of Timber,Manufacture of Wood,Bamboo,Rattan,Palm, and Straw Products	380	376
家具制造业	Manufacture of Furniture	106	104
造纸和纸制品业	Manufacture of Paper and Paper Products	2138	2281
印刷和记录媒介复制业	Printing and Reproduction of Recording Media	203	207
文教、工美、体育和娱乐用品制造业	Manufacture of Articles for Culture, Education, Arts and Crafts, Sport and Entertainment Activities	62	123
石油加工、炼焦和核燃料加工业	Processing of Petroleum, Coking and Processing of Nuclear Fuel	5567	7956
化学原料和化学制品制造业	Manufacture of Raw Chemical Materials and Chemical Products	15822	14070
医药制造业	Manufacture of Medicines	1201	977
化学纤维制造业	Manufacture of Chemical Fibers	1278	1911
橡胶和塑料制品业	Manufacture of Rubber and Plastics Products	1186	1405
非金属矿物制品业	Manufacture of Non-metallic Mineral Products	13058	11515
黑色金属冶炼和压延加工业	Smelting and Pressing of Ferrous Metals	18533	20563
有色金属冶炼和压延加工业	Smelting and Pressing of Non-ferrous Metals	2842	4129
金属制品业	Manufacture of Metal Products	994	1218
通用设备制造业	Manufacture of General Purpose Machinery	1651	1266
专用设备制造业	Manufacture of Special Purpose Machinery	1089	883
汽车制造业	Manufacture of Automobiles	1376	1530
铁路、船舶、航空航天和其他运输设备制造业	Manufacture of Railway, Ship, Aerospace and Other Transport Equipments		
电气机械和器材制造业	Manufacture of Electrical Machinery and Apparatus	629	658
计算机、通信和其他电子设备制造业	Manufacture of Computers, Communication and Other Electronic Equipment	321	692
仪器仪表制造业	Manufacture of Measuring Instruments and Machinery	143	158
其他制造业	Other Manufacture	1234	1389
废弃资源综合利用业	Utilization of Waste Resources		
金属制品、机械和设备修理业	Repair Service of Metal Products, Machinery and Equipment		
电力、燃气及水生产和供应业	**Electric Power, Gas and Water Production and Supply**	**7883**	**11814**
电力、热力生产和供应业	Production and Supply of Electric Power and Heat Power	7053	10584
燃气生产和供应业	Production and Supply of Gas	341	618
水的生产和供应业	Production and Supply of Water	489	611
建筑业	**Construction**	**1335**	**2207**
交通运输、仓储和邮政业	**Transport, Storage and Post**	**5863**	**11447**
批发、零售业和住宿、餐饮业	**Wholesale, Retail Trade and Hotel ,Restaurants**	**2018**	**3251**
其他行业	**Others**	**4519**	**6118**
生活消费	**Residential Consumption**	**15745**	**16695**

Consumption of Total Energy and Its Main Varieties by Sector

(10⁴ tce)

2005	2009	2010	2011	2012	2013	2014	2015	2016	2017
261369	**336126**	**360648**	**387043**	**402138**	**416913**	**425806**	**429905**	**435819**	**448529**
6860	**6978**	**7266**	**7675**	**7804**	**8055**	**8094**	**8232**	**8544**	**8931**
187914	**243567**	**261377**	**278048**	**284712**	**291130**	**295686**	**292276**	**290255**	**294488**
12429	**16636**	**20950**	**23417**	**24532**	**23924**	**23026**	**19258**	**17426**	**17680**
5634	8771	12436	14497	15083	14180	13080	10168	9098	9232
3741	3935	3987	3923	3897	4088	4264	4266	3915	3952
1135	1468	2089	2137	2065	2224	2170	1659	1454	1531
814	911	999	1202	1231	1280	1280	1172	1075	1107
995	1297	1224	1374	1469	1380	1421	1309	1257	1190
				481	407	397	337	286	320
111	254	214	283	305	365	414	347	341	348
158235	**206556**	**217329**	**229091**	**234539**	**239053**	**245051**	**244920**	**242515**	**245140**
3096	4111	3746	3681	3784	3905	4119	4201	4153	4089
1615	1967	1857	1935	1841	1890	1827	1807	1968	1995
1523	1767	1369	1454	1498	1610	1516	1476	1489	1418
278	229	234	286	257	256	238	229	206	200
6145	6884	6988	7379	7290	7366	6960	7136	7295	7487
669	813	848	867	978	971	938	920	944	879
375	481	475	461	679	652	619	629	606	560
929	1362	1382	1507	1575	1522	1513	1327	1162	1075
141	226	252	249	241	247	359	376	363	353
4078	4687	4475	4596	4275	4153	4041	4028	4105	4304
298	385	420	417	428	448	466	466	480	479
213	240	237	257	344	368	400	392	409	433
12481	17580	17874	18183	18831	19255	20217	23183	22688	24367
28626	33700	36741	40743	42551	44081	47528	49009	48683	49055
1521	1723	1816	1999	2105	2179	2185	2248	2315	2222
1789	1641	1644	1819	1840	1909	1833	1903	2072	2175
2894	3541	3853	3891	4195	4350	4459	4418	4534	4761
26215	30460	32512	38272	37799	36561	36592	34495	32850	32835
44724	65353	66873	64726	67376	68839	69342	63951	62101	60934
7966	12043	13628	14831	15621	16617	17510	20707	21284	22157
2375	3227	3804	3736	4164	4704	4811	4635	4971	5152
2495	3467	3774	4571	3619	3571	3634	3525	3663	3630
1299	1643	1902	1949	1853	1914	1987	1842	1738	1688
2060	3035	3782	4014	2770	3069	3189	3179	3275	3378
				1151	1045	897	886	866	992
1410	2038	2347	2499	2511	2606	2589	2584	2622	2580
1518	2229	2547	2650	2689	2802	2971	3143	3376	3662
223	301	359	332	326	329	319	315	309	307
1237	1330	1459	1648	1714	1597	1741	1669	1708	1673
41	91	129	139	152	169	194	188	227	221
				83	66	55	53	52	76
17250	**20376**	**23099**	**25540**	**25640**	**28153**	**27609**	**28098**	**30314**	**31668**
15847	18937	21487	23861	23837	26295	25674	26124	28175	29248
692	565	627	633	689	697	709	685	774	925
711	873	985	1045	1114	1161	1226	1289	1365	1495
3486	**4712**	**5533**	**6052**	**6337**	**7017**	**7520**	**7696**	**7991**	**8555**
19136	**24460**	**27102**	**29694**	**32561**	**34819**	**36336**	**38318**	**39651**	**42191**
5917	**7303**	**7847**	**9147**	**10012**	**10598**	**10873**	**11404**	**12015**	**12475**
10484	**13933**	**15052**	**16843**	**18407**	**19763**	**20084**	**21881**	**23154**	**24269**
27573	**35173**	**36470**	**39584**	**42306**	**45531**	**47212**	**50099**	**54209**	**57620**

4-5 分行业煤炭消费总量

单位：万吨

行　业	Sector	1995
消费总量	**Total Consumption**	**137677**
农、林、牧、渔业	**Agriculture, Forestry, Animal Husbandry and Fishery**	**1857**
工业	**Industry**	**117571**
采掘业	**Mining and Quarrying**	**9861**
煤炭开采和洗选业	Mining and Washing of Coal	8291
石油和天然气开采业	Extraction of Petroleum and Natural Gas	637
黑色金属矿采选业	Mining and Processing of Ferrous Metal Ores	95
有色金属矿采选业	Mining and Processing of Non-Ferrous Metal Ores	175
非金属矿采选业	Mining and Processing of Nonmetal Ores	434
开采辅助活动	Support Activities for Mining	
其他采矿业	Mining of Other Ores	229
制造业	**Manufacturing**	**63109**
农副食品加工业	Processing of Food from Agricultural Products	1754
食品制造业	Manufacture of Foods	1215
酒、饮料和精制茶制造业	Manufacture of Liquor, Beverages and Refined Tea	983
烟草制品业	Manufacture of Tobacco	191
纺织业	Manufacture of Textile	2537
纺织服装、服饰业	Manufacture of Textile, Wearing Apparel and Accessories	117
皮革、毛皮、羽毛及其制品和制鞋业	Manufacture of Leather, Fur, Feather and Related Products and Footwear	239
木材加工和木、竹、藤、棕、草制品业	Processing of Timber,Manufacture of Wood,Bamboo,Rattan,Palm, and Straw Products	363
家具制造业	Manufacture of Furniture	63
造纸和纸制品业	Manufacture of Paper and Paper Products	2132
印刷和记录媒介复制业	Printing and Reproduction of Recording Media	87
文教、工美、体育和娱乐用品制造业	Manufacture of Articles for Culture, Education, Arts and Crafts, Sport and Entertainment Activities	33
石油加工、炼焦和核燃料加工业	Processing of Petroleum, Coking and Processing of Nuclear Fuel	8025
化学原料和化学制品制造业	Manufacture of Raw Chemical Materials and Chemical Products	10804
医药制造业	Manufacture of Medicines	915
化学纤维制造业	Manufacture of Chemical Fibers	823
橡胶和塑料制品业	Manufacture of Rubber and Plastics Products	878
非金属矿物制品业	Manufacture of Non-metallic Mineral Products	13424
黑色金属冶炼和压延加工业	Smelting and Pressing of Ferrous Metals	12921
有色金属冶炼和压延加工业	Smelting and Pressing of Non-ferrous Metals	1349
金属制品业	Manufacture of Metal Products	462
通用设备制造业	Manufacture of General Purpose Machinery	821
专用设备制造业	Manufacture of Special Purpose Machinery	653
汽车制造业	Manufacture of Automobiles	860
铁路、船舶、航空航天和其他运输设备制造业	Manufacture of Railway, Ship, Aerospace and Other Transport Equipments	
电气机械和器材制造业	Manufacture of Electrical Machinery and Apparatus	344
计算机、通信和其他电子设备制造业	Manufacture of Computers, Communication and Other Electronic Equipment	142
仪器仪表制造业	Manufacture of Measuring Instruments and Machinery	71
其他制造业	Other Manufacture	906
废弃资源综合利用业	Utilization of Waste Resources	
金属制品、机械和设备修理业	Repair Service of Metal Products, Machinery and Equipment	
电力、燃气及水生产和供应业	**Electric Power, Gas and Water Production and Supply**	**44600**
电力、热力生产和供应业	Production and Supply of Electric Power and Heat Power	43800
燃气生产和供应业	Production and Supply of Gas	763
水的生产和供应业	Production and Supply of Water	38
建筑业	**Construction**	**440**
交通运输、仓储和邮政业	**Transport, Storage and Post**	**1315**
批发、零售业和住宿、餐饮业	**Wholesale, Retail Trade and Hotel ,Restaurants**	**977**
其他行业	**Others**	**1987**
生活消费	**Residential Consumption**	**13530**

Consumption of Coal and Its Main Varieties by Sector

(10[4] tons)

2000	2005	2009	2010	2011	2012	2013	2014	2015	2016	2017
135690	**243375**	**325003**	**349008**	**388961**	**411727**	**424426**	**411614**	**397014**	**384560**	**385723**
1051	**1802**	**2081**	**2147**	**2207**	**2266**	**2451**	**2579**	**2625**	**2778**	**2834**
121807	**224766**	**305900**	**329728**	**368916**	**391191**	**403157**	**390497**	**375650**	**363175**	**365480**
10603	**13307**	**20527**	**27146**	**32914**	**43100**	**39165**	**37659**	**30221**	**24746**	**24451**
8913	11748	18372	24893	30664	40786	36772	35613	28493	23293	23212
847	367	541	541	564	495	481	195	186	174	126
79	275	406	482	447	438	481	440	378	283	241
100	220	192	212	223	220	206	223	199	120	107
512	686	1014	1016	1016	973	1037	1027	848	774	678
					186	185	159	116	97	87
153	11	2	3		2	3	2	2	5	1
53356	**105047**	**140382**	**151519**	**163946**	**165862**	**173152**	**175976**	**179476**	**168582**	**161113**
1511	2320	3297	3365	3381	3302	3211	2779	2585	2570	2192
761	1260	1589	1845	1834	1866	1961	1814	1617	1679	1564
733	1360	1601	1587	1602	1479	1587	1326	1185	1091	980
151	143	85	86	115	67	62	52	43	28	21
1564	3282	3279	3710	3471	3053	2896	2460	4730	4211	3273
142	293	360	374	334	347	315	297	257	214	138
81	149	220	196	177	202	185	162	155	135	90
265	568	702	699	693	662	621	660	507	326	209
50	35	78	83	81	76	71	61	58	42	16
1982	3827	4826	5242	5482	5271	5303	4829	4669	4603	4581
58	56	76	84	63	64	69	82	81	84	41
20	31	45	45	37	98	110	130	124	114	72
9718	20390	32197	35103	39418	41838	47649	47774	47400	46161	44845
8162	17337	21222	22379	24507	25843	25789	27085	29977	25916	24697
615	980	1187	1274	1357	1374	1382	1392	1511	1427	1153
993	1203	1039	921	1010	1049	1123	1070	1090	1370	1294
485	919	1223	1334	1237	1145	1143	1027	978	868	658
9841	23834	29377	30844	33370	32205	31633	33015	31195	29131	27466
12109	20835	29083	30749	33886	34104	34531	34527	33512	30384	29440
1528	2931	4353	6928	7275	7368	9378	11483	14499	15656	16730
274	377	589	555	498	698	646	521	460	399	248
413	721	1109	1095	999	452	412	348	301	244	178
376	471	601	657	577	460	390	339	285	206	138
827	773	853	932	878	583	563	470	431	366	269
					307	285	193	167	92	182
220	333	617	569	783	701	708	660	731	560	100
84	153	192	192	168	249	161	148	149	131	107
37	38	40	41	35	45	41	30	20	20	12
353	406	501	563	618	876	850	1171	687	483	366
	21	43	67	60	68	63	65	66	68	48
					11	13	5	5	4	3
57848	**106411**	**144991**	**151064**	**172056**	**182229**	**190840**	**176863**	**165954**	**169847**	**179916**
56675	105016	143904	149726	170949	181090	189848	176098	165382	169441	179311
1122	1363	1068	1255	1052	1075	935	720	520	383	583
51	33	19	83	55	64	57	45	51	22	22
537	**604**	**659**	**731**	**797**	**767**	**811**	**914**	**878**	**805**	**733**
882	**811**	**641**	**639**	**646**	**614**	**615**	**558**	**492**	**404**	**353**
1461	**2627**	**3201**	**3192**	**3572**	**3752**	**3966**	**3767**	**3864**	**3826**	**3461**
1495	**2727**	**3400**	**3412**	**3612**	**3883**	**4136**	**4046**	**4159**	**4081**	**3580**
8457	**10039**	**9122**	**9159**	**9212**	**9253**	**9290**	**9253**	**9347**	**9492**	**9283**

4-6 分行业焦炭消费总量

单位：万吨

行业	Sector	1995
消费总量	**Total Consumption**	**10725**
农、林、牧、渔业	**Agriculture, Forestry, Animal Husbandry and Fishery**	**129**
工业	**Industry**	**10412**
采掘业	**Mining and Quarrying**	**151**
煤炭开采和洗选业	Mining and Washing of Coal	42
石油和天然气开采业	Extraction of Petroleum and Natural Gas	1
黑色金属矿采选业	Mining and Processing of Ferrous Metal Ores	57
有色金属矿采选业	Mining and Processing of Non-Ferrous Metal Ores	25
非金属矿采选业	Mining and Processing of Nonmetal Ores	26
开采辅助活动	Support Activities for Mining	
其他采矿业	Mining of Other Ores	1
制造业	**Manufacturing**	**10244**
农副食品加工业	Processing of Food from Agricultural Products	15
食品制造业	Manufacture of Foods	10
酒、饮料和精制茶制造业	Manufacture of Liquor, Beverages and Refined Tea	5
烟草制品业	Manufacture of Tobacco	2
纺织业	Manufacture of Textile	6
纺织服装、服饰业	Manufacture of Textile, Wearing Apparel and Accessories	1
皮革、毛皮、羽毛及其制品和制鞋业	Manufacture of Leather, Fur, Feather and Related Products and Footwear	1
木材加工和木、竹、藤、棕、草制品业	Processing of Timber,Manufacture of Wood,Bamboo,Rattan,Palm, and Straw Products	1
家具制造业	Manufacture of Furniture	1
造纸和纸制品业	Manufacture of Paper and Paper Products	4
印刷和记录媒介复制业	Printing and Reproduction of Recording Media	1
文教、工美、体育和娱乐用品制造业	Manufacture of Articles for Culture, Education, Arts and Crafts, Sport and Entertainment Activities	2
石油加工、炼焦和核燃料加工业	Processing of Petroleum, Coking and Processing of Nuclear Fuel	32
化学原料和化学制品制造业	Manufacture of Raw Chemical Materials and Chemical Products	1299
医药制造业	Manufacture of Medicines	3
化学纤维制造业	Manufacture of Chemical Fibers	24
橡胶和塑料制品业	Manufacture of Rubber and Plastics Products	3
非金属矿物制品业	Manufacture of Non-metallic Mineral Products	277
黑色金属冶炼和压延加工业	Smelting and Pressing of Ferrous Metals	7811
有色金属冶炼和压延加工业	Smelting and Pressing of Non-ferrous Metals	195
金属制品业	Manufacture of Metal Products	123
通用设备制造业	Manufacture of General Purpose Machinery	237
专用设备制造业	Manufacture of Special Purpose Machinery	101
汽车制造业	Manufacture of Automobiles	41
铁路、船舶、航空航天和其他运输设备制造业	Manufacture of Railway, Ship, Aerospace and Other Transport Equipments	
电气机械和器材制造业	Manufacture of Electrical Machinery and Apparatus	16
计算机、通信和其他电子设备制造业	Manufacture of Computers, Communication and Other Electronic Equipment	1
仪器仪表制造业	Manufacture of Measuring Instruments and Machinery	3
其他制造业	Other Manufacture	30
废弃资源综合利用业	Utilization of Waste Resources	
金属制品、机械和设备修理业	Repair Service of Metal Products, Machinery and Equipment	
电力、燃气及水生产和供应业	**Electric Power, Gas and Water Production and Supply**	**17**
电力、热力生产和供应业	Production and Supply of Electric Power and Heat Power	4
燃气生产和供应业	Production and Supply of Gas	13
水的生产和供应业	Production and Supply of Water	
建筑业	**Construction**	**11**
交通运输、仓储和邮政业	**Transport, Storage and Post**	**10**
批发、零售业和住宿、餐饮业	**Wholesale, Retail Trade and Hotel ,Restaurants**	**26**
其他行业	**Others**	**6**
生活消费	**Residential Consumption**	**132**

Consumption of Coke and Its Main Varieties by Sector

(10[4] tons)

2000	2005	2009	2010	2011	2012	2013	2014	2015	2016	2017
10841	**25106**	**36350**	**38703**	**42063**	**44805**	**45852**	**46885**	**44059**	**45462**	**43743**
71	**63**	**45**	**47**	**54**	**57**	**69**	**35**	**49**	**53**	**38**
10555	**24861**	**36243**	**38599**	**41952**	**44695**	**45694**	**46750**	**43923**	**45325**	**43609**
161	**150**	**156**	**421**	**258**	**251**	**282**	**292**	**236**	**243**	**203**
53	37	49	43	51	65	80	88	63	75	75
6										
52	84	84	353	185	126	180	187	158	153	116
22	16	15	16	14	14	10	10	9	5	3
27	13	8	9	8	46	11	7	7	10	8
10357	**24646**	**36055**	**38155**	**41670**	**44436**	**45401**	**46406**	**43646**	**45045**	**43366**
16	9	17	15	14	12	10	10	141	143	138
15	5	22	3	3	2	2	3	3	2	2
3	1	2	1	1	1	1	1	1	1	1
1										
4	3	4	5	4	3	3	2	2	1	1
2	1	1	4	5	3	2	1	2	2	1
2		3	1	1	1	1	1			
1	2	16	2	1			1	1	1	
1	1	3	5	5	4	2	2	2	1	1
2	4	4	2	2	1	1	1	1	1	
		1								
2	4	5	4	4	5	4	4	3	3	4
65	77	112	93	84	74	68	46	65	32	41
1105	1724	2485	2475	2932	3105	3200	3419	3579	3997	3674
1	1	6	3	3	2	1	1	1	1	2
27	51	3	2	2	1				17	17
9	4	19	15	11	4	3	5	3	2	1
312	208	368	386	904	987	1048	1040	904	881	773
8085	21429	31253	33448	35449	38367	39313	40146	37336	38439	37521
218	397	646	592	683	617	586	622	565	528	518
126	78	98	76	65	104	141	100	100	66	60
208	456	664	657	1182	839	695	699	684	686	444
74	69	77	126	78	45	54	75	68	71	64
32	94	194	169	176	185	199	162	129	123	69
					12	8	7	3	2	1
11	17	23	27	25	18	17	14	12	7	5
	1	8	12	8	9	11	12	14	14	13
4	3	8	6	4	4	5	4	3	2	1
30	4	2	2	3	1				3	2
	2	10	25	25	20	26	27	22	16	10
					12					
37	**65**	**32**	**23**	**24**	**8**	**11**	**51**	**40**	**37**	**40**
	6	8	4	8		7	49	39	35	39
37	59	24	19	16	7	4	2	2	2	2
19	**18**	**6**	**6**	**5**	**6**	**8**	**10**	**7**	**7**	**13**
11	**1**					**2**	**3**	**3**	**3**	**6**
36	**64**	**4**	**5**	**9**	**7**	**36**	**47**	**40**	**41**	**49**
12	**8**	**3**	**3**	**2**	**2**	**5**	**5**	**5**	**6**	**6**
137	**90**	**49**	**43**	**41**	**38**	**38**	**36**	**31**	**27**	**22**

4-7 分行业原油消费总量

单位：万吨

行业	Sector	1995
消费总量	**Total Consumption**	**14886.39**
农、林、牧、渔业	**Agriculture, Forestry, Animal Husbandry and Fishery**	**10.11**
工业	**Industry**	**14716.30**
采掘业	**Mining and Quarrying**	**1686.21**
煤炭开采和洗选业	Mining and Washing of Coal	
石油和天然气开采业	Extraction of Petroleum and Natural Gas	1686.16
黑色金属矿采选业	Mining and Processing of Ferrous Metal Ores	
有色金属矿采选业	Mining and Processing of Non-Ferrous Metal Ores	0.05
非金属矿采选业	Mining and Processing of Nonmetal Ores	
开采辅助活动	Support Activities for Mining	
其他采矿业	Mining of Other Ores	
制造业	**Manufacturing**	**12963.62**
农副食品加工业	Processing of Food from Agricultural Products	0.53
食品制造业	Manufacture of Foods	0.72
酒、饮料和精制茶制造业	Manufacture of Liquor, Beverages and Refined Tea	0.72
烟草制品业	Manufacture of Tobacco	
纺织业	Manufacture of Textile	1.29
纺织服装、服饰业	Manufacture of Textile, Wearing Apparel and Accessories	0.04
皮革、毛皮、羽毛及其制品和制鞋业	Manufacture of Leather, Fur, Feather and Related Products and Footwear	0.04
木材加工和木、竹、藤、棕、草制品业	Processing of Timber,Manufacture of Wood,Bamboo,Rattan,Palm, and Straw Products	
家具制造业	Manufacture of Furniture	
造纸和纸制品业	Manufacture of Paper and Paper Products	0.26
印刷和记录媒介复制业	Printing and Reproduction of Recording Media	0.10
文教、工美、体育和娱乐用品制造业	Manufacture of Articles for Culture, Education, Arts and Crafts, Sport and Entertainment Activities	
石油加工、炼焦和核燃料加工业	Processing of Petroleum, Coking and Processing of Nuclear Fuel	11338.36
化学原料和化学制品制造业	Manufacture of Raw Chemical Materials and Chemical Products	1078.84
医药制造业	Manufacture of Medicines	0.12
化学纤维制造业	Manufacture of Chemical Fibers	478.22
橡胶和塑料制品业	Manufacture of Rubber and Plastics Products	1.24
非金属矿物制品业	Manufacture of Non-metallic Mineral Products	56.32
黑色金属冶炼和压延加工业	Smelting and Pressing of Ferrous Metals	3.17
有色金属冶炼和压延加工业	Smelting and Pressing of Non-ferrous Metals	0.35
金属制品业	Manufacture of Metal Products	0.17
通用设备制造业	Manufacture of General Purpose Machinery	0.28
专用设备制造业	Manufacture of Special Purpose Machinery	0.20
汽车制造业	Manufacture of Automobiles	0.57
铁路、船舶、航空航天和其他运输设备制造业	Manufacture of Railway, Ship, Aerospace and Other Transport Equipments	
电气机械和器材制造业	Manufacture of Electrical Machinery and Apparatus	0.85
计算机、通信和其他电子设备制造业	Manufacture of Computers, Communication and Other Electronic Equipment	
仪器仪表制造业	Manufacture of Measuring Instruments and Machinery	
其他制造业	Other Manufacture	1.23
废弃资源综合利用业	Utilization of Waste Resources	
金属制品、机械和设备修理业	Repair Service of Metal Products, Machinery and Equipment	
电力、燃气及水生产和供应业	**Electric Power, Gas and Water Production and Supply**	**66.47**
电力、热力生产和供应业	Production and Supply of Electric Power and Heat Power	66.47
燃气生产和供应业	Production and Supply of Gas	
水的生产和供应业	Production and Supply of Water	
建筑业	**Construction**	**2.71**
交通运输、仓储和邮政业	**Transport, Storage and Post**	**156.77**
批发、零售业和住宿、餐饮业	**Wholesale, Retail Trade and Hotel ,Restaurants**	**0.50**
其他行业	**Others**	
生活消费	**Residential Consumption**	

Consumption of Crude Oil and Its Main Varieties by Sector

(10⁴ tons)

2000	2005	2009	2010	2011	2012	2013	2014	2015	2016	2017
21232.01	**30088.94**	**38128.59**	**42874.55**	**43965.84**	**46678.92**	**48652.15**	**51546.95**	**54088.28**	**56025.93**	**58902.17**
21052.08	**29962.07**	**37975.17**	**42716.55**	**43860.44**	**46559.52**	**48503.42**	**51502.10**	**54052.43**	**56003.59**	**58893.50**
3196.35	**1373.95**	**1078.98**	**1020.29**	**1000.63**	**1074.08**	**1059.21**	**1068.23**	**1024.18**	**787.88**	**739.96**
2.32						0.04	0.09	0.03	0.01	0.06
3194.03	1373.95	1078.98	1020.29	1000.57	1050.41	1034.66	1034.61	987.50	740.82	713.31
				0.06	0.01					
									1.23	
					23.66	24.51	33.52	36.64	45.82	26.59
17779.14	**28559.26**	**36891.89**	**41692.62**	**42857.70**	**45482.98**	**47441.96**	**50433.54**	**53027.99**	**55215.45**	**58153.34**
0.42	0.07	0.10	0.11	0.14	0.07	0.24	0.02	0.03	0.02	0.02
0.48	0.10		0.01							
0.52	0.50	0.20			0.01					
0.05	0.20	0.20	0.02			0.01				0.01
0.16	0.24	0.33	0.03	0.05	0.05	0.02	0.02	0.01		0.01
	0.04	0.03	0.05	0.09	0.10	0.05	0.01	0.02	0.02	
	0.12	0.28	0.22	0.13	0.17	0.16	0.33	0.04	0.01	
	0.03		0.01			0.01		0.01		
0.48	0.68	0.36	0.12	0.04	0.10	0.09	0.05	0.04	0.04	0.04
			0.01	0.03	0.01					
0.10	0.09	0.04	0.06	0.03	0.01	0.01	0.01		0.01	
15295.82	26019.28	34047.74	38624.99	39157.70	42413.38	44315.76	46775.64	49491.16	51331.24	54931.90
1809.79	2510.59	2821.81	3062.50	3696.04	3060.77	3123.70	3656.93	3536.22	3883.65	3220.70
		0.03	0.02		0.02					
604.71	10.62	10.01								
0.45	0.90	0.42	0.12	0.12	0.04	0.02	0.01	0.04	0.04	
53.54	14.17	8.89	2.45	2.03	7.78	1.08	0.17	0.21	0.21	0.42
10.25	0.13	0.04	0.33	0.18	0.01	0.02	0.02	0.02	0.02	0.01
0.80	0.31	0.61	0.71	0.62	0.23	0.24	0.06	0.01	0.01	
0.03	0.06	0.18	0.12	0.14	0.01	0.02	0.01	0.01	0.01	0.01
0.11	0.15	0.06	0.09	0.05	0.03	0.07	0.04	0.03	0.03	0.01
0.27	0.11	0.05	0.06	0.02	0.04	0.15	0.14	0.08	0.08	0.09
0.06	0.15	0.10	0.17	0.16	0.07	0.16	0.02	0.02	0.02	0.06
					0.01	0.06	0.01	0.01	0.01	0.01
0.50	0.26	0.12	0.15	0.10	0.07	0.07	0.01			0.02
	0.40	0.25	0.27	0.02				0.01	0.01	
	0.05	0.01		0.01		0.01	0.01	0.01	0.01	0.01
0.60	0.01	0.02								
						0.01	0.01			
76.59	**28.86**	**4.30**	**3.64**	**2.11**	**2.46**	**2.25**	**0.33**	**0.27**	**0.26**	**0.20**
76.59	28.60	4.09	3.64	2.11	2.46	2.25	0.33	0.27	0.26	0.20
	0.26	0.21								
3.30										
175.05	**126.87**	**153.42**	**158.00**	**105.40**	**119.40**	**148.73**	**44.85**	**35.85**	**22.34**	**8.67**
0.18										
1.40										

4-8 分行业汽油消费总量

单位：万吨

行　业	Sector	1995
消 费 总 量	**Total Consumption**	**2909.59**
农、林、牧、渔业	**Agriculture, Forestry, Animal Husbandry and Fishery**	**179.66**
工业	**Industry**	**812.43**
采掘业	**Mining and Quarrying**	**135.90**
煤炭开采和洗选业	Mining and Washing of Coal	37.87
石油和天然气开采业	Extraction of Petroleum and Natural Gas	58.99
黑色金属矿采选业	Mining and Processing of Ferrous Metal Ores	4.74
有色金属矿采选业	Mining and Processing of Non-Ferrous Metal Ores	8.18
非金属矿采选业	Mining and Processing of Nonmetal Ores	8.74
开采辅助活动	Support Activities for Mining	
其他采矿业	Mining of Other Ores	17.38
制造业	**Manufacturing**	**637.21**
农副食品加工业	Processing of Food from Agricultural Products	37.56
食品制造业	Manufacture of Foods	16.33
酒、饮料和精制茶制造业	Manufacture of Liquor, Beverages and Refined Tea	14.91
烟草制品业	Manufacture of Tobacco	3.17
纺织业	Manufacture of Textile	42.72
纺织服装、服饰业	Manufacture of Textile, Wearing Apparel and Accessories	11.39
皮革、毛皮、羽毛及其制品和制鞋业	Manufacture of Leather, Fur, Feather and Related Products and Footwear	5.38
木材加工和木、竹、藤、棕、草制品业	Processing of Timber,Manufacture of Wood,Bamboo,Rattan,Palm, and Straw Products	4.68
家具制造业	Manufacture of Furniture	3.71
造纸和纸制品业	Manufacture of Paper and Paper Products	14.59
印刷和记录媒介复制业	Printing and Reproduction of Recording Media	6.17
文教、工美、体育和娱乐用品制造业	Manufacture of Articles for Culture, Education, Arts and Crafts, Sport and Entertainment Activities	2.66
石油加工、炼焦和核燃料加工业	Processing of Petroleum, Coking and Processing of Nuclear Fuel	29.23
化学原料和化学制品制造业	Manufacture of Raw Chemical Materials and Chemical Products	62.64
医药制造业	Manufacture of Medicines	8.98
化学纤维制造业	Manufacture of Chemical Fibers	4.56
橡胶和塑料制品业	Manufacture of Rubber and Plastics Products	31.88
非金属矿物制品业	Manufacture of Non-metallic Mineral Products	82.14
黑色金属冶炼和压延加工业	Smelting and Pressing of Ferrous Metals	42.55
有色金属冶炼和压延加工业	Smelting and Pressing of Non-ferrous Metals	12.71
金属制品业	Manufacture of Metal Products	18.19
通用设备制造业	Manufacture of General Purpose Machinery	58.65
专用设备制造业	Manufacture of Special Purpose Machinery	26.69
汽车制造业	Manufacture of Automobiles	37.48
铁路、船舶、航空航天和其他运输设备制造业	Manufacture of Railway, Ship, Aerospace and Other Transport Equipments	
电气机械和器材制造业	Manufacture of Electrical Machinery and Apparatus	24.07
计算机、通信和其他电子设备制造业	Manufacture of Computers, Communication and Other Electronic Equipment	9.15
仪器仪表制造业	Manufacture of Measuring Instruments and Machinery	4.69
其他制造业	Other Manufacture	20.33
废弃资源综合利用业	Utilization of Waste Resources	
金属制品、机械和设备修理业	Repair Service of Metal Products, Machinery and Equipment	
电力、燃气及水生产和供应业	**Electric Power, Gas and Water Production and Supply**	**39.32**
电力、热力生产和供应业	Production and Supply of Electric Power and Heat Power	33.85
燃气生产和供应业	Production and Supply of Gas	3.21
水的生产和供应业	Production and Supply of Water	2.26
建筑业	**Construction**	**103.62**
交通运输、仓储和邮政业	**Transport, Storage and Post**	**982.30**
批发、零售业和住宿、餐饮业	**Wholesale, Retail Trade and Hotel ,Restaurants**	**197.23**
其他行业	**Others**	**570.65**
生活消费	**Residential Consumption**	**63.70**

Consumption of Gasoline and Its Main Varieties by Sector

(10^4 tons)

2000	2005	2009	2010	2011	2012	2013	2014	2015	2016	2017
3504.56	**4854.91**	**6172.69**	**6956.20**	**7595.95**	**8165.90**	**9366.35**	**9776.37**	**11368.46**	**11866.04**	**12416.27**
89.16	**159.59**	**168.06**	**169.07**	**185.98**	**192.86**	**198.72**	**216.60**	**231.33**	**224.39**	**229.64**
681.98	**441.71**	**671.07**	**689.46**	**604.81**	**581.06**	**523.38**	**489.04**	**477.08**	**436.32**	**382.10**
120.78	**51.89**	**65.46**	**66.32**	**68.41**	**58.02**	**52.04**	**45.95**	**40.39**	**36.27**	**29.53**
36.32	14.61	21.21	20.11	22.52	16.33	14.41	12.49	10.64	8.88	7.22
45.38	25.71	25.04	24.20	22.46	14.24	13.92	12.67	11.29	9.91	8.90
6.81	4.60	6.46	7.70	8.13	6.32	5.54	4.78	3.73	3.27	2.12
5.87	3.30	7.64	7.59	9.22	8.04	7.15	6.90	7.03	6.95	4.50
9.07	3.65	5.08	6.40	6.06	5.32	5.43	4.19	3.49	3.24	2.72
					7.69	5.51	4.69	4.13	3.92	4.03
17.34	0.02	0.03	0.32	0.02	0.08	0.08	0.22	0.08	0.09	0.03
528.75	**364.19**	**571.16**	**590.92**	**504.66**	**489.14**	**437.57**	**410.57**	**403.38**	**368.90**	**324.05**
34.04	13.24	32.98	38.93	32.70	31.08	32.98	30.25	28.48	23.61	17.55
13.62	7.36	14.16	15.74	11.83	10.48	12.59	10.29	10.13	9.50	7.91
11.35	6.93	10.39	9.55	8.77	8.58	7.53	6.92	6.63	6.74	5.04
34.04	0.75	0.75	0.72	0.85	0.86	0.74	0.57	0.63	0.56	0.52
39.68	16.74	26.25	26.96	21.20	16.89	15.45	14.23	13.89	11.99	13.07
7.94	9.28	17.18	17.83	13.59	17.03	13.94	12.25	11.89	10.92	8.96
5.68	4.30	9.22	8.40	6.85	7.94	7.55	7.07	6.87	6.27	5.18
3.68	4.72	7.94	9.29	7.99	7.47	7.66	6.85	7.06	5.94	4.73
3.97	2.74	7.84	8.23	5.70	5.28	5.27	4.92	5.19	4.59	4.62
13.62	8.05	12.83	11.32	8.81	9.05	8.29	6.52	6.14	5.44	4.80
6.81	6.64	8.77	8.33	6.02	6.18	6.29	6.66	6.56	6.45	6.25
2.55	3.70	4.43	4.08	3.14	7.71	7.77	8.22	8.18	7.11	6.64
16.63	20.85	39.81	36.18	41.44	40.82	4.34	5.03	3.26	3.97	3.69
51.05	42.14	49.80	48.20	45.15	42.72	39.47	37.83	35.52	35.06	28.47
10.22	7.34	12.07	12.16	10.39	11.38	11.46	10.79	10.82	9.80	8.16
4.31	1.10	1.61	1.55	1.33	1.10	1.03	0.98	0.95	1.32	1.13
23.42	21.05	29.30	34.02	23.84	24.71	24.06	22.03	20.88	19.89	17.04
51.74	24.03	36.95	37.47	33.72	33.16	33.15	29.46	30.08	27.04	23.92
34.04	21.17	15.52	13.40	11.13	13.89	13.96	13.09	11.32	8.34	6.61
12.49	6.14	10.14	10.35	9.05	7.71	7.83	7.12	6.67	5.95	4.94
20.42	17.14	31.13	32.95	22.94	22.88	22.86	21.85	22.33	19.78	17.29
23.82	26.21	50.48	54.03	48.15	39.23	34.73	32.05	31.19	26.27	23.86
34.12	15.84	28.30	29.51	25.24	24.88	26.77	26.32	25.93	22.78	20.42
22.70	34.92	42.74	49.21	48.09	37.63	32.08	32.92	35.33	36.07	34.65
					9.24	8.97	7.56	7.12	6.39	5.89
18.15	20.62	35.60	36.48	29.24	27.96	27.97	26.61	26.45	24.86	21.25
9.07	10.55	19.25	20.31	15.28	13.92	13.83	14.09	14.54	14.09	13.86
3.40	3.45	6.85	7.26	5.59	4.97	5.48	5.00	5.84	4.91	4.74
16.20	6.87	8.18	7.73	6.02	1.84	1.78	1.36	1.70	1.78	1.43
	0.31	0.69	0.73	0.61	0.64	0.63	0.77	0.81	0.67	0.59
					1.91	1.11	0.95	0.99	0.83	0.85
32.44	**25.62**	**34.45**	**32.22**	**31.74**	**33.90**	**33.77**	**32.52**	**33.31**	**31.15**	**28.52**
28.17	20.31	26.53	24.64	25.23	27.76	27.28	26.01	25.97	23.88	21.88
1.95	2.36	2.88	3.20	2.98	2.64	2.92	3.04	3.39	3.08	2.87
2.32	2.95	5.04	4.38	3.53	3.50	3.57	3.47	3.94	4.19	3.77
115.55	**172.14**	**235.43**	**274.70**	**282.77**	**286.87**	**326.46**	**331.03**	**408.58**	**437.26**	**472.32**
1527.78	**2430.05**	**2881.59**	**3274.92**	**3573.52**	**3778.03**	**4381.80**	**4665.01**	**5306.59**	**5511.15**	**5698.53**
69.84	**129.39**	**147.52**	**168.18**	**177.14**	**200.06**	**220.86**	**217.79**	**243.29**	**240.86**	**264.46**
792.67	**998.20**	**1069.93**	**1166.22**	**1313.17**	**1460.51**	**1818.68**	**1738.07**	**2108.47**	**2046.40**	**2075.05**
227.58	**523.83**	**999.08**	**1213.65**	**1458.56**	**1666.52**	**1896.45**	**2118.83**	**2593.11**	**2969.67**	**3294.17**

4-9 分行业煤油消费总量

单位：万吨

行　　业	Sector	1995
消 费 总 量	**Total Consumption**	**512.11**
农、林、牧、渔业	**Agriculture, Forestry, Animal Husbandry and Fishery**	**3.57**
工业	**Industry**	**44.94**
采掘业	**Mining and Quarrying**	**2.92**
煤炭开采和洗选业	Mining and Washing of Coal	1.59
石油和天然气开采业	Extraction of Petroleum and Natural Gas	0.59
黑色金属矿采选业	Mining and Processing of Ferrous Metal Ores	0.08
有色金属矿采选业	Mining and Processing of Non-Ferrous Metal Ores	0.40
非金属矿采选业	Mining and Processing of Nonmetal Ores	0.20
开采辅助活动	Support Activities for Mining	
其他采矿业	Mining of Other Ores	0.06
制造业	**Manufacturing**	**40.41**
农副食品加工业	Processing of Food from Agricultural Products	0.26
食品制造业	Manufacture of Foods	0.33
酒、饮料和精制茶制造业	Manufacture of Liquor, Beverages and Refined Tea	0.23
烟草制品业	Manufacture of Tobacco	2.07
纺织业	Manufacture of Textile	2.91
纺织服装、服饰业	Manufacture of Textile, Wearing Apparel and Accessories	0.11
皮革、毛皮、羽毛及其制品和制鞋业	Manufacture of Leather, Fur, Feather and Related Products and Footwear	0.42
木材加工和木、竹、藤、棕、草制品业	Processing of Timber,Manufacture of Wood,Bamboo,Rattan,Palm, and Straw Products	1.17
家具制造业	Manufacture of Furniture	0.01
造纸和纸制品业	Manufacture of Paper and Paper Products	1.78
印刷和记录媒介复制业	Printing and Reproduction of Recording Media	3.41
文教、工美、体育和娱乐用品制造业	Manufacture of Articles for Culture, Education, Arts and Crafts, Sport and Entertainment Activities	0.10
石油加工、炼焦和核燃料加工业	Processing of Petroleum, Coking and Processing of Nuclear Fuel	1.02
化学原料和化学制品制造业	Manufacture of Raw Chemical Materials and Chemical Products	8.10
医药制造业	Manufacture of Medicines	0.15
化学纤维制造业	Manufacture of Chemical Fibers	0.18
橡胶和塑料制品业	Manufacture of Rubber and Plastics Products	0.55
非金属矿物制品业	Manufacture of Non-metallic Mineral Products	2.59
黑色金属冶炼和压延加工业	Smelting and Pressing of Ferrous Metals	0.41
有色金属冶炼和压延加工业	Smelting and Pressing of Non-ferrous Metals	0.57
金属制品业	Manufacture of Metal Products	3.37
通用设备制造业	Manufacture of General Purpose Machinery	3.05
专用设备制造业	Manufacture of Special Purpose Machinery	0.91
汽车制造业	Manufacture of Automobiles	4.87
铁路、船舶、航空航天和其他运输设备制造业	Manufacture of Railway, Ship, Aerospace and Other Transport Equipments	
电气机械和器材制造业	Manufacture of Electrical Machinery and Apparatus	0.50
计算机、通信和其他电子设备制造业	Manufacture of Computers, Communication and Other Electronic Equipment	0.23
仪器仪表制造业	Manufacture of Measuring Instruments and Machinery	0.12
其他制造业	Other Manufacture	0.99
废弃资源综合利用业	Utilization of Waste Resources	
金属制品、机械和设备修理业	Repair Service of Metal Products, Machinery and Equipment	
电力、燃气及水生产和供应业	**Electric Power, Gas and Water Production and Supply**	**1.61**
电力、热力生产和供应业	Production and Supply of Electric Power and Heat Power	1.30
燃气生产和供应业	Production and Supply of Gas	0.11
水的生产和供应业	Production and Supply of Water	0.20
建筑业	**Construction**	**3.51**
交通运输、仓储和邮政业	**Transport, Storage and Post**	**250.01**
批发、零售业和住宿、餐饮业	**Wholesale, Retail Trade and Hotel ,Restaurants**	**8.51**
其他行业	**Others**	**137.32**
生活消费	**Residential Consumption**	**64.25**

Consumption of Kerosene and Its Main Varieties by Sector

(10[4] tons)

2000	2005	2009	2010	2011	2012	2013	2014	2015	2016	2017
871.61	**1076.84**	**1450.49**	**1765.17**	**1816.72**	**1956.60**	**2164.07**	**2335.42**	**2663.72**	**2970.71**	**3326.36**
1.50	**1.60**	**0.76**	**0.90**	**1.47**	**1.19**	**1.19**	**0.75**	**1.10**	**2.24**	**1.52**
83.95	**57.50**	**32.04**	**40.20**	**34.21**	**32.04**	**27.41**	**17.36**	**21.16**	**19.96**	**14.55**
7.44	**6.40**	**4.64**	**4.41**	**3.22**	**2.64**	**2.94**	**2.52**	**2.44**	**2.17**	**1.30**
5.37	3.26	2.90	2.53	2.30	2.16	2.43	1.89	1.72	1.59	0.81
0.42	0.17	0.05					0.01			
0.04	1.42	0.45	0.35	0.16	0.03	0.04	0.02	0.07	0.05	0.02
1.26	0.74	0.87	0.67	0.64	0.41	0.40	0.39	0.43	0.37	0.43
0.34	0.80	0.37	0.24	0.12	0.04	0.07	0.21	0.22	0.14	0.03
									0.01	
0.01	0.01		0.62							
76.05	**50.74**	**27.28**	**35.75**	**30.96**	**29.37**	**24.41**	**14.78**	**18.64**	**17.72**	**13.21**
0.25	0.40	0.22	0.51	0.29	0.12	0.18	0.21	0.50	0.35	0.20
0.08	0.33	0.11	0.20	0.09	0.03	0.04	0.02	0.05	0.10	0.01
0.08	0.54	0.29	0.13	0.04	0.01	0.01	0.02	0.08	0.04	0.05
0.08	0.03									
3.78	2.05	0.43	0.50	0.31	0.12	0.16	0.07	0.15	0.07	0.05
0.42	0.70	0.28	0.25	0.52	0.41	0.06	0.04	0.04	0.02	
0.17	0.37	0.29	0.24	0.23	0.21	0.11	0.08	0.12	0.16	0.08
0.08	1.09	0.20	0.17	0.05	0.08	0.12	0.09	0.52	0.14	0.02
0.04	0.24	0.13	0.08	0.02	0.05	0.05	0.01	0.01	0.01	
3.61	0.91	0.41	0.22	0.13	0.09	0.13	0.02	0.05	0.39	0.02
5.71	0.74	0.23	0.10	0.10	0.08	0.13	0.03	0.05	0.04	0.03
1.26	0.35	0.12	0.11	0.04	0.23	0.06	0.04	0.05	0.04	0.04
18.06	2.06	1.24	5.64	2.46	0.21	0.17	0.21	0.15	0.19	0.25
8.73	6.09	3.69	5.02	2.94	3.56	3.22	3.09	3.44	3.13	2.17
0.15	0.52	0.07	0.34	0.25	0.27	0.30	0.16	0.16	0.04	0.05
0.42	0.50	0.11	0.01	0.02			0.02	0.07	0.05	0.06
0.49	1.01	0.31	0.37	0.22	0.14	0.10	0.27	0.27	0.26	0.24
2.43	3.06	1.23	1.16	3.48	4.69	1.27	1.09	2.46	1.58	1.00
5.37	1.92	1.39	0.47	0.31	0.22	0.22	0.17	0.24	0.20	0.09
0.59	2.32	1.65	1.78	1.80	2.35	1.35	0.89	0.73	0.94	1.08
1.68	2.64	1.64	1.40	1.07	1.33	1.12	0.98	0.92	0.76	0.63
3.27	5.80	3.88	4.47	3.75	2.71	2.52	2.24	2.50	2.40	2.11
1.34	1.69	0.53	0.64	0.56	0.35	0.63	0.59	0.90	0.92	0.93
6.30	11.08	7.16	10.18	11.44	0.96	0.92	0.65	0.61	0.50	0.43
					8.34	8.74	1.98	1.89	2.61	1.82
0.25	1.60	0.50	0.66	0.34	0.46	0.41	0.30	0.72	0.70	0.69
0.18	0.82	0.22	0.36	0.16	0.31	0.35	0.13	0.27	0.20	0.19
0.15	1.13	0.69	0.61	0.16	0.20	0.16	0.14	0.42	0.28	0.25
11.08	0.70	0.23	0.10	0.18	0.02	0.06	0.69	0.72	0.94	0.02
	0.04	0.03	0.03		0.01	0.01	0.02	0.02	0.02	0.03
					1.81	1.81	0.52	0.53	0.65	0.67
0.46	**0.36**	**0.12**	**0.04**	**0.03**	**0.03**	**0.06**	**0.06**	**0.08**	**0.07**	**0.04**
0.42	0.32	0.12	0.03	0.02	0.03	0.06	0.05	0.08	0.07	0.04
0.01	0.02		0.01	0.01						
0.03	0.03									
4.00		**10.39**	**8.77**	**10.79**	**7.89**	**11.42**	**10.42**	**12.50**	**10.00**	**9.75**
535.90	**952.42**	**1314.25**	**1601.08**	**1646.35**	**1787.09**	**1998.18**	**2216.03**	**2504.88**	**2814.94**	**3173.31**
14.00	**3.67**	**29.15**	**34.98**	**32.18**	**28.64**	**13.39**	**11.28**	**11.68**	**11.21**	**11.30**
160.09	**36.19**	**43.67**	**58.73**	**68.24**	**74.17**	**84.56**	**50.73**	**83.27**	**85.93**	**88.36**
72.17	**25.46**	**20.23**	**20.52**	**23.48**	**25.58**	**27.92**	**28.85**	**29.13**	**26.43**	**27.58**

4-10 分行业柴油消费总量

单位：万吨

行 业	Sector	1995
消 费 总 量	**Total Consumption**	**4321.44**
农、林、牧、渔业	**Agriculture, Forestry, Animal Husbandry and Fishery**	**1001.39**
工业	**Industry**	**1189.87**
采掘业	**Mining and Quarrying**	**229.63**
煤炭开采和洗选业	Mining and Washing of Coal	31.68
石油和天然气开采业	Extraction of Petroleum and Natural Gas	147.95
黑色金属矿采选业	Mining and Processing of Ferrous Metal Ores	5.41
有色金属矿采选业	Mining and Processing of Non-Ferrous Metal Ores	12.62
非金属矿采选业	Mining and Processing of Nonmetal Ores	20.96
开采辅助活动	Support Activities for Mining	
其他采矿业	Mining of Other Ores	11.01
制造业	**Manufacturing**	**722.25**
农副食品加工业	Processing of Food from Agricultural Products	33.65
食品制造业	Manufacture of Foods	18.15
酒、饮料和精制茶制造业	Manufacture of Liquor, Beverages and Refined Tea	8.04
烟草制品业	Manufacture of Tobacco	1.16
纺织业	Manufacture of Textile	36.39
纺织服装、服饰业	Manufacture of Textile, Wearing Apparel and Accessories	8.64
皮革、毛皮、羽毛及其制品和制鞋业	Manufacture of Leather, Fur, Feather and Related Products and Footwear	5.76
木材加工和木、竹、藤、棕、草制品业	Processing of Timber,Manufacture of Wood,Bamboo,Rattan,Palm, and Straw Products	6.10
家具制造业	Manufacture of Furniture	1.42
造纸和纸制品业	Manufacture of Paper and Paper Products	27.59
印刷和记录媒介复制业	Printing and Reproduction of Recording Media	2.66
文教、工美、体育和娱乐用品制造业	Manufacture of Articles for Culture, Education, Arts and Crafts, Sport and Entertainment Activities	2.73
石油加工、炼焦和核燃料加工业	Processing of Petroleum, Coking and Processing of Nuclear Fuel	48.89
化学原料和化学制品制造业	Manufacture of Raw Chemical Materials and Chemical Products	94.41
医药制造业	Manufacture of Medicines	3.86
化学纤维制造业	Manufacture of Chemical Fibers	5.45
橡胶和塑料制品业	Manufacture of Rubber and Plastics Products	25.06
非金属矿物制品业	Manufacture of Non-metallic Mineral Products	149.29
黑色金属冶炼和压延加工业	Smelting and Pressing of Ferrous Metals	73.20
有色金属冶炼和压延加工业	Smelting and Pressing of Non-ferrous Metals	21.66
金属制品业	Manufacture of Metal Products	23.40
通用设备制造业	Manufacture of General Purpose Machinery	31.18
专用设备制造业	Manufacture of Special Purpose Machinery	14.53
汽车制造业	Manufacture of Automobiles	31.60
铁路、船舶、航空航天和其他运输设备制造业	Manufacture of Railway, Ship, Aerospace and Other Transport Equipments	
电气机械和器材制造业	Manufacture of Electrical Machinery and Apparatus	17.14
计算机、通信和其他电子设备制造业	Manufacture of Computers, Communication and Other Electronic Equipment	10.73
仪器仪表制造业	Manufacture of Measuring Instruments and Machinery	3.94
其他制造业	Other Manufacture	15.62
废弃资源综合利用业	Utilization of Waste Resources	
金属制品、机械和设备修理业	Repair Service of Metal Products, Machinery and Equipment	
电力、燃气及水生产和供应业	**Electric Power, Gas and Water Production and Supply**	**237.99**
电力、热力生产和供应业	Production and Supply of Electric Power and Heat Power	234.44
燃气生产和供应业	Production and Supply of Gas	2.12
水的生产和供应业	Production and Supply of Water	1.43
建筑业	**Construction**	**118.19**
交通运输、仓储和邮政业	**Transport, Storage and Post**	**1246.56**
批发、零售业和住宿、餐饮业	**Wholesale, Retail Trade and Hotel ,Restaurants**	**103.59**
其他行业	**Others**	**645.70**
生活消费	**Residential Consumption**	**16.14**

Consumption of Diesel Oil and Its Main Varieties by Sector

(10[4] tons)

2000	2005	2009	2010	2011	2012	2013	2014	2015	2016	2017
6806.23	**10974.94**	**13551.43**	**14699.00**	**15635.10**	**16966.04**	**17150.65**	**17165.30**	**17360.31**	**16839.03**	**16996.54**
697.10	**1286.35**	**1134.15**	**1206.73**	**1271.90**	**1335.49**	**1441.53**	**1491.99**	**1492.88**	**1495.86**	**1546.82**
1696.46	**1710.04**	**2043.58**	**2089.99**	**1824.25**	**1747.70**	**1675.88**	**1595.28**	**1516.37**	**1412.91**	**1459.94**
289.49	**358.27**	**455.47**	**500.35**	**614.87**	**631.77**	**597.21**	**574.02**	**490.51**	**436.21**	**438.84**
54.46	62.13	108.70	141.23	212.42	215.21	211.58	196.37	165.03	153.04	155.83
166.62	187.31	188.01	185.98	192.24	63.41	61.01	53.91	47.50	49.32	41.34
12.54	33.32	51.92	62.36	113.38	112.98	109.96	105.69	82.87	62.74	56.43
13.71	13.46	18.85	20.82	36.06	35.36	35.09	31.73	30.60	32.22	27.65
29.39	61.05	87.64	89.42	60.55	65.78	71.67	68.27	70.80	64.93	56.29
					139.01	107.61	117.65	93.60	73.82	100.87
12.77	0.99	0.35	0.54	0.22	0.02	0.29	0.42	0.13	0.13	0.42
1139.17	**1217.86**	**1460.02**	**1499.34**	**1120.39**	**1037.70**	**1001.40**	**952.61**	**960.46**	**917.52**	**958.35**
39.71	54.79	51.88	56.78	49.52	50.83	51.17	49.36	47.78	42.00	36.35
17.88	20.89	26.23	30.47	26.00	22.62	20.65	16.82	15.99	14.50	13.31
10.75	14.27	15.73	15.91	15.26	13.90	12.10	11.25	11.22	10.34	8.24
4.29	5.61	4.73	4.50	4.13	3.36	3.18	2.26	1.78	1.31	1.32
46.31	42.93	41.11	44.63	34.66	20.20	17.67	15.75	14.76	12.92	21.29
14.69	27.87	33.62	34.34	26.02	20.85	17.51	14.53	13.82	12.00	9.83
15.55	14.70	13.05	13.70	8.53	8.69	7.25	5.77	5.37	4.47	4.04
6.97	11.11	15.23	18.06	14.43	14.32	13.84	12.19	11.86	10.23	8.73
2.58	8.30	12.62	14.53	9.20	7.68	7.61	7.31	7.26	5.89	4.96
24.18	25.22	29.00	28.43	22.37	20.71	19.90	19.23	17.79	17.32	15.89
7.70	6.91	13.74	13.57	7.41	6.18	6.45	6.94	6.58	5.99	5.82
12.20	11.59	15.90	16.39	6.59	9.38	9.29	8.59	7.86	7.88	6.55
74.18	50.65	81.95	24.53	25.44	20.87	20.32	19.14	18.31	36.60	148.78
123.40	138.00	161.24	162.69	79.89	97.63	73.11	69.91	113.30	118.15	88.84
7.18	8.65	17.15	17.15	13.82	13.63	11.39	10.38	10.51	9.81	9.64
10.41	7.44	4.59	7.95	7.92	2.41	1.74	1.68	2.03	2.33	2.16
50.55	47.12	54.39	66.87	38.06	29.28	28.08	25.74	25.03	22.47	21.18
319.33	253.14	272.25	289.95	248.73	260.67	282.38	294.03	293.05	287.61	280.25
73.95	92.05	102.32	99.88	84.14	89.92	80.93	75.21	68.11	60.40	60.26
44.09	53.04	60.10	63.98	60.76	55.94	50.63	47.66	44.94	39.62	38.93
39.86	52.24	68.24	66.29	44.98	38.83	36.92	31.15	29.93	25.28	22.26
33.28	56.61	63.25	74.65	63.44	44.09	42.27	38.50	36.17	30.98	29.58
13.62	27.06	42.81	47.63	38.07	34.53	56.96	53.04	47.01	39.93	21.77
51.30	68.40	95.68	110.55	99.63	45.01	39.05	41.00	37.97	37.00	37.80
					37.66	28.92	20.59	19.81	16.71	16.04
25.83	47.58	68.66	71.92	40.44	32.41	28.88	25.82	24.63	20.67	17.07
38.02	50.22	64.75	71.22	29.98	19.71	16.70	14.09	13.25	12.28	11.12
10.40	8.80	10.56	14.22	6.65	5.09	4.91	4.27	4.36	3.30	2.67
20.98	11.52	15.15	14.35	10.07	3.77	3.35	2.14	1.63	1.54	1.56
	1.15	4.08	4.20	4.25	3.58	5.14	4.29	4.20	4.33	4.63
					3.95	3.10	3.98	4.17	3.69	7.47
267.80	**133.91**	**128.09**	**90.30**	**88.99**	**78.23**	**77.27**	**68.65**	**65.40**	**59.17**	**62.75**
257.82	121.78	121.66	83.08	84.89	74.17	73.54	65.16	60.74	55.00	58.91
7.18	9.73	2.23	2.61	2.11	2.33	1.97	1.91	2.54	2.03	1.57
2.80	2.39	4.20	4.61	1.99	1.73	1.76	1.58	2.13	2.14	2.27
205.86	**386.64**	**415.29**	**490.20**	**518.63**	**518.01**	**556.97**	**551.95**	**555.71**	**561.26**	**596.06**
3293.81	**6169.41**	**7991.96**	**8657.56**	**9485.20**	**10727.03**	**10920.53**	**11042.80**	**11162.80**	**11068.48**	**11253.69**
95.94	**116.03**	**181.74**	**196.60**	**212.31**	**229.00**	**233.51**	**230.13**	**257.74**	**231.97**	**233.77**
638.70	**900.06**	**1131.80**	**1287.19**	**1428.07**	**1444.72**	**1339.76**	**1268.75**	**1384.15**	**1307.24**	**1233.30**
178.36	**406.40**	**652.91**	**770.73**	**894.74**	**964.09**	**982.47**	**984.40**	**990.66**	**761.31**	**672.96**

4-11 分行业燃料油消费总量

单位：万吨

行　业	Sector	1995
消 费 总 量	**Total Consumption**	**3693.67**
农、林、牧、渔业	**Agriculture, Forestry, Animal Husbandry and Fishery**	**8.37**
工业	**Industry**	**3406.16**
采掘业	**Mining and Quarrying**	**246.45**
煤炭开采和洗选业	Mining and Washing of Coal	1.16
石油和天然气开采业	Extraction of Petroleum and Natural Gas	226.71
黑色金属矿采选业	Mining and Processing of Ferrous Metal Ores	2.33
有色金属矿采选业	Mining and Processing of Non-Ferrous Metal Ores	9.46
非金属矿采选业	Mining and Processing of Nonmetal Ores	6.79
开采辅助活动	Support Activities for Mining	
其他采矿业	Mining of Other Ores	
制造业	**Manufacturing**	**2186.73**
农副食品加工业	Processing of Food from Agricultural Products	20.68
食品制造业	Manufacture of Foods	5.40
酒、饮料和精制茶制造业	Manufacture of Liquor, Beverages and Refined Tea	7.13
烟草制品业	Manufacture of Tobacco	1.34
纺织业	Manufacture of Textile	34.95
纺织服装、服饰业	Manufacture of Textile, Wearing Apparel and Accessories	2.07
皮革、毛皮、羽毛及其制品和制鞋业	Manufacture of Leather, Fur, Feather and Related Products and Footwear	1.49
木材加工和木、竹、藤、棕、草制品业	Processing of Timber,Manufacture of Wood,Bamboo,Rattan,Palm, and Straw Products	1.59
家具制造业	Manufacture of Furniture	0.83
造纸和纸制品业	Manufacture of Paper and Paper Products	16.62
印刷和记录媒介复制业	Printing and Reproduction of Recording Media	0.23
文教、工美、体育和娱乐用品制造业	Manufacture of Articles for Culture, Education, Arts and Crafts, Sport and Entertainment Activities	0.06
石油加工、炼焦和核燃料加工业	Processing of Petroleum, Coking and Processing of Nuclear Fuel	611.91
化学原料和化学制品制造业	Manufacture of Raw Chemical Materials and Chemical Products	388.63
医药制造业	Manufacture of Medicines	38.86
化学纤维制造业	Manufacture of Chemical Fibers	90.23
橡胶和塑料制品业	Manufacture of Rubber and Plastics Products	336.06
非金属矿物制品业	Manufacture of Non-metallic Mineral Products	324.83
黑色金属冶炼和压延加工业	Smelting and Pressing of Ferrous Metals	464.93
有色金属冶炼和压延加工业	Smelting and Pressing of Non-ferrous Metals	62.13
金属制品业	Manufacture of Metal Products	13.24
通用设备制造业	Manufacture of General Purpose Machinery	9.99
专用设备制造业	Manufacture of Special Purpose Machinery	22.57
汽车制造业	Manufacture of Automobiles	15.93
铁路、船舶、航空航天和其他运输设备制造业	Manufacture of Railway, Ship, Aerospace and Other Transport Equipments	
电气机械和器材制造业	Manufacture of Electrical Machinery and Apparatus	10.20
计算机、通信和其他电子设备制造业	Manufacture of Computers, Communication and Other Electronic Equipment	7.96
仪器仪表制造业	Manufacture of Measuring Instruments and Machinery	1.24
其他制造业	Other Manufacture	17.27
废弃资源综合利用业	Utilization of Waste Resources	
金属制品、机械和设备修理业	Repair Service of Metal Products, Machinery and Equipment	
电力、燃气及水生产和供应业	**Electric Power, Gas and Water Production and Supply**	**972.98**
电力、热力生产和供应业	Production and Supply of Electric Power and Heat Power	927.73
燃气生产和供应业	Production and Supply of Gas	45.25
水的生产和供应业	Production and Supply of Water	
建筑业	**Construction**	**14.24**
交通运输、仓储和邮政业	**Transport, Storage and Post**	**227.45**
批发、零售业和住宿、餐饮业	**Wholesale, Retail Trade and Hotel ,Restaurants**	**6.62**
其他行业	**Others**	**30.83**
生活消费	**Residential Consumption**	

Consumption of Fuel Oil and Its Main Varieties by Sector

(10⁴ tons)

2000	2005	2009	2010	2011	2012	2013	2014	2015	2016	2017
3872.75	**4244.16**	**2828.80**	**3758.02**	**3662.80**	**3683.28**	**3953.97**	**4400.47**	**4662.00**	**4631.04**	**4887.30**
0.40	**0.66**	**1.05**	**1.14**	**1.31**	**1.97**	**2.05**	**1.27**	**0.94**	**1.03**	**1.31**
2975.05	**2986.86**	**1521.53**	**2377.32**	**2260.15**	**2241.69**	**2421.05**	**2835.74**	**3133.03**	**3035.41**	**3043.74**
209.96	**35.11**	**35.06**	**37.33**	**30.09**	**16.44**	**23.79**	**24.54**	**31.56**	**38.78**	**31.16**
5.77	5.26	4.83	2.32	1.12	0.92	0.71	0.47	0.43	0.50	0.36
202.77	28.84	29.61	34.75	28.71	13.27	19.20	20.89	28.47	37.28	28.67
	0.48	0.32	0.07	0.08	0.04	0.03	0.06	0.04	0.04	0.02
0.22	0.25	0.04	0.01	0.02	0.05	1.78	1.80	1.51	0.03	1.40
1.20	0.29	0.26	0.18	0.16	0.16	0.17	0.20	0.18	0.20	0.02
					2.00	1.90	1.12	0.93	0.73	0.69
1928.86	**1741.84**	**1268.49**	**2220.15**	**2186.41**	**2202.55**	**2371.00**	**2799.41**	**3092.90**	**2989.60**	**3007.76**
13.32	12.42	12.68	9.79	6.40	4.67	4.10	2.77	1.78	2.12	2.24
9.04	23.19	13.76	13.76	6.38	5.59	5.09	5.54	3.59	2.61	2.48
8.08	18.12	11.06	8.26	5.75	3.18	2.04	1.47	0.64	1.08	2.15
3.00	1.46	0.90	1.06	1.02	0.97	0.74	0.47	0.42	0.32	0.13
66.61	53.14	23.98	22.45	14.76	8.80	7.41	7.93	7.12	5.84	6.29
12.44	14.44	6.63	5.31	7.41	2.81	1.34	0.82	0.61	0.52	0.62
3.50	11.91	8.43	5.87	3.85	3.35	2.05	1.69	0.93	0.53	0.37
2.82	2.63	0.50	0.25	0.17	0.17	0.17	0.14	0.17	0.31	0.23
0.67	1.30	0.26	0.58	0.64	0.32	0.25	0.26	0.27	0.29	0.31
19.72	28.39	19.58	19.58	13.38	7.18	13.21	12.63	12.10	13.68	13.22
2.30	1.79	1.44	2.05	1.51	0.70	0.79	0.50	0.36	0.32	0.22
1.04	2.57	2.14	1.73	1.39	1.46	0.71	0.85	0.87	0.78	0.84
510.63	354.73	263.66	1033.02	1191.77	1308.09	1398.75	1786.61	1873.59	1536.01	1725.28
372.50	301.44	219.98	514.56	452.00	501.52	614.58	694.45	903.27	1167.54	1033.29
5.53	7.99	5.40	6.69	4.91	3.35	2.08	1.65	1.38	1.43	1.71
89.86	33.55	18.80	15.24	9.52	6.46	5.18	3.56	2.99	3.26	3.09
23.21	36.23	26.41	22.83	17.04	10.95	10.24	8.41	7.28	7.25	6.12
314.36	527.61	411.12	353.57	312.08	231.15	213.88	191.91	207.40	182.67	157.46
332.01	124.72	59.20	23.91	9.13	7.88	7.99	5.48	3.80	2.86	2.13
55.43	88.06	77.89	97.12	79.03	63.77	53.38	50.80	44.74	41.85	27.97
12.93	18.64	14.67	12.47	12.42	7.34	8.39	7.18	6.67	6.66	4.51
7.05	8.34	11.50	7.75	4.61	1.51	1.33	1.22	1.13	0.97	0.91
11.56	5.06	5.75	3.75	2.55	1.06	0.98	1.02	1.34	1.07	1.15
14.22	11.80	12.75	12.50	17.95	1.58	1.26	0.90	0.79	0.53	0.57
					9.26	7.38	3.85	3.91	3.46	4.41
12.67	14.75	9.63	7.81	4.11	4.05	4.25	2.65	1.86	2.01	2.78
12.97	28.37	27.34	13.67	3.29	3.19	1.97	2.33	2.14	1.37	1.00
0.15	6.32	0.18	0.40	0.43	0.36	0.51	0.53	0.31	0.24	0.21
11.24	2.57	2.28	2.38	1.75	0.29	0.13	0.02	0.23	0.05	0.27
	0.30	0.57	1.80	1.16	1.28	0.39	1.44	0.67	1.48	5.31
					0.26	0.43	0.35	0.53	0.49	0.49
836.23	**1209.91**	**217.98**	**119.84**	**43.65**	**22.70**	**26.26**	**11.79**	**8.57**	**7.04**	**4.82**
811.91	1195.01	216.65	119.43	43.40	22.51	26.04	11.58	8.38	6.38	4.61
24.31	14.89	0.83	0.23	0.22	0.19	0.21	0.19	0.16	0.62	0.11
0.01	0.01	0.50	0.18	0.03		0.01	0.02	0.03	0.04	0.10
16.71	**14.18**	**34.18**	**30.76**	**30.60**	**27.05**	**59.46**	**44.59**	**53.51**	**51.91**	**43.24**
850.00	**1201.02**	**1251.64**	**1326.65**	**1345.16**	**1383.94**	**1428.99**	**1486.37**	**1439.49**	**1511.38**	**1771.34**
11.59	**27.52**	**8.11**	**8.62**	**9.34**	**8.69**	**19.07**	**17.39**	**18.95**	**17.25**	**15.15**
19.00	**13.91**	**12.30**	**13.53**	**16.23**	**19.94**	**23.36**	**15.11**	**16.08**	**14.06**	**12.51**

4-12 分行业天然气消费总量

单位：亿立方米

行业	Sector	1995
消费总量	**Total Consumption**	**177.41**
农、林、牧、渔业	**Agriculture, Forestry, Animal Husbandry and Fishery**	**0.02**
工业	**Industry**	**154.39**
采掘业	**Mining and Quarrying**	**51.87**
煤炭开采和洗选业	Mining and Washing of Coal	
石油和天然气开采业	Extraction of Petroleum and Natural Gas	50.58
黑色金属矿采选业	Mining and Processing of Ferrous Metal Ores	
有色金属矿采选业	Mining and Processing of Non-Ferrous Metal Ores	0.59
非金属矿采选业	Mining and Processing of Nonmetal Ores	0.70
开采辅助活动	Support Activities for Mining	
其他采矿业	Mining of Other Ores	
制造业	**Manufacturing**	**100.80**
农副食品加工业	Processing of Food from Agricultural Products	1.00
食品制造业	Manufacture of Foods	0.03
酒、饮料和精制茶制造业	Manufacture of Liquor, Beverages and Refined Tea	0.02
烟草制品业	Manufacture of Tobacco	
纺织业	Manufacture of Textile	3.97
纺织服装、服饰业	Manufacture of Textile, Wearing Apparel and Accessories	
皮革、毛皮、羽毛及其制品和制鞋业	Manufacture of Leather, Fur, Feather and Related Products and Footwear	
木材加工和木、竹、藤、棕、草制品业	Processing of Timber,Manufacture of Wood,Bamboo,Rattan,Palm, and Straw Products	
家具制造业	Manufacture of Furniture	
造纸和纸制品业	Manufacture of Paper and Paper Products	0.06
印刷和记录媒介复制业	Printing and Reproduction of Recording Media	
文教、工美、体育和娱乐用品制造业	Manufacture of Articles for Culture, Education, Arts and Crafts, Sport and Entertainment Activities	
石油加工、炼焦和核燃料加工业	Processing of Petroleum, Coking and Processing of Nuclear Fuel	15.14
化学原料和化学制品制造业	Manufacture of Raw Chemical Materials and Chemical Products	63.36
医药制造业	Manufacture of Medicines	0.30
化学纤维制造业	Manufacture of Chemical Fibers	4.32
橡胶和塑料制品业	Manufacture of Rubber and Plastics Products	
非金属矿物制品业	Manufacture of Non-metallic Mineral Products	2.27
黑色金属冶炼和压延加工业	Smelting and Pressing of Ferrous Metals	3.69
有色金属冶炼和压延加工业	Smelting and Pressing of Non-ferrous Metals	0.50
金属制品业	Manufacture of Metal Products	0.45
通用设备制造业	Manufacture of General Purpose Machinery	0.14
专用设备制造业	Manufacture of Special Purpose Machinery	2.25
汽车制造业	Manufacture of Automobiles	0.66
铁路、船舶、航空航天和其他运输设备制造业	Manufacture of Railway, Ship, Aerospace and Other Transport Equipments	
电气机械和器材制造业	Manufacture of Electrical Machinery and Apparatus	0.74
计算机、通信和其他电子设备制造业	Manufacture of Computers, Communication and Other Electronic Equipment	1.01
仪器仪表制造业	Manufacture of Measuring Instruments and Machinery	0.01
其他制造业	Other Manufacture	0.88
废弃资源综合利用业	Utilization of Waste Resources	
金属制品、机械和设备修理业	Repair Service of Metal Products, Machinery and Equipment	
电力、燃气及水生产和供应业	**Electric Power, Gas and Water Production and Supply**	**1.72**
电力、热力生产和供应业	Production and Supply of Electric Power and Heat Power	1.14
燃气生产和供应业	Production and Supply of Gas	0.58
水的生产和供应业	Production and Supply of Water	
建筑业	**Construction**	**0.28**
交通运输、仓储和邮政业	**Transport, Storage and Post**	**1.57**
批发、零售业和住宿、餐饮业	**Wholesale, Retail Trade and Hotel ,Restaurants**	**0.55**
其他行业	**Others**	**1.19**
生活消费	**Residential Consumption**	**19.41**

注：2010年起包括液化天然气数据。
a) Include the data of LNG since 2010.

Consumption of Natural Gas and Its Main Varieties by Sector

(10⁸ cu.m)

2000	2005	2009	2010	2011	2012	2013	2014	2015	2016	2017
245.03	**466.08**	**895.20**	**1080.24**	**1341.07**	**1497.00**	**1705.37**	**1868.94**	**1931.75**	**2078.06**	**2393.70**
			0.50	**0.56**	**0.64**	**0.69**	**0.79**	**0.92**	**1.09**	**1.14**
199.00	**327.24**	**577.90**	**691.75**	**875.72**	**980.75**	**1129.06**	**1221.33**	**1234.48**	**1338.59**	**1575.25**
72.12	**82.28**	**122.93**	**128.87**	**136.67**	**148.50**	**156.09**	**166.78**	**163.15**	**153.56**	**164.77**
0.10	4.33	4.70	4.53	5.93	11.48	9.50	12.68	14.42	17.20	20.15
71.98	77.88	117.40	123.55	130.04	127.94	138.23	147.26	143.06	132.63	141.42
	0.02	0.03	0.03	0.05	0.03	0.02	0.02	0.01	0.01	
	0.02	0.04	0.09	0.10		0.01	0.64	1.05	0.08	0.17
0.04	0.03	0.76	0.66	0.55	0.54	0.08	0.07	0.12	0.18	0.39
					8.51	8.25	6.12	4.49	3.46	2.64
		0.01	0.01							
118.75	**220.24**	**321.14**	**373.39**	**509.64**	**597.72**	**715.74**	**781.92**	**718.63**	**770.64**	**959.04**
0.15	0.27	0.65	0.88	1.13	1.62	2.19	2.99	5.72	9.89	16.97
0.07	1.28	2.31	2.76	4.21	6.10	7.32	8.36	9.87	14.13	17.53
0.03	0.50	1.43	1.70	2.41	3.43	4.25	5.43	6.19	8.49	10.87
0.08	0.26	0.52	0.62	0.81	1.74	1.76	1.81	1.74	1.03	1.06
1.09	0.56	1.35	1.66	1.96	2.15	2.87	4.55	6.24	18.77	30.76
	0.09	0.24	0.32	0.47	0.87	1.44	1.82	1.75	3.47	6.26
	0.03	0.07	0.04	0.09	0.17	0.22	0.21	0.23	0.77	1.45
	0.11	0.34	0.30	0.44	0.35	0.39	0.50	0.70	1.18	2.26
	0.04	0.44	0.36	0.55	0.68	0.77	1.08	1.52	1.32	1.73
0.29	0.55	1.06	1.49	2.27	4.14	5.66	5.96	9.32	10.68	19.55
0.08	0.19	0.52	0.77	0.84	0.98	1.59	2.13	2.33	2.60	3.42
		0.11	0.43	0.25	1.65	2.20	2.92	2.86	4.22	7.18
13.24	17.76	26.72	44.00	68.33	98.89	137.14	142.08	137.99	142.68	191.46
88.73	142.30	176.84	191.90	257.41	275.34	305.42	320.28	259.18	241.42	266.18
0.59	0.97	2.35	2.92	3.70	5.01	6.04	6.75	7.25	8.20	9.44
0.07	0.29	0.29	0.44	0.51	2.20	2.62	3.10	3.07	5.01	6.92
0.10	0.89	2.05	2.60	3.28	3.82	5.08	6.12	7.66	8.83	11.84
2.46	23.81	44.62	45.49	63.76	68.72	80.30	92.90	84.03	84.08	105.30
1.68	9.76	18.81	21.43	28.56	33.12	38.20	43.56	44.05	52.48	59.39
0.49	3.87	6.73	9.06	13.94	26.05	34.32	42.65	42.52	42.87	50.75
0.59	0.69	2.47	3.63	4.87	7.32	11.86	14.32	16.25	24.66	31.58
0.20	1.81	6.06	8.89	10.97	7.26	9.22	9.44	10.93	13.97	15.37
1.29	3.09	4.67	6.95	7.24	6.55	8.49	10.13	7.57	8.93	11.20
1.68	4.98	12.18	12.97	18.55	14.01	18.46	22.28	19.26	16.96	22.16
					10.73	10.91	12.35	12.55	16.44	22.81
0.79	1.23	3.03	4.63	5.42	5.97	7.56	6.30	4.90	8.10	10.19
3.35	4.77	4.88	6.27	6.44	6.88	6.96	7.99	7.88	12.04	14.74
0.02	0.08	0.36	0.54	0.51	0.54	0.65	0.68	0.78	0.93	1.09
1.69	0.04	0.06	0.34	0.63	0.67	0.91	1.98	2.63	3.85	5.18
			0.01	0.10	0.20	0.38	0.65	0.99	2.02	3.29
					0.57	0.56	0.60	0.68	0.63	1.11
8.14	**24.73**	**133.82**	**189.48**	**229.41**	**234.52**	**257.24**	**272.63**	**352.70**	**414.40**	**451.44**
6.44	17.49	127.91	180.81	215.58	225.02	244.47	262.60	343.66	407.83	446.10
1.68	7.18	5.79	8.49	13.64	9.32	12.57	9.76	8.79	6.22	4.93
0.02	0.06	0.12	0.19	0.18	0.18	0.20	0.27	0.26	0.34	0.41
0.82	**1.49**	**0.97**	**1.16**	**1.28**	**1.26**	**1.98**	**1.88**	**2.16**	**1.95**	**1.80**
8.81	**38.01**	**91.07**	**106.70**	**138.35**	**154.51**	**175.78**	**214.42**	**237.62**	**254.77**	**284.71**
3.44	**10.79**	**23.96**	**27.24**	**33.64**	**38.69**	**39.31**	**46.63**	**51.29**	**53.75**	**57.56**
0.64	**9.12**	**23.64**	**26.00**	**27.14**	**32.88**	**35.61**	**41.31**	**45.44**	**48.17**	**52.95**
32.32	**79.43**	**177.67**	**226.90**	**264.38**	**288.27**	**322.93**	**342.58**	**359.81**	**379.75**	**420.30**

4-13 分行业电力消费总量

单位：亿千瓦小时

行　　业	Sector	1995
消 费 总 量	**Total Consumption**	**10023.40**
农、林、牧、渔业	**Agriculture, Forestry, Animal Husbandry and Fishery**	**582.42**
工业	**Industry**	**7659.81**
采掘业	**Mining and Quarrying**	**837.66**
煤炭开采和洗选业	Mining and Washing of Coal	392.38
石油和天然气开采业	Extraction of Petroleum and Natural Gas	258.85
黑色金属矿采选业	Mining and Processing of Ferrous Metal Ores	34.28
有色金属矿采选业	Mining and Processing of Non-Ferrous Metal Ores	83.00
非金属矿采选业	Mining and Processing of Nonmetal Ores	52.76
开采辅助活动	Support Activities for Mining	
其他采矿业	Mining of Other Ores	16.39
制造业	**Manufacturing**	**5156.10**
农副食品加工业	Processing of Food from Agricultural Products	181.00
食品制造业	Manufacture of Foods	72.15
酒、饮料和精制茶制造业	Manufacture of Liquor, Beverages and Refined Tea	52.62
烟草制品业	Manufacture of Tobacco	17.16
纺织业	Manufacture of Textile	335.22
纺织服装、服饰业	Manufacture of Textile, Wearing Apparel and Accessories	41.22
皮革、毛皮、羽毛及其制品和制鞋业	Manufacture of Leather, Fur, Feather and Related Products and Footwear	42.88
木材加工和木、竹、藤、棕、草制品业	Processing of Timber,Manufacture of Wood,Bamboo,Rattan,Palm, and Straw Products	25.88
家具制造业	Manufacture of Furniture	13.16
造纸和纸制品业	Manufacture of Paper and Paper Products	169.06
印刷和记录媒介复制业	Printing and Reproduction of Recording Media	31.19
文教、工美、体育和娱乐用品制造业	Manufacture of Articles for Culture, Education, Arts and Crafts, Sport and Entertainment Activities	7.09
石油加工、炼焦和核燃料加工业	Processing of Petroleum, Coking and Processing of Nuclear Fuel	156.06
化学原料和化学制品制造业	Manufacture of Raw Chemical Materials and Chemical Products	1028.05
医药制造业	Manufacture of Medicines	107.46
化学纤维制造业	Manufacture of Chemical Fibers	92.78
橡胶和塑料制品业	Manufacture of Rubber and Plastics Products	125.16
非金属矿物制品业	Manufacture of Non-metallic Mineral Products	599.61
黑色金属冶炼和压延加工业	Smelting and Pressing of Ferrous Metals	905.36
有色金属冶炼和压延加工业	Smelting and Pressing of Non-ferrous Metals	425.61
金属制品业	Manufacture of Metal Products	113.51
通用设备制造业	Manufacture of General Purpose Machinery	136.30
专用设备制造业	Manufacture of Special Purpose Machinery	97.67
汽车制造业	Manufacture of Automobiles	154.63
铁路、船舶、航空航天和其他运输设备制造业	Manufacture of Railway, Ship, Aerospace and Other Transport Equipments	
电气机械和器材制造业	Manufacture of Electrical Machinery and Apparatus	64.96
计算机、通信和其他电子设备制造业	Manufacture of Computers, Communication and Other Electronic Equipment	38.64
仪器仪表制造业	Manufacture of Measuring Instruments and Machinery	17.12
其他制造业	Other Manufacture	104.55
废弃资源综合利用业	Utilization of Waste Resources	
金属制品、机械和设备修理业	Repair Service of Metal Products, Machinery and Equipment	
电力、燃气及水生产和供应业	**Electric Power, Gas and Water Production and Supply**	**1666.05**
电力、热力生产和供应业	Production and Supply of Electric Power and Heat Power	1539.76
燃气生产和供应业	Production and Supply of Gas	10.83
水的生产和供应业	Production and Supply of Water	115.46
建筑业	**Construction**	**159.62**
交通运输、仓储和邮政业	**Transport, Storage and Post**	**182.30**
批发、零售业和住宿、餐饮业	**Wholesale, Retail Trade and Hotel ,Restaurants**	**199.47**
其他行业	**Others**	**234.20**
生活消费	**Residential Consumption**	**1005.58**

Consumption of Electricity and Its Main Varieties by Sector

(10⁸ kW • h)

2000	2005	2009	2010	2011	2012	2013	2014	2015	2016	2017
13472.38	**24940.32**	**37032.14**	**41934.49**	**47000.88**	**49762.64**	**54203.41**	**56383.69**	**58019.97**	**61297.09**	**64820.97**
532.96	**776.33**	**939.90**	**976.49**	**1012.90**	**1012.57**	**1026.87**	**1013.39**	**1039.83**	**1091.91**	**1175.12**
10004.62	**18521.69**	**26854.49**	**30871.77**	**34691.55**	**36232.21**	**39236.88**	**40802.71**	**41549.99**	**43088.89**	**44959.84**
993.71	**1480.34**	**1761.77**	**1940.39**	**2245.23**	**2391.90**	**2573.16**	**2594.81**	**2377.66**	**2290.86**	**2403.62**
417.16	589.53	691.13	751.67	818.57	879.14	955.77	939.66	883.79	847.04	881.57
321.64	385.35	333.34	347.90	374.81	396.81	414.36	431.98	459.26	463.18	454.06
63.46	205.63	289.73	361.33	436.58	438.42	469.69	468.79	344.82	315.14	374.11
80.79	157.66	215.72	258.71	311.97	327.82	351.56	351.79	325.26	306.76	326.11
84.83	114.14	155.26	155.26	214.27	224.23	240.79	241.50	225.74	224.75	228.93
					28.56	24.60	27.96	25.72	23.11	23.87
25.84	28.04	76.59	65.52	89.03	96.92	116.39	133.13	113.08	110.88	114.96
6731.44	**13126.01**	**19685.98**	**22870.00**	**25526.84**	**26822.46**	**28987.01**	**30390.97**	**31178.09**	**32223.96**	**33594.63**
161.24	253.35	389.32	424.36	471.04	526.15	574.03	611.92	641.29	672.07	716.29
98.83	114.81	166.54	184.69	198.18	220.97	230.47	230.47	239.46	255.50	263.34
58.98	76.55	117.03	132.34	145.57	155.76	167.60	159.89	162.13	162.78	156.37
32.85	35.86	41.70	45.88	51.84	51.22	53.73	52.44	52.75	51.96	51.96
370.42	823.57	1147.50	1276.74	1378.82	1448.70	1532.86	1541.18	1561.63	1592.73	1684.90
49.07	87.60	132.54	151.58	163.70	198.42	214.23	213.03	216.93	227.52	215.83
27.12	54.85	78.45	89.72	88.37	151.03	151.81	151.43	158.23	153.61	147.25
32.24	105.57	191.53	212.21	236.15	264.08	268.93	264.40	254.36	251.17	245.28
12.48	24.28	35.59	44.49	45.83	45.83	49.55	88.90	92.78	95.94	98.60
237.41	407.73	482.73	535.44	580.38	579.00	599.23	632.26	634.92	675.81	712.37
31.21	60.71	83.01	95.45	102.50	107.12	110.38	111.34	111.98	115.60	121.32
20.81	42.54	48.09	48.09	61.79	64.11	69.12	72.89	73.11	77.07	82.58
245.60	313.49	475.07	565.34	607.06	594.92	677.49	718.82	779.92	836.08	946.44
1153.74	2129.77	2907.12	3144.93	3528.32	3936.15	4341.38	4627.78	4754.04	4874.63	5122.26
88.36	153.21	188.99	222.58	240.88	257.25	283.06	302.33	315.19	337.18	364.77
194.79	233.20	269.93	298.86	322.36	329.53	349.66	351.62	362.05	390.28	425.47
219.56	531.71	740.57	862.99	891.32	1024.57	1098.91	1170.61	1174.69	1238.36	1349.35
763.74	1419.51	2126.16	2448.48	2917.93	2951.26	3148.49	3324.42	3105.42	3187.99	3305.08
1121.08	2550.47	4020.52	4611.61	5248.27	5220.52	5704.23	5795.60	5332.61	5281.67	5261.49
697.58	1473.10	2576.15	3129.09	3501.80	3819.08	4113.91	4399.37	5505.47	5763.42	6003.30
196.30	507.25	744.40	960.72	959.48	1037.58	1213.22	1302.60	1264.19	1370.68	1447.58
160.77	344.77	502.04	621.03	714.18	699.90	746.09	791.90	774.40	828.61	913.95
94.49	182.90	256.94	317.83	361.84	388.42	409.24	442.83	430.99	418.15	423.87
203.42	300.72	565.40	790.29	861.41	586.63	673.68	731.32	769.06	834.70	885.42
					232.15	211.15	180.54	182.75	174.68	174.51
90.68	245.80	423.49	508.19	584.42	613.64	650.46	684.60	706.17	736.53	745.59
125.88	327.89	558.96	670.76	737.83	765.87	808.76	870.71	938.62	1004.23	1106.77
25.37	42.52	68.54	85.83	83.70	81.14	83.41	84.71	87.40	86.41	88.69
217.42	275.62	335.49	376.40	424.25	437.98	416.24	440.69	455.89	478.78	482.13
	6.66	12.15	14.10	17.62	20.27	23.51	29.76	29.88	39.35	37.15
					13.23	12.20	10.61	9.79	10.48	14.71
2279.47	**3915.34**	**5406.74**	**6061.38**	**6919.48**	**7017.84**	**7676.71**	**7816.93**	**7994.23**	**8574.06**	**8961.59**
2094.11	3698.28	5079.98	5687.51	6512.12	6566.61	7183.50	7290.67	7434.60	7977.42	8292.15
34.41	29.86	70.23	82.87	90.21	108.90	131.24	138.79	148.37	156.75	182.68
150.94	187.20	256.53	291.00	317.15	342.33	361.97	387.47	411.26	439.89	486.77
159.77	**233.93**	**421.90**	**483.24**	**571.82**	**608.40**	**675.07**	**721.67**	**698.67**	**725.62**	**789.22**
281.20	**430.34**	**617.01**	**734.53**	**848.42**	**915.37**	**1000.92**	**1059.24**	**1125.61**	**1251.49**	**1417.98**
418.68	**752.31**	**1136.77**	**1292.00**	**1503.08**	**1691.49**	**1876.89**	**1995.60**	**2122.04**	**2323.78**	**2526.65**
623.20	**1340.91**	**2189.92**	**2451.83**	**2753.05**	**3083.64**	**3397.62**	**3614.98**	**3918.63**	**4394.80**	**4880.59**
1451.95	**2884.81**	**4872.16**	**5124.63**	**5620.06**	**6218.96**	**6989.16**	**7176.10**	**7565.21**	**8420.60**	**9071.57**

4-14 分地区分品种能源消费量-2017

地 区	Region	能源合计 (万吨标煤) Total Energy Consumption (10^4 tce)	煤炭 (万吨) Coal (10^4 tons)	焦炭 (万吨) Coke (10^4 tons)	石油 (万吨) Petroleum (10^4 tons)	原油 (万吨) Crude Oil (10^4 tons)
北 京	Beijing	7133	490.46	0.18	1655.85	892.54
天 津	Tianjin	8011	3875.61	808.70	1688.68	1624.85
河 北	Hebei	30386	27417.13	8040.78	1693.45	1542.17
山 西	Shanxi	20057	42942.29	1958.74	863.75	
内蒙古	Inner Mongolia	19915	38595.52	1669.24	988.52	452.25
辽 宁	Liaoning	21556	17587.17	3089.27	4555.25	7133.87
吉 林	Jilin	8015	9354.54	476.06	1046.20	1027.90
黑龙江	Heilongjiang	12536	14468.99	214.76	1705.76	1905.40
上 海	Shanghai	11859	4577.84	592.31	3774.59	2492.77
江 苏	Jiangsu	31430	26620.03	4070.64	3130.51	3866.06
浙 江	Zhejiang	21030	14262.04	320.17	2870.71	3038.65
安 徽	Anhui	13052	16084.62	1048.94	1595.15	751.59
福 建	Fujian	12890	7542.95	660.10	2180.81	2083.69
江 西	Jiangxi	8995	7761.30	862.33	1095.91	699.38
山 东	Shandong	38684	38164.71	3392.38	4436.59	11487.18
河 南	Henan	22944	22669.39	2235.72	2222.27	658.44
湖 北	Hubei	17150	11776.96	1062.32	2581.03	1428.91
湖 南	Hunan	16171	12404.56	947.57	1822.78	770.13
广 东	Guangdong	32342	17172.10	940.96	6211.76	5209.32
广 西	Guangxi	10458	6613.32	1204.12	1355.53	1563.03
海 南	Hainan	2103	1099.34	0.02	460.39	979.99
重 庆	Chongqing	9545	5646.68	362.28	907.16	
四 川	Sichuan	20874	7855.88	1643.70	3221.40	956.37
贵 州	Guizhou	10482	13409.76	214.90	987.46	
云 南	Yunnan	11091	7211.26	951.31	1289.56	401.96
西 藏	Tibet					
陕 西	Shaanxi	12537	20069.60	829.60	775.51	1853.57
甘 肃	Gansu	7538	6360.81	505.34	906.94	1460.11
青 海	Qinghai	4202	1747.01	219.00	344.38	152.53
宁 夏	Ningxia	6489	11058.20	524.01	113.44	591.37
新 疆	Xinjiang	17392	20369.91	1003.89	1601.93	2532.00

注：西藏自治区数据暂缺。
Note: Data of Tibet is unavailable yet.

Energy Consumption by Region-2017

汽油 (万吨) Gasoline (10⁴ tons)	煤油 (万吨) Kerosene (10⁴ tons)	柴油 (万吨) Diesel Oil (10⁴ tons)	燃料油 (万吨) Fuel Oil (10⁴ tons)	液化石油气 (万吨) LPG (10⁴ tons)	天然气 (亿立方米) Natural Gas (10⁸ cu.m)	电力 (亿千瓦小时) Electricity (10⁸ kW•h)
489.85	644.00	175.11	2.81	48.58	164.56	1066.88
273.47	101.50	352.32	40.68	56.53	83.31	857.00
493.39	27.56	721.28	43.13	55.88	96.70	3579.67
257.71	32.29	560.46	0.47	20.81	74.90	1990.62
357.05	42.87	439.20	3.74	54.52	52.04	2891.87
792.10	44.37	1032.56	304.99	232.54	62.05	2173.36
205.94	17.41	359.75	37.86	42.72	24.74	702.97
378.50	87.55	330.55	71.65	163.62	40.56	928.56
662.63	652.30	550.38	672.44	102.57	83.23	1526.77
1047.25	105.37	862.43	246.02	103.84	237.69	5807.89
858.97	147.81	831.97	398.32	342.60	104.93	4192.63
574.66	15.53	631.56	22.81	109.76	44.37	1921.48
531.87	140.86	433.74	147.02	68.36	50.16	2151.38
331.09	2.82	567.60	11.95	64.26	21.73	1293.98
809.13	123.56	1544.47	4686.43	366.69	131.06	5732.66
679.19	72.36	927.13	28.14	164.07	104.07	3273.12
749.18	97.61	868.27	130.15	163.36	49.96	2043.37
642.03	60.76	636.15	93.59	106.34	26.98	1581.51
1529.91	299.89	1668.45	348.52	794.07	182.38	5958.97
392.29	50.95	562.26	10.45	95.07	14.03	1442.35
110.16	114.68	110.22	22.43	40.73	43.45	304.95
232.65	83.44	542.31	14.25	21.98	95.24	992.63
968.07	315.23	817.36	159.77	128.83	198.91	2205.18
380.41	48.57	480.92	0.32	15.16	17.73	1384.89
344.74	113.82	607.53	0.57	43.44	9.69	1538.09
277.42	50.00	373.81	19.46	28.94	103.90	1582.36
209.28	8.02	299.46	2.87	11.05	28.91	1164.37
60.05	0.02	152.26	0.22	10.72	49.56	687.02
31.30	0.01	127.55	87.37	63.11	22.27	978.30
285.44	75.96	647.78	0.32	49.29	124.95	2575.84

五、全国能源平衡表

Chapter 5　Energy Balance Table of China

5-1 中国能源平衡表(实物量) -2017

项　目	Item	煤合计 (万吨) Coal Total (10^4 tons)	原煤 (万吨) Raw Coal (10^4 tons)
一.可供本地区消费的能源量	**Total Primary Energy Supply**	**382093.80**	**382074.89**
1.一次能源生产量	Indigenous Production	352356.18	352356.18
水电	Hydro Power		
核电	Nuclear Power		
风电	Wind Power		
2.进口量	Import	27093.31	27092.09
3.境内轮船和飞机在境外的加油量	Domestic Airplanes&Ships Refueling in Abroad		
4.出口量(-)	Export (-)	808.80	802.38
5.境外轮船和飞机在境内的加油量(-)	Oversea Airplanes&Ships Refueling in China (-)		
6.库存增(-)、减(+)量	Stock Change	3453.11	3429.00
二.加工转换投入(-)产出(+)量	**Input(-) & Output(+) of Transformation**	**-294042.25**	**-310270.01**
1.火力发电	Thermal Power	-190024.66	-186793.32
2.供热	Heating Supply	-28982.97	-28053.05
3.洗选煤	Coal Washing	-12636.82	-84500.24
4.炼焦	Coking	-58910.23	-7614.10
5.炼油及煤制油	Petroleum Refineries	-1568.29	-1360.18
#油品再投入量(-)	Petroleum Products Input (-)		
6.制气	Gas Works	-1643.30	-1612.41
#焦炭再投入量(-)	Coke Input (-)		
7.天然气液化	Natural Gas Liquefaction		
8.煤制品加工	Briquettes	-275.98	-336.71
9.回收能	Recovery of Energy		
三.损失量	**Loss**		
四.终端消费量	**Total Final Consumption**	**91681.00**	**75425.57**
1.农、林、牧、渔业	Agriculture, Forestry, Animal Husbandry and Fishery	2833.93	2766.51
2.工业	Industry	71438.03	56871.66
#用作原料、材料	Non-Energy Use	9607.41	7464.07
3.建筑业	Construction	732.82	705.44
4.交通运输、仓储和邮政业	Transport, Storage and Post	352.70	330.40
5.批发、零售业和住宿、餐饮业	Wholesale, Retail Trade and Hotel, Restaurants	3461.05	3345.96
6.其他	Others	3579.96	3459.68
7.生活消费	Residential Consumption	9282.52	7945.92
城镇	Urban	1243.92	902.99
乡村	Rural	8038.60	7042.93
五.平衡差额	**Statistical Difference**	**-3629.45**	**-3620.69**
六.消费量合计	**Total Energy Consumption**	**385723.25**	**385695.58**

Energy Balance of China (Physical Quantity) -2017

洗精煤 (万吨) Cleaned Coal (10^4 tons)	其他洗煤 (万吨) Other Washed Coal (10^4 tons)	型煤 (万吨) Briquettes (10^4 tons)	煤矸石 (万吨) Gangue (10^4 tons)	焦炭 (万吨) Coke (10^4 tons)	焦炉煤气 (亿立方米) Coke Oven Gas (10^8 cu.m)	高炉煤气 (亿立方米) Blast Furnace Gas (10^8 cu.m)	转炉煤气 (亿立方米) Converter Gas (10^8 cu.m)	其他煤气 (亿立方米) Other Gas (10^8 cu.m)
-218.00	**245.51**	**-8.60**		**571.12**				
		1.22		0.97				
		6.42		807.85				
-218.00	245.51	-3.40		1378.00				
214.59	**14563.69**	**1449.48**	**4.82**	**43166.75**	**601.02**	**6115.98**	**418.82**	**165.20**
	-3231.34		-3288.22		-194.66	-1803.75	-174.74	
	-929.92		-621.01		-48.39	-584.41	-41.20	-0.40
51510.73	20352.70		3914.04					
-51296.14				43168.38	844.06			
	-208.11							
	-30.89							165.60
				-1.63				
							-0.29	
	-1388.74	1449.48						
						8504.14	635.06	
	14814.95	**1440.48**		**43741.50**	**591.51**	**6110.95**	**416.53**	**156.36**
	67.42			38.45				
	13613.13	953.24		43607.42	581.66	6110.95	416.53	106.49
	2055.90	87.44		1594.72				
	27.38			12.57				
	22.30			6.01				
	86.39	28.69		49.36	0.71			6.63
	110.44	9.83		5.85	0.55			
	887.88	448.72		21.84	8.60			43.23
	205.59	135.35		5.44	8.60			43.21
	682.29	313.38		16.39				0.02
-3.41	**-5.74**	**0.40**	**4.82**	**-3.63**	**9.50**	**5.03**	**2.29**	**8.84**
51296.14	**20603.95**	**1440.48**	**3909.23**	**43743.13**	**834.56**	**8499.11**	**632.48**	**156.76**

5-1 续表 1

项　目	Item	其他焦化产品(万吨) Other Coking Products (10^4 tons)	油品合计(万吨) Petroleum Products Total (10^4 tons)
一.可供本地区消费的能源量	**Total Primary Energy Supply**		**58800.84**
1.一次能源生产量	Indigenous Production		19150.61
水电	Hydro Power		
核电	Nuclear Power		
风电	Wind Power		
2.进口量	Import		48073.35
3.境内轮船和飞机在境外的加油量	Domestic Airplanes&Ships Refueling in Abroad		1067.88
4.出口量(-)	Export (-)		6149.36
5.境外轮船和飞机在境内的加油量(-)	Oversea Airplanes&Ships Refueling in China (-)		877.30
6.库存增(-)、减(+)量	Stock Change		-2464.34
二.加工转换投入(-)产出(+)量	**Input(-) & Output(+) of Transformation**	**1077.41**	**-2464.82**
1.火力发电	Thermal Power		-280.55
2.供热	Heating Supply		-522.64
3.洗选煤	Coal Washing		
4.炼焦	Coking	1230.72	
5.炼油及煤制油	Petroleum Refineries	-153.31	9522.47
#油品再投入量(-)	Petroleum Products Input (-)		-11179.34
6.制气	Gas Works		-4.75
#焦炭再投入量(-)	Coke Input (-)		
7.天然气液化	Natural Gas Liquefaction		
8.煤制品加工	Briquettes		
9.回收能	Recovery of Energy		
三.损失量	**Loss**		**47.03**
四.终端消费量	**Total Final Consumption**	**1076.32**	**56232.99**
1.农、林、牧、渔业	Agriculture, Forestry, Animal Husbandry and Fishery		1786.37
2.工业	Industry	1076.32	17043.47
#用作原料、材料	Non-Energy Use	326.08	8958.08
3.建筑业	Construction		4040.05
4.交通运输、仓储和邮政业	Transport, Storage and Post		22019.60
5.批发、零售业和住宿、餐饮业	Wholesale, Retail Trade and Hotel, Restaurants		621.06
6.其他	Others		3502.70
7.生活消费	Residential Consumption		7219.73
城镇	Urban		4988.14
乡村	Rural		2231.59
五.平衡差额	**Statistical Difference**	**1.09**	**56.00**
六.消费量合计	**Total Energy Consumption**	**1229.63**	**58744.84**

Continued 1

原油 (万吨) Crude Oil (10^4 tons)	汽油 (万吨) Gasoline (10^4 tons)	煤油 (万吨) Kerosene (10^4 tons)	柴油 (万吨) Diesel Oil (10^4 tons)	燃料油 (万吨) Fuel Oil (10^4 tons)	石脑油 (万吨) Naphtha (10^4 tons)	润滑油 (万吨) Lubricants (10^4 tons)	石蜡 (万吨) Paraffin Waxes (10^4 tons)	溶剂油 (万吨) White Spirit (10^4 tons)
58908.97	**-1075.73**	**-898.07**	**-1673.36**	**332.35**	**632.39**	**21.47**	**-64.75**	**-5.73**
19150.61								
41946.23	1.64	375.72	74.73	1356.82	666.75	34.41	10.33	2.35
		476.55	32.86	558.47				
486.07	1051.41	1313.21	1719.28	1108.87	2.58	11.46	53.25	0.47
		451.96	17.50	407.84				
-1701.80	-25.96	14.83	-44.17	-66.23	-31.78	-1.49	-21.83	-7.61
-58491.49	**13485.25**	**4230.66**	**18473.80**	**1873.09**	**4500.53**	**195.06**	**298.23**	**212.23**
-14.19	-0.01	-0.01	-23.88	-16.62	-10.75			
	-0.02		-5.90	-67.02	-89.78			
-58477.29	13486.39	4230.86	18667.90	4563.46	5463.92	199.82	298.24	212.23
	-1.11	-0.19	-164.33	-2606.73	-862.86	-4.76	-0.01	
46.03								
364.65	**12415.13**	**3326.17**	**16802.43**	**2196.93**	**5135.29**	**207.02**	**227.17**	**201.00**
	229.64	1.52	1546.82	1.31				
364.65	380.97	14.35	1265.84	353.38	5135.29	207.02	227.17	201.00
	9.27	1.68	16.13	36.22	4843.07	181.41	224.10	196.32
	472.32	9.75	596.06	43.24				
	5698.53	3173.31	11253.69	1771.34				
	264.46	11.30	233.77	15.15				
	2075.05	88.36	1233.30	12.51				
	3294.17	27.58	672.96					
	2248.59	2.65	315.16					
	1045.58	24.93	357.80					
6.80	**-5.60**	**6.43**	**-2.00**	**8.50**	**-2.36**	**9.50**	**6.32**	**5.49**
58902.17	**12416.27**	**3326.36**	**16996.54**	**4887.30**	**6098.68**	**211.78**	**227.17**	**201.00**

5-1 续表 2

项　目	Item	石油沥青(万吨) Bitumen Asphalt (10^4 tons)	石油焦(万吨) Petroleum Coke (10^4 tons)
一.可供本地区消费的能源量	**Total Primary Energy Supply**	**345.66**	**476.80**
1.一次能源生产量	Indigenous Production		
水电	Hydro Power		
核电	Nuclear Power		
风电	Wind Power		
2.进口量	Import	503.87	742.61
3.境内轮船和飞机在境外的加油量	Domestic Airplanes&Ships Refueling in Abroad		
4.出口量(-)	Export (-)	38.56	225.21
5.境外轮船和飞机在境内的加油量(-)	Oversea Airplanes&Ships Refueling in China (-)		
6.库存增(-)、减(+)量	Stock Change	-119.65	-40.60
二.加工转换投入(-)产出(+)量	**Input(-) & Output(+) of Transformation**	**2582.75**	**1721.95**
1.火力发电	Thermal Power		-145.86
2.供热	Heating Supply		-181.59
3.洗选煤	Coal Washing		
4.炼焦	Coking		
5.炼油及煤制油	Petroleum Refineries	2754.14	2049.40
#油品再投入量(-)	Petroleum Products Input (-)	-171.40	
6.制气	Gas Works		
#焦炭再投入量(-)	Coke Input (-)		
7.天然气液化	Natural Gas Liquefaction		
8.煤制品加工	Briquettes		
9.回收能	Recovery of Energy		
三.损失量	**Loss**		
四.终端消费量	**Total Final Consumption**	**2922.40**	**2191.82**
1.农、林、牧、渔业	Agriculture, Forestry, Animal Husbandry and Fishery		
2.工业	Industry	104.36	2191.82
#用作原料、材料	Non-Energy Use	51.35	1570.26
3.建筑业	Construction	2818.04	
4.交通运输、仓储和邮政业	Transport, Storage and Post		
5.批发、零售业和住宿、餐饮业	Wholesale, Retail Trade and Hotel, Restaurants		
6.其他	Others		
7.生活消费	Residential Consumption		
城镇	Urban		
乡村	Rural		
五.平衡差额	**Statistical Difference**	**6.01**	**6.93**
六.消费量合计	**Total Energy Consumption**	**3093.79**	**2519.27**

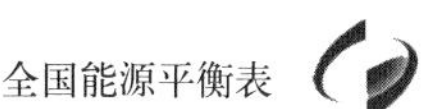

Continued 2

液化石油气 (万吨) LPG (10^4 tons)	炼厂干气 (万吨) Refinery Gas (10^4 tons)	其他石油制品 (万吨) Other Petroleum Products (10^4 tons)	天然气 (亿立方米) Natural Gas (10^8 cu.m)	液化天然气 (万吨) LNG (10^4 tons)	热力 (万百万千焦) Heat (10^{10} kJ)	电力 (亿千瓦小时) Electricity (10^8 kW•h)	其他能源 (万吨标煤) Other Energy (10^4 tce)
1795.59		**5.25**	**1864.96**	**3809.35**		**18193.57**	**6882.07**
			1480.35			18324.04	6882.07
						11898.40	
						2480.70	
						2950.23	
1921.89		436.00	419.96	3809.35		64.23	
132.22		6.77	35.34			194.70	
5.92		-423.98					
3004.85	**1631.42**	**3816.85**	**-549.41**	**557.30**	**458740.53**	**46627.39**	**-764.35**
-0.16	-67.03	-2.04	-349.87	-220.81	-71267.60	46627.39	-1407.70
-3.81	-164.24	-10.29	-95.47	-12.94	464086.42		-323.04
3662.51	1982.49	10428.40	-17.05				-46.36
-648.94	-119.79	-6599.23					
-4.75			33.13				
			-120.15	791.04			
					65921.71		1012.75
1.00			**25.77**	**13.01**	**4817.54**	**3195.83**	
4799.17	**1629.41**	**3814.39**	**1292.45**	**4356.35**	**453921.46**	**61625.14**	**6122.56**
7.08			1.14		133.29	1175.12	581.26
1238.62	1629.41	3729.59	539.35	3995.96	319820.87	41764.02	900.54
356.57	29.50	1442.20	82.40	177.42			
15.85		84.80	1.80		1060.35	789.22	32.10
122.74			219.36	360.39	3064.40	1417.98	1466.73
96.38			57.56		7436.19	2526.65	89.65
93.49			52.95		16076.39	4880.59	359.03
3225.03			420.30		106329.97	9071.57	2693.25
2421.74			417.61		106329.97	4961.81	300.67
803.28			2.68			4109.75	2392.58
0.26	**2.01**	**7.72**	**-2.66**	**-2.72**	**1.53**		**-4.84**
5457.83	**1980.48**	**10425.94**	**1758.46**	**4603.11**	**530006.60**	**64820.97**	**7899.66**

5-2 中国能源平衡表(标准量) -2017

单位：万吨标准煤

项 目	Item	能源合计 (发电煤耗计算法) (coal equivalent calculation)	Energy Total (电热当量计算法) (calorific value calculation)
一.可供本地区消费的能源量	**Total Primary Energy Supply**	**446006.82**	**413568.59**
1.一次能源生产量	Indigenous Production	358500.13	325829.29
水电	Hydro Power	35837.39	14623.14
核电	Nuclear Power	7471.75	3048.78
风电	Wind Power	8885.95	3625.83
2.进口量	Import	98409.99	98295.48
3.境内轮船和飞机在境外的加油量	Domestic Airplanes&Ships Refueling in Abroad	1546.91	1546.91
4.出口量(-)	Export (-)	11396.51	11049.38
5.境外轮船和飞机在境内的加油量(-)	Oversea Airplanes&Ships Refueling in China (-)	1273.15	1273.15
6.库存增(-)、减(+)量	Stock Change	219.44	219.44
二.加工转换投入(-)产出(+)量	**Input(-) & Output(+) of Transformation**	**-1357.80**	**-84492.10**
1.火力发电	Thermal Power		-83134.30
2.供热	Heating Supply	-5983.11	-5983.11
3.洗选煤	Coal Washing	-4341.38	-4341.38
4.炼焦	Coking	-3720.82	-3720.82
5.炼油及煤制油	Petroleum Refineries	12938.68	12938.68
#油品再投入量(-)	Petroleum Products Input (-)	-15568.58	-15568.58
6.制气	Gas Works	-348.12	-348.12
#焦炭再投入量(-)	Coke Input (-)	-1.58	-1.58
7.天然气液化	Natural Gas Liquefaction	-144.73	-144.73
8.煤制品加工	Briquettes	-108.72	-108.72
9.回收能	Recovery of Energy	15920.57	15920.57
三.损失量	**Loss**	**10218.52**	**4520.53**
四.终端消费量	**Total Final Consumption**	**436952.78**	**327078.24**
1.农、林、牧、渔业	Agriculture, Forestry, Animal Husbandry and Fishery	8931.23	6836.05
2.工业	Industry	283273.22	208810.07
#用作原料、材料	Non-Energy Use	22831.79	22831.79
3.建筑业	Construction	8554.50	7147.36
4.交通运输、仓储和邮政业	Transport, Storage and Post	41829.25	39301.06
5.批发、零售业和住宿、餐饮业	Wholesale, Retail Trade and Hotel, Restaurants	12475.43	7970.55
6.其他	Others	24268.83	15566.98
7.生活消费	Residential Consumption	57620.31	41446.16
城镇	Urban	33295.18	24448.52
乡村	Rural	24325.13	16997.65
五.平衡差额	**Statistical Difference**	**-2522.28**	**-2522.27**
六.消费量合计	**Total Energy Consumption**	**448529.10**	**416090.87**

Energy Balance of China (Standard Quantity) -2017

(10[4] tce)

煤合计 Coal Total	原煤 Raw Coal	洗精煤 Cleaned Coal	其他洗煤 Other Washed Coal	型煤 Briquettes	煤矸石 Gangue	焦炭 Coke	焦炉煤气 Coke Oven Gas	高炉煤气 Blast Furnace Gas	转炉煤气 Converter Gas
268243.83	**268312.68**	**-196.20**	**132.58**	**-5.22**		**554.79**			
249675.83	249675.83								
16920.00	16919.26			0.74		0.94			
683.25	679.35			3.90		784.75			
2331.24	2396.93	-196.20	132.58	-2.07		1338.59			
-204300.00	**-213237.65**	**193.13**	**7864.39**	**880.12**	**79.24**	**41932.18**	**3434.20**	**7865.15**	**1136.68**
-126698.66	-124953.74		-1744.93		-657.64		-1112.29	-2319.63	-474.26
-18238.64	-17736.48		-502.16		-124.20		-276.48	-751.55	-111.83
-5202.47	-62552.58	46359.65	10990.46		861.09				
-51897.81	-5731.29	-46166.53				41933.76	4822.98		
-1083.95	-971.58		-112.38						
-1069.74	-1053.06		-16.68						
						-1.58			
									-0.80
-108.72	-238.92		-749.92	880.12					
								10936.33	1723.56
66657.00	**57782.27**		**8000.07**	**874.66**		**42490.49**	**3379.90**	**7858.68**	**1130.47**
2145.78	2109.38		36.41			37.35			
51146.10	43216.20		7351.09	578.81		42360.25	3323.62	7858.68	1130.47
7007.95	5844.67		1110.18	53.10		1549.11			
602.23	587.44		14.78			12.21			
263.45	251.41		12.04			5.83			
2770.91	2706.84		46.65	17.42		47.95	4.04		
2800.71	2735.10		59.64	5.97		5.68	3.12		
6927.82	6175.90		479.46	272.46		21.21	49.12		
898.33	705.13		111.02	82.18		5.29	49.12		
6029.49	5470.77		368.44	190.28		15.92			
-2713.18	**-2707.24**	**-3.07**	**-3.10**	**0.24**	**79.24**	**-3.52**	**54.31**	**6.47**	**6.20**

5-2 续表 1

单位：万吨标准煤

项　目	Item	其他煤气 Other Gas	其他焦化产品 Other Coking Products
一.可供本地区消费的能源量	**Total Primary Energy Supply**		
1.一次能源生产量	Indigenous Production		
水电	Hydro Power		
核电	Nuclear Power		
风电	Wind Power		
2.进口量	Import		
3.境内轮船和飞机在境外的加油量	Domestic Airplanes&Ships Refueling in Abroad		
4.出口量(-)	Export (-)		
5.境外轮船和飞机在境内的加油量(-)	Oversea Airplanes&Ships Refueling in China (-)		
6.库存增(-)、减(+)量	Stock Change		
二.加工转换投入(-)产出(+)量	**Input(-) & Output(+) of Transformation**	**295.04**	**1243.33**
1.火力发电	Thermal Power		
2.供热	Heating Supply	-0.71	
3.洗选煤	Coal Washing		
4.炼焦	Coking		1420.25
5.炼油及煤制油	Petroleum Refineries		-176.92
#油品再投入量(-)	Petroleum Products Input (-)		
6.制气	Gas Works	295.76	
#焦炭再投入量(-)	Coke Input (-)		
7.天然气液化	Natural Gas Liquefaction		
8.煤制品加工	Briquettes		
9.回收能	Recovery of Energy		
三.损失量	**Loss**		
四.终端消费量	**Total Final Consumption**	**279.26**	**1242.07**
1.农、林、牧、渔业	Agriculture, Forestry, Animal Husbandry and Fishery		
2.工业	Industry	190.20	1242.07
#用作原料、材料	Non-Energy Use		376.30
3.建筑业	Construction		
4.交通运输、仓储和邮政业	Transport, Storage and Post		
5.批发、零售业和住宿、餐饮业	Wholesale, Retail Trade and Hotel, Restaurants	11.85	
6.其他	Others		
7.生活消费	Residential Consumption	77.21	
城镇	Urban	77.18	
乡村	Rural	0.03	
五.平衡差额	**Statistical Difference**	**15.78**	**1.25**
六.消费量合计	**Total Energy Consumption**		

Continued 1

(10[4] tce)

油品合计 Petroleum Products Total	原油 Crude Oil	汽油 Gasoline	煤油 Kerosene	柴油 Diesel Oil	燃料油 Fuel Oil	石脑油 Naphtha	润滑油 Lubricants	石蜡 Paraffin Waxes
84210.44	**84157.36**	**-1582.83**	**-1321.42**	**-2438.25**	**474.79**	**948.59**	**30.36**	**-88.37**
27358.56	27358.56							
68907.60	59924.38	2.41	552.83	108.89	1938.35	1000.13	48.67	14.10
1546.91			701.20	47.88	797.83			
8879.09	694.40	1547.04	1932.25	2505.16	1584.14	3.87	16.20	72.68
1273.15			665.01	25.50	582.64			
-3450.39	-2431.19	-38.20	21.82	-64.36	-94.62	-47.67	-2.10	-29.79
-2171.92	**-83560.94**	**19842.20**	**6225.00**	**26918.17**	**2675.89**	**6750.80**	**275.87**	**407.03**
-356.44	-20.28	-0.01	-0.02	-34.80	-23.74	-16.13		
-708.01		-0.03		-8.59	-95.74	-134.66		
14469.25	-83540.66	19843.88	6225.29	27201.00	6519.35	8195.88	282.60	407.04
-15568.58		-1.63	-0.27	-239.44	-3723.97	-1294.29	-6.73	-0.01
-8.14								
67.47	**65.76**							
81895.30	**520.95**	**18267.62**	**4894.12**	**24482.83**	**3138.54**	**7702.93**	**292.79**	**310.04**
2608.01		337.90	2.24	2253.87	1.87			
24134.88	520.95	560.55	21.11	1844.45	504.83	7702.93	292.79	310.04
12498.21		13.64	2.46	23.50	51.74	7264.61	256.58	305.85
5471.18		694.97	14.34	868.52	61.77			
32192.72		8384.81	4669.21	16397.75	2530.54			
933.25		389.13	16.62	340.63	21.64			
5158.41		3053.22	130.01	1797.04	17.88			
11396.85		4847.03	40.59	980.56				
7923.29		3308.58	3.90	459.22				
3473.56		1538.46	36.69	521.35				
75.75	**9.71**	**-8.25**	**9.46**	**-2.91**	**12.15**	**-3.55**	**13.44**	**8.62**

5-2 续表 2

单位：万吨标准煤

项　　目	Item	溶剂油 White spirit	石油沥青 Bitumen Asphalt
一.可供本地区消费的能源量	**Total Primary Energy Supply**	**-8.41**	**452.81**
1.一次能源生产量	Indigenous Production		
水电	Hydro Power		
核电	Nuclear Power		
风电	Wind Power		
2.进口量	Import	3.45	660.07
3.境内轮船和飞机在境外的加油量	Domestic Airplanes&Ships Refueling in Abroad		
4.出口量(-)	Export (-)	0.69	50.51
5.境外轮船和飞机在境内的加油量(-)	Oversea Airplanes&Ships Refueling in China (-)		
6.库存增(-)、减(+)量	Stock Change	-11.17	-156.75
二.加工转换投入(-)产出(+)量	**Input(-) & Output(+) of Transformation**	**311.38**	**3383.40**
1.火力发电	Thermal Power		
2.供热	Heating Supply		
3.洗选煤	Coal Washing		
4.炼焦	Coking		
5.炼油及煤制油	Petroleum Refineries	311.38	3607.93
#油品再投入量(-)	Petroleum Products Input (-)		-224.53
6.制气	Gas Works		
#焦炭再投入量(-)	Coke Input (-)		
7.天然气液化	Natural Gas Liquefaction		
8.煤制品加工	Briquettes		
9.回收能	Recovery of Energy		
三.损失量	**Loss**		
四.终端消费量	**Total Final Consumption**	**294.91**	**3828.34**
1.农、林、牧、渔业	Agriculture, Forestry, Animal Husbandry and Fishery		
2.工业	Industry	294.91	136.71
#用作原料、材料	Non-Energy Use	288.04	67.26
3.建筑业	Construction		3691.63
4.交通运输、仓储和邮政业	Transport, Storage and Post		
5.批发、零售业和住宿、餐饮业	Wholesale, Retail Trade and Hotel, Restaurants		
6.其他	Others		
7.生活消费	Residential Consumption		
城镇	Urban		
乡村	Rural		
五.平衡差额	**Statistical Difference**	**8.06**	**7.87**
六.消费量合计	**Total Energy Consumption**		

Continued 2

(10[4] tce)

石油焦 Petroleum Coke	液化石油气 LPG	炼厂干气 Refinery Gas	其他石油制品 Other Petroleum Products	天然气 Natural Gas	液化天然气 LNG	热力 Heat	电力 Electricity	其他能源 Other Energy
500.64	**3078.18**		**6.99**	**24431.02**	**6886.55**		**22359.90**	**6882.07**
				19392.59			22520.24	6882.07
							14623.14	
							3048.78	
							3625.83	
779.74	3294.70		579.89	5501.44	6886.55		78.94	
236.47	226.66		9.01	463.01			239.28	
-42.63	10.15		-563.89					
1808.04	**5151.21**	**2563.61**	**5076.41**	**-7197.26**	**1007.48**	**15643.05**	**57305.07**	**-764.35**
-153.16	-0.27	-105.33	-2.71	-4583.35	-399.18	-2430.23	57305.07	-1407.70
-190.67	-6.53	-258.09	-13.69	-1250.60	-23.39	15825.35		-323.04
2151.87	6278.64	3115.28	13869.78	-223.34				-46.36
	-1112.48	-188.25	-8776.97					
	-8.14			434.01				
				-1573.98	1430.05			
						2247.93		1012.75
	1.71			**337.59**	**23.52**	**164.28**	**3927.67**	
2301.41	**8227.23**	**2560.46**	**5073.14**	**16931.07**	**7875.42**	**15478.72**	**75737.30**	**6122.56**
	12.13			14.88		4.55	1444.22	581.26
2301.41	2123.37	2560.46	4960.36	7065.48	7223.90	10905.89	51327.98	900.54
1648.78	611.27	46.36	1918.12	1079.48	320.74			
	27.17		112.78	23.53		36.16	969.95	32.10
	210.41			2873.61	651.52	104.50	1742.70	1466.73
	165.22			754.08		253.57	3105.25	89.65
	160.27			693.58		548.20	5998.24	359.03
	5528.66			5505.90		3625.85	11148.96	2693.25
	4151.60			5470.73		3625.85	6098.07	300.67
	1377.07			35.17			5050.89	2392.58
7.27	**0.45**	**3.15**	**10.26**	**-34.89**	**-4.91**	**0.05**	**-0.01**	**-4.84**

5-3 综合能源平衡表

单位：万吨标准煤

项　　目	Item	1980	1985	1990
可供消费的能源总量	**Total Energy Available for Consumption**	**61557**	**77603**	**96138**
一次能源生产量	Primary Energy Output	63735	85546	103922
回收能	Recovery of Energy			
进口量	Imports	261	340	1310
出口量(-)	Exports (-)	3058	5774	5875
年初年末库存差额	Stock Changes in the Year	619	-2509	-3219
能源消费总量	**Total Energy Consumption**	**60275**	**76682**	**98703**
在总量中:	Consumption by Sector			
1.农、林、牧、渔业	Agriculture, Forestry, Animal Husbandry and Fishery	4692	4045	4852
2.工业	Industry	38986	51068	67578
3.建筑业	Construction	957	1302	1213
4.交通运输、仓储和邮政业	Transport, Storage and Post	2902	3713	4541
5.批发、零售业和住宿、餐饮业	Wholesale, Retail Trade and Hotel, Restaurants	518	766	1247
6.其他	Others	1205	2470	3473
7.生活消费	Residential Consumption	11015	13318	15799
在总量中:	Consumption by Usage			
(一) 终端消费	(I) Final Consumption	57508	73586	94289
#工业	Industry	38293	48021	63239
(二) 加工转换损失量	(II) Losses in Processing and	1358	1491	2264
#炼焦	Coking	644	572	905
炼油	Petroleum Refining	113	110	326
(三) 回收能(-)	(III) Recovery of Energy(-)			
(四) 损失量	(IV) Other Losses	1409	1605	2150
平衡差额	**Balance**	**1282**	**921**	**-2565**

注：1.村办工业包括在工业中(下同)。
2.电力按等价热值折算，因此加工转换损失量中不包括发电损失量。
3.进口量包括境内轮船和飞机在境外的加油量；出口量包括境外轮船和飞机在境内的加油量。

Overall Energy Balance Sheet

(10^4 tce)

1995	2000	2005	2010	2011	2012	2013	2014	2015	2016	2017
129535	**144234**	**254619**	**365588**	**390394**	**407594**	**417415**	**426095**	**429960**	**431842**	**446007**
129034	138570	229037	312125	340178	351041	358784	361866	361476	346037	358500
2312	3087	7452	8958							
5456	14327	26823	57671	65437	68701	73420	77325	77451	89730	99957
6776	9327	11257	8803	8449	7374	8005	8271	9784	11956	12670
-491	-2424	2564	-4363	-6772	-4773	-6784	-4825	817	8031	219
131176	**146964**	**261369**	**360648**	**387043**	**402138**	**416913**	**425806**	**429905**	**435819**	**448529**
5505	4233	6860	7266	7675	7804	8055	8094	8232	8544	8931
96191	103014	187914	261377	278048	284712	291130	295686	292276	290255	294488
1335	2207	3486	5533	6052	6337	7017	7520	7696	7991	8555
5863	11447	19136	27102	29694	32561	34819	36336	38318	39651	42191
2018	3251	5917	7847	9147	10012	10598	10873	11404	12015	12475
4519	6118	10484	15052	16843	18407	19763	20084	21881	23154	24269
15745	16695	27573	36470	39584	42306	45531	47212	50099	54209	57620
124252	140476	250877	337469	373296	386888	403814	413162	417494	424278	436953
89473	96871	177775	238652	264698	269900	278514	283420	280206	279058	283273
3634	2472	3882	14294	15412	16763	15994	17020	17191	16964	17278
	526	855	1595	1833	2179	2433	2731	4099	3887	3721
	781	1273	1960	1792	2153	1899	2115	2230	2139	2630
				10864	11239	13333	14578	14492	15273	15921
3289	4016	6610	8885	9199	9726	10439	10201	9712	9849	10219
-1641	**-2730**	**-6751**	**4940**	**3350**	**5456**	**502**	**289**	**55**	**-3977**	**-2522**

Note: a) Data on industry include the data of village-run industry.(The same as in the following tables).

b) Electric power is converted on the basic of equal caloric value. Therefore, losses in processing and transformation exclude losses in power generation.

c) Data on imports include the petroleum consumed by the domestic airplanes and ships in refueling abroad. Data on exports include the petroleum consumed by the oversea airplanes and ships in refueling in China.

5-4 煤炭平衡表

单位：万吨

项　　目	Item	1980	1985	1990
可供量	**Total Energy Available for Consumption**	**62601**	**82777**	**102221**
生产量	Output	62015	87228	107988
进口量	Imports	199	231	200
出口量(−)	Exports (-)	632	777	1729
年初年末库存差额	Stock Changes in the Year	1019	-3906	-4239
消费量	**Total Energy Consumption**	**61010**	**81603**	**105523**
在消费量中:	Consumption by Sector			
1.农、林、牧、渔业	Agriculture, Forestry, Animal Husbandry and Fishery	1550	2209	2095
2.工业	Industry	43848	58613	81091
3.建筑业	Construction	556	532	438
4.交通运输、仓储和邮政业	Transport, Storage and Post	1934	2307	2161
5.批发、零售业和住宿、餐饮业	Wholesale, Retail Trade and Hotel, Restaurants	455	738	1058
6.其他	Others	1091	1580	1980
7.生活消费	Residential Consumption	11574	15624	16700
在消费量中:	Consumption by Usage			
(一) 终端消费	(I) Final Consumption	38804	52704	60206
#工业	Industry	21643	29715	35774
(二) 中间消费	(II) Intermediate Consumption			
(用于加工转换)	(Consumed in Transformation)	22205	28899	45317
#发电	Power Generation	12648	16441	27204
供热	Heating		1462	2996
炼焦	Coking	6682	7304	10698
炼油及煤制油	Petroleum Refineries			
制气	Gas Production	131	191	360
(三)洗选损耗	(III) Losses in Coal Washing and Dressing	2744	3501	4059
平衡差额	**Balance**	**1592**	**1174**	**-3302**

注：生产量为原煤产量。
Note: Data on output refer to the output of raw coal.

Coal Balance Sheet

(10^4 tons)

1995	2000	2005	2010	2011	2012	2013	2014	2015	2016	2017
133462	**131895**	**235508**	**355578**	**393058**	**418654**	**425015**	**411834**	**397074**	**378494**	**382094**
136073	138418	236515	342845	376444	394513	397432	387392	374654	341060	352356
164	218	2622	18307	22236	28841	32702	29122	20406	25555	27093
2862	5506	7173	1911	1467	927	751	574	534	879	809
87	-1235	3545	-3663	-4155	-3772	-4368	-4106	2547	12758	3453
137677	**135690**	**243375**	**349008**	**388961**	**411727**	**424426**	**411613**	**397014**	**384560**	**385723**
1857	1051	1802	2147	2207	2266	2451	2579	2625	2778	2834
117571	121807	224766	329728	368916	391191	403157	390497	375650	363175	365480
440	537	604	731	797	767	811	914	878	805	733
1315	882	811	639	646	614	615	558	492	404	353
977	1461	2627	3192	3572	3752	3966	3767	3864	3826	3461
1987	1495	2727	3412	3612	3883	4136	4046	4159	4081	3580
13530	8457	10039	9159	9212	9253	9290	9253	9347	9492	9283
66156	50511	86386	114826	120647	118957	119491	116044	112195	97809	91681
46050	36628	67776	95546	100602	98421	98222	94928	90831	76423	71438
71520	81987	152208	222948	252691	266016	282355	272194	266481	272512	281405
44440	55811	103663	153742	175579	183531	195177	184525	179318	182666	190025
5887	8794	13542	17553	19334	23780	22710	22445	24095	26577	28983
18396	16496	33446	49950	56060	56768	62536	62894	60644	60649	58910
			213	346	378	459	650	679	1105	1568
764	960	1277	1040	870	849	846	948	1270	1212	1643
2033	3191	4782	11235	15623	26754	22579	23375	18338	14240	12637
-4215	**-3795**	**-7868**	**6569**	**4097**	**6928**	**589**	**220**	**60**	**-6066**	**-3629**

5-5 焦炭平衡表

单位：万吨

项　　目	Item	1980	1985	1990
可供量	**Total Energy Available for Consumption**	**4315.3**	**4689.7**	**7085.8**
生产量	Output	4343.0	4802.1	7328.3
进口量	Imports		2.1	
出口量(−)	Exports (-)	27.1	36.9	129.0
年初年末库存差额	Stock Changes in the Year	-0.6	-77.6	-113.5
消费量	**Total Energy Consumption**	**4303.0**	**4689.7**	**6914.7**
在消费量中:	Consumption by Sector			
1.农、林、牧、渔业	Agriculture, Forestry, Animal Husbandry and Fishery	10.6	20.8	60.1
2.工业	Industry	4266.7	4627.7	6808.8
3.建筑业	Construction	11.9	7.8	5.2
4.交通运输、仓储和邮政业	Transport, Storage and Post	8.2	5.7	4.1
5.批发、零售业和住宿、餐饮业	Wholesale, Retail Trade and Hotel, Restaurants	0.9	2.7	7.7
6.其他	Others	4.7	2.0	1.9
7.生活消费	Residential Consumption		23.0	26.9
在消费量中:	Consumption by Usage			
(一) 终端消费	(I) Final Consumption	4294.7	4677.9	6846.3
#工业	Industry	4258.4	4615.9	6740.4
(二) 中间消费	(II) Intermediate Consumption			
(用于加工转换)	(Consumed in Transformation)	8.3	11.8	68.4
制气	Gas Production	8.3	11.8	68.4
(三) 损失量	(III) Losses in Coal Washing and Dressing			
平衡差额	**Balance**	**12.3**		**171.1**

Coke Balance Sheet

(10[4] tons)

1995	2000	2005	2010	2011	2012	2013	2014	2015	2016	2017
12207.1	**10892.3**	**25084.4**	**38707.1**	**42085.8**	**44813.7**	**45850.1**	**46894.3**	**44018.9**	**45428.6**	**43739.5**
13424.5	12184.0	26511.7	38657.8	43433.0	43831.4	48347.8	47980.9	44822.5	44911.5	43168.4
0.1		0.5	11.0	11.6	7.6	3.5	0.2	0.4	0.1	1.0
886.1	1519.7	1276.4	335.0	329.7	102.0	467.3	850.7	964.8	1011.9	807.9
-331.4	228.0	-151.4	373.3	-1029.0	1076.7	-2034.0	-236.0	160.8	1529.0	1378.0
10725.3	**10840.8**	**25105.8**	**38702.8**	**42063.3**	**44805.2**	**45851.9**	**46884.9**	**44058.7**	**45462.4**	**43743.1**
128.6	70.9	63.5	46.8	54.1	57.5	69.2	34.9	49.5	53.1	38.4
10412.0	10554.6	24860.9	38598.7	41952.1	44694.8	45694.0	46749.6	43923.0	45324.7	43609.1
10.8	19.0	18.4	5.8	4.8	6.3	7.7	9.7	6.7	7.1	12.6
10.1	11.2	1.1	0.1	0.1	0.1	2.2	2.7	3.0	3.2	6.0
25.7	35.7	64.1	5.1	9.2	6.7	35.8	46.6	40.1	41.3	49.4
6.4	12.2	7.6	2.8	1.9	1.9	5.0	5.1	5.4	5.6	5.9
131.6	137.2	90.3	43.5	41.1	37.9	38.0	36.4	31.2	27.4	21.8
10648.0	10697.9	24877.9	38574.6	41954.3	44738.5	45817.5	46589.1	43775.0	45454.4	43741.5
10334.7	10411.7	24633.0	38470.5	41843.1	44628.1	45659.6	46453.8	43639.2	45316.7	43607.4
77.3	142.9	227.9	128.2	109.0	66.7	34.4	295.8	283.8	8.0	1.6
77.3	142.9	227.9	128.2	109.0	66.7	34.4	32.8	1.8	1.9	1.6
1481.8	**51.6**	**-21.4**	**4.3**	**22.6**	**8.5**	**-1.8**	**9.4**	**-39.8**	**-33.8**	**-3.6**

5-6 石油平衡表

单位: 万吨

项　　目	Item	1980	1985	1990
可供量	**Total Energy Available for Consumption**	**8794.5**	**9193.7**	**11435.0**
生产量	Output	10594.6	12489.5	13830.6
进口量	Imports	82.7	90.0	755.6
出口量(-)	Exports (-)	1806.2	3630.4	3110.4
年初年末库存差额	Stock Changes in the Year	-76.6	244.6	-40.8
消费量	**Total Energy Consumption**	**8757.4**	**9168.8**	**11485.6**
在消费量中:	Consumption by Sector			
1.农、林、牧、渔业	Agriculture, Forestry, Animal Husbandry and Fishery	814..9	758.7	1033.6
2.工业	Industry	6203.2	6171.4	7321.6
3.建筑业	Construction	175.2	292.2	327.3
4.交通运输、仓储和邮政业	Transport, Storage and Post	911.5	1176.4	1683.2
5.批发、零售业和住宿、餐饮业	Wholesale, Retail Trade and Hotel, Restaurants	29.0	38.1	77.6
6.其他	Others	481.7	506.1	757.8
7.生活消费	Residential Consumption	141.9	225.9	284.5
在消费量中:	Consumption by Usage			
(一) 终端消费	(I) Final Consumption	6311.0	7063.3	9304.7
#工业	Industry	3780.3	4462.0	5180.4
(二) 中间消费	(II) Intermediate Consumption			
(用于加工转换)	(Consumed in Transformation)	2183.6	1858.5	1630.4
发电	Power Generation	2065.4	1425.5	1234.4
供热	Heating		285.6	356.3
制气	Gas Production	36.7	34.5	39.7
炼油损失量	Losses in Petroleum Refining	81.5	112.9	295.8
(三) 损失量	(III) Other Losses	262.8	247.0	254.7
平衡差额	**Balance**	**37.1**	**24.9**	**-50.6**

注: 1.生产量为原油产量。
2.进口量包括境内轮船和飞机在境外的加油量; 出口量包括境外轮船和飞机在境内的加油量。

Petroleum Balance Sheet

(10[4] tons)

1995	2000	2005	2010	2011	2012	2013	2014	2015	2016	2017
16072.7	**22631.4**	**32539.1**	**44178.4**	**45659.2**	**47864.7**	**49993.9**	**51861.8**	**55188.0**	**56410.6**	**58800.8**
15005.0	16300.0	18135.3	20301.4	20287.6	20747.8	20991.9	21142.9	21455.6	19968.5	19150.6
3673.2	9748.5	17163.2	29437.2	31593.7	33088.8	34264.8	36179.6	39748.6	44502.9	49141.23
2454.5	2172.1	2888.1	4079.0	4117.0	3884.3	4176.7	4213.9	5128.2	6382.9	7026.66
-151.0	-1245.0	128.8	-1481.2	-2105.0	-2087.6	-1086.1	-1246.8	-888.1	-1677.8	-2464.3
16064.9	**22495.9**	**32547.0**	**44101.0**	**45619.5**	**47797.3**	**49970.6**	**51814.4**	**55160.2**	**56402.9**	**58744.8**
1203.2	788.5	1451.7	1382.5	1466.3	1537.9	1650.3	1717.7	1733.4	1730.3	1786.4
9349.3	11248.5	14030.4	18555.0	17986.0	17753.2	17594.6	18217.5	18908.1	19092.5	19545.6
242.8	840.6	1502.2	2483.1	2581.8	2740.7	3090.6	3311.9	3507.5	3712.7	4040.0
2863.6	6399.0	10928.5	15079.3	16221.1	17863.6	18967.6	19546.9	20549.9	21032.5	22029.3
333.9	247.0	375.6	481.0	500.0	542.4	565.4	563.2	615.7	584.9	621.1
1390.3	1635.9	1974.2	2578.2	2880.5	3067.8	3349.7	3152.0	3683.3	3537.1	3502.7
682.0	1336.5	2284.4	3541.9	3983.9	4291.6	4752.4	5305.2	6162.2	6712.8	7219.7
13676.3	19950.1	29495.6	41243.4	43103.3	45080.7	47458.8	49134.0	52445.7	53937.0	56233.0
7095.5	8860.0	11107.5	15857.8	15579.9	15160.4	15235.4	15584.5	16229.7	16650.2	17043.5
2230.0	2352.9	2896.0	2663.3	2334.5	2534.6	2295.7	2570.0	2626.9	2424.3	2464.8
1358.5	1178.2	1306.4	385.3	319.8	292.4	265.1	254.1	265.5	284.6	280.6
399.9	427.0	429.1	593.1	525.7	493.5	448.2	521.3	493.2	517.8	522.6
51.6	25.9	14.4							4.8	4.7
420.1	721.9	1146.1	1684.8	1489.1	1748.7	1582.4	1794.6	1868.2	1617.2	1656.9
158.6	192.9	155.4	194.4	181.7	182.0	216.1	110.3	87.6	41.6	47.0
7.8	**135.4**	**-7.9**	**77.4**	**39.7**	**67.4**	**23.3**	**47.4**	**27.8**	**7.7**	**56.0**

Note: a) Data on output refer to the output of crude oil.

b) Data on imports include the petroleum consumed by the domestic airplanes and ships in refueling abroad. Data on exports include the petroleum consumed by the oversea airplanes and ships in refueling in China.

5-7 原油平衡表

单位：万吨

项　目	Item	1980	1985	1990
可供量	**Total Energy Available for Consumption**	**9222.9**	**9516.5**	**11770.6**
生产量	Output	10594.6	12489.5	13830.6
进口量	Imports	36.6		292.3
出口量(-)	Exports (-)	1330.9	3003.0	2399.0
年初年末库存差额	Stock Changes in the Year	-77.4	30.0	46.7
消费量	**Total Energy Consumption**	**9205.0**	**9509.5**	**11762.2**
在消费量中:	Consumption by Sector			
1.农、林、牧、渔业	Agriculture, Forestry, Animal Husbandry and Fishery	8.0	0.8	0.2
2.工业	Industry	9112.0	9389.9	11653.8
3.建筑业	Construction	28.8	74.0	55.2
4.交通运输、仓储和邮政业	Transport, Storage and Post	50.1	44.3	52.1
5.批发、零售业和住宿、餐饮业	Wholesale, Retail Trade and Hotel, Restaurants		0.1	0.3
6.其他	Others	6.1	0.4	0.6
7.生活消费	Residential Consumption			
在消费量中:	Consumption by Usage			
(一) 终端消费	(I) Final Consumption	499.6	350.4	402.1
#工业	Industry	429.7	254.9	333.4
(二) 中间消费	(II) Intermediate Consumption			
(用于加工转换)	(Consumed in Transformation)	8443.0	8929.7	11106.9
发电	Power Generation	574.0	279.5	124.6
供热	Heating		61.3	21.1
炼油	Petroleum Refineries	7869.0	8588.9	10961.2
(三) 油田原油损失量	(III) Losses in Oil Field for Crude Oil	262.4	229.4	253.2
平衡差额	**Balance**	**17.9**	**7.0**	**8.4**

Crude Oil Balance Sheet

(10[4] tons)

1995	2000	2005	2010	2011	2012	2013	2014	2015	2016	2017
14794.9	**21383.0**	**30089.2**	**42876.6**	**43961.0**	**46684.7**	**48670.9**	**51544.6**	**54093.5**	**56032.3**	**58909.0**
15004.4	16300.0	18135.3	20301.4	20287.6	20747.8	20991.9	21142.9	21455.6	19968.5	19150.6
1709.0	7026.5	12681.7	23768.2	25377.9	27102.7	28174.2	30837.4	33548.3	38100.7	41946.2
1822.7	1030.6	806.7	303.0	251.4	243.2	161.7	60.0	286.6	294.1	486.1
-95.8	-912.9	78.8	-890.0	-1453.0	-922.6	-333.4	-375.7	-623.8	-1742.8	-1701.8
14886.4	**21232.0**	**30088.9**	**42874.6**	**43965.8**	**46678.9**	**48652.2**	**51547.0**	**54088.3**	**56025.9**	**58902.2**
10.1										
14716.3	21052.1	29962.1	42716.6	43860.4	46559.5	48503.4	51502.1	54052.4	56003.6	58893.5
2.7	3.3									
156.8	175.1	126.9	158.0	105.4	119.4	148.7	44.9	35.9	22.3	8.7
0.5	0.2									
1390.3	1.4									
309.9	636.8	850.4	806.1	522.7	555.5	629.4	855.9	782.7	630.1	364.7
274.7	612.3	850.4	806.1	522.7	555.5	629.4	855.9	782.7	630.1	364.7
14419.4	20404.3	29084.8	41876.4	43266.1	45945.7	47810.5	50583.3	53218.4	55355.4	58491.5
61.6	85.0	41.3	3.7	11.3	10.9	10.4	8.9	12.5	13.1	14.2
4.4	14.0	3.0	3.3	4.6	1.4	3.4	7.0	6.7		
14353.4	20305.3	29040.5	41869.4	43250.2	45933.5	47796.7	50567.4	53199.2	55342.3	58477.3
157.1	190.9	153.8	192.0	177.0	177.7	212.2	107.8	87.2	40.4	46.0
-91.5	**151.0**	**0.2**	**2.1**	**-4.8**	**5.8**	**18.7**	**-2.3**	**5.2**	**6.4**	**6.8**

5-8 燃料油平衡表

单位：万吨

项　目	Item	1980	1985	1990
可供量	**Total Energy Available for Consumption**	**3096.1**	**2848.0**	**3320.7**
生产量	Output	3142.0	2835.8	3267.9
进口量	Imports	39.0	70.0	167.3
出口量(−)	Exports (-)	45.4	64.9	97.2
年初年末库存差额	Stock Changes in the Year	-39.5	7.1	-17.3
消费量	**Total Energy Consumption**	**3073.7**	**2837.4**	**3367.8**
在消费量中:	Consumption by Sector			
1.农、林、牧、渔业	Agriculture, Forestry, Animal Husbandry and Fishery	2.3	3.1	2.9
2.工业	Industry	2937.4	2662.2	3091.7
3.建筑业	Construction	15.0	18.9	47.3
4.交通运输、仓储和邮政业	Transport, Storage and Post	109.0	144.1	208.2
5.批发、零售业和住宿、餐饮业	Wholesale, Retail Trade and Hotel, Restaurants	2.9	3.1	1.6
6.其他	Others	7.1	6.0	16.1
7.生活消费	Residential Consumption			
在消费量中:	Consumption by Usage			
(一) 终端消费	(I) Final Consumption	1617.9	1538.8	2042.6
#工　业	Industry	1481.6	1363.5	1766.5
(二) 中间消费	(II) Intermediate Consumption			
(用于加工转换)	(Consumed in Transformation)	1455.8	1296.1	1325.2
发　电	Power Generation	1419.1	1042.3	977.3
供　热	Heating		219.3	308.3
炼油再投入量	Petroleum Production			
制　气	Gas Production	36.7	34.5	39.6
(三)损失量	(III) Other Losses		2.5	
平衡差额	**Balance**	**22.4**	**10.6**	**-47.1**

Fuel Oil Balance Sheet

(10^4 tons)

1995	2000	2005	2010	2011	2012	2013	2014	2015	2016	2017
3717.3	**3836.7**	**4237.3**	**3765.4**	**3667.6**	**3691.0**	**3926.1**	**4401.9**	**4632.8**	**4644.5**	**4895.8**
2960.8	2053.7	1767.4	2487.0	2281.8	2253.2	2775.9	3541.7	3963.0	4236.9	4563.5
859.1	1704.3	2883.9	2695.2	3097.4	3102.4	2734.3	2146.3	2068.2	1743.2	1915.3
68.6	57.9	427.6	1419.7	1685.6	1601.5	1493.7	1279.9	1402.1	1342.0	1516.7
-34.0	136.6	13.5	3.0	-26.0	-63.1	-90.4	-6.2	3.7	6.4	-66.2
3693.7	**3872.8**	**4244.2**	**3758.0**	**3662.8**	**3683.3**	**3954.0**	**4400.5**	**4662.0**	**4631.0**	**4887.3**
8.4	0.4	0.7	1.1	1.3	2.0	2.0	1.3	0.9	1.0	1.3
3406.2	2975.1	2986.9	2377.3	2260.2	2241.7	2421.1	2835.7	3133.0	3035.4	3043.7
14.2	16.7	14.2	30.8	30.6	27.1	59.5	44.6	53.5	51.9	43.2
227.5	850.0	1201.0	1326.7	1345.2	1383.9	1429.0	1486.4	1439.5	1511.4	1771.3
6.6	11.6	27.5	8.6	9.3	8.7	19.1	17.4	19.0	17.2	15.1
30.8	19.0	13.9	13.5	16.2	19.9	23.4	15.1	16.1	14.1	12.5
2262.8	2741.4	2989.9	2403.2	2230.2	2072.8	2101.8	2103.0	2123.7	2060.4	2196.9
1975.3	1843.7	1732.6	1022.5	827.6	631.2	568.9	538.2	594.8	464.8	353.4
1430.9	1131.3	1254.3	1354.8	1432.6	1610.5	1852.1	2297.5	2538.3	2570.7	2690.4
1071.5	814.2	1068.7	123.9	60.9	43.1	47.3	35.6	31.5	31.1	16.6
307.8	291.2	171.1	201.3	183.8	187.3	167.2	164.9	165.1	158.5	67.0
			1029.6	1188.0	1380.0	1637.7	2097.0	2341.6	2381.1	2606.7
51.6	25.9	14.4								
23.6	**-36.1**	**-6.9**	**7.4**	**4.8**	**7.7**	**-27.8**	**1.4**	**-29.2**	**13.5**	**8.5**

5-9 汽油平衡表

单位：万吨

项　目	Item	1980	1985	1990
可供量	**Total Energy Available for Consumption**	**999.4**	**1399.6**	**1884.1**
生产量	Output	1079.0	1471.9	2173.4
进口量	Imports		0.3	16.9
出口量(-)	Exports (-)	117.8	129.9	233.8
年初年末库存差额	Stock Changes in the Year	38.2	57.3	-72.4
消费量	**Total Energy Consumption**	**998.6**	**1396.3**	**1899.5**
在消费量中:	Consumption by Sector			
1.农、林、牧、渔业	Agriculture, Forestry, Animal Husbandry and Fishery	53.3	122.3	145.9
2.工业	Industry	273.2	451.3	589.3
3.建筑业	Construction	54.1	73.0	89.5
4.交通运输、仓储和邮政业	Transport, Storage and Post	404.9	477.4	620.1
5.批发、零售业和住宿、餐饮业	Wholesale, Retail Trade and Hotel, Restaurants	19.4	23.4	46.0
6.其他	Others	193.7	238.3	390.7
7.生活消费	Residential Consumption		10.6	18.0
平衡差额	**Balance**	**0.8**	**3.3**	**-15.4**

5-10 煤油平衡表

单位：万吨

项　目	Item	1980	1985	1990
可供量	**Total Energy Available for Consumption**	**359.0**	**383.2**	**350.9**
生产量	Output	398.5	405.3	392.5
进口量	Imports		15.2	26.1
出口量(-)	Exports (-)	46.8	46.0	55.5
年初年末库存差额	Stock Changes in the Year	2.3	8.7	-12.2
消费量	**Total Energy Consumption**	**365.9**	**385.5**	**350.9**
在消费量中:	Consumption by Sector			
1.农、林、牧、渔业	Agriculture, Forestry, Animal Husbandry and Fishery	2.3	3.3	3.1
2.工业	Industry	15.7	20.1	20.6
3.建筑业	Construction	0.8	1.3	1.3
4.交通运输、仓储和邮政业	Transport, Storage and Post	31.4	56.2	93.4
5.批发、零售业和住宿、餐饮业	Wholesale, Retail Trade and Hotel, Restaurants	0.2	0.1	0.6
6.其他	Others	216.7	182.9	127.3
7.生活消费	Residential Consumption	98.8	121.6	104.6
平衡差额	**Balance**	**-6.9**	**-2.3**	

Gasoline Balance Sheet

(10⁴ tons)

1995	2000	2005	2010	2011	2012	2013	2014	2015	2016	2017
2902.0	**3504.5**	**4855.3**	**6964.3**	**7597.9**	**8164.5**	**9369.5**	**9770.7**	**11385.0**	**11829.4**	**12410.7**
3051.6	4134.7	5433.6	7410.5	8117.9	8976.1	9834.0	11029.9	12103.6	12932.0	13486.4
15.9				2.9	0.5		3.4	17.0	20.8	1.6
193.1	467.7	559.7	517.0	406.0	291.7	468.7	507.5	589.3	969.3	1051.4
27.6	-162.5	-18.6	70.8	-117.0	-520.3	4.2	-755.0	-146.3	-154.2	-26.0
2909.6	**3504.6**	**4854.9**	**6956.2**	**7595.9**	**8165.9**	**9366.4**	**9776.4**	**11368.5**	**11866.0**	**12416.3**
179.7	89.2	159.6	169.1	186.0	192.9	198.7	216.6	231.3	224.4	229.6
812.4	682.0	441.7	689.5	604.8	581.1	523.4	489.0	477.1	436.3	382.1
103.6	115.6	172.1	274.7	282.8	286.9	326.5	331.0	408.6	437.3	472.3
982.3	1527.8	2430.1	3274.9	3573.5	3778.0	4381.8	4665.0	5306.6	5511.1	5698.5
197.2	69.8	129.4	168.2	177.1	200.1	220.9	217.8	243.3	240.9	264.5
570.7	792.7	998.2	1166.2	1313.2	1460.5	1818.7	1738.1	2108.5	2046.4	2075.0
63.7	227.6	523.8	1213.7	1458.6	1666.5	1896.4	2118.8	2593.1	2969.7	3294.2
-7.6	**-0.1**	**0.4**	**8.1**	**1.9**	**-1.4**	**3.2**	**-5.7**	**16.6**	**-36.7**	**-5.6**

Kerosene Balance Sheet

(10⁴ tons)

1995	2000	2005	2010	2011	2012	2013	2014	2015	2016	2017
486.4	**880.9**	**1070.0**	**1767.6**	**1821.7**	**1959.1**	**2189.1**	**2336.4**	**2732.6**	**3020.7**	**3332.8**
445.8	872.3	1006.5	1924.4	1922.4	2164.0	2523.9	3081.0	3658.6	3983.9	4230.9
115.7	322.5	476.1	726.1	875.1	877.3	945.2	721.0	716.4	776.7	852.3
62.4	256.3	447.6	870.5	966.8	1085.9	1280.6	1455.8	1626.6	1721.7	1765.2
-12.7	-57.6	35.0	-12.3	-9.0	3.7	0.6	-9.7	-15.8	-18.2	14.8
512.1	**871.6**	**1076.8**	**1765.2**	**1816.7**	**1956.6**	**2164.1**	**2335.4**	**2663.7**	**2970.7**	**3326.4**
3.6	1.5	1.6	0.9	1.5	1.2	1.2	0.8	1.1	2.2	1.5
44.9	84.0	57.5	40.2	34.2	32.0	27.4	17.4	21.2	20.0	14.5
3.5	4.0		8.8	10.8	7.9	11.4	10.4	12.5	10.0	9.7
250.0	535.9	952.4	1601.1	1646.4	1787.1	1998.2	2216.0	2504.9	2814.9	3173.3
8.5	14.0	3.7	35.0	32.2	28.6	13.4	11.3	11.7	11.2	11.3
137.3	160.1	36.2	58.7	68.2	74.2	84.6	50.7	83.3	85.9	88.4
64.3	72.2	25.5	20.5	23.5	25.6	27.9	28.9	29.1	26.4	27.6
-25.7	**9.3**	**-6.8**	**2.4**	**5.0**	**2.4**	**25.0**	**1.0**	**68.9**	**50.0**	**6.4**

5-11 柴油平衡表

单位：万吨

项 目	Item	1980	1985	1990
可供量	**Total Energy Available for Consumption**	**1663.2**	**1944.1**	**2689.4**
生产量	Output	1827.8	2023.2	2609.0
进口量	Imports	2.1	4.5	233.8
出口量(-)	Exports (-)	166.5	225.6	169.8
年初年末库存差额	Stock Changes in the Year	-0.2	142.0	16.4
消费量	**Total Energy Consumption**	**1663.2**	**1939.4**	**2691.7**
在消费量中:	Consumption by Sector			
1.农、林、牧、渔业	Agriculture, Forestry, Animal Husbandry and Fishery	749.0	629.2	881.5
2.工业	Industry	457.4	644.1	728.1
3.建筑业	Construction	76.5	125.0	133.0
4.交通运输、仓储和邮政业	Transport, Storage and Post	316.1	454.4	709.4
5.批发、零售业和住宿、餐饮业	Wholesale, Retail Trade and Hotel, Restaurants	6.5	10.9	22.5
6.其他	Others	57.7	74.0	217.0
7.生活消费	Residential Consumption			
在消费量中:	Consumption by Usage			
（一）终端消费	(I) Final Consumption	1590.9	1827.4	2564.8
#工 业	Industry	385.1	532.1	601.2
（二）中间消费	(II) Intermediate Consumption			
(用于加工转换)	(Consumed in Transformation)	72.3	108.6	126.9
发 电	Power Generation	72.3	103.6	124.5
供 热	Heating		5.0	2.4
（三）损失量	(III) Other Losses		3.4	
平衡差额	**Balance**		**4.7**	**-2.3**

5-12 液化石油气平衡表

单位：万吨

项 目	Item	1980	1985	1990
可供量	**Total Energy Available for Consumption**	**122.5**	**157.3**	**258.5**
生产量	Output	122.5	159.7	261.6
进口量	Imports			
出口量(-)	Exports (-)		1.9	1.1
年初年末库存差额	Stock Changes in the Year		-0.5	-2.0
消费量	**Total Energy Consumption**	**119.6**	**155.7**	**254.2**
在消费量中:	Consumption by Sector			
1.农、林、牧、渔业	Agriculture, Forestry, Animal Husbandry and Fishery			
2.工业	Industry	76.1	59.9	82.0
3.建筑业	Construction			1.0
4.交通运输、仓储和邮政业	Transport, Storage and Post			
5.批发、零售业和住宿、餐饮业	Wholesale, Retail Trade and Hotel, Restaurants		0.5	6.6
6.其他	Others	0.4	4.5	6.1
7.生活消费	Residential Consumption	43.1	90.8	158.5
平衡差额	**Balance**	**2.9**	**1.6**	**4.3**

Diesel Oil Balance Sheet

(10^4 tons)

1995	2000	2005	2010	2011	2012	2013	2014	2015	2016	2017
4404.2	**6806.5**	**10972.6**	**14701.9**	**15626.2**	**16966.9**	**17105.9**	**17172.9**	**17353.6**	**16765.2**	**16994.5**
3972.6	7079.6	11090.2	14924.4	15689.7	17063.8	17275.7	17635.3	18007.9	17917.7	18667.9
645.3	51.9	61.0	190.2	243.3	99.9	35.3	55.0	71.5	116.1	107.6
169.5	77.5	170.9	490.2	228.8	205.7	294.4	423.9	731.3	1556.9	1736.8
-44.2	-247.6	-7.7	77.5	-78.0	8.9	89.4	-93.7	5.5	288.3	-44.2
4321.4	**6806.2**	**10974.9**	**14699.0**	**15635.1**	**16966.0**	**17150.6**	**17165.3**	**17360.3**	**16839.0**	**16996.5**
1001.4	697.1	1286.3	1206.7	1271.9	1335.5	1441.5	1492.0	1492.9	1495.9	1546.8
1189.9	1696.5	1710.0	2090.0	1824.3	1747.7	1675.9	1595.3	1516.4	1412.9	1459.9
118.2	205.9	386.6	490.2	518.6	518.0	557.0	552.0	555.7	561.3	596.1
1246.6	3293.8	6169.4	8657.6	9485.2	10727.0	10920.5	11042.8	11162.8	11068.5	11253.7
103.6	95.9	116.0	196.6	212.3	229.0	233.5	230.1	257.7	232.0	233.8
645.7	638.7	900.1	1287.2	1428.1	1444.7	1339.8	1268.7	1384.2	1307.2	1233.3
16.1	178.4	406.4	770.7	894.7	964.1	982.5	984.4	990.7	761.3	673.0
4070.0	6578.6	10889.4	14655.2	15593.5	16900.7	17106.8	17127.0	17280.4	16736.4	16802.4
938.5	1468.8	1624.5	2046.2	1782.7	1682.3	1632.0	1557.0	1436.5	1310.3	1265.8
251.4	227.7	85.5	43.8	41.6	65.4	43.9	38.3	79.9	102.7	194.1
204.9	227.7	81.9	40.1	39.2	35.6	35.6	25.8	22.4	29.2	23.9
46.6		3.6	3.8	2.4	2.4	2.6	4.7	6.2	6.1	5.9
82.7	**0.3**	**-2.4**	**2.9**	**-8.9**	**0.9**	**-44.7**	**7.6**	**-6.7**	**-73.9**	**-2.0**

LPG Balance Sheet

(10^4 tons)

1995	2000	2005	2010	2011	2012	2013	2014	2015	2016	2017
774.3	**1396.2**	**2052.2**	**2323.8**	**2474.2**	**2496.0**	**2836.1**	**3292.7**	**4008.2**	**5034.0**	**5458.1**
540.8	916.6	1432.7	2092.3	2240.8	2268.7	2513.3	2705.8	2934.4	3503.9	3662.5
232.6	481.7	617.0	327.0	349.6	358.5	451.7	739.4	1244.0	1678.5	1921.9
7.1	1.6	2.7	93.0	119.1	128.2	126.9	144.4	144.2	132.3	132.2
8.0	-0.6	5.2	-2.5	3.0	-3.0	-2.0	-8.0	-26.0	-16.0	5.9
750.6	**1389.7**	**2046.5**	**2321.9**	**2470.2**	**2482.2**	**2823.4**	**3289.8**	**3961.2**	**5015.1**	**5457.8**
0.1	0.4	3.5	4.7	5.6	6.4	6.8	7.1	7.2	6.8	7.1
192.5	426.1	534.4	586.8	661.1	621.0	705.1	835.0	1113.9	1766.8	1896.3
0.5	8.9	6.3	7.2	7.2	6.8	14.7	16.8	15.1	14.8	15.8
0.5	16.5	48.7	61.0	65.5	68.1	89.4	91.8	100.3	104.2	123.7
17.4	55.5	99.0	72.6	69.0	76.0	78.5	86.6	84.0	83.6	96.4
5.7	24.0	25.8	52.6	54.8	68.5	83.4	79.4	91.4	83.5	93.5
534.0	858.3	1328.7	1537.0	1607.2	1635.4	1845.6	2173.1	2549.3	2955.4	3225.0
23.7	**6.5**	**5.7**	**1.9**	**4.0**	**13.8**	**12.7**	**2.9**	**47.0**	**18.9**	**0.3**

5-13 天然气平衡表

单位：亿立方米

项　目	Item	1980	1985	1990
可供量	**Total Energy Available for Consumption**	**142.7**	**129.3**	**153.0**
生产量	Output	142.7	129.3	153.0
进口量	Imports			
出口量(-)	Exports (-)			
年初年末库存差额	Stock Changes in the Year			
消费量	**Total Energy Consumption**	**140.6**	**129.3**	**152.5**
在消费量中:	Consumption by Sector			
1.农、林、牧、渔业	Agriculture, Forestry, Animal Husbandry and Fishery			
2.工业	Industry	131.4	109.6	120.2
3.建筑业	Construction	6.0	14.1	10.6
4.交通运输、仓储和邮政业	Transport, Storage and Post	0.7	0.8	1.9
5.批发、零售业和住宿、餐饮业	Wholesale, Retail Trade and Hotel, Restaurants			
6.其他	Others	0.5	0.5	1.2
7.生活消费	Residential Consumption	2.0	4.3	18.6
平衡差额	**Balance**	**2.1**		**0.5**

注：从2010年起包括液化天然气数据。
Note: Include the data of LNG since 2010.

5-14 电力平衡表

单位：亿千瓦小时

项　目	Item	1980	1985	1990
可供量	**Total Energy Available for Consumption**	**3006.3**	**4117.6**	**6230.4**
生产量	Output	3006.3	4106.9	6212.0
水电	Hydropower	582.1	923.7	1267.2
火电	Thermal Power	2424.2	3183.2	4944.8
核电	Nuclear Power			
风电	Wind Power			
进口量	Imports		11.1	19.3
出口量(-)	Exports (-)		0.4	0.9
消费量	**Total Energy Consumption**	**3006.3**	**4117.6**	**6230.4**
在消费量中:	Consumption by Sector			
1.农、林、牧、渔业	Agriculture, Forestry, Animal Husbandry and Fishery	270.0	317.4	426.8
2.工业	Industry	2471.9	3283.4	4873.3
3.建筑业	Construction	47.1	71.2	65.0
4.交通运输、仓储和邮政业	Transport, Storage and Post	26.5	63.4	105.9
5.批发、零售业和住宿、餐饮业	Wholesale, Retail Trade and Hotel, Restaurants	16.8	38.0	76.2
6.其他	Others	68.8	121.7	202.4
7.生活消费	Residential Consumption	105.2	222.5	480.8
在消费量中:	Consumption by Usage			
(一) 终端消费	(I) Final Consumption	2763.4	3813.3	5795.8
#工业	Industry	2229.0	2979.1	4438.7
(二) 输配电损失量	(II) Losses in Transmission	242.9	304.3	434.6

Natural Gas Balance Sheet

(10[8] cu.m)

1995	2000	2005	2010	2011	2012	2013	2014	2015	2016	2017
179.5	**240.6**	**463.5**	**1082.3**	**1333.0**	**1497.8**	**1706.6**	**1866.8**	**1925.0**	**2080.5**	**2390.7**
179.5	272.0	493.2	957.9	1053.4	1106.1	1208.6	1301.6	1346.1	1368.7	1480.4
			164.7	311.5	420.6	525.4	591.3	611.4	745.6	945.6
	31.4	29.7	40.3	31.9	28.9	27.5	26.1	32.5	33.8	35.3
177.4	**245.0**	**466.1**	**1080.2**	**1341.1**	**1497.0**	**1705.4**	**1868.9**	**1931.7**	**2078.1**	**2393.7**
			0.5	0.6	0.6	0.7	0.8	0.9	1.1	1.1
154.4	199.0	327.2	691.8	875.7	980.7	1129.1	1221.3	1234.5	1338.6	1575.2
0.3	0.8	1.5	1.2	1.3	1.3	2.0	1.9	2.2	1.9	1.8
1.6	8.8	38.0	106.7	138.3	154.5	175.8	214.4	237.6	254.8	284.7
0.6	3.4	10.8	27.2	33.6	38.7	39.3	46.6	51.3	53.7	57.6
1.2	0.6	9.1	26.0	27.1	32.9	35.6	41.3	45.4	48.2	52.9
19.4	32.3	79.4	226.9	264.4	288.3	322.9	342.6	359.8	379.7	420.3
2.1	**-4.4**	**-2.6**	**2.1**	**0.7**	**0.8**	**1.2**	**-2.1**	**-6.7**	**2.4**	**-3.0**

Electricity Balance Sheet

(10[8] kW•h)

1995	2000	2005	2010	2011	2012	2013	2014	2015	2016	2017
10023.4	**13472.7**	**24940.8**	**41936.5**	**47002.7**	**49767.7**	**54204.1**	**56381.8**	**58021.3**	**61297.6**	**64821.0**
10077.3	13556.0	25002.6	42071.6	47130.2	49875.5	54316.4	56495.8	58145.7	61424.9	64951.4
1905.8	2224.1	3970.2	7221.7	6989.5	8721.1	9202.9	10643.4	11302.7	11933.7	11898.4
8043.2	11141.9	20473.4	33319.3	38337.0	38928.1	42470.1	42686.5	42841.9	44370.7	46627.4
128.3	167.4	530.9	738.8	863.5	973.9	1116.1	1325.4	1707.9	2132.9	2480.7
			446.2	703.3	959.8	1412.0	1560.8	1857.7	2370.7	2950.2
6.4	15.5	50.1	55.5	65.6	68.7	74.4	67.5	62.1	61.9	64.2
60.3	98.8	111.9	190.6	193.1	176.5	186.7	181.6	186.5	189.1	194.7
10023.4	**13472.4**	**24940.3**	**41934.5**	**47000.9**	**49762.6**	**54203.4**	**56383.7**	**58020.0**	**61297.1**	**64821.0**
582.4	533.0	776.3	976.5	1012.9	1012.6	1026.9	1013.4	1039.8	1091.9	1175.1
7659.8	10004.6	18521.7	30871.8	34691.6	36232.2	39236.9	40802.7	41550.0	43088.9	44959.8
159.6	159.8	233.9	483.2	571.8	608.4	675.1	721.7	698.7	725.6	789.2
182.3	281.2	430.3	734.5	848.4	915.4	1000.9	1059.2	1125.6	1251.5	1418.0
199.5	418.7	752.3	1292.0	1503.1	1691.5	1876.9	1995.6	2122.0	2323.8	2526.6
234.2	623.2	1340.9	2451.8	2753.1	3083.6	3397.6	3615.0	3918.6	4394.8	4880.6
1005.6	1452.0	2884.8	5124.6	5620.1	6219.0	6989.2	7176.1	7565.2	8420.6	9071.6
9278.9	12535.7	23233.8	39366.3	44300.2	46866.5	51062.7	53283.8	55032.1	58234.2	61625.1
6915.3	9067.9	16815.2	28303.5	31990.9	33336.1	36096.2	37702.8	38562.1	40026.0	41764.0
744.5	936.7	1706.5	2568.2	2700.7	2896.2	3140.7	3099.9	2987.9	3062.9	3195.8

六、地区能源平衡表

Chapter 6 Energy Balance Table by Region

6-1 北京能源平衡表(实物量)-2017

项目	Item	煤合计(万吨) Coal Total (10^4 tons)	原煤(万吨) Raw Coal (10^4 tons)
一.可供本地区消费的能源量	**Total Primary Energy Supply**	**490.45**	**488.96**
1.一次能源生产量	Indigenous Production	255.02	255.02
2.外省(区、市)调入量	Moving In from Other Provinces	492.13	490.72
3.进口量	Import		
4.境内轮船和飞机在境外的加油量	Domestic Airplanes&Ships Refueling in Abroad		
5.本省(区、市)调出量(-)	Sending Out to Other Provinces(-)	-77.66	-77.66
6.出口量(-)	Export(-)	-182.02	-182.02
7.境外轮船和飞机在境内的加油量(-)	Oversea Airplanes&Ships Refueling in China(-)		
8.库存增(-)、减(+)量	Stock Change	2.98	2.90
二.加工转换投入(-)产出(+)量	**Input(-) & Output(+) of Transformation**	**-175.39**	**-174.85**
1.火力发电	Thermal Power	-35.72	-35.71
2.供热	Heating Supply	-139.68	-139.14
3.洗选煤	Coal Washing		
4.炼焦	Coking		
5.炼油及煤制油	Petroleum Refineries		
#油品再投入量(-)	Petroleum Products Input (-)		
6.制气	Gas Works		
#焦炭再投入量(-)	Coke Input (-)		
7.天然气液化	Natural Gas Liquefaction		
8.煤制品加工	Briquettes		
9.回收能	Recovery of Energy		
三.损失量	**Loss**		
四.终端消费量	**Total Final Consumption**	**315.07**	**314.12**
1.农、林、牧、渔业	Agriculture, Forestry, Animal Husbandry and Fishery	12.97	12.97
2.工业	Industry	60.94	60.94
#用作原料、材料	Non-Energy Use	0.03	0.03
3.建筑业	Construction	0.53	0.53
4.交通运输、仓储和邮政业	Transport, Storage and Post	3.23	3.22
5.批发、零售业和住宿、餐饮业	Wholesale, Retail Trade and Hotel, Restaurants	8.94	8.93
6.其他	Others	47.54	46.62
7.生活消费	Residential Consumption	180.91	180.91
城镇	Urban	60.77	60.77
乡村	Rural	120.14	120.14
五.平衡差额	**Statistical Difference**	**-0.01**	
六.消费量合计	**Total Energy Consumption**	**490.46**	**488.97**

Energy Balance of Beijing (Physical Quantity) -2017

洗精煤 (万吨) Cleaned Coal (10^4 tons)	其他洗煤 (万吨) Other Washed Coal (10^4 tons)	型煤 (万吨) Briquettes (10^4 tons)	煤矸石 (万吨) Gangue (10^4 tons)	焦炭 (万吨) Coke (10^4 tons)	焦炉煤气 (亿立方米) Coke Oven Gas (10^8 cu.m)	高炉煤气 (亿立方米) Blast Furnace Gas (10^8 cu.m)	转炉煤气 (亿立方米) Converter Gas (10^8 cu.m)	其他煤气 (亿立方米) Other Gas (10^8 cu.m)
		1.49		**0.18**				
		1.41		0.11				
		0.08		0.07				
		-0.54						
		-0.01						
		-0.54						
		0.95		**0.18**				
				0.01				
		0.01		0.01				
		0.01		0.14				
		0.92		0.03				
		1.49		**0.18**				

6-1 续表 1

项　目	Item	其他焦化产品（万吨）Other Coking Products (10^4 tons)	油品合计（万吨）Petroleum Products Total (10^4 tons)
一.可供本地区消费的能源量	**Total Primary Energy Supply**		**1655.86**
1.一次能源生产量	Indigenous Production		
2.外省(区、市)调入量	Moving In from Other Provinces		2366.00
3.进口量	Import		1136.85
4.境内轮船和飞机在境外的加油量	Domestic Airplanes&Ships Refueling in Abroad		134.16
5.本省(区、市)调出量(-)	Sending Out to Other Provinces(-)		-1913.52
6.出口量(-)	Export(-)		
7.境外轮船和飞机在境内的加油量(-)	Oversea Airplanes&Ships Refueling in China(-)		-111.18
8.库存增(-)、减(+)量	Stock Change		43.55
二.加工转换投入(-)产出(+)量	**Input(-) & Output(+) of Transformation**		**-43.74**
1.火力发电	Thermal Power		-3.43
2.供热	Heating Supply		-29.23
3.洗选煤	Coal Washing		
4.炼焦	Coking		
5.炼油及煤制油	Petroleum Refineries		317.24
#油品再投入量(-)	Petroleum Products Input (-)		-328.31
6.制气	Gas Works		
#焦炭再投入量(-)	Coke Input (-)		
7.天然气液化	Natural Gas Liquefaction		
8.煤制品加工	Briquettes		
9.回收能	Recovery of Energy		
三.损失量	**Loss**		**0.47**
四.终端消费量	**Total Final Consumption**		**1611.64**
1.农、林、牧、渔业	Agriculture, Forestry, Animal Husbandry and Fishery		5.26
2.工业	Industry		288.99
#用作原料、材料	Non-Energy Use		173.50
3.建筑业	Construction		33.85
4.交通运输、仓储和邮政业	Transport, Storage and Post		795.38
5.批发、零售业和住宿、餐饮业	Wholesale, Retail Trade and Hotel, Restaurants		54.34
6.其他	Others		79.20
7.生活消费	Residential Consumption		354.62
城镇	Urban		346.35
乡村	Rural		8.27
五.平衡差额	**Statistical Difference**		**0.01**
六.消费量合计	**Total Energy Consumption**		**1655.85**

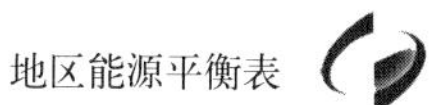

Continued 1

原油 (万吨) Crude Oil (10^4 tons)	汽油 (万吨) Gasoline (10^4 tons)	煤油 (万吨) Kerosene (10^4 tons)	柴油 (万吨) Diesel Oil (10^4 tons)	燃料油 (万吨) Fuel Oil (10^4 tons)	石脑油 (万吨) Naphtha (10^4 tons)	润滑油 (万吨) Lubricants (10^4 tons)	石蜡 (万吨) Paraffin Waxes (10^4 tons)	溶剂油 (万吨) White Spirit (10^4 tons)
892.54	**218.82**	**453.22**	**18.50**	**-0.81**	**82.75**	**1.32**	**0.11**	**0.04**
4.85	874.19	404.39	910.25		86.87	1.30	0.10	0.03
879.38		257.47						
		134.16						
	-653.39	-234.63	-921.88	-2.34	-2.84			
		-111.18						
8.31	-1.98	3.02	30.13	1.53	-1.27	0.02	0.01	0.01
-892.07	**271.04**	**190.77**	**156.21**	**3.29**	**-4.34**			
			-0.16					
			-0.24	-0.33				
-892.07	271.04	190.77	156.61	3.62	184.42			
					-188.76			
0.47								
	489.85	**644.00**	**174.71**	**2.48**	**78.41**	**1.32**	**0.11**	**0.04**
	3.00		2.21					
	17.51	0.05	15.23	0.87	78.41	1.32	0.11	0.04
	0.01	0.01	0.03		78.41	1.32	0.11	0.04
	8.13		25.43					
	42.41	643.31	106.98	1.50				
	33.58	0.01	5.55	0.01				
	56.58	0.62	19.30	0.10				
	328.65							
	328.65							
	0.01							
892.54	**489.85**	**644.00**	**175.11**	**2.81**	**267.17**	**1.32**	**0.11**	**0.04**

6-1 续表 2

项　目	Item	石油沥青 (万吨) Bitumen Asphalt (10^4 tons)	石油焦 (万吨) Petroleum Coke (10^4 tons)
一.可供本地区消费的能源量	**Total Primary Energy Supply**	**-13.74**	**-27.52**
1.一次能源生产量	Indigenous Production		
2.外省(区、市)调入量	Moving In from Other Provinces	6.30	
3.进口量	Import		
4.境内轮船和飞机在境外的加油量	Domestic Airplanes&Ships Refueling in Abroad		
5.本省(区、市)调出量(-)	Sending Out to Other Provinces(-)	-23.85	-28.68
6.出口量(-)	Export(-)		
7.境外轮船和飞机在境内的加油量(-)	Oversea Airplanes&Ships Refueling in China(-)		
8.库存增(-)、减(+)量	Stock Change	3.80	1.16
二.加工转换投入(-)产出(+)量	**Input(-) & Output(+) of Transformation**	**23.86**	**27.60**
1.火力发电	Thermal Power		-2.50
2.供热	Heating Supply		-17.07
3.洗选煤	Coal Washing		
4.炼焦	Coking		
5.炼油及煤制油	Petroleum Refineries	23.86	47.18
#油品再投入量(-)	Petroleum Products Input (-)		
6.制气	Gas Works		
#焦炭再投入量(-)	Coke Input (-)		
7.天然气液化	Natural Gas Liquefaction		
8.煤制品加工	Briquettes		
9.回收能	Recovery of Energy		
三.损失量	**Loss**		
四.终端消费量	**Total Final Consumption**	**10.11**	**0.08**
1.农、林、牧、渔业	Agriculture, Forestry, Animal Husbandry and Fishery		
2.工业	Industry	10.11	0.08
#用作原料、材料	Non-Energy Use	10.11	
3.建筑业	Construction		
4.交通运输、仓储和邮政业	Transport, Storage and Post		
5.批发、零售业和住宿、餐饮业	Wholesale, Retail Trade and Hotel, Restaurants		
6.其他	Others		
7.生活消费	Residential Consumption		
城镇	Urban		
乡村	Rural		
五.平衡差额	**Statistical Difference**		
六.消费量合计	**Total Energy Consumption**	**10.11**	**19.65**

Continued 2

液化石油气 (万吨) LPG (10^4 tons)	炼厂干气 (万吨) Refinery Gas (10^4 tons)	其他石油制品 (万吨) Other Petroleum Products (10^4 tons)	天然气 (亿立方米) Natural Gas (10^8 cu.m)	液化天然气 (万吨) LNG (10^4 tons)	热力 (万百万千焦) Heat (10^{10} kJ)	电力 (亿千瓦小时) Electricity (10^8 kW•h)	其他能源 (万吨标煤) Other Energy (10^4 tce)
6.96		**23.67**	**162.24**	**16.82**	**617.07**	**689.85**	**130.68**
						16.67	130.68
7.44		70.28	162.24	16.82	617.07	678.53	
		-45.91				-5.35	
-0.48		-0.71					
39.42	**67.64**	**72.85**	**-98.10**	**-0.68**	**16473.27**	**376.23**	**-62.38**
-0.16	-0.27	-0.35	-58.68			376.23	-75.19
-2.04	-2.99	-6.55	-39.42	-0.68	16473.27		
41.62	70.90	219.30					
		-139.55					
							12.81
			6.46			**67.45**	
46.38	**67.64**	**96.51**	**57.67**	**16.14**	**17090.34**	**999.43**	**68.30**
0.05						19.95	
1.11	67.64	96.51	12.30	2.16	3878.57	230.95	5.21
0.11	10.75	72.59					
0.29			0.65		112.53	21.82	0.30
1.17			1.80	13.99	537.18	53.29	2.87
15.20			6.36		1245.77	99.49	4.64
2.60			20.16		6674.18	355.89	24.34
25.97			16.39		4642.11	218.05	30.94
17.70			15.55		4642.11	185.33	2.34
8.27			0.85			32.72	28.60
						-0.81	
48.58	**70.90**	**242.97**	**162.24**	**16.82**	**17090.34**	**1066.88**	**143.48**

6-2 天津能源平衡表(实物量)-2017

项　目	Item	煤合计 (万吨) Coal Total (10^4 tons)	原煤 (万吨) Raw Coal (10^4 tons)
一.可供本地区消费的能源量	**Total Primary Energy Supply**	**3875.61**	**3594.56**
1.一次能源生产量	Indigenous Production		
2.外省(区、市)调入量	Moving In from Other Provinces	3958.46	3343.29
3.进口量	Import	358.27	358.27
4.境内轮船和飞机在境外的加油量	Domestic Airplanes&Ships Refueling in Abroad		
5.本省(区、市)调出量(-)	Sending Out to Other Provinces(-)	-372.63	-43.58
6.出口量(-)	Export(-)	-0.04	-0.04
7.境外轮船和飞机在境内的加油量(-)	Oversea Airplanes&Ships Refueling in China(-)		
8.库存增(-)、减(+)量	Stock Change	-68.45	-63.38
二.加工转换投入(-)产出(+)量	**Input(-) & Output(+) of Transformation**	**-3168.07**	**-2955.28**
1.火力发电	Thermal Power	-2149.22	-2149.22
2.供热	Heating Supply	-806.06	-806.06
3.洗选煤	Coal Washing		
4.炼焦	Coking	-212.79	
5.炼油及煤制油	Petroleum Refineries		
#油品再投入量(-)	Petroleum Products Input (-)		
6.制气	Gas Works		
#焦炭再投入量(-)	Coke Input (-)		
7.天然气液化	Natural Gas Liquefaction		
8.煤制品加工	Briquettes		
9.回收能	Recovery of Energy		
三.损失量	**Loss**	**2.17**	**2.17**
四.终端消费量	**Total Final Consumption**	**705.37**	**637.11**
1.农、林、牧、渔业	Agriculture, Forestry, Animal Husbandry and Fishery	20.14	20.14
2.工业	Industry	542.06	473.80
#用作原料、材料	Non-Energy Use	126.79	126.79
3.建筑业	Construction	6.41	6.41
4.交通运输、仓储和邮政业	Transport, Storage and Post	4.05	4.05
5.批发、零售业和住宿、餐饮业	Wholesale, Retail Trade and Hotel, Restaurants	4.33	4.33
6.其他	Others	66.07	66.07
7.生活消费	Residential Consumption	62.31	62.31
城镇	Urban	2.38	2.38
乡村	Rural	59.93	59.93
五.平衡差额	**Statistical Difference**		
六.消费量合计	**Total Energy Consumption**	**3875.61**	**3594.56**

Energy Balance of Tianjin (Physical Quantity) -2017

洗精煤 (万吨) Cleaned Coal (10^4 tons)	其他洗煤 (万吨) Other Washed Coal (10^4 tons)	型煤 (万吨) Briquettes (10^4 tons)	煤矸石 (万吨) Gangue (10^4 tons)	焦炭 (万吨) Coke (10^4 tons)	焦炉煤气 (亿立方米) Coke Oven Gas (10^8 cu.m)	高炉煤气 (亿立方米) Blast Furnace Gas (10^8 cu.m)	转炉煤气 (亿立方米) Converter Gas (10^8 cu.m)	其他煤气 (亿立方米) Other Gas (10^8 cu.m)
212.79	**67.46**	**0.80**	**5.29**	**650.99**	**5.91**	**7.21**	**-0.29**	
212.43	251.79	150.95	5.29	661.06	5.91	7.21	0.01	
	-189.14	-139.91		-37.09			-0.30	
0.36	4.81	-10.24		27.02				
-212.79				**157.71**	**1.80**	**137.79**	**11.29**	
					-1.16	-19.28		
-212.79				157.71	2.96			
						157.07	11.29	
	67.46	**0.80**	**5.29**	**808.70**	**7.71**	**145.00**	**11.00**	
	67.46	0.80	5.29	808.70	7.71	145.00	11.00	
212.79	**67.46**	**0.80**	**5.29**	**808.70**	**8.87**	**164.28**	**11.00**	

6-2 续表 1

项　　目	Item	其他焦化产品(万吨) Other Coking Products (10^4 tons)	油品合计(万吨) Petroleum Products Total (10^4 tons)
一.可供本地区消费的能源量	**Total Primary Energy Supply**	**36.42**	**1688.68**
1.一次能源生产量	Indigenous Production		3102.42
2.外省(区、市)调入量	Moving In from Other Provinces	39.76	6230.85
3.进口量	Import		10.40
4.境内轮船和飞机在境外的加油量	Domestic Airplanes&Ships Refueling in Abroad		1.54
5.本省(区、市)调出量(-)	Sending Out to Other Provinces(-)	-7.13	-7584.40
6.出口量(-)	Export(-)		-79.87
7.境外轮船和飞机在境内的加油量(-)	Oversea Airplanes&Ships Refueling in China(-)		-3.61
8.库存增(-)、减(+)量	Stock Change	3.79	11.35
二.加工转换投入(-)产出(+)量	**Input(-) & Output(+) of Transformation**	**13.73**	**-84.38**
1.火力发电	Thermal Power		-33.34
2.供热	Heating Supply		-45.09
3.洗选煤	Coal Washing		
4.炼焦	Coking	13.73	
5.炼油及煤制油	Petroleum Refineries		287.04
#油品再投入量(-)	Petroleum Products Input (-)		-292.99
6.制气	Gas Works		
#焦炭再投入量(-)	Coke Input (-)		
7.天然气液化	Natural Gas Liquefaction		
8.煤制品加工	Briquettes		
9.回收能	Recovery of Energy		
三.损失量	**Loss**		**1.67**
四.终端消费量	**Total Final Consumption**	**50.15**	**1602.63**
1.农、林、牧、渔业	Agriculture, Forestry, Animal Husbandry and Fishery		31.73
2.工业	Industry	50.15	874.39
#用作原料、材料	Non-Energy Use	6.43	184.89
3.建筑业	Construction		127.14
4.交通运输、仓储和邮政业	Transport, Storage and Post		264.35
5.批发、零售业和住宿、餐饮业	Wholesale, Retail Trade and Hotel, Restaurants		30.00
6.其他	Others		67.28
7.生活消费	Residential Consumption		207.74
城镇	Urban		186.43
乡村	Rural		21.31
五.平衡差额	**Statistical Difference**		
六.消费量合计	**Total Energy Consumption**	**50.15**	**1688.68**

Continued 1

原油 (万吨) Crude Oil (10^4 tons)	汽油 (万吨) Gasoline (10^4 tons)	煤油 (万吨) Kerosene (10^4 tons)	柴油 (万吨) Diesel Oil (10^4 tons)	燃料油 (万吨) Fuel Oil (10^4 tons)	石脑油 (万吨) Naphtha (10^4 tons)	润滑油 (万吨) Lubricants (10^4 tons)	石蜡 (万吨) Paraffin Waxes (10^4 tons)	溶剂油 (万吨) White Spirit (10^4 tons)
1624.85	**21.52**	**-70.59**	**-115.41**	**40.04**	**113.38**	**-4.48**	**0.15**	**0.06**
3102.42								
1251.41	1855.57	450.52	1886.06	508.10	114.34	24.86	0.15	
		10.40						
		1.54						
-2726.30	-1848.10	-530.52	-2002.16	-396.39		-23.36		
			-2.78	-77.09				
		-3.61						
-2.68	14.05	1.08	3.47	5.42	-0.96	-5.98		0.06
-1615.33	**251.95**	**172.09**	**467.42**	**0.55**	**112.66**	**42.16**		
-14.19			-0.21	-0.03				
			-0.10	-0.06				
-1601.14	251.95	172.09	467.73	0.64	240.96	42.16		
					-128.30			
	2.37	**0.03**	**-1.24**	**0.31**				
9.52	**271.10**	**101.47**	**353.25**	**40.28**	**226.04**	**37.68**	**0.15**	**0.06**
	8.54		22.51			0.68		
9.52	7.27	0.06	35.13	8.71	226.04	37.00	0.15	0.06
					151.83		0.12	
	16.72	0.01	107.39	2.80				
	24.53	101.33	110.53	27.42				
	10.27		18.21	0.43				
	19.64	0.07	45.71	0.92				
	184.13		13.77					
	173.20		12.19					
	10.93		1.58					
1624.85	**273.47**	**101.50**	**352.32**	**40.68**	**354.34**	**37.68**	**0.15**	**0.06**

6-2 续表 2

项　目	Item	石油沥青(万吨) Bitumen Asphalt (10^4 tons)	石油焦(万吨) Petroleum Coke (10^4 tons)
一.可供本地区消费的能源量	**Total Primary Energy Supply**		**5.46**
1.一次能源生产量	Indigenous Production		
2.外省(区、市)调入量	Moving In from Other Provinces		39.58
3.进口量	Import		
4.境内轮船和飞机在境外的加油量	Domestic Airplanes&Ships Refueling in Abroad		
5.本省(区、市)调出量(-)	Sending Out to Other Provinces(-)		-31.46
6.出口量(-)	Export(-)		
7.境外轮船和飞机在境内的加油量(-)	Oversea Airplanes&Ships Refueling in China(-)		
8.库存增(-)、减(+)量	Stock Change		-2.66
二.加工转换投入(-)产出(+)量	**Input(-) & Output(+) of Transformation**		**81.46**
1.火力发电	Thermal Power		-18.87
2.供热	Heating Supply		-44.82
3.洗选煤	Coal Washing		
4.炼焦	Coking		
5.炼油及煤制油	Petroleum Refineries		145.15
#油品再投入量(-)	Petroleum Products Input (-)		
6.制气	Gas Works		
#焦炭再投入量(-)	Coke Input (-)		
7.天然气液化	Natural Gas Liquefaction		
8.煤制品加工	Briquettes		
9.回收能	Recovery of Energy		
三.损失量	**Loss**		
四.终端消费量	**Total Final Consumption**		**86.92**
1.农、林、牧、渔业	Agriculture, Forestry, Animal Husbandry and Fishery		
2.工业	Industry		86.92
#用作原料、材料	Non-Energy Use		
3.建筑业	Construction		
4.交通运输、仓储和邮政业	Transport, Storage and Post		
5.批发、零售业和住宿、餐饮业	Wholesale, Retail Trade and Hotel, Restaurants		
6.其他	Others		
7.生活消费	Residential Consumption		
城镇	Urban		
乡村	Rural		
五.平衡差额	**Statistical Difference**		
六.消费量合计	**Total Energy Consumption**		**150.61**

Continued 2

液化石油气（万吨） LPG (10^4 tons)	炼厂干气（万吨） Refinery Gas (10^4 tons)	其他石油制品（万吨） Other Petroleum Products (10^4 tons)	天然气（亿立方米） Natural Gas (10^8 cu.m)	液化天然气（万吨） LNG (10^4 tons)	热力（万百万千焦） Heat (10^{10} kJ)	电力（亿千瓦小时） Electricity (10^8 kW•h)	其他能源（万吨标煤） Other Energy (10^4 tce)
-23.96		**97.66**	**82.32**	**7.20**		**244.13**	**168.29**
			21.50			12.18	115.98
2.61		97.65	75.80	7.20		232.97	51.92
-26.11			-14.98			-1.02	
-0.46		0.01					0.39
80.49	**53.78**	**268.39**	**-37.18**	**-4.08**	**20818.01**	**612.87**	**-28.43**
		-0.04	-17.80		-516.91	612.87	-16.45
		-0.11	-17.33	-4.18	20425.22		-11.98
80.49	53.78	433.23	-2.04				
		-164.69					
			-0.01	0.10			
					909.70		
0.20			**1.44**			**51.20**	
56.33	**53.78**	**366.05**	**43.70**	**3.12**	**20818.01**	**805.80**	**139.86**
						17.28	
43.70	53.78	366.05	24.51	3.12	8172.49	506.74	139.86
32.94			0.10				
0.22			0.10		77.27	11.05	
0.54			1.75		299.92	42.07	
1.09			8.28		386.46	37.46	
0.94			2.34		1663.51	91.52	
9.84			6.72		10218.36	99.68	
1.04			6.57		10218.36	76.64	
8.80			0.15			23.04	
56.53	**53.78**	**530.89**	**82.31**	**7.30**	**21334.92**	**857.00**	**168.29**

6-3 河北能源平衡表(实物量)-2017

项　　目	Item	煤合计 (万吨) Coal Total (10^4 tons)	原煤 (万吨) Raw Coal (10^4 tons)
一.可供本地区消费的能源量	**Total Primary Energy Supply**	**27417.13**	**24653.60**
1.一次能源生产量	Indigenous Production	6019.95	6019.95
2.外省(区、市)调入量	Moving In from Other Provinces	23286.21	18674.72
3.进口量	Import	516.09	516.09
4.境内轮船和飞机在境外的加油量	Domestic Airplanes&Ships Refueling in Abroad		
5.本省(区、市)调出量(-)	Sending Out to Other Provinces(-)	-3071.96	-1017.09
6.出口量(-)	Export(-)	-270.14	-270.14
7.境外轮船和飞机在境内的加油量(-)	Oversea Airplanes&Ships Refueling in China(-)		
8.库存增(-)、减(+)量	Stock Change	936.98	730.07
二.加工转换投入(-)产出(+)量	**Input(-) & Output(+) of Transformation**	**-19523.12**	**-18158.90**
1.火力发电	Thermal Power	-9050.48	-8747.99
2.供热	Heating Supply	-1906.22	-1823.02
3.洗选煤	Coal Washing	-1611.90	-7298.87
4.炼焦	Coking	-6953.19	-260.90
5.炼油及煤制油	Petroleum Refineries		
#油品再投入量(-)	Petroleum Products Input (-)		
6.制气	Gas Works		
#焦炭再投入量(-)	Coke Input (-)		
7.天然气液化	Natural Gas Liquefaction		
8.煤制品加工	Briquettes	-1.32	-28.12
9.回收能	Recovery of Energy		
三.损失量	**Loss**		
四.终端消费量	**Total Final Consumption**	**7894.00**	**6494.70**
1.农、林、牧、渔业	Agriculture, Forestry, Animal Husbandry and Fishery	95.32	95.32
2.工业	Industry	5971.50	4692.22
#用作原料、材料	Non-Energy Use	272.76	189.60
3.建筑业	Construction	4.02	4.02
4.交通运输、仓储和邮政业	Transport, Storage and Post	7.13	7.13
5.批发、零售业和住宿、餐饮业	Wholesale, Retail Trade and Hotel, Restaurants	101.72	93.92
6.其他	Others	150.28	150.28
7.生活消费	Residential Consumption	1564.03	1451.81
城镇	Urban	292.01	277.71
乡村	Rural	1272.02	1174.10
五.平衡差额	**Statistical Difference**		
六.消费量合计	**Total Energy Consumption**	**27417.13**	**24653.60**

Energy Balance of Hebei (Physical Quantity) -2017

洗精煤 (万吨) Cleaned Coal (10^4 tons)	其他洗煤 (万吨) Other Washed Coal (10^4 tons)	型煤 (万吨) Briquettes (10^4 tons)	煤矸石 (万吨) Gangue (10^4 tons)	焦炭 (万吨) Coke (10^4 tons)	焦炉煤气 (亿立方米) Coke Oven Gas (10^8 cu.m)	高炉煤气 (亿立方米) Blast Furnace Gas (10^8 cu.m)	转炉煤气 (亿立方米) Converter Gas (10^8 cu.m)	其他煤气 (亿立方米) Other Gas (10^8 cu.m)
2986.75	**-430.45**	**207.23**	**24.22**	**2992.11**				
3972.93	315.27	323.29	11.50	3610.06				
-1203.59	-768.09	-83.19		-647.55				
217.41	22.37	-32.87	12.72	29.60				
-2986.75	**1595.73**	**26.79**	**-22.25**	**5048.67**	**78.42**	**1320.37**	**79.17**	
	-302.49		-349.99		-20.75	-778.67	-56.17	
	-83.20		-53.28		-1.52	-169.72	-1.41	
3705.54	1981.42		381.01					
-6692.29				5048.67	112.23			
					-11.54		-0.29	
		26.79						
						2268.76	137.05	
				1.99	**0.02**			
	1165.28	**234.02**	**1.97**	**8038.79**	**78.40**	**1320.37**	**79.17**	
	1165.28	114.00	1.97	8038.79	78.40	1311.41	79.17	
	82.74	0.43		56.84	11.54			
		7.80						
		112.22				8.96		
		14.30				8.96		
		97.92						
6692.29	**1550.97**	**234.02**	**405.24**	**8040.78**	**100.69**	**2268.75**	**136.75**	

6-3 续表 1

项　　目	Item	其他焦化产品(万吨) Other Coking Products (10^4 tons)	油品合计(万吨) Petroleum Products Total (10^4 tons)
一.可供本地区消费的能源量	**Total Primary Energy Supply**	**11.66**	**1693.45**
1.一次能源生产量	Indigenous Production		539.11
2.外省(区、市)调入量	Moving In from Other Provinces		2476.21
3.进口量	Import		120.40
4.境内轮船和飞机在境外的加油量	Domestic Airplanes&Ships Refueling in Abroad		
5.本省(区、市)调出量(-)	Sending Out to Other Provinces(-)		-1450.19
6.出口量(-)	Export(-)		
7.境外轮船和飞机在境内的加油量(-)	Oversea Airplanes&Ships Refueling in China(-)		
8.库存增(-)、减(+)量	Stock Change	11.66	7.92
二.加工转换投入(-)产出(+)量	**Input(-) & Output(+) of Transformation**	**324.43**	**-100.58**
1.火力发电	Thermal Power		-3.13
2.供热	Heating Supply		-4.33
3.洗选煤	Coal Washing		
4.炼焦	Coking	324.43	
5.炼油及煤制油	Petroleum Refineries		208.03
#油品再投入量(-)	Petroleum Products Input (-)		-301.15
6.制气	Gas Works		
#焦炭再投入量(-)	Coke Input (-)		
7.天然气液化	Natural Gas Liquefaction		
8.煤制品加工	Briquettes		
9.回收能	Recovery of Energy		
三.损失量	**Loss**		
四.终端消费量	**Total Final Consumption**	**336.09**	**1592.87**
1.农、林、牧、渔业	Agriculture, Forestry, Animal Husbandry and Fishery		154.99
2.工业	Industry	336.09	343.82
#用作原料、材料	Non-Energy Use	92.38	84.40
3.建筑业	Construction		139.28
4.交通运输、仓储和邮政业	Transport, Storage and Post		521.93
5.批发、零售业和住宿、餐饮业	Wholesale, Retail Trade and Hotel, Restaurants		32.10
6.其他	Others		45.63
7.生活消费	Residential Consumption		355.12
城镇	Urban		191.26
乡村	Rural		163.86
五.平衡差额	**Statistical Difference**		
六.消费量合计	**Total Energy Consumption**	**336.09**	**1693.45**

Continued 1

原油 (万吨) Crude Oil (10^4 tons)	汽油 (万吨) Gasoline (10^4 tons)	煤油 (万吨) Kerosene (10^4 tons)	柴油 (万吨) Diesel Oil (10^4 tons)	燃料油 (万吨) Fuel Oil (10^4 tons)	石脑油 (万吨) Naphtha (10^4 tons)	润滑油 (万吨) Lubricants (10^4 tons)	石蜡 (万吨) Paraffin Waxes (10^4 tons)	溶剂油 (万吨) White Spirit (10^4 tons)
1542.17	**107.52**	**-15.09**	**283.94**	**-151.00**	**-16.03**	**1.29**	**0.14**	**0.13**
539.11								
900.10	330.99	27.67	432.02	738.09	9.91	1.03	0.17	0.16
120.40								
-23.90	-229.04	-42.77	-158.77	-887.21	-25.08	-0.03		
6.46	5.57	0.01	10.69	-1.88	-0.86	0.29	-0.03	-0.03
-1541.45	**385.86**	**42.64**	**435.93**	**192.02**	**61.93**	**1.84**	**-0.01**	
			-1.31	-0.05				
			-0.11	-0.35				
-1541.45	385.86	42.64	437.34	194.12	108.44	4.60		
				-1.70	-46.51	-2.76	-0.01	
0.72	**493.39**	**27.56**	**719.86**	**41.02**	**45.90**	**3.12**	**0.13**	**0.13**
	55.36		99.63					
0.72	35.34	0.23	85.20	22.03	45.90	3.12	0.13	0.13
	4.02		0.38	0.04	46.51	0.01	0.11	0.03
	25.41		37.01					
	80.31	27.33	395.21	18.99				
	9.69		18.20					
	45.59							
	241.69		84.61					
	156.24		32.55					
	85.45		52.06					
1542.17	**493.39**	**27.56**	**721.28**	**43.13**	**92.41**	**5.88**	**0.14**	**0.13**

6-3 续表 2

项　目	Item	石油沥青(万吨) Bitumen Asphalt (10^4 tons)	石油焦(万吨) Petroleum Coke (10^4 tons)
一.可供本地区消费的能源量	**Total Primary Energy Supply**	**4.13**	**-16.26**
1.一次能源生产量	Indigenous Production		
2.外省(区、市)调入量	Moving In from Other Provinces	26.26	1.84
3.进口量	Import		
4.境内轮船和飞机在境外的加油量	Domestic Airplanes&Ships Refueling in Abroad		
5.本省(区、市)调出量(-)	Sending Out to Other Provinces(-)	-16.98	-17.43
6.出口量(-)	Export(-)		
7.境外轮船和飞机在境内的加油量(-)	Oversea Airplanes&Ships Refueling in China(-)		
8.库存增(-)、减(+)量	Stock Change	-5.15	-0.67
二.加工转换投入(-)产出(+)量	**Input(-) & Output(+) of Transformation**	**66.77**	**78.61**
1.火力发电	Thermal Power		
2.供热	Heating Supply		
3.洗选煤	Coal Washing		
4.炼焦	Coking		
5.炼油及煤制油	Petroleum Refineries	66.77	78.61
#油品再投入量(-)	Petroleum Products Input (-)		
6.制气	Gas Works		
#焦炭再投入量(-)	Coke Input (-)		
7.天然气液化	Natural Gas Liquefaction		
8.煤制品加工	Briquettes		
9.回收能	Recovery of Energy		
三.损失量	**Loss**		
四.终端消费量	**Total Final Consumption**	**70.90**	**62.35**
1.农、林、牧、渔业	Agriculture, Forestry, Animal Husbandry and Fishery		
2.工业	Industry		62.35
#用作原料、材料	Non-Energy Use	6.43	6.71
3.建筑业	Construction	70.90	
4.交通运输、仓储和邮政业	Transport, Storage and Post		
5.批发、零售业和住宿、餐饮业	Wholesale, Retail Trade and Hotel, Restaurants		
6.其他	Others		
7.生活消费	Residential Consumption		
城镇	Urban		
乡村	Rural		
五.平衡差额	**Statistical Difference**		
六.消费量合计	**Total Energy Consumption**	**70.90**	**62.35**

Continued 2

液化石油气（万吨） LPG (10^4 tons)	炼厂干气（万吨） Refinery Gas (10^4 tons)	其他石油制品（万吨） Other Petroleum Products (10^4 tons)	天然气（亿立方米） Natural Gas (10^8 cu.m)	液化天然气（万吨） LNG (10^4 tons)	热力（万百万千焦） Heat (10^{10} kJ)	电力（亿千瓦小时） Electricity (10^8 kW•h)	其他能源（万吨标煤） Other Energy (10^4 tce)
-49.59		**2.10**	**96.62**	**0.65**		**1104.19**	**218.84**
			15.20			332.59	218.84
		7.97	80.95	0.02		1207.92	
-48.98						-436.32	
-0.61		-5.87	0.47	0.63			
89.91	**39.98**	**45.40**	**-0.77**	**22.66**	**40029.06**	**2475.48**	**-137.96**
	-0.86	-0.91	-0.08		-5058.05	2475.48	-131.03
	-3.13	-0.74	-1.76		35203.27		-6.93
105.47	43.97	281.64					
-15.57		-234.60					
			4.23				
			-3.15	22.66			
					9883.84		
						204.78	
40.31	**39.98**	**47.50**	**95.85**	**23.31**	**40029.05**	**3374.89**	**80.89**
			3.10		206.84	107.68	
1.19	39.98	47.50	30.08	3.05	24406.30	2324.41	80.89
		20.17	0.98	0.20			
5.96					82.31	36.77	
0.09			5.21	19.13	587.60	105.56	
4.21			22.24	1.13	2959.66	148.68	
0.04			4.10			215.13	
28.82			31.12		11786.34	436.66	
2.47			20.89		11786.34	181.06	
26.35			10.23			255.60	
55.88	**43.97**	**283.74**	**93.49**	**23.31**	**45087.10**	**3579.67**	**218.84**

6-4 山西能源平衡表(实物量)-2017

项　目	Item	煤合计 (万吨) Coal Total (10^4 tons)	原煤 (万吨) Raw Coal (10^4 tons)
一.可供本地区消费的能源量	**Total Primary Energy Supply**	**42942.29**	**82754.37**
1.一次能源生产量	Indigenous Production	87221.36	87221.36
2.外省(区、市)调入量	Moving In from Other Provinces	7103.82	6586.85
3.进口量	Import		
4.境内轮船和飞机在境外的加油量	Domestic Airplanes&Ships Refueling in Abroad		
5.本省(区、市)调出量(-)	Sending Out to Other Provinces(-)	-53624.83	-13175.29
6.出口量(-)	Export(-)		
7.境外轮船和飞机在境内的加油量(-)	Oversea Airplanes&Ships Refueling in China(-)		
8.库存增(-)、减(+)量	Stock Change	2241.94	2121.45
二.加工转换投入(-)产出(+)量	**Input(-) & Output(+) of Transformation**	**-36299.66**	**-77014.17**
1.火力发电	Thermal Power	-12112.49	-10709.83
2.供热	Heating Supply	-1948.13	-1629.94
3.洗选煤	Coal Washing	-10893.75	-64259.76
4.炼焦	Coking	-11161.29	-123.80
5.炼油及煤制油	Petroleum Refineries	-83.83	-83.83
#油品再投入量(-)	Petroleum Products Input (-)		
6.制气	Gas Works	-95.03	-95.03
#焦炭再投入量(-)	Coke Input (-)		
7.天然气液化	Natural Gas Liquefaction		
8.煤制品加工	Briquettes	-5.14	-111.98
9.回收能	Recovery of Energy		
三.损失量	**Loss**		
四.终端消费量	**Total Final Consumption**	**6642.63**	**5740.20**
1.农、林、牧、渔业	Agriculture, Forestry, Animal Husbandry and Fishery	173.64	173.64
2.工业	Industry	4977.73	4526.94
#用作原料、材料	Non-Energy Use	1304.36	1208.04
3.建筑业	Construction	7.06	7.06
4.交通运输、仓储和邮政业	Transport, Storage and Post	75.38	75.38
5.批发、零售业和住宿、餐饮业	Wholesale, Retail Trade and Hotel, Restaurants	190.07	190.07
6.其他	Others	240.57	240.57
7.生活消费	Residential Consumption	978.18	526.54
城镇	Urban	363.37	222.40
乡村	Rural	614.81	304.14
五.平衡差额	**Statistical Difference**		
六.消费量合计	**Total Energy Consumption**	**42942.29**	**82754.37**

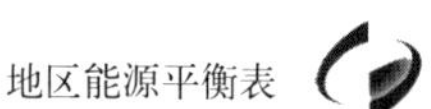

Energy Balance of Shanxi (Physical Quantity) -2017

洗精煤 (万吨) Cleaned Coal (10^4 tons)	其他洗煤 (万吨) Other Washed Coal (10^4 tons)	型煤 (万吨) Briquettes (10^4 tons)	煤矸石 (万吨) Gangue (10^4 tons)	焦炭 (万吨) Coke (10^4 tons)	焦炉煤气 (亿立方米) Coke Oven Gas (10^8 cu.m)	高炉煤气 (亿立方米) Blast Furnace Gas (10^8 cu.m)	转炉煤气 (亿立方米) Converter Gas (10^8 cu.m)	其他煤气 (亿立方米) Other Gas (10^8 cu.m)
-10308.55	**-29503.53**			**-6424.40**				**4.61**
408.52	108.45			278.92				4.61
-10740.62	-29707.35	-1.57		-6858.07				
23.55	95.37	1.57		154.75				
10308.55	**30283.98**	**121.98**	**3.54**	**8383.14**	**150.16**	**310.38**	**16.39**	**23.90**
	-1402.66		-898.64		-12.14	-76.59	-3.94	
	-318.19		-128.92		-0.80	-10.93	-0.75	
21346.04	32019.97		1031.10					
-11037.49				8383.14	163.10			
								23.90
	-15.14	121.98						
						397.90	21.08	
	780.45	**121.98**	**3.54**	**1958.74**	**150.16**	**310.38**	**16.39**	**28.51**
	374.77	76.02	3.54	1955.45	150.16	310.38	16.39	26.76
	96.32							
				0.13				
				3.16				0.22
	405.68	45.96						1.53
	125.55	15.42						1.43
	280.13	30.54						0.10
11037.49	**2516.44**	**121.98**	**1031.10**	**1958.74**	**163.10**	**397.90**	**21.08**	**28.51**

6-4 续表 1

项 目	Item	其他焦化产品(万吨) Other Coking Products (10^4 tons)	油品合计(万吨) Petroleum Products Total (10^4 tons)
一.可供本地区消费的能源量	**Total Primary Energy Supply**	**-188.10**	**863.76**
1.一次能源生产量	Indigenous Production		
2.外省(区、市)调入量	Moving In from Other Provinces	3.39	891.52
3.进口量	Import		
4.境内轮船和飞机在境外的加油量	Domestic Airplanes&Ships Refueling in Abroad		
5.本省(区、市)调出量(-)	Sending Out to Other Provinces(-)	-190.91	-22.84
6.出口量(-)	Export(-)		
7.境外轮船和飞机在境内的加油量(-)	Oversea Airplanes&Ships Refueling in China(-)		
8.库存增(-)、减(+)量	Stock Change	-0.58	-4.92
二.加工转换投入(-)产出(+)量	**Input(-) & Output(+) of Transformation**	**359.78**	**15.85**
1.火力发电	Thermal Power		-0.76
2.供热	Heating Supply		-0.06
3.洗选煤	Coal Washing		
4.炼焦	Coking	359.78	
5.炼油及煤制油	Petroleum Refineries		23.76
#油品再投入量(-)	Petroleum Products Input (-)		-7.09
6.制气	Gas Works		
#焦炭再投入量(-)	Coke Input (-)		
7.天然气液化	Natural Gas Liquefaction		
8.煤制品加工	Briquettes		
9.回收能	Recovery of Energy		
三.损失量	**Loss**		
四.终端消费量	**Total Final Consumption**	**171.68**	**879.60**
1.农、林、牧、渔业	Agriculture, Forestry, Animal Husbandry and Fishery		50.40
2.工业	Industry	171.68	141.49
#用作原料、材料	Non-Energy Use		
3.建筑业	Construction		63.90
4.交通运输、仓储和邮政业	Transport, Storage and Post		536.47
5.批发、零售业和住宿、餐饮业	Wholesale, Retail Trade and Hotel, Restaurants		19.97
6.其他	Others		16.56
7.生活消费	Residential Consumption		50.81
城镇	Urban		27.66
乡村	Rural		23.15
五.平衡差额	**Statistical Difference**		**0.01**
六.消费量合计	**Total Energy Consumption**	**171.68**	**863.75**

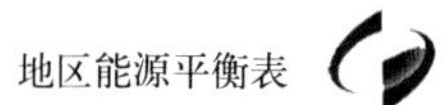

Continued 1

原油(万吨) Crude Oil (10⁴ tons)	汽油(万吨) Gasoline (10⁴ tons)	煤油(万吨) Kerosene (10⁴ tons)	柴油(万吨) Diesel Oil (10⁴ tons)	燃料油(万吨) Fuel Oil (10⁴ tons)	石脑油(万吨) Naphtha (10⁴ tons)	润滑油(万吨) Lubricants (10⁴ tons)	石蜡(万吨) Paraffin Waxes (10⁴ tons)	溶剂油(万吨) White Spirit (10⁴ tons)
	257.60	**32.29**	**560.46**	**0.47**		**0.62**	**-10.56**	
	257.76	32.91	565.88	0.47		0.62		
							-10.56	
	-0.16	-0.62	-5.42					
	0.12		**-0.64**	**-0.18**			**12.47**	
			-0.59	-0.17				
			-0.05	-0.01				
	0.12						12.47	
	257.71	**32.29**	**559.82**	**0.29**		**0.62**	**1.91**	
	23.50		26.90					
	28.72	0.40	87.34	0.29		0.62	1.91	
	18.22	0.88	44.72					
	115.53	31.01	389.76					
	10.58		9.28					
	15.32		1.24					
	45.84		0.58					
	24.64		0.06					
	21.20		0.52					
	257.71	**32.29**	**560.46**	**0.47**		**0.62**	**1.91**	

6-4 续表 2

项　目	Item	石油沥青 (万吨) Bitumen Asphalt (10^4 tons)	石油焦 (万吨) Petroleum Coke (10^4 tons)
一.可供本地区消费的能源量	**Total Primary Energy Supply**	**1.61**	**2.99**
1.一次能源生产量	Indigenous Production		
2.外省(区、市)调入量	Moving In from Other Provinces	1.61	2.99
3.进口量	Import		
4.境内轮船和飞机在境外的加油量	Domestic Airplanes&Ships Refueling in Abroad		
5.本省(区、市)调出量(-)	Sending Out to Other Provinces(-)		
6.出口量(-)	Export(-)		
7.境外轮船和飞机在境内的加油量(-)	Oversea Airplanes&Ships Refueling in China(-)		
8.库存增(-)、减(+)量	Stock Change		
二.加工转换投入(-)产出(+)量	**Input(-) & Output(+) of Transformation**		
1.火力发电	Thermal Power		
2.供热	Heating Supply		
3.洗选煤	Coal Washing		
4.炼焦	Coking		
5.炼油及煤制油	Petroleum Refineries		
#油品再投入量(-)	Petroleum Products Input (-)		
6.制气	Gas Works		
#焦炭再投入量(-)	Coke Input (-)		
7.天然气液化	Natural Gas Liquefaction		
8.煤制品加工	Briquettes		
9.回收能	Recovery of Energy		
三.损失量	**Loss**		
四.终端消费量	**Total Final Consumption**	**1.61**	**2.99**
1.农、林、牧、渔业	Agriculture, Forestry, Animal Husbandry and Fishery		
2.工业	Industry	1.61	2.99
#用作原料、材料	Non-Energy Use		
3.建筑业	Construction		
4.交通运输、仓储和邮政业	Transport, Storage and Post		
5.批发、零售业和住宿、餐饮业	Wholesale, Retail Trade and Hotel, Restaurants		
6.其他	Others		
7.生活消费	Residential Consumption		
城镇	Urban		
乡村	Rural		
五.平衡差额	**Statistical Difference**		
六.消费量合计	**Total Energy Consumption**	**1.61**	**2.99**

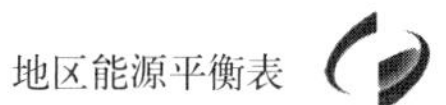

Continued 2

液化石油气 (万吨) LPG (10^4 tons)	炼厂干气 (万吨) Refinery Gas (10^4 tons)	其他石油制品 (万吨) Other Petroleum Products (10^4 tons)	天然气 (亿立方米) Natural Gas (10^8 cu.m)	液化天然气 (万吨) LNG (10^4 tons)	热力 (万百万千焦) Heat (10^{10} kJ)	电力 (亿千瓦小时) Electricity (10^8 kW•h)	其他能源 (万吨标煤) Other Energy (10^4 tce)
20.81		**-2.53**	**88.96**	**-101.85**		**-512.37**	**149.81**
			46.76			262.54	136.39
21.50		7.78	42.14			159.57	
-0.05		-12.23		-101.97		-934.48	
-0.64		1.92	0.06	0.12			13.42
-7.09		**11.17**	**-41.59**	**103.69**	**30564.89**	**2502.99**	**-143.63**
			-22.37		-3466.01	2502.99	-139.82
			-2.88		31548.05		-3.81
		11.17					
-7.09							
			-16.34	103.69			
					2482.85		
						97.03	
13.72		**8.64**	**47.37**	**1.84**	**30564.89**	**1893.59**	**6.18**
						41.15	
8.97		8.64	20.76	0.68	17461.23	1448.13	6.18
			0.24				
0.08			0.06	0.28	14.41	21.53	
0.17			9.14		674.72	66.76	
0.11			4.78	0.88	1443.30	43.16	
			0.52		2005.89	90.37	
4.39			12.11		8965.34	182.49	
2.96			8.45		8965.34	113.04	
1.43			3.66			69.45	
20.81		**8.64**	**74.65**	**1.84**	**34030.90**	**1990.62**	**149.81**

6-5 内蒙古能源平衡表(实物量)-2017

项 目	Item	煤合计 (万吨) Coal Total (10^4 tons)	原煤 (万吨) Raw Coal (10^4 tons)
一.可供本地区消费的能源量	**Total Primary Energy Supply**	**38595.52**	**40581.24**
1.一次能源生产量	Indigenous Production	90597.26	90597.26
2.外省(区、市)调入量	Moving In from Other Provinces	2245.59	896.95
3.进口量	Import	3258.77	3258.77
4.境内轮船和飞机在境外的加油量	Domestic Airplanes&Ships Refueling in Abroad		
5.本省(区、市)调出量(-)	Sending Out to Other Provinces(-)	-59676.26	-56091.57
6.出口量(-)	Export(-)		
7.境外轮船和飞机在境内的加油量(-)	Oversea Airplanes&Ships Refueling in China(-)		
8.库存增(-)、减(+)量	Stock Change	2170.16	1919.83
二.加工转换投入(-)产出(+)量	**Input(-) & Output(+) of Transformation**	**-31769.14**	**-34265.81**
1.火力发电	Thermal Power	-21592.94	-21546.89
2.供热	Heating Supply	-3105.86	-3070.26
3.洗选煤	Coal Washing	-1774.91	-8278.01
4.炼焦	Coking	-4308.75	-592.08
5.炼油及煤制油	Petroleum Refineries	-410.34	-202.23
#油品再投入量(-)	Petroleum Products Input (-)		
6.制气	Gas Works	-576.34	-576.34
#焦炭再投入量(-)	Coke Input (-)		
7.天然气液化	Natural Gas Liquefaction		
8.煤制品加工	Briquettes		
9.回收能	Recovery of Energy		
三.损失量	**Loss**		
四.终端消费量	**Total Final Consumption**	**6826.38**	**6315.43**
1.农、林、牧、渔业	Agriculture, Forestry, Animal Husbandry and Fishery	676.00	610.74
2.工业	Industry	4727.07	4490.72
#用作原料、材料	Non-Energy Use	1642.28	1455.70
3.建筑业	Construction	185.26	159.62
4.交通运输、仓储和邮政业	Transport, Storage and Post	210.95	144.21
5.批发、零售业和住宿、餐饮业	Wholesale, Retail Trade and Hotel, Restaurants	382.31	319.73
6.其他	Others	212.33	189.44
7.生活消费	Residential Consumption	432.46	400.97
城镇	Urban	46.76	40.61
乡村	Rural	385.70	360.36
五.平衡差额	**Statistical Difference**		
六.消费量合计	**Total Energy Consumption**	**38595.52**	**40581.24**

Energy Balance of Inner Mongolia (Physical Quantity) -2017

洗精煤 (万吨) Cleaned Coal (10^4 tons)	其他洗煤 (万吨) Other Washed Coal (10^4 tons)	型煤 (万吨) Briquettes (10^4 tons)	煤矸石 (万吨) Gangue (10^4 tons)	焦炭 (万吨) Coke (10^4 tons)	焦炉煤气 (亿立方米) Coke Oven Gas (10^8 cu.m)	高炉煤气 (亿立方米) Blast Furnace Gas (10^8 cu.m)	转炉煤气 (亿立方米) Converter Gas (10^8 cu.m)	其他煤气 (亿立方米) Other Gas (10^8 cu.m)
962.44	**-2964.83**	**16.67**	**0.60**	**-1377.13**				
1284.47	42.59	21.58		509.71				
-470.27	-3114.42			-1897.34				
				-0.02				
148.24	107.00	-4.91	0.60	10.52				
-962.44	**3470.34**	**-11.23**	**0.14**	**3046.37**	**41.60**	**149.05**	**11.00**	**1.59**
	-34.82	-11.23	-731.20		-4.76	-75.39	-4.42	
	-35.60		-69.38		-1.36	-15.56	-2.00	
2754.23	3748.87		800.72					
-3716.67				3046.37	50.77			
	-208.11							
					-3.05			1.59
						240.00	17.42	
								0.02
	505.51	**5.44**	**0.74**	**1669.24**	**41.60**	**149.05**	**11.00**	**1.57**
	65.26							
	230.91	5.44	0.74	1669.24	41.60	149.05	11.00	0.82
	186.58			495.80				
	25.64							
	66.74							
	62.58							
	22.89							
	31.49							0.75
	6.15							0.60
	25.34							0.15
3716.67	**784.04**	**16.67**	**801.32**	**1669.24**	**50.77**	**240.00**	**17.42**	**1.59**

6-5 续表 1

项 目	Item	其他焦化产品(万吨) Other Coking Products (10^4 tons)	油品合计(万吨) Petroleum Products Total (10^4 tons)
一.可供本地区消费的能源量	**Total Primary Energy Supply**	**9.03**	**988.52**
1.一次能源生产量	Indigenous Production		124.78
2.外省(区、市)调入量	Moving In from Other Provinces		854.04
3.进口量	Import		124.11
4.境内轮船和飞机在境外的加油量	Domestic Airplanes&Ships Refueling in Abroad		0.17
5.本省(区、市)调出量(-)	Sending Out to Other Provinces(-)		-107.60
6.出口量(-)	Export(-)	-0.07	-1.96
7.境外轮船和飞机在境内的加油量(-)	Oversea Airplanes&Ships Refueling in China(-)		-0.72
8.库存增(-)、减(+)量	Stock Change	9.10	-4.30
二.加工转换投入(-)产出(+)量	**Input(-) & Output(+) of Transformation**	**214.37**	**131.62**
1.火力发电	Thermal Power		-0.72
2.供热	Heating Supply		-0.05
3.洗选煤	Coal Washing		
4.炼焦	Coking	265.17	
5.炼油及煤制油	Petroleum Refineries	-50.80	140.37
#油品再投入量(-)	Petroleum Products Input (-)		-7.98
6.制气	Gas Works		
#焦炭再投入量(-)	Coke Input (-)		
7.天然气液化	Natural Gas Liquefaction		
8.煤制品加工	Briquettes		
9.回收能	Recovery of Energy		
三.损失量	**Loss**		**0.24**
四.终端消费量	**Total Final Consumption**	**223.40**	**1119.90**
1.农、林、牧、渔业	Agriculture, Forestry, Animal Husbandry and Fishery		69.13
2.工业	Industry	223.40	180.03
#用作原料、材料	Non-Energy Use	1.34	2.35
3.建筑业	Construction		192.12
4.交通运输、仓储和邮政业	Transport, Storage and Post		387.73
5.批发、零售业和住宿、餐饮业	Wholesale, Retail Trade and Hotel, Restaurants		20.74
6.其他	Others		110.79
7.生活消费	Residential Consumption		159.36
城镇	Urban		82.79
乡村	Rural		76.57
五.平衡差额	**Statistical Difference**		
六.消费量合计	**Total Energy Consumption**	**274.20**	**988.52**

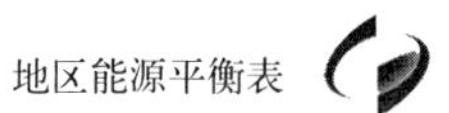

Continued 1

原油 (万吨) Crude Oil (10^4 tons)	汽油 (万吨) Gasoline (10^4 tons)	煤油 (万吨) Kerosene (10^4 tons)	柴油 (万吨) Diesel Oil (10^4 tons)	燃料油 (万吨) Fuel Oil (10^4 tons)	石脑油 (万吨) Naphtha (10^4 tons)	润滑油 (万吨) Lubricants (10^4 tons)	石蜡 (万吨) Paraffin Waxes (10^4 tons)	溶剂油 (万吨) White Spirit (10^4 tons)
452.25	**180.36**	**18.87**	**247.16**	**-4.22**	**-33.75**	**0.13**	**-6.92**	**-19.40**
124.78								
208.61	184.73	20.76	249.37					
115.57						8.37		
		0.17						
				-3.16	-34.08	-8.35	-7.01	-19.40
	-1.39		-0.49			-0.01	-0.04	
		-0.72						
3.29	-2.98	-1.34	-1.72	-1.06	0.33	0.12	0.13	
-447.16	**176.69**	**23.99**	**191.37**	**7.87**	**33.75**		**6.92**	**19.41**
		-0.01	-0.62	-0.09				
			-0.05					
-447.16	176.69	24.00	192.04	7.96	33.75		6.92	19.41
5.09	**357.05**	**42.86**	**438.53**	**3.65**		**0.13**		**0.01**
	8.15		60.98					
5.09	4.29	0.24	87.98	3.65		0.13		0.01
	0.03	0.09	1.22					
	10.25		18.56					
	185.59	42.62	159.51					
	9.87		8.01					
	60.18		49.56					
	78.72		53.93					
	52.67		15.92					
	26.05		38.01					
452.25	**357.05**	**42.87**	**439.20**	**3.74**		**0.13**		**0.01**

6-5 续表 2

项　目	Item	石油沥青(万吨) Bitumen Asphalt (10^4 tons)	石油焦(万吨) Petroleum Coke (10^4 tons)
一.可供本地区消费的能源量	**Total Primary Energy Supply**	**135.91**	**48.67**
1.一次能源生产量	Indigenous Production		
2.外省(区、市)调入量	Moving In from Other Provinces	136.44	49.31
3.进口量	Import		
4.境内轮船和飞机在境外的加油量	Domestic Airplanes&Ships Refueling in Abroad		
5.本省(区、市)调出量(-)	Sending Out to Other Provinces(-)		
6.出口量(-)	Export(-)	-0.01	
7.境外轮船和飞机在境内的加油量(-)	Oversea Airplanes&Ships Refueling in China(-)		
8.库存增(-)、减(+)量	Stock Change	-0.52	-0.64
二.加工转换投入(-)产出(+)量	**Input(-) & Output(+) of Transformation**		
1.火力发电	Thermal Power		
2.供热	Heating Supply		
3.洗选煤	Coal Washing		
4.炼焦	Coking		
5.炼油及煤制油	Petroleum Refineries		
#油品再投入量(-)	Petroleum Products Input (-)		
6.制气	Gas Works		
#焦炭再投入量(-)	Coke Input (-)		
7.天然气液化	Natural Gas Liquefaction		
8.煤制品加工	Briquettes		
9.回收能	Recovery of Energy		
三.损失量	**Loss**		
四.终端消费量	**Total Final Consumption**	**135.91**	**48.67**
1.农、林、牧、渔业	Agriculture, Forestry, Animal Husbandry and Fishery		
2.工业	Industry	5.34	48.67
#用作原料、材料	Non-Energy Use	0.45	0.56
3.建筑业	Construction	130.57	
4.交通运输、仓储和邮政业	Transport, Storage and Post		
5.批发、零售业和住宿、餐饮业	Wholesale, Retail Trade and Hotel, Restaurants		
6.其他	Others		
7.生活消费	Residential Consumption		
城镇	Urban		
乡村	Rural		
五.平衡差额	**Statistical Difference**		
六.消费量合计	**Total Energy Consumption**	**135.91**	**48.67**

Continued 2

液化石油气(万吨) LPG (10^4 tons)	炼厂干气(万吨) Refinery Gas (10^4 tons)	其他石油制品(万吨) Other Petroleum Products (10^4 tons)	天然气(亿立方米) Natural Gas (10^8 cu.m)	液化天然气(万吨) LNG (10^4 tons)	热力(万百万千焦) Heat (10^{10} kJ)	电力(亿千瓦小时) Electricity (10^8 kW•h)	其他能源(万吨标煤) Other Energy (10^4 tce)
5.11		**-35.65**	**51.63**	**-121.79**		**-858.46**	**38.28**
			226.80			685.61	39.21
4.82						14.54	
0.17							
		-35.60	-175.17	-123.43		-1546.43	
		-0.02				-12.18	
0.12		-0.03		1.64			-0.93
49.41	**0.19**	**69.18**	**-15.15**	**211.51**	**39938.00**	**3750.33**	**-37.32**
			-0.19		-2332.27	3750.33	-36.55
			-0.51		39490.43		-0.77
49.41	0.19	77.16					
		-7.98					
			17.22				
			-31.67	211.51			
					2779.84		
0.24			**0.12**			**94.54**	
54.28	**0.19**	**33.53**	**36.36**	**89.72**	**39938.00**	**2797.33**	**0.96**
					35.68	50.08	
23.65	0.19	0.79	20.04	63.13	7644.48	2436.91	0.96
			2.58				
		32.74			210.56	10.38	
0.01			9.50	26.59	215.69	31.67	
2.86			0.86		2125.36	50.69	
1.05			0.75		3712.69	62.40	
26.71			5.21		25993.54	155.20	
14.20			5.19		25993.54	110.76	
12.51			0.02			44.44	
54.52	**0.19**	**41.51**	**39.66**	**89.72**	**42270.27**	**2891.87**	**38.28**

6-6 辽宁能源平衡表(实物量)-2017

项　目	Item	煤合计(万吨) Coal Total (10^4 tons)	原煤(万吨) Raw Coal (10^4 tons)
一.可供本地区消费的能源量	**Total Primary Energy Supply**	**17587.17**	**14929.90**
1.一次能源生产量	Indigenous Production	3630.22	3630.22
2.外省(区、市)调入量	Moving In from Other Provinces	17496.78	14297.01
3.进口量	Import	437.82	437.82
4.境内轮船和飞机在境外的加油量	Domestic Airplanes&Ships Refueling in Abroad		
5.本省(区、市)调出量(-)	Sending Out to Other Provinces(-)	-3740.54	-3260.63
6.出口量(-)	Export(-)	-24.73	-24.73
7.境外轮船和飞机在境内的加油量(-)	Oversea Airplanes&Ships Refueling in China(-)		
8.库存增(-)、减(+)量	Stock Change	-212.38	-149.79
二.加工转换投入(-)产出(+)量	**Input(-) & Output(+) of Transformation**	**-14335.78**	**-12379.36**
1.火力发电	Thermal Power	-7020.60	-7020.15
2.供热	Heating Supply	-3623.13	-3592.84
3.洗选煤	Coal Washing	-594.50	-1749.00
4.炼焦	Coking	-3080.18	
5.炼油及煤制油	Petroleum Refineries		
#油品再投入量(-)	Petroleum Products Input (-)		
6.制气	Gas Works	-17.37	-17.37
#焦炭再投入量(-)	Coke Input (-)		
7.天然气液化	Natural Gas Liquefaction		
8.煤制品加工	Briquettes		
9.回收能	Recovery of Energy		
三.损失量	**Loss**		
四.终端消费量	**Total Final Consumption**	**3251.39**	**2550.54**
1.农、林、牧、渔业	Agriculture, Forestry, Animal Husbandry and Fishery	21.98	21.98
2.工业	Industry	2512.08	2259.33
#用作原料、材料	Non-Energy Use	36.82	36.82
3.建筑业	Construction	1.09	1.09
4.交通运输、仓储和邮政业	Transport, Storage and Post	43.12	29.87
5.批发、零售业和住宿、餐饮业	Wholesale, Retail Trade and Hotel, Restaurants	45.81	31.01
6.其他	Others	138.60	29.01
7.生活消费	Residential Consumption	488.71	178.25
城镇	Urban	279.59	78.38
乡村	Rural	209.12	99.87
五.平衡差额	**Statistical Difference**		
六.消费量合计	**Total Energy Consumption**	**17587.17**	**14929.90**

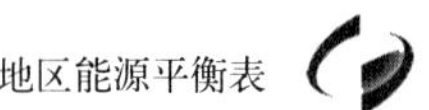

Energy Balance of Liaoning (Physical Quantity) -2017

洗精煤 (万吨) Cleaned Coal (10⁴ tons)	其他洗煤 (万吨) Other Washed Coal (10⁴ tons)	型煤 (万吨) Briquettes (10⁴ tons)	煤矸石 (万吨) Gangue (10⁴ tons)	焦炭 (万吨) Coke (10⁴ tons)	焦炉煤气 (亿立方米) Coke Oven Gas (10⁸ cu.m)	高炉煤气 (亿立方米) Blast Furnace Gas (10⁸ cu.m)	转炉煤气 (亿立方米) Converter Gas (10⁸ cu.m)	其他煤气 (亿立方米) Other Gas (10⁸ cu.m)
2703.49	**-51.11**	**4.89**	**38.95**	**873.66**				
2892.84	303.59	3.34	38.95	948.06				
-122.79	-357.12			-15.43				
				-3.20				
-66.56	2.42	1.55		-55.77				
-2703.49	**747.07**		**-37.16**	**2213.98**	**65.45**	**677.73**	**51.52**	**6.54**
	-0.45		-20.03		-12.59	-182.43	-8.23	
	-30.29		-17.13		-8.67	-88.17	-8.26	
376.69	777.81							
-3080.18				2215.61	86.71			
								6.54
				-1.63				
						948.33	68.01	
	695.96	**4.89**	**1.79**	**3087.64**	**65.45**	**677.73**	**51.52**	**6.54**
	247.86	4.89	1.79	3087.64	65.45	677.73	51.52	2.87
				7.10				
	13.25							
	14.80							0.04
	109.59							
	310.46							3.63
	201.21							3.62
	109.25							0.01
3080.18	**726.70**	**4.89**	**38.95**	**3089.27**	**86.71**	**948.33**	**68.01**	**6.54**

6-6 续表 1

项　目	Item	其他焦化产品(万吨) Other Coking Products (10^4 tons)	油品合计(万吨) Petroleum Products Total (10^4 tons)
一.可供本地区消费的能源量	**Total Primary Energy Supply**	**-40.97**	**4555.25**
1.一次能源生产量	Indigenous Production		1044.20
2.外省(区、市)调入量	Moving In from Other Provinces		6926.46
3.进口量	Import		3570.36
4.境内轮船和飞机在境外的加油量	Domestic Airplanes&Ships Refueling in Abroad		14.81
5.本省(区、市)调出量(-)	Sending Out to Other Provinces(-)		-5995.53
6.出口量(-)	Export(-)		-818.24
7.境外轮船和飞机在境内的加油量(-)	Oversea Airplanes&Ships Refueling in China(-)		-26.96
8.库存增(-)、减(+)量	Stock Change	-40.97	-159.85
二.加工转换投入(-)产出(+)量	**Input(-) & Output(+) of Transformation**	**92.58**	**-404.72**
1.火力发电	Thermal Power	-1.71	-4.86
2.供热	Heating Supply	-0.52	-29.51
3.洗选煤	Coal Washing		
4.炼焦	Coking	94.69	
5.炼油及煤制油	Petroleum Refineries		661.72
#油品再投入量(-)	Petroleum Products Input (-)		-1027.32
6.制气	Gas Works	0.12	-4.75
#焦炭再投入量(-)	Coke Input (-)		
7.天然气液化	Natural Gas Liquefaction		
8.煤制品加工	Briquettes		
9.回收能	Recovery of Energy		
三.损失量	**Loss**		**9.00**
四.终端消费量	**Total Final Consumption**	**51.61**	**4141.53**
1.农、林、牧、渔业	Agriculture, Forestry, Animal Husbandry and Fishery		154.14
2.工业	Industry	51.61	1837.55
#用作原料、材料	Non-Energy Use	13.20	502.51
3.建筑业	Construction		182.30
4.交通运输、仓储和邮政业	Transport, Storage and Post		1283.90
5.批发、零售业和住宿、餐饮业	Wholesale, Retail Trade and Hotel, Restaurants		59.52
6.其他	Others		308.77
7.生活消费	Residential Consumption		315.35
城镇	Urban		264.30
乡村	Rural		51.05
五.平衡差额	**Statistical Difference**		
六.消费量合计	**Total Energy Consumption**	**53.84**	**4555.25**

Continued 1

原油 (万吨) Crude Oil (10^4 tons)	汽油 (万吨) Gasoline (10^4 tons)	煤油 (万吨) Kerosene (10^4 tons)	柴油 (万吨) Diesel Oil (10^4 tons)	燃料油 (万吨) Fuel Oil (10^4 tons)	石脑油 (万吨) Naphtha (10^4 tons)	润滑油 (万吨) Lubricants (10^4 tons)	石蜡 (万吨) Paraffin Waxes (10^4 tons)	溶剂油 (万吨) White Spirit (10^4 tons)
7133.87	**-524.39**	**-460.22**	**-982.68**	**155.79**	**253.98**	**2.73**	**-134.56**	**0.23**
1044.20								
2908.82	1113.27	110.33	1187.87	780.94	547.91	8.78		0.20
3520.79				16.23		1.80	0.01	
		4.14		10.67				
	-1487.41	-449.59	-1975.89	-628.79	-275.38	-7.80	-103.59	
-240.78	-206.05	-124.71	-187.66	-11.28		-0.66	-27.88	
		-1.96	-5.00	-20.00				
-99.16	55.80	1.57	-2.00	8.02	-18.55	0.61	-3.10	0.03
-7100.88	**1316.49**	**504.59**	**2014.66**	**77.62**	**343.06**		**155.16**	
			-0.43	-3.71				
			-0.15	-22.22				
-7100.88	1316.49	504.59	2015.24	149.20	343.06		155.16	
				-45.65				
8.01	**0.99**							
24.98	**791.11**	**44.37**	**1031.98**	**233.41**	**597.04**	**2.73**	**20.60**	**0.23**
	58.31		95.81					
24.98	16.20	0.86	75.11	63.54	597.04	2.73	20.60	0.23
	0.01		0.01		412.81		0.13	0.06
	0.58	0.51	21.89					
	308.05	42.40	659.54	169.45				
	16.13	0.05	8.51	0.18				
	131.88	0.55	160.09	0.24				
	259.96		11.03					
	221.04		8.85					
	38.92		2.18					
7133.87	**792.10**	**44.37**	**1032.56**	**304.99**	**597.04**	**2.73**	**20.60**	**0.23**

6-6 续表 2

项 目	Item	石油沥青(万吨) Bitumen Asphalt (10^4 tons)	石油焦(万吨) Petroleum Coke (10^4 tons)
一.可供本地区消费的能源量	**Total Primary Energy Supply**	**-269.96**	**-142.45**
1.一次能源生产量	Indigenous Production		
2.外省(区、市)调入量	Moving In from Other Provinces	66.00	43.65
3.进口量	Import	2.45	29.08
4.境内轮船和飞机在境外的加油量	Domestic Airplanes&Ships Refueling in Abroad		
5.本省(区、市)调出量(-)	Sending Out to Other Provinces(-)	-328.18	-205.37
6.出口量(-)	Export(-)	-0.85	-18.37
7.境外轮船和飞机在境内的加油量(-)	Oversea Airplanes&Ships Refueling in China(-)		
8.库存增(-)、减(+)量	Stock Change	-9.38	8.56
二.加工转换投入(-)产出(+)量	**Input(-) & Output(+) of Transformation**	**530.03**	**281.70**
1.火力发电	Thermal Power		
2.供热	Heating Supply		
3.洗选煤	Coal Washing		
4.炼焦	Coking		
5.炼油及煤制油	Petroleum Refineries	582.67	281.70
#油品再投入量(-)	Petroleum Products Input (-)	-52.64	
6.制气	Gas Works		
#焦炭再投入量(-)	Coke Input (-)		
7.天然气液化	Natural Gas Liquefaction		
8.煤制品加工	Briquettes		
9.回收能	Recovery of Energy		
三.损失量	**Loss**		
四.终端消费量	**Total Final Consumption**	**260.07**	**139.25**
1.农、林、牧、渔业	Agriculture, Forestry, Animal Husbandry and Fishery		
2.工业	Industry	7.51	139.25
#用作原料、材料	Non-Energy Use	0.86	26.77
3.建筑业	Construction	159.31	
4.交通运输、仓储和邮政业	Transport, Storage and Post	93.25	
5.批发、零售业和住宿、餐饮业	Wholesale, Retail Trade and Hotel, Restaurants		
6.其他	Others		
7.生活消费	Residential Consumption		
城镇	Urban		
乡村	Rural		
五.平衡差额	**Statistical Difference**		
六.消费量合计	**Total Energy Consumption**	**312.71**	**139.25**

Continued 2

液化石油气 (万吨) LPG (10^4 tons)	炼厂干气 (万吨) Refinery Gas (10^4 tons)	其他石油制品 (万吨) Other Petroleum Products (10^4 tons)	天然气 (亿立方米) Natural Gas (10^8 cu.m)	液化天然气 (万吨) LNG (10^4 tons)	热力 (万百万千焦) Heat (10^{10} kJ)	电力 (亿千瓦小时) Electricity (10^8 kW•h)	其他能源 (万吨标煤) Other Energy (10^4 tce)
-1.12		**-475.97**	**61.30**	**5.41**		**764.45**	**76.02**
			5.11			420.36	
99.59		59.10		7.88		650.20	75.83
			56.19				
-95.41		-438.12		-2.01		-306.11	
-5.30		-96.95		-0.46			0.19
152.72	**231.65**	**1088.48**	**-1.55**	**3.07**	**56460.39**	**1408.91**	**-38.13**
	-0.72				-4281.64	1408.91	-33.59
	-7.14		-0.21		53303.69		-3.50
233.66	271.81	1909.02					-1.04
-76.19	-32.30	-820.54					
-4.75			-0.84				
			-0.50	3.07			
					7438.34		
					18.59	**110.54**	
151.60	**231.65**	**612.51**	**59.75**	**8.48**	**56441.80**	**2062.82**	**37.89**
0.02					11.59	38.84	
45.34	231.65	612.51	43.33	3.00	29863.63	1436.44	14.41
23.22		38.64	2.49				
0.01			0.06		50.01	24.93	
11.21			6.34	5.48	279.05	57.70	
34.65			0.15		170.33	98.29	
16.01			0.01		1801.32	152.89	
44.36			9.86		24265.87	253.73	23.48
34.41			9.70		24085.79	166.36	20.01
9.95			0.16		180.08	87.37	3.47
232.54	**271.81**	**1433.05**	**60.88**	**8.48**	**60742.03**	**2173.36**	**76.02**

6-7 吉林能源平衡表(实物量)-2017

项　目	Item	煤合计(万吨) Coal Total (10^4 tons)	原煤(万吨) Raw Coal (10^4 tons)
一.可供本地区消费的能源量	**Total Primary Energy Supply**	**9354.54**	**9224.62**
1.一次能源生产量	Indigenous Production	1638.77	1638.77
2.外省(区、市)调入量	Moving In from Other Provinces	7782.77	7583.10
3.进口量	Import	227.31	227.31
4.境内轮船和飞机在境外的加油量	Domestic Airplanes&Ships Refueling in Abroad		
5.本省(区、市)调出量(-)	Sending Out to Other Provinces(-)	-166.82	-110.87
6.出口量(-)	Export(-)	-3.86	-3.86
7.境外轮船和飞机在境内的加油量(-)	Oversea Airplanes&Ships Refueling in China(-)		
8.库存增(-)、减(+)量	Stock Change	-123.63	-109.83
二.加工转换投入(-)产出(+)量	**Input(-) & Output(+) of Transformation**	**-6436.46**	**-6726.78**
1.火力发电	Thermal Power	-3835.11	-3835.11
2.供热	Heating Supply	-2114.47	-2114.47
3.洗选煤	Coal Washing	-75.20	-769.60
4.炼焦	Coking	-411.73	
5.炼油及煤制油	Petroleum Refineries		
#油品再投入量(-)	Petroleum Products Input (-)		
6.制气	Gas Works		
#焦炭再投入量(-)	Coke Input (-)		
7.天然气液化	Natural Gas Liquefaction		
8.煤制品加工	Briquettes	0.05	-7.60
9.回收能	Recovery of Energy		
三.损失量	**Loss**		
四.终端消费量	**Total Final Consumption**	**2918.08**	**2497.84**
1.农、林、牧、渔业	Agriculture, Forestry, Animal Husbandry and Fishery	85.45	81.71
2.工业	Industry	1709.18	1691.34
#用作原料、材料	Non-Energy Use	53.12	49.24
3.建筑业	Construction	16.55	15.51
4.交通运输、仓储和邮政业	Transport, Storage and Post	425.99	214.04
5.批发、零售业和住宿、餐饮业	Wholesale, Retail Trade and Hotel, Restaurants	159.31	79.41
6.其他	Others	324.85	223.66
7.生活消费	Residential Consumption	196.75	192.17
城镇	Urban	14.73	13.19
乡村	Rural	182.02	178.98
五.平衡差额	**Statistical Difference**		
六.消费量合计	**Total Energy Consumption**	**9354.54**	**9224.62**

Energy Balance of Jilin (Physical Quantity) -2017

洗精煤（万吨） Cleaned Coal (10^4 tons)	其他洗煤（万吨） Other Washed Coal (10^4 tons)	型煤（万吨） Briquettes (10^4 tons)	煤矸石（万吨） Gangue (10^4 tons)	焦炭（万吨） Coke (10^4 tons)	焦炉煤气（亿立方米） Coke Oven Gas (10^8 cu.m)	高炉煤气（亿立方米） Blast Furnace Gas (10^8 cu.m)	转炉煤气（亿立方米） Converter Gas (10^8 cu.m)	其他煤气（亿立方米） Other Gas (10^8 cu.m)
60.07	**69.86**	**-0.01**		**162.38**				
75.99	123.68			165.82				
-18.63	-37.32							
				-0.07				
2.71	-16.50	-0.01		-3.37				
-59.63	**342.30**	**7.65**		**313.68**	**11.07**	**98.99**	**7.50**	
			-2.15		-0.38	-5.55	-0.08	
352.10	342.30		2.15					
-411.73				313.68	11.45			
		7.65						
						104.54	7.58	
0.44	**412.16**	**7.64**		**476.06**	**11.07**	**98.99**	**7.50**	
	3.74			7.32				
	14.78	3.06		468.26	10.81	98.99	7.47	
	3.86	0.02		2.33				
	1.04			0.08				
0.44	211.51						0.01	
	79.90			0.28			0.02	
	101.19			0.12				
		4.58			0.26			
		1.54			0.26			
		3.04						
412.17	**412.16**	**7.64**	**2.15**	**476.06**	**11.45**	**104.54**	**7.58**	

6-7 续表 1

项　　目	Item	其他焦化产品 (万吨) Other Coking Products (10^4 tons)	油品合计 (万吨) Petroleum Products Total (10^4 tons)
一.可供本地区消费的能源量	**Total Primary Energy Supply**	**0.20**	**1046.20**
1.一次能源生产量	Indigenous Production		420.94
2.外省(区、市)调入量	Moving In from Other Provinces		1197.15
3.进口量	Import		0.45
4.境内轮船和飞机在境外的加油量	Domestic Airplanes&Ships Refueling in Abroad		
5.本省(区、市)调出量(-)	Sending Out to Other Provinces(-)		-579.91
6.出口量(-)	Export(-)		-0.24
7.境外轮船和飞机在境内的加油量(-)	Oversea Airplanes&Ships Refueling in China(-)		
8.库存增(-)、减(+)量	Stock Change	0.20	7.81
二.加工转换投入(-)产出(+)量	**Input(-) & Output(+) of Transformation**	**8.92**	**-61.43**
1.火力发电	Thermal Power		-2.26
2.供热	Heating Supply		-4.44
3.洗选煤	Coal Washing		
4.炼焦	Coking	8.92	
5.炼油及煤制油	Petroleum Refineries		-54.73
#油品再投入量(-)	Petroleum Products Input (-)		
6.制气	Gas Works		
#焦炭再投入量(-)	Coke Input (-)		
7.天然气液化	Natural Gas Liquefaction		
8.煤制品加工	Briquettes		
9.回收能	Recovery of Energy		
三.损失量	**Loss**		
四.终端消费量	**Total Final Consumption**	**9.12**	**984.77**
1.农、林、牧、渔业	Agriculture, Forestry, Animal Husbandry and Fishery		76.13
2.工业	Industry	9.12	455.47
#用作原料、材料	Non-Energy Use		286.78
3.建筑业	Construction		50.90
4.交通运输、仓储和邮政业	Transport, Storage and Post		271.16
5.批发、零售业和住宿、餐饮业	Wholesale, Retail Trade and Hotel, Restaurants		26.02
6.其他	Others		54.30
7.生活消费	Residential Consumption		50.79
城镇	Urban		23.81
乡村	Rural		26.98
五.平衡差额	**Statistical Difference**		
六.消费量合计	**Total Energy Consumption**	**9.12**	**1046.20**

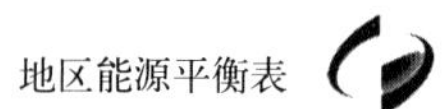

Continued 1

原油 (万吨) Crude Oil (10^4 tons)	汽油 (万吨) Gasoline (10^4 tons)	煤油 (万吨) Kerosene (10^4 tons)	柴油 (万吨) Diesel Oil (10^4 tons)	燃料油 (万吨) Fuel Oil (10^4 tons)	石脑油 (万吨) Naphtha (10^4 tons)	润滑油 (万吨) Lubricants (10^4 tons)	石蜡 (万吨) Paraffin Waxes (10^4 tons)	溶剂油 (万吨) White Spirit (10^4 tons)
1027.90	**-15.22**	**-12.13**	**41.88**	**9.18**	**29.71**	**0.12**	**0.05**	**0.10**
420.94								
616.19	247.62	17.20	269.03	12.08	29.95	0.92	0.05	0.11
		0.45						
-5.72	-270.10	-29.34	-233.94	-3.10		-0.04		-0.02
	-0.05		-0.04	-0.15				
-3.51	7.31	-0.44	6.83	0.35	-0.24	-0.76		0.01
-1017.48	**221.14**	**29.54**	**317.50**	**22.37**	**90.19**			
			-0.33	-1.93				
	-0.02		-0.04	-4.38				
-1017.48	221.16	29.54	317.87	28.68	90.19			
10.42	**205.92**	**17.41**	**359.38**	**31.55**	**119.90**	**0.12**	**0.05**	**0.10**
	30.90	0.03	44.57	0.07				
10.42	29.75	10.36	43.37	22.85	119.90	0.12	0.05	0.10
	0.17		0.10	18.55	119.90			
	17.99	0.40	30.13	1.92				
	45.88	5.20	213.91	5.21				
	15.45	0.74	6.89	1.21				
	39.90	0.68	8.50	0.29				
	26.05		12.01					
	16.06		1.96					
	9.99		10.05					
1027.90	**205.94**	**17.41**	**359.75**	**37.86**	**119.90**	**0.12**	**0.05**	**0.10**

6-7 续表 2

项　目	Item	石油沥青(万吨) Bitumen Asphalt (10^4 tons)	石油焦(万吨) Petroleum Coke (10^4 tons)
一.可供本地区消费的能源量	**Total Primary Energy Supply**	**2.02**	**-19.22**
1.一次能源生产量	Indigenous Production		
2.外省(区、市)调入量	Moving In from Other Provinces	2.02	
3.进口量	Import		
4.境内轮船和飞机在境外的加油量	Domestic Airplanes&Ships Refueling in Abroad		
5.本省(区、市)调出量(-)	Sending Out to Other Provinces(-)		-19.08
6.出口量(-)	Export(-)		
7.境外轮船和飞机在境内的加油量(-)	Oversea Airplanes&Ships Refueling in China(-)		
8.库存增(-)、减(+)量	Stock Change		-0.14
二.加工转换投入(-)产出(+)量	**Input(-) & Output(+) of Transformation**		**19.22**
1.火力发电	Thermal Power		
2.供热	Heating Supply		
3.洗选煤	Coal Washing		
4.炼焦	Coking		
5.炼油及煤制油	Petroleum Refineries		19.22
#油品再投入量(-)	Petroleum Products Input (-)		
6.制气	Gas Works		
#焦炭再投入量(-)	Coke Input (-)		
7.天然气液化	Natural Gas Liquefaction		
8.煤制品加工	Briquettes		
9.回收能	Recovery of Energy		
三.损失量	**Loss**		
四.终端消费量	**Total Final Consumption**	**2.02**	
1.农、林、牧、渔业	Agriculture, Forestry, Animal Husbandry and Fishery		
2.工业	Industry	2.02	
#用作原料、材料	Non-Energy Use	0.11	
3.建筑业	Construction		
4.交通运输、仓储和邮政业	Transport, Storage and Post		
5.批发、零售业和住宿、餐饮业	Wholesale, Retail Trade and Hotel, Restaurants		
6.其他	Others		
7.生活消费	Residential Consumption		
城镇	Urban		
乡村	Rural		
五.平衡差额	**Statistical Difference**		
六.消费量合计	**Total Energy Consumption**	**2.02**	

Continued 2

液化石油气（万吨） LPG (10^4 tons)	炼厂干气（万吨） Refinery Gas (10^4 tons)	其他石油制品（万吨） Other Petroleum Products (10^4 tons)	天然气（亿立方米） Natural Gas (10^8 cu.m)	液化天然气（万吨） LNG (10^4 tons)	热力（万百万千焦） Heat (10^{10} kJ)	电力（亿千瓦小时） Electricity (10^8 kW•h)	其他能源（万吨标煤） Other Energy (10^4 tce)
-1.67	**1.98**	**-18.50**	**24.91**	**-1.25**		**60.12**	**724.58**
			18.58			157.48	233.88
	1.98		6.33	2.83		121.93	491.60
		-18.57		-4.37		-219.29	
-1.67		0.07		0.29			-0.90
44.39	**26.51**	**185.19**	**-1.34**	**5.40**	**27463.73**	**642.85**	**-148.42**
			-0.03		-102.73	642.85	-145.46
			-0.39		26925.72		-2.96
44.39	26.51	185.19					
			-0.92	5.40			
					640.74		
					3206.90	**31.31**	
42.72	**28.49**	**166.69**	**23.57**	**4.15**	**24256.83**	**671.66**	**576.16**
0.56			0.04			15.99	16.96
21.35	28.49	166.69	14.07	4.15	14642.62	393.66	473.27
		147.95	0.16				
0.46					490.77	10.52	16.61
0.96			0.72		388.50	24.63	45.75
1.73			0.45		721.19	39.96	
4.93			0.61		2543.30	70.30	13.33
12.73			7.68		5470.45	116.60	10.24
5.79			7.66		5470.45	76.87	5.70
6.94			0.02			39.73	4.54
42.72	**28.49**	**166.69**	**24.16**	**4.15**	**27566.46**	**702.97**	**724.58**

6-8 黑龙江能源平衡表(实物量)-2017

项　目	Item	煤合计 (万吨) Coal Total (10^4 tons)	原煤 (万吨) Raw Coal (10^4 tons)
一.可供本地区消费的能源量	**Total Primary Energy Supply**	**14468.99**	**15376.96**
1.一次能源生产量	Indigenous Production	6195.76	6195.76
2.外省(区、市)调入量	Moving In from Other Provinces	10203.04	10191.37
3.进口量	Import	633.47	633.47
4.境内轮船和飞机在境外的加油量	Domestic Airplanes&Ships Refueling in Abroad		
5.本省(区、市)调出量(-)	Sending Out to Other Provinces(-)	-2381.11	-1663.50
6.出口量(-)	Export(-)		
7.境外轮船和飞机在境内的加油量(-)	Oversea Airplanes&Ships Refueling in China(-)		
8.库存增(-)、减(+)量	Stock Change	-182.17	19.86
二.加工转换投入(-)产出(+)量	**Input(-) & Output(+) of Transformation**	**-8843.52**	**-10605.06**
1.火力发电	Thermal Power	-3984.44	-3913.09
2.供热	Heating Supply	-2694.37	-2633.87
3.洗选煤	Coal Washing	-1008.03	-4016.27
4.炼焦	Coking	-1091.28	
5.炼油及煤制油	Petroleum Refineries		
#油品再投入量(-)	Petroleum Products Input (-)		
6.制气	Gas Works	-65.40	-41.83
#焦炭再投入量(-)	Coke Input (-)		
7.天然气液化	Natural Gas Liquefaction		
8.煤制品加工	Briquettes		
9.回收能	Recovery of Energy		
三.损失量	**Loss**		
四.终端消费量	**Total Final Consumption**	**5625.47**	**4771.90**
1.农、林、牧、渔业	Agriculture, Forestry, Animal Husbandry and Fishery	453.32	453.32
2.工业	Industry	2631.66	1778.09
#用作原料、材料	Non-Energy Use	51.64	
3.建筑业	Construction		
4.交通运输、仓储和邮政业	Transport, Storage and Post	412.03	412.03
5.批发、零售业和住宿、餐饮业	Wholesale, Retail Trade and Hotel, Restaurants	881.33	881.33
6.其他	Others	894.89	894.89
7.生活消费	Residential Consumption	352.24	352.24
城镇	Urban	265.99	265.99
乡村	Rural	86.25	86.25
五.平衡差额	**Statistical Difference**		
六.消费量合计	**Total Energy Consumption**	**14468.99**	**15376.96**

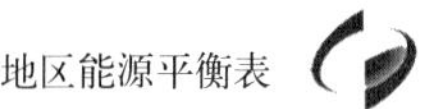

Energy Balance of Heilongjiang (Physical Quantity) -2017

洗精煤 (万吨) Cleaned Coal (10^4 tons)	其他洗煤 (万吨) Other Washed Coal (10^4 tons)	型煤 (万吨) Briquettes (10^4 tons)	煤矸石 (万吨) Gangue (10^4 tons)	焦炭 (万吨) Coke (10^4 tons)	焦炉煤气 (亿立方米) Coke Oven Gas (10^8 cu.m)	高炉煤气 (亿立方米) Blast Furnace Gas (10^8 cu.m)	转炉煤气 (亿立方米) Converter Gas (10^8 cu.m)	其他煤气 (亿立方米) Other Gas (10^8 cu.m)
-789.46	**-130.07**	**11.56**		**-546.49**				
		11.67						
-592.72	-124.89			-563.13				
-196.74	-5.18	-0.11		16.64				
789.46	**983.64**	**-11.56**		**761.25**	**7.32**	**43.51**	**2.35**	**8.65**
	-70.19	-1.16	-395.91		-3.42			
	-50.10	-10.40	-165.43		-0.22			
1880.74	1127.50		561.34					
-1091.28				761.25	13.00			
	-23.57							8.65
					-2.04			
						43.51	2.35	
	853.57			**214.76**	**7.32**	**43.51**	**2.35**	**8.65**
	853.57			214.76	7.32	43.51	2.35	8.65
	51.64							
1091.28	**997.43**	**11.56**	**561.34**	**214.76**	**10.96**	**43.51**	**2.35**	**8.65**

6-8 续表 1

项 目	Item	其他焦化产品(万吨) Other Coking Products (10^4 tons)	油品合计(万吨) Petroleum Products Total (10^4 tons)
一.可供本地区消费的能源量	**Total Primary Energy Supply**	**-1.38**	**1705.76**
1.一次能源生产量	Indigenous Production		3420.26
2.外省(区、市)调入量	Moving In from Other Provinces		90.71
3.进口量	Import		1980.77
4.境内轮船和飞机在境外的加油量	Domestic Airplanes&Ships Refueling in Abroad		
5.本省(区、市)调出量(-)	Sending Out to Other Provinces(-)		-3765.01
6.出口量(-)	Export(-)		-20.08
7.境外轮船和飞机在境内的加油量(-)	Oversea Airplanes&Ships Refueling in China(-)		
8.库存增(-)、减(+)量	Stock Change	-1.38	-0.89
二.加工转换投入(-)产出(+)量	**Input(-) & Output(+) of Transformation**	**56.68**	**-215.84**
1.火力发电	Thermal Power		-10.38
2.供热	Heating Supply		-74.01
3.洗选煤	Coal Washing		
4.炼焦	Coking	56.68	
5.炼油及煤制油	Petroleum Refineries		10.92
#油品再投入量(-)	Petroleum Products Input (-)		-142.37
6.制气	Gas Works		
#焦炭再投入量(-)	Coke Input (-)		
7.天然气液化	Natural Gas Liquefaction		
8.煤制品加工	Briquettes		
9.回收能	Recovery of Energy		
三.损失量	**Loss**		
四.终端消费量	**Total Final Consumption**	**55.30**	**1489.92**
1.农、林、牧、渔业	Agriculture, Forestry, Animal Husbandry and Fishery		171.31
2.工业	Industry	55.30	642.49
#用作原料、材料	Non-Energy Use		87.36
3.建筑业	Construction		10.50
4.交通运输、仓储和邮政业	Transport, Storage and Post		451.82
5.批发、零售业和住宿、餐饮业	Wholesale, Retail Trade and Hotel, Restaurants		74.03
6.其他	Others		41.83
7.生活消费	Residential Consumption		97.94
城镇	Urban		69.04
乡村	Rural		28.90
五.平衡差额	**Statistical Difference**		
六.消费量合计	**Total Energy Consumption**	**55.30**	**1705.76**

Continued 1

原油 (万吨) Crude Oil (10^4 tons)	汽油 (万吨) Gasoline (10^4 tons)	煤油 (万吨) Kerosene (10^4 tons)	柴油 (万吨) Diesel Oil (10^4 tons)	燃料油 (万吨) Fuel Oil (10^4 tons)	石脑油 (万吨) Naphtha (10^4 tons)	润滑油 (万吨) Lubricants (10^4 tons)	石蜡 (万吨) Paraffin Waxes (10^4 tons)	溶剂油 (万吨) White Spirit (10^4 tons)
1905.40	**-140.74**	**-0.20**	**-95.31**	**53.92**	**-0.67**	**-1.92**	**-2.76**	**0.01**
3420.26								
	16.41		21.49	52.81				
1977.92	2.85							
-3495.48	-162.52		-107.01					
	-3.36		-14.98				-1.74	
2.70	5.88	-0.20	5.19	1.11	-0.67	-1.92	-1.02	0.01
-1622.67	**519.24**	**87.75**	**425.38**	**-50.89**	**0.70**	**10.40**	**40.13**	
			-0.37	-0.56				
			-0.11	-7.62				
-1622.67	519.24	87.75	425.86	17.73	0.70	10.40	40.13	
				-60.44				
282.73	**378.50**	**87.55**	**330.07**	**3.03**	**0.03**	**8.48**	**37.37**	**0.01**
	24.49		146.82					
282.73	7.89	0.02	36.69	3.03	0.03	8.48	37.37	0.01
	0.03		0.14	0.03				0.01
			10.50					
	263.64	87.53	90.26					
	15.08		24.64					
	26.75							
	40.65		21.16					
	30.20		13.10					
	10.45		8.06					
1905.40	**378.50**	**87.55**	**330.55**	**71.65**	**0.03**	**8.48**	**37.37**	**0.01**

6-8 续表 2

项　　目	Item	石油沥青(万吨) Bitumen Asphalt (10^4 tons)	石油焦(万吨) Petroleum Coke (10^4 tons)
一.可供本地区消费的能源量	**Total Primary Energy Supply**	**1.71**	**-5.98**
1.一次能源生产量	Indigenous Production		
2.外省(区、市)调入量	Moving In from Other Provinces		
3.进口量	Import		
4.境内轮船和飞机在境外的加油量	Domestic Airplanes&Ships Refueling in Abroad		
5.本省(区、市)调出量(-)	Sending Out to Other Provinces(-)		
6.出口量(-)	Export(-)		
7.境外轮船和飞机在境内的加油量(-)	Oversea Airplanes&Ships Refueling in China(-)		
8.库存增(-)、减(+)量	Stock Change	1.71	-5.98
二.加工转换投入(-)产出(+)量	**Input(-) & Output(+) of Transformation**		**19.67**
1.火力发电	Thermal Power		
2.供热	Heating Supply		
3.洗选煤	Coal Washing		
4.炼焦	Coking		
5.炼油及煤制油	Petroleum Refineries		19.67
#油品再投入量(-)	Petroleum Products Input (-)		
6.制气	Gas Works		
#焦炭再投入量(-)	Coke Input (-)		
7.天然气液化	Natural Gas Liquefaction		
8.煤制品加工	Briquettes		
9.回收能	Recovery of Energy		
三.损失量	**Loss**		
四.终端消费量	**Total Final Consumption**	**1.71**	**13.69**
1.农、林、牧、渔业	Agriculture, Forestry, Animal Husbandry and Fishery		
2.工业	Industry	1.71	13.69
#用作原料、材料	Non-Energy Use	0.11	
3.建筑业	Construction		
4.交通运输、仓储和邮政业	Transport, Storage and Post		
5.批发、零售业和住宿、餐饮业	Wholesale, Retail Trade and Hotel, Restaurants		
6.其他	Others		
7.生活消费	Residential Consumption		
城镇	Urban		
乡村	Rural		
五.平衡差额	**Statistical Difference**		
六.消费量合计	**Total Energy Consumption**	**1.71**	**13.69**

Continued 2

液化石油气 (万吨) LPG (10⁴ tons)	炼厂干气 (万吨) Refinery Gas (10⁴ tons)	其他石油制品 (万吨) Other Petroleum Products (10⁴ tons)	天然气 (亿立方米) Natural Gas (10⁸ cu.m)	液化天然气 (万吨) LNG (10⁴ tons)	热力 (万百万千焦) Heat (10¹⁰ kJ)	电力 (亿千瓦小时) Electricity (10⁸ kW•h)	其他能源 (万吨标煤) Other Energy (10⁴ tce)
0.37		**-8.07**	**40.54**	**0.12**		**112.74**	**528.70**
			40.54			138.50	256.74
						73.95	271.96
						32.83	
						-132.54	
0.37		-8.07		0.12			
146.50	**41.06**	**166.89**	**-5.70**	**5.91**	**41324.18**	**815.82**	**-256.74**
	-9.45		-1.21		-150.25	815.82	-204.90
	-66.28		-4.49		41108.29		-51.84
163.25	116.79	232.07					
-16.75		-65.18					
				5.91			
					366.14		
			0.76			**53.58**	
146.87	**41.06**	**158.82**	**34.08**	**6.03**	**41324.18**	**874.98**	**271.96**
						52.35	
50.96	41.06	158.82	24.98	0.10	10536.42	493.25	49.35
		87.04	4.80				
					80.66	11.89	
10.39			1.83		746.76	18.72	155.00
34.31			0.86		2027.15	40.05	
15.08				5.93	3198.69	77.34	19.83
36.13			6.41		24734.50	181.38	47.78
25.74			6.41		24734.50	109.32	47.78
10.39						72.06	
163.62	**116.79**	**224.00**	**39.72**	**6.03**	**41474.43**	**928.56**	**528.70**

6-9 上海能源平衡表(实物量)-2017

项 目	Item	煤合计 (万吨) Coal Total (10^4 tons)	原煤 (万吨) Raw Coal (10^4 tons)
一.可供本地区消费的能源量	**Total Primary Energy Supply**	**4576.61**	**3742.54**
1.一次能源生产量	Indigenous Production		
2.外省(区、市)调入量	Moving In from Other Provinces	5677.57	4210.85
3.进口量	Import	155.86	155.86
4.境内轮船和飞机在境外的加油量	Domestic Airplanes&Ships Refueling in Abroad		
5.本省(区、市)调出量(-)	Sending Out to Other Provinces(-)	-1285.40	-643.30
6.出口量(-)	Export(-)		
7.境外轮船和飞机在境内的加油量(-)	Oversea Airplanes&Ships Refueling in China(-)		
8.库存增(-)、减(+)量	Stock Change	28.58	19.13
二.加工转换投入(-)产出(+)量	**Input(-) & Output(+) of Transformation**	**-4074.66**	**-3248.63**
1.火力发电	Thermal Power	-2928.24	-2928.24
2.供热	Heating Supply	-278.57	-278.57
3.洗选煤	Coal Washing		
4.炼焦	Coking	-867.85	-41.82
5.炼油及煤制油	Petroleum Refineries		
#油品再投入量(-)	Petroleum Products Input (-)		
6.制气	Gas Works		
#焦炭再投入量(-)	Coke Input (-)		
7.天然气液化	Natural Gas Liquefaction		
8.煤制品加工	Briquettes		
9.回收能	Recovery of Energy		
三.损失量	**Loss**	**24.31**	**21.45**
四.终端消费量	**Total Final Consumption**	**478.87**	**478.87**
1.农、林、牧、渔业	Agriculture, Forestry, Animal Husbandry and Fishery	0.34	0.34
2.工业	Industry	468.97	468.97
#用作原料、材料	Non-Energy Use	202.54	202.54
3.建筑业	Construction	1.55	1.55
4.交通运输、仓储和邮政业	Transport, Storage and Post	0.01	0.01
5.批发、零售业和住宿、餐饮业	Wholesale, Retail Trade and Hotel, Restaurants	2.00	2.00
6.其他	Others	2.00	2.00
7.生活消费	Residential Consumption	4.00	4.00
城镇	Urban	2.00	2.00
乡村	Rural	2.00	2.00
五.平衡差额	**Statistical Difference**	**-1.23**	**-6.41**
六.消费量合计	**Total Energy Consumption**	**4577.84**	**3748.95**

Energy Balance of Shanghai (Physical Quantity) -2017

洗精煤 (万吨) Cleaned Coal (10^4 tons)	其他洗煤 (万吨) Other Washed Coal (10^4 tons)	型煤 (万吨) Briquettes (10^4 tons)	煤矸石 (万吨) Gangue (10^4 tons)	焦炭 (万吨) Coke (10^4 tons)	焦炉煤气 (亿立方米) Coke Oven Gas (10^8 cu.m)	高炉煤气 (亿立方米) Blast Furnace Gas (10^8 cu.m)	转炉煤气 (亿立方米) Converter Gas (10^8 cu.m)	其他煤气 (亿立方米) Other Gas (10^8 cu.m)
834.07				**35.39**	**0.18**	**1.32**		
1392.55	74.17			79.25	0.18	1.32		
-567.93	-74.17			-44.00				
9.45				0.14				
-826.03				**556.92**	**22.69**	**128.59**	**11.03**	
					-0.94	-78.01	-2.02	
-826.03				556.92	23.63			
						206.60	13.05	
2.86				**20.69**				
				571.62	**22.87**	**129.91**	**11.03**	
				571.62	22.87	129.91	11.03	
5.18								
828.89				**592.31**	**23.81**	**207.92**	**13.05**	

6-9 续表 1

项　目	Item	其他焦化产品(万吨) Other Coking Products (10^4 tons)	油品合计(万吨) Petroleum Products Total (10^4 tons)
一.可供本地区消费的能源量	**Total Primary Energy Supply**	**39.82**	**3773.24**
1.一次能源生产量	Indigenous Production		15.90
2.外省(区、市)调入量	Moving In from Other Provinces	62.72	7988.59
3.进口量	Import		2691.77
4.境内轮船和飞机在境外的加油量	Domestic Airplanes&Ships Refueling in Abroad		694.51
5.本省(区、市)调出量(-)	Sending Out to Other Provinces(-)	-23.60	-7330.51
6.出口量(-)	Export(-)		-178.47
7.境外轮船和飞机在境内的加油量(-)	Oversea Airplanes&Ships Refueling in China(-)		-189.46
8.库存增(-)、减(+)量	Stock Change	0.70	80.91
二.加工转换投入(-)产出(+)量	**Input(-) & Output(+) of Transformation**	**32.36**	**-16.99**
1.火力发电	Thermal Power		-20.38
2.供热	Heating Supply		-14.08
3.洗选煤	Coal Washing		
4.炼焦	Coking	32.36	
5.炼油及煤制油	Petroleum Refineries		49.80
#油品再投入量(-)	Petroleum Products Input (-)		-32.33
6.制气	Gas Works		
#焦炭再投入量(-)	Coke Input (-)		
7.天然气液化	Natural Gas Liquefaction		
8.煤制品加工	Briquettes		
9.回收能	Recovery of Energy		
三.损失量	**Loss**		
四.终端消费量	**Total Final Consumption**	**73.68**	**3757.60**
1.农、林、牧、渔业	Agriculture, Forestry, Animal Husbandry and Fishery		28.62
2.工业	Industry	73.68	1146.03
#用作原料、材料	Non-Energy Use	23.06	669.63
3.建筑业	Construction		76.60
4.交通运输、仓储和邮政业	Transport, Storage and Post		1664.96
5.批发、零售业和住宿、餐饮业	Wholesale, Retail Trade and Hotel, Restaurants		162.21
6.其他	Others		325.85
7.生活消费	Residential Consumption		353.33
城镇	Urban		280.42
乡村	Rural		72.91
五.平衡差额	**Statistical Difference**	**-1.50**	**-1.35**
六.消费量合计	**Total Energy Consumption**	**73.68**	**3774.59**

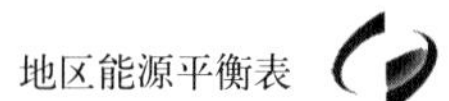

Continued 1

原油(万吨) Crude Oil (10⁴ tons)	汽油(万吨) Gasoline (10⁴ tons)	煤油(万吨) Kerosene (10⁴ tons)	柴油(万吨) Diesel Oil (10⁴ tons)	燃料油(万吨) Fuel Oil (10⁴ tons)	石脑油(万吨) Naphtha (10⁴ tons)	润滑油(万吨) Lubricants (10⁴ tons)	石蜡(万吨) Paraffin Waxes (10⁴ tons)	溶剂油(万吨) White Spirit (10⁴ tons)
2492.77	**90.73**	**362.90**	**-156.33**	**657.93**	**335.96**	**55.47**	**-5.71**	**0.97**
15.90								
	1943.93	299.50	1544.00	2427.14	336.74	145.64	0.01	0.57
2461.42		192.11						
		181.22	23.54	488.18		1.57		
-3.70	-1832.44	-125.56	-1586.12	-2266.09	-1.55	-94.34	-5.83	
	-32.39		-145.79	-0.29				
		-189.46						
19.15	11.63	5.09	8.04	8.99	0.77	2.60	0.11	0.40
-2489.49	**570.01**	**292.80**	**703.38**	**12.81**	**155.42**	**6.46**	**12.81**	**0.18**
			-3.63					
			-0.13	-0.18				
-2489.49	570.01	292.80	707.14	12.99	155.42	6.46	12.81	0.18
3.28	**662.63**	**652.30**	**546.62**	**672.26**	**491.37**	**63.06**	**7.23**	**1.18**
	14.97		11.50	1.61				
3.28	25.08	0.68	40.58	7.90	491.37	7.49	7.23	1.18
	0.07	0.27			478.63	1.50	0.18	0.87
	27.09		26.55	4.75				
	131.49	651.62	201.75	658.00		17.32		
	75.69		76.23			2.91		
	105.95		156.13			15.76		
	282.36		33.88			19.58		
	240.67		16.78			16.65		
	41.69		17.10			2.93		
	-1.89	**3.40**	**0.43**	**-1.52**	**0.01**	**-1.13**	**-0.13**	**-0.03**
2492.77	**662.63**	**652.30**	**550.38**	**672.44**	**491.37**	**63.06**	**7.23**	**1.18**

6-9 续表 2

项　目	Item	石油沥青(万吨) Bitumen Asphalt (10^4 tons)	石油焦(万吨) Petroleum Coke (10^4 tons)
一.可供本地区消费的能源量	**Total Primary Energy Supply**	**3.68**	**-23.51**
1.一次能源生产量	Indigenous Production		
2.外省(区、市)调入量	Moving In from Other Provinces		9.54
3.进口量	Import		
4.境内轮船和飞机在境外的加油量	Domestic Airplanes&Ships Refueling in Abroad		
5.本省(区、市)调出量(-)	Sending Out to Other Provinces(-)		-37.66
6.出口量(-)	Export(-)		
7.境外轮船和飞机在境内的加油量(-)	Oversea Airplanes&Ships Refueling in China(-)		
8.库存增(-)、减(+)量	Stock Change	3.68	4.61
二.加工转换投入(-)产出(+)量	**Input(-) & Output(+) of Transformation**	**70.11**	**107.97**
1.火力发电	Thermal Power		-16.48
2.供热	Heating Supply		-13.31
3.洗选煤	Coal Washing		
4.炼焦	Coking		
5.炼油及煤制油	Petroleum Refineries	70.11	137.76
#油品再投入量(-)	Petroleum Products Input (-)		
6.制气	Gas Works		
#焦炭再投入量(-)	Coke Input (-)		
7.天然气液化	Natural Gas Liquefaction		
8.煤制品加工	Briquettes		
9.回收能	Recovery of Energy		
三.损失量	**Loss**		
四.终端消费量	**Total Final Consumption**	**73.79**	**84.50**
1.农、林、牧、渔业	Agriculture, Forestry, Animal Husbandry and Fishery		
2.工业	Industry	16.79	84.50
#用作原料、材料	Non-Energy Use	16.79	
3.建筑业	Construction	15.00	
4.交通运输、仓储和邮政业	Transport, Storage and Post		
5.批发、零售业和住宿、餐饮业	Wholesale, Retail Trade and Hotel, Restaurants		
6.其他	Others	42.00	
7.生活消费	Residential Consumption		
城镇	Urban		
乡村	Rural		
五.平衡差额	**Statistical Difference**		**-0.04**
六.消费量合计	**Total Energy Consumption**	**73.79**	**114.29**

Continued 2

液化石油气 (万吨) LPG (10^4 tons)	炼厂干气 (万吨) Refinery Gas (10^4 tons)	其他石油制品 (万吨) Other Petroleum Products (10^4 tons)	天然气 (亿立方米) Natural Gas (10^8 cu.m)	液化天然气 (万吨) LNG (10^4 tons)	热力 (万百万千焦) Heat (10^{10} kJ)	电力 (亿千瓦小时) Electricity (10^8 kW•h)	其他能源 (万吨标煤) Other Energy (10^4 tce)
-21.53	**0.01**	**-20.10**	**82.60**	**4.57**		**680.49**	
			1.71			19.22	
1262.00	0.01	19.51	45.98	4.57		779.66	
5.10		33.14	34.91				
-1300.00		-77.22				-118.39	
11.37		4.47					
123.87	**133.61**	**283.07**	**-22.86**		**9834.18**	**846.28**	**2.05**
	-0.27		-19.25		-913.40	846.28	-75.23
	-0.46		-3.61		6833.75		-11.36
123.87	134.34	315.40					
		-32.33					
					3913.83		88.64
			3.62			**81.93**	
102.57	**133.83**	**262.98**	**56.12**	**4.57**	**9834.33**	**1444.84**	**2.05**
0.54			0.10		12.43	7.09	
63.14	133.83	262.98	31.53	4.57	9730.99	716.29	2.05
47.51	16.04	107.77	7.08				
3.21			0.11		3.44	44.31	
4.78			0.70		3.86	49.77	
7.38			2.80		24.92	82.18	
6.01			6.36		58.69	316.41	
17.51			14.52			228.79	
6.32			12.06			225.29	
11.19			2.46			3.50	
-0.23	**-0.21**	**-0.01**			**-0.15**		
102.57	**134.56**	**295.31**	**82.60**	**4.57**	**10747.73**	**1526.77**	**88.64**

6-10 江苏能源平衡表(实物量)-2017

项 目	Item	煤合计 (万吨) Coal Total (10^4 tons)	原煤 (万吨) Raw Coal (10^4 tons)
一.可供本地区消费的能源量	**Total Primary Energy Supply**	**26620.03**	**24115.34**
1.一次能源生产量	Indigenous Production	1278.47	1278.47
2.外省(区、市)调入量	Moving In from Other Provinces	30327.65	26520.41
3.进口量	Import	731.00	731.00
4.境内轮船和飞机在境外的加油量	Domestic Airplanes&Ships Refueling in Abroad		
5.本省(区、市)调出量(-)	Sending Out to Other Provinces(-)	-5704.81	-4486.19
6.出口量(-)	Export(-)	-14.00	-14.00
7.境外轮船和飞机在境内的加油量(-)	Oversea Airplanes&Ships Refueling in China(-)		
8.库存增(-)、减(+)量	Stock Change	1.72	85.65
二.加工转换投入(-)产出(+)量	**Input(-) & Output(+) of Transformation**	**-22237.25**	**-20130.92**
1.火力发电	Thermal Power	-15943.34	-15759.23
2.供热	Heating Supply	-3310.57	-3190.97
3.洗选煤	Coal Washing	-149.01	-1119.83
4.炼焦	Coking	-2831.53	-58.09
5.炼油及煤制油	Petroleum Refineries		
#油品再投入量(-)	Petroleum Products Input (-)		
6.制气	Gas Works	-2.80	-2.80
#焦炭再投入量(-)	Coke Input (-)		
7.天然气液化	Natural Gas Liquefaction		
8.煤制品加工	Briquettes		
9.回收能	Recovery of Energy		
三.损失量	**Loss**		
四.终端消费量	**Total Final Consumption**	**4382.78**	**3984.42**
1.农、林、牧、渔业	Agriculture, Forestry, Animal Husbandry and Fishery	48.49	48.49
2.工业	Industry	4325.14	3926.78
#用作原料、材料	Non-Energy Use	824.02	824.02
3.建筑业	Construction	2.41	2.41
4.交通运输、仓储和邮政业	Transport, Storage and Post	1.02	1.02
5.批发、零售业和住宿、餐饮业	Wholesale, Retail Trade and Hotel, Restaurants		
6.其他	Others	5.72	5.72
7.生活消费	Residential Consumption		
城镇	Urban		
乡村	Rural		
五.平衡差额	**Statistical Difference**		
六.消费量合计	**Total Energy Consumption**	**26620.03**	**24115.34**

Energy Balance of Jiangsu (Physical Quantity) -2017

洗精煤 (万吨) Cleaned Coal (10^4 tons)	其他洗煤 (万吨) Other Washed Coal (10^4 tons)	型煤 (万吨) Briquettes (10^4 tons)	煤矸石 (万吨) Gangue (10^4 tons)	焦炭 (万吨) Coke (10^4 tons)	焦炉煤气 (亿立方米) Coke Oven Gas (10^8 cu.m)	高炉煤气 (亿立方米) Blast Furnace Gas (10^8 cu.m)	转炉煤气 (亿立方米) Converter Gas (10^8 cu.m)	其他煤气 (亿立方米) Other Gas (10^8 cu.m)
1993.53	**456.36**	**54.80**		**2010.45**				
2561.85	907.89	337.50		2475.57				
-480.92	-457.85	-279.85		-477.89				
				-19.00				
-87.40	6.32	-2.85		31.77				
-1993.53	**-116.27**	**3.47**		**2060.19**	**21.33**	**732.93**	**55.46**	**0.94**
	-184.11				-17.69	-278.54	-16.59	
	-119.60				-2.56	-63.66	-2.88	
779.91	190.91							
-2773.44				2060.19	41.58			
								0.94
	-3.47	3.47						
						1075.13	74.93	
	340.09	**58.27**		**4070.64**	**21.33**	**732.93**	**55.46**	**0.94**
	340.09	58.27		4070.64	21.33	732.93	55.46	0.94
				11.13				
2773.44	**647.27**	**58.27**		**4070.64**	**41.58**	**1075.13**	**74.93**	**0.94**

6-10 续表 1

项　目	Item	其他焦化产品 (万吨) Other Coking Products (10^4 tons)	油品合计 (万吨) Petroleum Products Total (10^4 tons)
一.可供本地区消费的能源量	**Total Primary Energy Supply**	**-119.83**	**3130.51**
1.一次能源生产量	Indigenous Production		156.11
2.外省(区、市)调入量	Moving In from Other Provinces	44.76	4654.19
3.进口量	Import		2562.31
4.境内轮船和飞机在境外的加油量	Domestic Airplanes&Ships Refueling in Abroad		15.02
5.本省(区、市)调出量(-)	Sending Out to Other Provinces(-)	-165.37	-4222.00
6.出口量(-)	Export(-)		-52.00
7.境外轮船和飞机在境内的加油量(-)	Oversea Airplanes&Ships Refueling in China(-)		
8.库存增(-)、减(+)量	Stock Change	0.78	16.88
二.加工转换投入(-)产出(+)量	**Input(-) & Output(+) of Transformation**	**191.02**	**-152.94**
1.火力发电	Thermal Power		-1.58
2.供热	Heating Supply		-2.81
3.洗选煤	Coal Washing		
4.炼焦	Coking	191.02	
5.炼油及煤制油	Petroleum Refineries		1238.15
#油品再投入量(-)	Petroleum Products Input (-)		-1386.70
6.制气	Gas Works		
#焦炭再投入量(-)	Coke Input (-)		
7.天然气液化	Natural Gas Liquefaction		
8.煤制品加工	Briquettes		
9.回收能	Recovery of Energy		
三.损失量	**Loss**		**6.51**
四.终端消费量	**Total Final Consumption**	**71.19**	**2971.06**
1.农、林、牧、渔业	Agriculture, Forestry, Animal Husbandry and Fishery		222.18
2.工业	Industry	71.19	767.86
#用作原料、材料	Non-Energy Use	59.35	428.90
3.建筑业	Construction		164.98
4.交通运输、仓储和邮政业	Transport, Storage and Post		1316.34
5.批发、零售业和住宿、餐饮业	Wholesale, Retail Trade and Hotel, Restaurants		12.06
6.其他	Others		12.20
7.生活消费	Residential Consumption		475.44
城镇	Urban		367.53
乡村	Rural		107.91
五.平衡差额	**Statistical Difference**		
六.消费量合计	**Total Energy Consumption**	**71.19**	**3130.51**

Continued 1

原油 (万吨) Crude Oil (10^4 tons)	汽油 (万吨) Gasoline (10^4 tons)	煤油 (万吨) Kerosene (10^4 tons)	柴油 (万吨) Diesel Oil (10^4 tons)	燃料油 (万吨) Fuel Oil (10^4 tons)	石脑油 (万吨) Naphtha (10^4 tons)	润滑油 (万吨) Lubricants (10^4 tons)	石蜡 (万吨) Paraffin Waxes (10^4 tons)	溶剂油 (万吨) White Spirit (10^4 tons)
3866.06	**369.08**	**-285.52**	**17.47**	**-74.68**	**-219.08**	**-83.51**	**-5.88**	**-1.16**
156.11								
1145.79	967.72	12.24	536.47	1028.27	109.77	16.78		17.45
2561.31			1.00					
		6.61	0.32	8.01		0.08		
	-614.10	-285.05	-509.72	-1098.87	-324.31	-96.94	-5.89	-18.66
		-19.00	-1.00	-32.00				
2.85	15.46	-0.32	-9.60	19.91	-4.54	-3.43	0.01	0.05
-3858.50	**678.17**	**390.89**	**827.01**	**203.42**	**488.33**	**84.58**	**6.63**	**1.86**
			-1.05	-0.14				
			-0.07	-0.04				
-3858.50	678.17	390.89	844.96	320.70	488.33	84.58	6.63	1.86
			-16.83	-117.10				
6.27								
1.29	**1047.25**	**105.37**	**844.48**	**128.74**	**269.25**	**1.07**	**0.75**	**0.70**
	24.84		186.24	11.10				
1.29	36.55	0.79	76.85	24.14	269.25	1.07	0.75	0.70
	0.20		0.02	0.09	258.71	0.33	0.68	0.26
	5.02		12.32					
	580.09	104.58	537.11	93.50				
	7.81		4.25					
	8.73		3.43					
	384.21		24.28					
	312.95		6.78					
	71.26		17.50					
3866.06	**1047.25**	**105.37**	**862.43**	**246.02**	**269.25**	**1.07**	**0.75**	**0.70**

6-10 续表 2

项　目	Item	石油沥青(万吨) Bitumen Asphalt (10^4 tons)	石油焦(万吨) Petroleum Coke (10^4 tons)
一.可供本地区消费的能源量	**Total Primary Energy Supply**	**-173.04**	**-216.44**
1.一次能源生产量	Indigenous Production		
2.外省(区、市)调入量	Moving In from Other Provinces	99.24	100.93
3.进口量	Import		
4.境内轮船和飞机在境外的加油量	Domestic Airplanes&Ships Refueling in Abroad		
5.本省(区、市)调出量(-)	Sending Out to Other Provinces(-)	-267.85	-319.13
6.出口量(-)	Export(-)		
7.境外轮船和飞机在境内的加油量(-)	Oversea Airplanes&Ships Refueling in China(-)		
8.库存增(-)、减(+)量	Stock Change	-4.43	1.76
二.加工转换投入(-)产出(+)量	**Input(-) & Output(+) of Transformation**	**321.94**	**243.96**
1.火力发电	Thermal Power		
2.供热	Heating Supply		
3.洗选煤	Coal Washing		
4.炼焦	Coking		
5.炼油及煤制油	Petroleum Refineries	321.94	243.96
#油品再投入量(-)	Petroleum Products Input (-)		
6.制气	Gas Works		
#焦炭再投入量(-)	Coke Input (-)		
7.天然气液化	Natural Gas Liquefaction		
8.煤制品加工	Briquettes		
9.回收能	Recovery of Energy		
三.损失量	**Loss**		
四.终端消费量	**Total Final Consumption**	**148.90**	**27.52**
1.农、林、牧、渔业	Agriculture, Forestry, Animal Husbandry and Fishery		
2.工业	Industry	1.43	27.52
#用作原料、材料	Non-Energy Use	0.11	0.07
3.建筑业	Construction	147.47	
4.交通运输、仓储和邮政业	Transport, Storage and Post		
5.批发、零售业和住宿、餐饮业	Wholesale, Retail Trade and Hotel, Restaurants		
6.其他	Others		
7.生活消费	Residential Consumption		
城镇	Urban		
乡村	Rural		
五.平衡差额	**Statistical Difference**		
六.消费量合计	**Total Energy Consumption**	**148.90**	**27.52**

Continued 2

液化石油气 (万吨) LPG (10^4 tons)	炼厂干气 (万吨) Refinery Gas (10^4 tons)	其他石油制品 (万吨) Other Petroleum Products (10^4 tons)	天然气 (亿立方米) Natural Gas (10^8 cu.m)	液化天然气 (万吨) LNG (10^4 tons)	热力 (万百万千焦) Heat (10^{10} kJ)	电力 (亿千瓦小时) Electricity (10^8 kW•h)	其他能源 (万吨标煤) Other Energy (10^4 tce)
-123.61	**-8.11**	**68.93**	**233.50**	**30.39**		**1296.79**	**341.66**
			2.94			403.64	346.33
56.08		563.45	230.56	114.46		1023.90	
				469.00			
-182.50	-8.11	-490.87		-551.98		-130.75	
2.81		-3.65		-1.09			-4.67
227.45	**103.79**	**127.53**	**-122.63**		**64592.64**	**4511.10**	**-310.35**
	-0.39		-113.29		-4163.15	4511.10	-266.16
	-2.70		-9.34		61231.29		-44.19
227.45	106.88	1380.30					
		-1252.77					
					7524.50		
0.24			**2.43**		**2282.60**	**209.72**	
103.60	**95.68**	**196.46**	**108.44**	**30.39**	**62310.04**	**5598.17**	**31.31**
						66.78	
35.38	95.68	196.46	73.81	21.97	62117.73	4061.74	31.31
0.09		168.34	1.36	0.08			
0.17			0.01			46.77	
1.06			10.86	8.42	8.94	83.20	
			1.05			201.94	
0.04			0.13		12.27	453.43	
66.95			22.58		171.10	684.31	
47.80			22.58		171.10	340.23	
19.15						344.08	
103.84	**98.77**	**1449.23**	**233.50**	**30.39**	**68755.79**	**5807.89**	**341.66**

6-11 浙江能源平衡表(实物量)-2017

项 目	Item	煤合计(万吨) Coal Total (10^4 tons)	原煤(万吨) Raw Coal (10^4 tons)
一.可供本地区消费的能源量	**Total Primary Energy Supply**	**14262.03**	**14015.28**
1.一次能源生产量	Indigenous Production		
2.外省(区、市)调入量	Moving In from Other Provinces	11864.63	11611.43
3.进口量	Import	2420.99	2420.99
4.境内轮船和飞机在境外的加油量	Domestic Airplanes&Ships Refueling in Abroad		
5.本省(区、市)调出量(-)	Sending Out to Other Provinces(-)		
6.出口量(-)	Export(-)		
7.境外轮船和飞机在境内的加油量(-)	Oversea Airplanes&Ships Refueling in China(-)		
8.库存增(-)、减(+)量	Stock Change	-23.59	-17.14
二.加工转换投入(-)产出(+)量	**Input(-) & Output(+) of Transformation**	**-11828.87**	**-11885.00**
1.火力发电	Thermal Power	-8938.05	-8937.95
2.供热	Heating Supply	-2637.84	-2634.05
3.洗选煤	Coal Washing		
4.炼焦	Coking	-317.85	-81.78
5.炼油及煤制油	Petroleum Refineries		
#油品再投入量(-)	Petroleum Products Input (-)		
6.制气	Gas Works	-1.21	-1.21
#焦炭再投入量(-)	Coke Input (-)		
7.天然气液化	Natural Gas Liquefaction		
8.煤制品加工	Briquettes	66.08	-230.00
9.回收能	Recovery of Energy		
三.损失量	**Loss**		
四.终端消费量	**Total Final Consumption**	**2433.16**	**2130.28**
1.农、林、牧、渔业	Agriculture, Forestry, Animal Husbandry and Fishery	7.00	7.00
2.工业	Industry	2326.09	2053.71
#用作原料、材料	Non-Energy Use	206.25	188.66
3.建筑业	Construction	10.00	10.00
4.交通运输、仓储和邮政业	Transport, Storage and Post	0.07	0.07
5.批发、零售业和住宿、餐饮业	Wholesale, Retail Trade and Hotel, Restaurants	46.00	36.50
6.其他	Others	5.10	5.10
7.生活消费	Residential Consumption	38.90	17.90
城镇	Urban	13.90	5.40
乡村	Rural	25.00	12.50
五.平衡差额	**Statistical Difference**	**-0.01**	
六.消费量合计	**Total Energy Consumption**	**14262.04**	**14015.28**

Energy Balance of Zhejiang (Physical Quantity) -2017

洗精煤 (万吨) Cleaned Coal (10^4 tons)	其他洗煤 (万吨) Other Washed Coal (10^4 tons)	型煤 (万吨) Briquettes (10^4 tons)	煤矸石 (万吨) Gangue (10^4 tons)	焦炭 (万吨) Coke (10^4 tons)	焦炉煤气 (亿立方米) Coke Oven Gas (10^8 cu.m)	高炉煤气 (亿立方米) Blast Furnace Gas (10^8 cu.m)	转炉煤气 (亿立方米) Converter Gas (10^8 cu.m)	其他煤气 (亿立方米) Other Gas (10^8 cu.m)
236.07	**10.70**	**-0.01**	**1.45**	**91.62**				
243.12	10.08		1.45	95.08				
-7.05	0.62	-0.01		-3.46				
-236.07	**-0.59**	**292.78**	**-1.45**	**228.55**	**3.94**	**86.70**	**8.73**	**0.20**
	-0.10		-1.44		-0.43	-15.45	-1.22	
	-0.49	-3.30	-0.01					
-236.07				228.55	4.37			
								0.20
		296.08						
						102.15	9.94	
	10.12	**292.77**		**320.17**	**3.94**	**86.70**	**8.73**	**0.20**
	10.12	262.27		320.17	3.94	86.70	8.73	0.20
		17.58						
		9.50						
		21.00						
		8.50						
		12.50						
236.07	**10.70**	**296.07**	**1.45**	**320.17**	**4.37**	**102.15**	**9.94**	**0.20**

6-11 续表 1

项　目	Item	其他焦化产品(万吨) Other Coking Products (10^4 tons)	油品合计(万吨) Petroleum Products Total (10^4 tons)
一.可供本地区消费的能源量	**Total Primary Energy Supply**	**1.13**	**2870.71**
1.一次能源生产量	Indigenous Production		
2.外省(区、市)调入量	Moving In from Other Provinces		3946.72
3.进口量	Import		3254.64
4.境内轮船和飞机在境外的加油量	Domestic Airplanes&Ships Refueling in Abroad		
5.本省(区、市)调出量(-)	Sending Out to Other Provinces(-)	0.99	-3693.35
6.出口量(-)	Export(-)		-629.79
7.境外轮船和飞机在境内的加油量(-)	Oversea Airplanes&Ships Refueling in China(-)		
8.库存增(-)、减(+)量	Stock Change	0.14	-7.50
二.加工转换投入(-)产出(+)量	**Input(-) & Output(+) of Transformation**	**18.06**	**-117.36**
1.火力发电	Thermal Power		-35.30
2.供热	Heating Supply		-12.29
3.洗选煤	Coal Washing		
4.炼焦	Coking	18.06	
5.炼油及煤制油	Petroleum Refineries		502.14
#油品再投入量(-)	Petroleum Products Input (-)		-571.91
6.制气	Gas Works		
#焦炭再投入量(-)	Coke Input (-)		
7.天然气液化	Natural Gas Liquefaction		
8.煤制品加工	Briquettes		
9.回收能	Recovery of Energy		
三.损失量	**Loss**		
四.终端消费量	**Total Final Consumption**	**19.19**	**2753.35**
1.农、林、牧、渔业	Agriculture, Forestry, Animal Husbandry and Fishery		246.00
2.工业	Industry	19.19	666.25
#用作原料、材料	Non-Energy Use		224.12
3.建筑业	Construction		183.81
4.交通运输、仓储和邮政业	Transport, Storage and Post		999.06
5.批发、零售业和住宿、餐饮业	Wholesale, Retail Trade and Hotel, Restaurants		103.85
6.其他	Others		102.75
7.生活消费	Residential Consumption		451.64
城镇	Urban		227.49
乡村	Rural		224.15
五.平衡差额	**Statistical Difference**		
六.消费量合计	**Total Energy Consumption**	**19.19**	**2870.71**

Continued 1

原油 (万吨) Crude Oil (10^4 tons)	汽油 (万吨) Gasoline (10^4 tons)	煤油 (万吨) Kerosene (10^4 tons)	柴油 (万吨) Diesel Oil (10^4 tons)	燃料油 (万吨) Fuel Oil (10^4 tons)	石脑油 (万吨) Naphtha (10^4 tons)	润滑油 (万吨) Lubricants (10^4 tons)	石蜡 (万吨) Paraffin Waxes (10^4 tons)	溶剂油 (万吨) White Spirit (10^4 tons)
3038.65	**522.11**	**-98.74**	**160.47**	**258.99**	**-115.51**	**2.67**	**0.76**	**0.51**
931.87	815.49	130.89	523.84	1466.90		2.38	0.75	0.52
2174.53	0.89	16.82	20.83	702.13		1.05		
	-300.56	-136.23	-313.01	-1518.17	-115.51			
-82.26	-0.89	-113.92	-64.90	-366.93		-0.76		
14.51	7.18	3.70	-6.29	-24.94			0.01	-0.01
-3038.65	**336.86**	**246.55**	**670.71**	**-98.96**	**115.51**			
			-0.71					
			-0.09	-0.07				
-3038.65	336.86	246.55	671.51	139.33	319.21			
				-238.22	-203.70			
	858.97	**147.81**	**831.17**	**160.03**		**2.67**	**0.76**	**0.52**
	37.00		209.00					
	53.27	1.56	105.17	42.08		2.67	0.76	0.52
	0.18	0.32	1.45	1.31		1.14	0.56	0.23
	42.81		141.00					
	443.79	146.25	311.00	98.00				
	32.55		21.80	14.50				
	62.10		18.20	5.45				
	187.45		25.00					
	99.35		12.00					
	88.10		13.00					
3038.65	**858.97**	**147.81**	**831.97**	**398.32**	**203.70**	**2.67**	**0.76**	**0.52**

6-11 续表 2

项　目	Item	石油沥青(万吨) Bitumen Asphalt (10^4 tons)	石油焦(万吨) Petroleum Coke (10^4 tons)
一.可供本地区消费的能源量	**Total Primary Energy Supply**	**-394.36**	**-56.44**
1.一次能源生产量	Indigenous Production		
2.外省(区、市)调入量	Moving In from Other Provinces		
3.进口量	Import		
4.境内轮船和飞机在境外的加油量	Domestic Airplanes&Ships Refueling in Abroad		
5.本省(区、市)调出量(-)	Sending Out to Other Provinces(-)	-394.31	-55.84
6.出口量(-)	Export(-)		
7.境外轮船和飞机在境内的加油量(-)	Oversea Airplanes&Ships Refueling in China(-)		
8.库存增(-)、减(+)量	Stock Change	-0.05	-0.60
二.加工转换投入(-)产出(+)量	**Input(-) & Output(+) of Transformation**	**394.76**	**118.87**
1.火力发电	Thermal Power		-34.59
2.供热	Heating Supply		-12.14
3.洗选煤	Coal Washing		
4.炼焦	Coking		
5.炼油及煤制油	Petroleum Refineries	394.76	165.60
#油品再投入量(-)	Petroleum Products Input (-)		
6.制气	Gas Works		
#焦炭再投入量(-)	Coke Input (-)		
7.天然气液化	Natural Gas Liquefaction		
8.煤制品加工	Briquettes		
9.回收能	Recovery of Energy		
三.损失量	**Loss**		
四.终端消费量	**Total Final Consumption**	**0.40**	**62.43**
1.农、林、牧、渔业	Agriculture, Forestry, Animal Husbandry and Fishery		
2.工业	Industry	0.40	62.43
#用作原料、材料	Non-Energy Use	0.31	6.52
3.建筑业	Construction		
4.交通运输、仓储和邮政业	Transport, Storage and Post		
5.批发、零售业和住宿、餐饮业	Wholesale, Retail Trade and Hotel, Restaurants		
6.其他	Others		
7.生活消费	Residential Consumption		
城镇	Urban		
乡村	Rural		
五.平衡差额	**Statistical Difference**		
六.消费量合计	**Total Energy Consumption**	**0.40**	**109.16**

Continued 2

液化石油气 (万吨) LPG (10^4 tons)	炼厂干气 (万吨) Refinery Gas (10^4 tons)	其他石油制品 (万吨) Other Petroleum Products (10^4 tons)	天然气 (亿立方米) Natural Gas (10^8 cu.m)	液化天然气 (万吨) LNG (10^4 tons)	热力 (万百万千焦) Heat (10^{10} kJ)	电力 (亿千瓦小时) Electricity (10^8 kW•h)	其他能源 (万吨标煤) Other Energy (10^4 tce)
174.23	**40.02**	**-662.65**	**100.22**	**34.12**		**1638.12**	**393.95**
						757.82	393.76
34.06	40.02		100.22	34.12		1040.78	
338.39							
-198.41		-661.31				-160.48	
-0.13							
0.32		-1.34					0.19
129.82	**99.04**	**908.14**	**-32.14**	**-2.24**	**53428.27**	**2554.51**	**-283.00**
			-30.20	-2.13	-3947.81	2554.51	-244.67
			-1.94	-0.11	51964.95		-38.33
168.38	133.93	964.69					
-38.56	-34.88	-56.55					
					5411.13		
					2024.06	**155.44**	
304.04	**139.07**	**245.49**	**68.08**	**31.88**	**51404.21**	**4037.19**	**110.95**
						28.00	
12.84	139.07	245.49	44.25	31.88	46105.31	2830.35	110.95
0.61	0.91	210.57	0.12	0.08			
						59.04	
0.02			0.03		3.90	66.63	
35.00			7.86		3845.00	179.41	
17.00					1450.00	326.54	
239.19			15.95			547.22	
116.14			15.95			292.79	
123.05						254.42	
342.60	**173.95**	**302.04**	**100.22**	**34.12**	**57376.08**	**4192.63**	**393.95**

6-12 安徽能源平衡表(实物量)-2017

项目	Item	煤合计(万吨) Coal Total (10^4 tons)	原煤(万吨) Raw Coal (10^4 tons)
一.可供本地区消费的能源量	**Total Primary Energy Supply**	**16100.05**	**18135.19**
1.一次能源生产量	Indigenous Production	11724.37	11724.37
2.外省(区、市)调入量	Moving In from Other Provinces	10815.19	9594.87
3.进口量	Import		
4.境内轮船和飞机在境外的加油量	Domestic Airplanes&Ships Refueling in Abroad		
5.本省(区、市)调出量(-)	Sending Out to Other Provinces(-)	-6624.60	-3419.62
6.出口量(-)	Export(-)		
7.境外轮船和飞机在境内的加油量(-)	Oversea Airplanes&Ships Refueling in China(-)		
8.库存增(-)、减(+)量	Stock Change	185.09	235.57
二.加工转换投入(-)产出(+)量	**Input(-) & Output(+) of Transformation**	**-11703.89**	**-13917.60**
1.火力发电	Thermal Power	-9109.51	-8805.19
2.供热	Heating Supply	-433.03	-430.88
3.洗选煤	Coal Washing	-632.35	-4573.60
4.炼焦	Coking	-1421.07	
5.炼油及煤制油	Petroleum Refineries	-15.43	-15.43
#油品再投入量(-)	Petroleum Products Input (-)		
6.制气	Gas Works	-92.50	-92.50
#焦炭再投入量(-)	Coke Input (-)		
7.天然气液化	Natural Gas Liquefaction		
8.煤制品加工	Briquettes		
9.回收能	Recovery of Energy		
三.损失量	**Loss**		
四.终端消费量	**Total Final Consumption**	**4380.73**	**4205.92**
1.农、林、牧、渔业	Agriculture, Forestry, Animal Husbandry and Fishery	56.52	56.52
2.工业	Industry	3980.23	3870.41
#用作原料、材料	Non-Energy Use	391.34	352.49
3.建筑业	Construction	32.45	32.45
4.交通运输、仓储和邮政业	Transport, Storage and Post	22.16	22.16
5.批发、零售业和住宿、餐饮业	Wholesale, Retail Trade and Hotel, Restaurants	54.03	54.03
6.其他	Others	57.14	57.14
7.生活消费	Residential Consumption	178.20	113.21
城镇	Urban	22.85	10.02
乡村	Rural	155.35	103.19
五.平衡差额	**Statistical Difference**	**15.44**	**11.68**
六.消费量合计	**Total Energy Consumption**	**16084.62**	**18123.52**

Energy Balance of Anhui (Physical Quantity) -2017

洗精煤 (万吨) Cleaned Coal (10^4 tons)	其他洗煤 (万吨) Other Washed Coal (10^4 tons)	型煤 (万吨) Briquettes (10^4 tons)	煤矸石 (万吨) Gangue (10^4 tons)	焦炭 (万吨) Coke (10^4 tons)	焦炉煤气 (亿立方米) Coke Oven Gas (10^8 cu.m)	高炉煤气 (亿立方米) Blast Furnace Gas (10^8 cu.m)	转炉煤气 (亿立方米) Converter Gas (10^8 cu.m)	其他煤气 (亿立方米) Other Gas (10^8 cu.m)
-681.06	**-1428.04**	**73.95**	**62.97**	**-8.63**				
1061.71	49.81	108.80	63.32	543.11				
-1675.20	-1493.88	-35.90		-542.30				
-67.57	16.03	1.05	-0.35	-9.44				
684.81	**1528.90**		**-50.37**	**1057.57**	**16.39**	**225.42**	**12.97**	**10.00**
	-304.32		-280.09		-6.05	-103.43	-12.22	
	-2.15		-4.72		-0.64	-9.13	-0.75	
2105.88	1835.37		234.44					
-1421.07				1057.57	23.08			
								10.00
						337.98	25.94	
	100.86	**73.95**	**12.60**	**1048.94**	**16.70**	**225.42**	**12.97**	**9.53**
	100.86	8.97	12.60	1048.94	16.70	225.42	12.97	9.53
	38.85			0.50				
		64.98						
		12.83						
		52.15						
3.75	**0.01**				**-0.31**			**0.47**
1421.07	**407.33**	**73.95**	**297.41**	**1048.94**	**23.39**	**337.98**	**25.94**	**9.53**

6-12 续表 1

项　目	Item	其他焦化产品（万吨） Other Coking Products (10^4 tons)	油品合计（万吨） Petroleum Products Total (10^4 tons)
一.可供本地区消费的能源量	**Total Primary Energy Supply**	**-57.31**	**1595.15**
1.一次能源生产量	Indigenous Production		
2.外省(区、市)调入量	Moving In from Other Provinces		1248.60
3.进口量	Import		587.68
4.境内轮船和飞机在境外的加油量	Domestic Airplanes&Ships Refueling in Abroad		
5.本省(区、市)调出量(-)	Sending Out to Other Provinces(-)	-58.31	-249.22
6.出口量(-)	Export(-)		
7.境外轮船和飞机在境内的加油量(-)	Oversea Airplanes&Ships Refueling in China(-)		
8.库存增(-)、减(+)量	Stock Change	1.00	8.09
二.加工转换投入(-)产出(+)量	**Input(-) & Output(+) of Transformation**	**71.58**	**-6.15**
1.火力发电	Thermal Power		-0.76
2.供热	Heating Supply		-0.46
3.洗选煤	Coal Washing		
4.炼焦	Coking	71.58	
5.炼油及煤制油	Petroleum Refineries		72.14
#油品再投入量(-)	Petroleum Products Input (-)		-77.07
6.制气	Gas Works		
#焦炭再投入量(-)	Coke Input (-)		
7.天然气液化	Natural Gas Liquefaction		
8.煤制品加工	Briquettes		
9.回收能	Recovery of Energy		
三.损失量	**Loss**		
四.终端消费量	**Total Final Consumption**	**14.27**	**1589.00**
1.农、林、牧、渔业	Agriculture, Forestry, Animal Husbandry and Fishery		95.82
2.工业	Industry	14.27	310.08
#用作原料、材料	Non-Energy Use	11.86	56.60
3.建筑业	Construction		90.96
4.交通运输、仓储和邮政业	Transport, Storage and Post		661.80
5.批发、零售业和住宿、餐饮业	Wholesale, Retail Trade and Hotel, Restaurants		27.64
6.其他	Others		102.71
7.生活消费	Residential Consumption		299.99
城镇	Urban		168.56
乡村	Rural		131.43
五.平衡差额	**Statistical Difference**		
六.消费量合计	**Total Energy Consumption**	**14.27**	**1595.15**

Continued 1

原油 (万吨) Crude Oil (10^4 tons)	汽油 (万吨) Gasoline (10^4 tons)	煤油 (万吨) Kerosene (10^4 tons)	柴油 (万吨) Diesel Oil (10^4 tons)	燃料油 (万吨) Fuel Oil (10^4 tons)	石脑油 (万吨) Naphtha (10^4 tons)	润滑油 (万吨) Lubricants (10^4 tons)	石蜡 (万吨) Paraffin Waxes (10^4 tons)	溶剂油 (万吨) White Spirit (10^4 tons)
751.59	**331.23**	**-19.29**	**379.68**	**22.28**	**-18.67**	**1.92**	**0.26**	**0.41**
161.01	399.70		472.98	21.20	0.12	1.95	0.26	0.41
587.68								
	-69.60	-18.94	-96.42		-18.61			
2.90	1.13	-0.35	3.12	1.08	-0.18	-0.03		
-750.58	**243.43**	**34.83**	**251.33**	**0.53**	**18.67**	**-0.45**		
			-0.46					
			-0.09					
-750.58	243.43	34.83	251.88	0.53	18.67	1.55		
						-2.00		
1.01	**574.66**	**15.53**	**631.01**	**22.81**		**1.47**	**0.26**	**0.41**
	20.19		75.63					
1.01	7.72	0.29	54.84	10.98		1.47	0.26	0.41
		0.02	0.13			0.03	0.22	0.16
	29.68		59.64	1.64				
	224.94	15.24	411.42	10.19				
	17.54		9.06					
	87.80		13.65					
	186.79		6.77					
	120.99		1.37					
	65.80		5.40					
751.59	**574.66**	**15.53**	**631.56**	**22.81**		**3.47**	**0.26**	**0.41**

6-12 续表 2

项 目	Item	石油沥青 (万吨) Bitumen Asphalt (10^4 tons)	石油焦 (万吨) Petroleum Coke (10^4 tons)
一.可供本地区消费的能源量	**Total Primary Energy Supply**	**0.95**	**-13.08**
1.一次能源生产量	Indigenous Production		
2.外省(区、市)调入量	Moving In from Other Provinces	0.95	16.33
3.进口量	Import		
4.境内轮船和飞机在境外的加油量	Domestic Airplanes&Ships Refueling in Abroad		
5.本省(区、市)调出量(-)	Sending Out to Other Provinces(-)		-29.30
6.出口量(-)	Export(-)		
7.境外轮船和飞机在境内的加油量(-)	Oversea Airplanes&Ships Refueling in China(-)		
8.库存增(-)、减(+)量	Stock Change		-0.11
二.加工转换投入(-)产出(+)量	**Input(-) & Output(+) of Transformation**		**28.98**
1.火力发电	Thermal Power		
2.供热	Heating Supply		
3.洗选煤	Coal Washing		
4.炼焦	Coking		
5.炼油及煤制油	Petroleum Refineries		28.98
#油品再投入量(-)	Petroleum Products Input (-)		
6.制气	Gas Works		
#焦炭再投入量(-)	Coke Input (-)		
7.天然气液化	Natural Gas Liquefaction		
8.煤制品加工	Briquettes		
9.回收能	Recovery of Energy		
三.损失量	**Loss**		
四.终端消费量	**Total Final Consumption**	**0.95**	**15.90**
1.农、林、牧、渔业	Agriculture, Forestry, Animal Husbandry and Fishery		
2.工业	Industry	0.95	15.90
#用作原料、材料	Non-Energy Use	0.61	6.52
3.建筑业	Construction		
4.交通运输、仓储和邮政业	Transport, Storage and Post		
5.批发、零售业和住宿、餐饮业	Wholesale, Retail Trade and Hotel, Restaurants		
6.其他	Others		
7.生活消费	Residential Consumption		
城镇	Urban		
乡村	Rural		
五.平衡差额	**Statistical Difference**		
六.消费量合计	**Total Energy Consumption**	**0.95**	**15.90**

Continued 2

液化石油气 (万吨) LPG (10^4 tons)	炼厂干气 (万吨) Refinery Gas (10^4 tons)	其他石油制品 (万吨) Other Petroleum Products (10^4 tons)	天然气 (亿立方米) Natural Gas (10^8 cu.m)	液化天然气 (万吨) LNG (10^4 tons)	热力 (万百万千焦) Heat (10^{10} kJ)	电力 (亿千瓦小时) Electricity (10^8 kW•h)	其他能源 (万吨标煤) Other Energy (10^4 tce)
42.12	**-3.26**	**119.02**	**44.54**	**-1.19**		**-389.15**	**271.06**
			2.60			159.62	271.06
54.64		119.06	41.94			35.67	
-13.09	-3.26			-1.19		-584.45	
0.57		-0.04					
67.64	**21.12**	**78.35**	**-2.56**	**2.67**	**9325.52**	**2310.64**	**-240.22**
	-0.30		-2.18		-6752.98	2310.64	-215.11
	-0.37				8431.70		-25.11
67.64	33.77	141.44					
	-11.98	-63.09					
			-0.38	2.67			
					7646.80		
						114.76	
109.76	**17.86**	**197.37**	**41.97**	**1.48**	**9325.52**	**1806.72**	**30.84**
						23.97	
1.02	17.86	197.37	14.57	1.48	7759.52	1153.57	30.84
		48.91					
						29.05	
			4.50		3.70	36.42	
1.04			3.68			85.38	
1.26			2.86			157.27	
106.44			16.36		1562.30	321.06	
46.20			16.00		1562.30	140.89	
60.23			0.36			180.17	
109.76	**30.51**	**260.46**	**44.17**	**1.48**	**16078.50**	**1921.48**	**271.06**

6-13 福建能源平衡表(实物量)-2017

项　目	Item	煤合计 (万吨) Coal Total (10^4 tons)	原煤 (万吨) Raw Coal (10^4 tons)
一.可供本地区消费的能源量	**Total Primary Energy Supply**	**7542.95**	**7371.95**
1.一次能源生产量	Indigenous Production	1129.54	1129.54
2.外省(区、市)调入量	Moving In from Other Provinces	3228.93	3028.52
3.进口量	Import	3698.15	3698.15
4.境内轮船和飞机在境外的加油量	Domestic Airplanes&Ships Refueling in Abroad		
5.本省(区、市)调出量(-)	Sending Out to Other Provinces(-)	-552.50	-524.92
6.出口量(-)	Export(-)		
7.境外轮船和飞机在境内的加油量(-)	Oversea Airplanes&Ships Refueling in China(-)		
8.库存增(-)、减(+)量	Stock Change	38.83	40.66
二.加工转换投入(-)产出(+)量	**Input(-) & Output(+) of Transformation**	**-5034.39**	**-4927.36**
1.火力发电	Thermal Power	-4479.89	-4479.89
2.供热	Heating Supply	-346.40	-346.40
3.洗选煤	Coal Washing	-0.49	-60.09
4.炼焦	Coking	-206.55	-7.05
5.炼油及煤制油	Petroleum Refineries		
#油品再投入量(-)	Petroleum Products Input (-)		
6.制气	Gas Works	-2.88	-2.88
#焦炭再投入量(-)	Coke Input (-)		
7.天然气液化	Natural Gas Liquefaction		
8.煤制品加工	Briquettes	1.82	-31.05
9.回收能	Recovery of Energy		
三.损失量	**Loss**		
四.终端消费量	**Total Final Consumption**	**2508.56**	**2444.59**
1.农、林、牧、渔业	Agriculture, Forestry, Animal Husbandry and Fishery	34.10	34.10
2.工业	Industry	2435.36	2371.39
#用作原料、材料	Non-Energy Use	142.00	142.00
3.建筑业	Construction	2.00	2.00
4.交通运输、仓储和邮政业	Transport, Storage and Post	1.30	1.30
5.批发、零售业和住宿、餐饮业	Wholesale, Retail Trade and Hotel, Restaurants	3.80	3.80
6.其他	Others	8.00	8.00
7.生活消费	Residential Consumption	24.00	24.00
城镇	Urban	5.50	5.50
乡村	Rural	18.50	18.50
五.平衡差额	**Statistical Difference**		
六.消费量合计	**Total Energy Consumption**	**7542.95**	**7371.95**

Energy Balance of Fujian (Physical Quantity) -2017

洗精煤 (万吨) Cleaned Coal (10^4 tons)	其他洗煤 (万吨) Other Washed Coal (10^4 tons)	型煤 (万吨) Briquettes (10^4 tons)	煤矸石 (万吨) Gangue (10^4 tons)	焦炭 (万吨) Coke (10^4 tons)	焦炉煤气 (亿立方米) Coke Oven Gas (10^8 cu.m)	高炉煤气 (亿立方米) Blast Furnace Gas (10^8 cu.m)	转炉煤气 (亿立方米) Converter Gas (10^8 cu.m)	其他煤气 (亿立方米) Other Gas (10^8 cu.m)
199.50	**-28.29**	**-0.21**		**502.42**				
198.15		2.26		493.63				
	-27.58							
1.35	-0.71	-2.47		8.79				
-199.50	**59.60**	**32.87**		**157.68**	**3.82**	**90.23**	**8.39**	**0.70**
					-0.52	-39.16	-3.75	
					-0.78	-15.79	-0.75	
	59.60							
-199.50				157.68	5.12			
								0.70
		32.87						
						145.18	12.89	
	31.31	**32.66**		**660.10**	**3.82**	**90.23**	**8.39**	**0.70**
	31.31	32.66		660.10	3.82	90.23	8.39	0.70
				0.53				
199.50	**31.31**	**32.66**		**660.10**	**5.12**	**145.18**	**12.89**	**0.70**

6-13 续表 1

项　目	Item	其他焦化产品(万吨) Other Coking Products (10^4 tons)	油品合计(万吨) Petroleum Products Total (10^4 tons)
一.可供本地区消费的能源量	**Total Primary Energy Supply**	**-0.29**	**2180.81**
1.一次能源生产量	Indigenous Production		
2.外省(区、市)调入量	Moving In from Other Provinces		380.36
3.进口量	Import		2044.74
4.境内轮船和飞机在境外的加油量	Domestic Airplanes&Ships Refueling in Abroad		
5.本省(区、市)调出量(-)	Sending Out to Other Provinces(-)		-292.82
6.出口量(-)	Export(-)		
7.境外轮船和飞机在境内的加油量(-)	Oversea Airplanes&Ships Refueling in China(-)		
8.库存增(-)、减(+)量	Stock Change	-0.29	48.53
二.加工转换投入(-)产出(+)量	**Input(-) & Output(+) of Transformation**	**9.08**	**-216.58**
1.火力发电	Thermal Power		-66.96
2.供热	Heating Supply		-23.05
3.洗选煤	Coal Washing		
4.炼焦	Coking	9.08	
5.炼油及煤制油	Petroleum Refineries		-92.79
#油品再投入量(-)	Petroleum Products Input (-)		-33.78
6.制气	Gas Works		
#焦炭再投入量(-)	Coke Input (-)		
7.天然气液化	Natural Gas Liquefaction		
8.煤制品加工	Briquettes		
9.回收能	Recovery of Energy		
三.损失量	**Loss**		
四.终端消费量	**Total Final Consumption**	**8.79**	**1964.23**
1.农、林、牧、渔业	Agriculture, Forestry, Animal Husbandry and Fishery		78.11
2.工业	Industry	8.79	813.80
#用作原料、材料	Non-Energy Use		
3.建筑业	Construction		126.79
4.交通运输、仓储和邮政业	Transport, Storage and Post		735.47
5.批发、零售业和住宿、餐饮业	Wholesale, Retail Trade and Hotel, Restaurants		13.60
6.其他	Others		27.26
7.生活消费	Residential Consumption		169.20
城镇	Urban		92.50
乡村	Rural		76.70
五.平衡差额	**Statistical Difference**		
六.消费量合计	**Total Energy Consumption**	**8.79**	**2180.81**

Continued 1

原油 (万吨) Crude Oil (10⁴ tons)	汽油 (万吨) Gasoline (10⁴ tons)	煤油 (万吨) Kerosene (10⁴ tons)	柴油 (万吨) Diesel Oil (10⁴ tons)	燃料油 (万吨) Fuel Oil (10⁴ tons)	石脑油 (万吨) Naphtha (10⁴ tons)	润滑油 (万吨) Lubricants (10⁴ tons)	石蜡 (万吨) Paraffin Waxes (10⁴ tons)	溶剂油 (万吨) White Spirit (10⁴ tons)
2083.69	**163.22**	**-191.46**	**45.63**	**117.23**	**-20.05**	**6.13**	**0.30**	**2.45**
	162.71		58.52	114.46		7.85	0.30	2.39
2044.74								
		-193.86			-22.24			
38.95	0.51	2.40	-12.89	2.77	2.19	-1.72		0.06
-2083.69	**368.65**	**332.32**	**384.77**	**22.77**	**50.05**			
			-1.02	-0.59				
			-2.32	-6.43				
-2083.69	368.65	332.32	388.11	29.79	50.05			
	531.87	**140.86**	**430.40**	**140.00**	**30.00**	**6.13**	**0.30**	**2.45**
	23.89	1.20	40.80	7.07		3.20		
	109.38	0.70	39.27	50.00	30.00	0.33	0.30	2.45
	33.00		48.00					
	230.00	138.96	277.73	82.93		2.60		
	9.30		4.00					
	22.00		5.20					
	104.30		15.40					
	64.30		4.20					
	40.00		11.20					
2083.69	**531.87**	**140.86**	**433.74**	**147.02**	**30.00**	**6.13**	**0.30**	**2.45**

6-13 续表 2

项　目	Item	石油沥青(万吨) Bitumen Asphalt (10^4 tons)	石油焦(万吨) Petroleum Coke (10^4 tons)
一.可供本地区消费的能源量	**Total Primary Energy Supply**	**-17.76**	**0.54**
1.一次能源生产量	Indigenous Production		
2.外省(区、市)调入量	Moving In from Other Provinces		
3.进口量	Import		
4.境内轮船和飞机在境外的加油量	Domestic Airplanes&Ships Refueling in Abroad		
5.本省(区、市)调出量(-)	Sending Out to Other Provinces(-)	-25.91	-2.00
6.出口量(-)	Export(-)		
7.境外轮船和飞机在境内的加油量(-)	Oversea Airplanes&Ships Refueling in China(-)		
8.库存增(-)、减(+)量	Stock Change	8.15	2.54
二.加工转换投入(-)产出(+)量	**Input(-) & Output(+) of Transformation**	**87.80**	**7.36**
1.火力发电	Thermal Power		-23.63
2.供热	Heating Supply		-10.95
3.洗选煤	Coal Washing		
4.炼焦	Coking		
5.炼油及煤制油	Petroleum Refineries	87.80	41.94
#油品再投入量(-)	Petroleum Products Input (-)		
6.制气	Gas Works		
#焦炭再投入量(-)	Coke Input (-)		
7.天然气液化	Natural Gas Liquefaction		
8.煤制品加工	Briquettes		
9.回收能	Recovery of Energy		
三.损失量	**Loss**		
四.终端消费量	**Total Final Consumption**	**70.04**	**7.90**
1.农、林、牧、渔业	Agriculture, Forestry, Animal Husbandry and Fishery		
2.工业	Industry	25.00	7.90
#用作原料、材料	Non-Energy Use		
3.建筑业	Construction	45.04	
4.交通运输、仓储和邮政业	Transport, Storage and Post		
5.批发、零售业和住宿、餐饮业	Wholesale, Retail Trade and Hotel, Restaurants		
6.其他	Others		
7.生活消费	Residential Consumption		
城镇	Urban		
乡村	Rural		
五.平衡差额	**Statistical Difference**		
六.消费量合计	**Total Energy Consumption**	**70.04**	**42.48**

Continued 2

液化石油气 (万吨) LPG (10^4 tons)	炼厂干气 (万吨) Refinery Gas (10^4 tons)	其他石油制品 (万吨) Other Petroleum Products (10^4 tons)	天然气 (亿立方米) Natural Gas (10^8 cu.m)	液化天然气 (万吨) LNG (10^4 tons)	热力 (万百万千焦) Heat (10^{10} kJ)	电力 (亿千瓦小时) Electricity (10^8 kW•h)	其他能源 (万吨标煤) Other Energy (10^4 tce)
-47.67		**38.56**	**50.16**			**1012.22**	**176.58**
						1085.07	176.58
		34.13	50.16			2.49	
-48.81						-75.34	
1.14		4.43					
116.03	**124.90**	**372.46**	**-12.56**		**7689.40**	**1139.16**	**-83.31**
	-41.72		-11.40		-2115.74	1139.16	-83.31
	-3.35		-0.15		7086.06		
116.03	169.97	406.24	-1.01				
		-33.78					
					2719.08		
						88.49	
68.36	**124.90**	**411.02**	**37.60**		**7689.40**	**2062.89**	**93.27**
1.95						29.65	2.00
12.55	124.90	411.02	31.83		7689.40	1308.00	91.27
0.75			0.73			26.54	
3.25			1.95			33.92	
0.30			0.78			100.39	
0.06			0.41			156.15	
49.50			1.90			408.24	
24.00			1.80			203.86	
25.50			0.10			204.38	
68.36	**169.97**	**444.80**	**50.16**		**9805.14**	**2151.38**	**176.58**

6-14 江西能源平衡表(实物量)-2017

项目	Item	煤合计(万吨) Coal Total (10^4 tons)	原煤(万吨) Raw Coal (10^4 tons)
一.可供本地区消费的能源量	**Total Primary Energy Supply**	**7761.30**	**6944.12**
1.一次能源生产量	Indigenous Production	938.92	938.92
2.外省(区、市)调入量	Moving In from Other Provinces	7094.51	6134.86
3.进口量	Import	216.24	216.24
4.境内轮船和飞机在境外的加油量	Domestic Airplanes&Ships Refueling in Abroad		
5.本省(区、市)调出量(-)	Sending Out to Other Provinces(-)	-501.74	-351.63
6.出口量(-)	Export(-)		
7.境外轮船和飞机在境内的加油量(-)	Oversea Airplanes&Ships Refueling in China(-)		
8.库存增(-)、减(+)量	Stock Change	13.37	5.73
二.加工转换投入(-)产出(+)量	**Input(-) & Output(+) of Transformation**	**-4506.29**	**-3849.64**
1.火力发电	Thermal Power	-3506.89	-3506.89
2.供热	Heating Supply	-113.70	-113.70
3.洗选煤	Coal Washing	-57.71	-229.05
4.炼焦	Coking	-824.99	
5.炼油及煤制油	Petroleum Refineries		
#油品再投入量(-)	Petroleum Products Input (-)		
6.制气	Gas Works		
#焦炭再投入量(-)	Coke Input (-)		
7.天然气液化	Natural Gas Liquefaction		
8.煤制品加工	Briquettes	-3.00	
9.回收能	Recovery of Energy		
三.损失量	**Loss**		
四.终端消费量	**Total Final Consumption**	**3255.01**	**3094.48**
1.农、林、牧、渔业	Agriculture, Forestry, Animal Husbandry and Fishery	21.00	21.00
2.工业	Industry	2988.01	2927.48
#用作原料、材料	Non-Energy Use	0.63	0.63
3.建筑业	Construction	3.00	3.00
4.交通运输、仓储和邮政业	Transport, Storage and Post	15.00	15.00
5.批发、零售业和住宿、餐饮业	Wholesale, Retail Trade and Hotel, Restaurants	25.00	25.00
6.其他	Others	26.00	26.00
7.生活消费	Residential Consumption	177.00	77.00
城镇	Urban	34.50	7.50
乡村	Rural	142.50	69.50
五.平衡差额	**Statistical Difference**		
六.消费量合计	**Total Energy Consumption**	**7761.30**	**6944.12**

Energy Balance of Jiangxi (Physical Quantity) -2017

洗精煤 (万吨) Cleaned Coal (10^4 tons)	其他洗煤 (万吨) Other Washed Coal (10^4 tons)	型煤 (万吨) Briquettes (10^4 tons)	煤矸石 (万吨) Gangue (10^4 tons)	焦炭 (万吨) Coke (10^4 tons)	焦炉煤气 (亿立方米) Coke Oven Gas (10^8 cu.m)	高炉煤气 (亿立方米) Blast Furnace Gas (10^8 cu.m)	转炉煤气 (亿立方米) Converter Gas (10^8 cu.m)	其他煤气 (亿立方米) Other Gas (10^8 cu.m)
772.44	**37.58**	**7.16**	**48.07**	**268.73**				
855.15	93.54	10.96	54.30	370.10				
-93.80	-56.31			-111.49				
11.09	0.35	-3.80	-6.23	10.12				
-772.44	**19.79**	**96.00**	**-37.70**	**593.60**	**15.25**	**281.81**	**24.26**	
			-50.97		-2.67	-65.50	-4.20	
52.55	118.79		13.27					
-824.99				593.60	17.92			
	-99.00	96.00						
						347.31	28.46	
	57.37	**103.16**	**10.37**	**862.33**	**15.25**	**281.81**	**24.26**	
	57.37	3.16	10.37	862.33	14.65	281.81	24.26	
		100.00			0.60			
		27.00			0.60			
		73.00						
824.99	**156.37**	**103.16**	**61.34**	**862.33**	**17.92**	**347.31**	**28.46**	

6-14 续表 1

项　目	Item	其他焦化产品(万吨) Other Coking Products (10^4 tons)	油品合计(万吨) Petroleum Products Total (10^4 tons)
一.可供本地区消费的能源量	**Total Primary Energy Supply**	**-14.58**	**1095.91**
1.一次能源生产量	Indigenous Production		
2.外省(区、市)调入量	Moving In from Other Provinces	2.14	507.64
3.进口量	Import		695.70
4.境内轮船和飞机在境外的加油量	Domestic Airplanes&Ships Refueling in Abroad		
5.本省(区、市)调出量(-)	Sending Out to Other Provinces(-)	-16.71	-112.04
6.出口量(-)	Export(-)		
7.境外轮船和飞机在境内的加油量(-)	Oversea Airplanes&Ships Refueling in China(-)		
8.库存增(-)、减(+)量	Stock Change	-0.01	4.61
二.加工转换投入(-)产出(+)量	**Input(-) & Output(+) of Transformation**	**26.09**	**-24.55**
1.火力发电	Thermal Power		-0.46
2.供热	Heating Supply		-4.41
3.洗选煤	Coal Washing		
4.炼焦	Coking	26.09	
5.炼油及煤制油	Petroleum Refineries		44.82
#油品再投入量(-)	Petroleum Products Input (-)		-64.50
6.制气	Gas Works		
#焦炭再投入量(-)	Coke Input (-)		
7.天然气液化	Natural Gas Liquefaction		
8.煤制品加工	Briquettes		
9.回收能	Recovery of Energy		
三.损失量	**Loss**		**0.66**
四.终端消费量	**Total Final Consumption**	**11.51**	**1070.70**
1.农、林、牧、渔业	Agriculture, Forestry, Animal Husbandry and Fishery		63.00
2.工业	Industry	11.51	234.99
#用作原料、材料	Non-Energy Use		24.26
3.建筑业	Construction		43.00
4.交通运输、仓储和邮政业	Transport, Storage and Post		473.55
5.批发、零售业和住宿、餐饮业	Wholesale, Retail Trade and Hotel, Restaurants		50.10
6.其他	Others		46.06
7.生活消费	Residential Consumption		160.00
城镇	Urban		104.50
乡村	Rural		55.50
五.平衡差额	**Statistical Difference**		
六.消费量合计	**Total Energy Consumption**	**11.51**	**1095.91**

Continued 1

原油 (万吨) Crude Oil (10^4 tons)	汽油 (万吨) Gasoline (10^4 tons)	煤油 (万吨) Kerosene (10^4 tons)	柴油 (万吨) Diesel Oil (10^4 tons)	燃料油 (万吨) Fuel Oil (10^4 tons)	石脑油 (万吨) Naphtha (10^4 tons)	润滑油 (万吨) Lubricants (10^4 tons)	石蜡 (万吨) Paraffin Waxes (10^4 tons)	溶剂油 (万吨) White Spirit (10^4 tons)
699.38	**127.18**	**-54.65**	**279.34**	**11.71**	**-24.16**	**3.26**	**0.13**	**0.03**
	123.78		292.46	11.60		3.32	0.13	0.03
695.70								
	-1.49	-54.65	-9.18		-24.16			
3.68	4.89		-3.94	0.11		-0.06		
-698.72	**203.91**	**57.47**	**288.13**	**0.24**	**24.16**			
			-0.13					
-698.72	203.91	57.47	288.26	0.24	24.16			
0.66								
	331.09	**2.82**	**567.47**	**11.95**		**3.26**	**0.13**	**0.03**
	11.00		52.00					
	65.59	0.12	90.47	8.95		0.10	0.13	0.03
	0.05	0.02	0.68	1.84		0.01		
	2.00		20.00					
	130.00	2.00	336.00	3.00		2.50		
	16.00	0.70	25.00			0.60		
	22.00		18.00			0.06		
	84.50		26.00					
	61.50		6.00					
	23.00		20.00					
699.38	**331.09**	**2.82**	**567.60**	**11.95**		**3.26**	**0.13**	**0.03**

6-14 续表 2

项目	Item	石油沥青(万吨) Bitumen Asphalt (10^4 tons)	石油焦(万吨) Petroleum Coke (10^4 tons)
一.可供本地区消费的能源量	**Total Primary Energy Supply**	**15.57**	**-20.74**
1.一次能源生产量	Indigenous Production		
2.外省(区、市)调入量	Moving In from Other Provinces	15.81	1.77
3.进口量	Import		
4.境内轮船和飞机在境外的加油量	Domestic Airplanes&Ships Refueling in Abroad		
5.本省(区、市)调出量(-)	Sending Out to Other Provinces(-)		-22.56
6.出口量(-)	Export(-)		
7.境外轮船和飞机在境内的加油量(-)	Oversea Airplanes&Ships Refueling in China(-)		
8.库存增(-)、减(+)量	Stock Change	-0.24	0.05
二.加工转换投入(-)产出(+)量	**Input(-) & Output(+) of Transformation**	**6.76**	**28.56**
1.火力发电	Thermal Power		-0.31
2.供热	Heating Supply		-2.36
3.洗选煤	Coal Washing		
4.炼焦	Coking		
5.炼油及煤制油	Petroleum Refineries	6.76	31.23
#油品再投入量(-)	Petroleum Products Input (-)		
6.制气	Gas Works		
#焦炭再投入量(-)	Coke Input (-)		
7.天然气液化	Natural Gas Liquefaction		
8.煤制品加工	Briquettes		
9.回收能	Recovery of Energy		
三.损失量	**Loss**		
四.终端消费量	**Total Final Consumption**	**22.33**	**7.82**
1.农、林、牧、渔业	Agriculture, Forestry, Animal Husbandry and Fishery		
2.工业	Industry	1.33	7.82
#用作原料、材料	Non-Energy Use	1.15	5.60
3.建筑业	Construction	21.00	
4.交通运输、仓储和邮政业	Transport, Storage and Post		
5.批发、零售业和住宿、餐饮业	Wholesale, Retail Trade and Hotel, Restaurants		
6.其他	Others		
7.生活消费	Residential Consumption		
城镇	Urban		
乡村	Rural		
五.平衡差额	**Statistical Difference**		
六.消费量合计	**Total Energy Consumption**	**22.33**	**10.49**

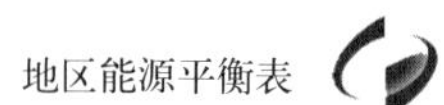

Continued 2

液化石油气（万吨） LPG (10^4 tons)	炼厂干气（万吨） Refinery Gas (10^4 tons)	其他石油制品（万吨） Other Petroleum Products (10^4 tons)	天然气（亿立方米） Natural Gas (10^8 cu.m)	液化天然气（万吨） LNG (10^4 tons)	热力（万百万千焦） Heat (10^{10} kJ)	电力（亿千瓦小时） Electricity (10^8 kW•h)	其他能源（万吨标煤） Other Energy (10^4 tce)
23.65		**35.21**	**20.67**	**7.71**		**354.56**	**218.28**
			0.21			218.41	191.00
23.56		35.18	20.44	7.71		136.15	88.87
							-61.68
0.09		0.03	0.02				0.09
40.61	**22.90**	**1.43**	**-1.62**		**1969.60**	**939.42**	**-123.87**
	-0.02		-1.15		-4513.07	939.42	-117.97
	-2.05		-0.47		2010.62		-5.90
40.61	24.97	65.93					
		-64.50					
					4472.05		
						74.19	
64.26	**22.90**	**36.64**	**19.05**	**7.71**	**1969.60**	**1219.79**	**94.41**
						12.83	
0.91	22.90	36.64	9.45	3.21	1969.60	766.47	59.41
0.17		14.74	0.03				
						19.73	
0.05				2.00		34.96	
7.80			2.30			61.15	
6.00			2.10			93.64	
49.50			5.20	2.50		231.01	35.00
37.00			5.00	2.50		125.01	
12.50			0.20			106.00	35.00
64.26	**24.97**	**101.14**	**20.67**	**7.71**	**6482.67**	**1293.98**	**218.28**

6-15 山东能源平衡表(实物量)-2017

项目	Item	煤合计(万吨) Coal Total (10^4 tons)	原煤(万吨) Raw Coal (10^4 tons)
一.可供本地区消费的能源量	**Total Primary Energy Supply**	**38164.71**	**37905.13**
1.一次能源生产量	Indigenous Production	13159.64	13159.64
2.外省(区、市)调入量	Moving In from Other Provinces	25622.66	24254.61
3.进口量	Import	1412.90	1411.90
4.境内轮船和飞机在境外的加油量	Domestic Airplanes&Ships Refueling in Abroad		
5.本省(区、市)调出量(-)	Sending Out to Other Provinces(-)	-2518.48	-1264.22
6.出口量(-)	Export(-)	-114.41	-110.21
7.境外轮船和飞机在境内的加油量(-)	Oversea Airplanes&Ships Refueling in China(-)		
8.库存增(-)、减(+)量	Stock Change	602.40	453.41
二.加工转换投入(-)产出(+)量	**Input(-) & Output(+) of Transformation**	**-30682.84**	**-31934.51**
1.火力发电	Thermal Power	-18701.98	-18102.26
2.供热	Heating Supply	-5328.94	-5151.48
3.洗选煤	Coal Washing	-1108.07	-8592.19
4.炼焦	Coking	-5463.27	
5.炼油及煤制油	Petroleum Refineries		
#油品再投入量(-)	Petroleum Products Input (-)		
6.制气	Gas Works	-81.60	-81.60
#焦炭再投入量(-)	Coke Input (-)		
7.天然气液化	Natural Gas Liquefaction		
8.煤制品加工	Briquettes	1.02	-6.98
9.回收能	Recovery of Energy		
三.损失量	**Loss**		
四.终端消费量	**Total Final Consumption**	**7481.87**	**5970.62**
1.农、林、牧、渔业	Agriculture, Forestry, Animal Husbandry and Fishery	60.20	60.20
2.工业	Industry	6253.10	5580.81
#用作原料、材料	Non-Energy Use	1265.38	960.69
3.建筑业	Construction	9.80	9.80
4.交通运输、仓储和邮政业	Transport, Storage and Post	16.11	16.11
5.批发、零售业和住宿、餐饮业	Wholesale, Retail Trade and Hotel, Restaurants	341.54	62.00
6.其他	Others	236.07	37.65
7.生活消费	Residential Consumption	565.05	204.05
城镇	Urban	208.90	81.07
乡村	Rural	356.15	122.98
五.平衡差额	**Statistical Difference**		
六.消费量合计	**Total Energy Consumption**	**38164.71**	**37905.13**

Energy Balance of Shandong (Physical Quantity) -2017

洗精煤 (万吨) Cleaned Coal (10^4 tons)	其他洗煤 (万吨) Other Washed Coal (10^4 tons)	型煤 (万吨) Briquettes (10^4 tons)	煤矸石 (万吨) Gangue (10^4 tons)	焦炭 (万吨) Coke (10^4 tons)	焦炉煤气 (亿立方米) Coke Oven Gas (10^8 cu.m)	高炉煤气 (亿立方米) Blast Furnace Gas (10^8 cu.m)	转炉煤气 (亿立方米) Converter Gas (10^8 cu.m)	其他煤气 (亿立方米) Other Gas (10^8 cu.m)
359.37	**-1088.42**	**988.63**	**-2.48**	**-558.43**				
381.00		987.05						
		1.00						
	-1254.26			-481.49				
		-4.20		-71.00				
-21.63	165.84	4.78	-2.48	-5.94				
-359.37	**1678.62**	**-67.58**	**20.48**	**3950.81**	**50.47**	**254.97**	**30.80**	**26.09**
	-568.23	-31.49	-425.33		-15.80	-265.56	-11.67	
	-133.37	-44.09	-100.37		-7.28	-72.68	-1.84	
5103.90	2380.22		70.38					
-5463.27				3950.81	73.55			
								26.09
		8.00						
			475.80			593.21	44.31	
	590.20	**921.05**	**18.00**	**3392.38**	**50.47**	**254.97**	**30.80**	**26.09**
	590.20	82.09	18.00	3389.38	48.28	254.97	30.80	26.09
	290.40	14.29		11.86				
		279.54		3.00	0.83			
		198.42			0.38			
		361.00			0.98			
		127.83			0.98			
		233.17						
5463.27	**1291.80**	**996.63**	**543.70**	**3392.38**	**73.55**	**593.21**	**44.31**	**26.09**

6-15 续表 1

项　目	Item	其他焦化产品(万吨) Other Coking Products (10^4 tons)	油品合计(万吨) Petroleum Products Total (10^4 tons)
一.可供本地区消费的能源量	**Total Primary Energy Supply**	**-159.00**	**4436.59**
1.一次能源生产量	Indigenous Production		2234.90
2.外省(区、市)调入量	Moving In from Other Provinces		5631.52
3.进口量	Import		8382.54
4.境内轮船和飞机在境外的加油量	Domestic Airplanes&Ships Refueling in Abroad		
5.本省(区、市)调出量(-)	Sending Out to Other Provinces(-)	-159.17	-9855.74
6.出口量(-)	Export(-)		-1641.21
7.境外轮船和飞机在境内的加油量(-)	Oversea Airplanes&Ships Refueling in China(-)		-54.12
8.库存增(-)、减(+)量	Stock Change	0.17	-261.30
二.加工转换投入(-)产出(+)量	**Input(-) & Output(+) of Transformation**	**256.88**	**-876.77**
1.火力发电	Thermal Power	-0.93	-17.16
2.供热	Heating Supply		-52.42
3.洗选煤	Coal Washing		
4.炼焦	Coking	257.81	
5.炼油及煤制油	Petroleum Refineries		5862.47
#油品再投入量(-)	Petroleum Products Input (-)		-6669.66
6.制气	Gas Works		
#焦炭再投入量(-)	Coke Input (-)		
7.天然气液化	Natural Gas Liquefaction		
8.煤制品加工	Briquettes		
9.回收能	Recovery of Energy		
三.损失量	**Loss**		
四.终端消费量	**Total Final Consumption**	**97.88**	**3559.82**
1.农、林、牧、渔业	Agriculture, Forestry, Animal Husbandry and Fishery		216.21
2.工业	Industry	97.88	967.84
#用作原料、材料	Non-Energy Use	71.79	281.62
3.建筑业	Construction		231.93
4.交通运输、仓储和邮政业	Transport, Storage and Post		1374.98
5.批发、零售业和住宿、餐饮业	Wholesale, Retail Trade and Hotel, Restaurants		84.41
6.其他	Others		82.25
7.生活消费	Residential Consumption		602.20
城镇	Urban		454.85
乡村	Rural		147.35
五.平衡差额	**Statistical Difference**		
六.消费量合计	**Total Energy Consumption**	**98.81**	**4436.59**

Continued 1

原油 (万吨) Crude Oil (10^4 tons)	汽油 (万吨) Gasoline (10^4 tons)	煤油 (万吨) Kerosene (10^4 tons)	柴油 (万吨) Diesel Oil (10^4 tons)	燃料油 (万吨) Fuel Oil (10^4 tons)	石脑油 (万吨) Naphtha (10^4 tons)	润滑油 (万吨) Lubricants (10^4 tons)	石蜡 (万吨) Paraffin Waxes (10^4 tons)	溶剂油 (万吨) White Spirit (10^4 tons)
11487.18	**-2336.17**	**-165.46**	**-3538.78**	**3441.36**	**-106.05**	**-80.65**	**-18.60**	**-168.05**
2234.90								
2236.38				3394.76			0.38	
7130.00				216.16	141.79	2.46		0.17
	-2243.10	-29.60	-3401.74		-228.07	-80.93		-167.32
-2.54	-84.88	-71.18	-122.80	-140.96	-1.98	-2.19	-0.30	-0.01
		-54.12						
-111.56	-8.19	-10.56	-14.24	-28.60	-17.79	0.01	-18.68	-0.89
-11398.82	**3145.30**	**289.02**	**4934.24**	**-3249.54**	**332.73**	**90.10**	**18.84**	**168.16**
			-1.68	-0.49				
			-0.26	-7.36				
-11398.82	3145.30	289.02	5083.25	1245.07	485.16	90.10	18.84	168.16
			-147.07	-4486.76	-152.43			
88.36	**809.13**	**123.56**	**1395.46**	**191.82**	**226.68**	**9.45**	**0.24**	**0.11**
	5.98		209.32					
88.36	42.66	0.85	81.43	26.95	226.68	1.53	0.24	0.11
	1.58		0.35	0.77	166.06	0.21	0.18	
	16.51	0.27	69.58	3.68				
	139.59	122.44	951.32	158.38		2.71		
	27.75		42.04	0.35		0.75		
	48.33		25.47	2.46		0.20		
	528.31		16.30			4.26		
	407.34		5.48			2.49		
	120.97		10.82			1.77		
11487.18	**809.13**	**123.56**	**1544.47**	**4686.43**	**379.11**	**9.45**	**0.24**	**0.11**

6-15 续表 2

项　目	Item	石油沥青(万吨) Bitumen Asphalt (10^4 tons)	石油焦(万吨) Petroleum Coke (10^4 tons)
一.可供本地区消费的能源量	**Total Primary Energy Supply**	**-1131.49**	**-631.48**
1.一次能源生产量	Indigenous Production		
2.外省(区、市)调入量	Moving In from Other Provinces		
3.进口量	Import	55.37	121.49
4.境内轮船和飞机在境外的加油量	Domestic Airplanes&Ships Refueling in Abroad		
5.本省(区、市)调出量(-)	Sending Out to Other Provinces(-)		-684.58
6.出口量(-)	Export(-)	-1159.37	-54.98
7.境外轮船和飞机在境内的加油量(-)	Oversea Airplanes&Ships Refueling in China(-)		
8.库存增(-)、减(+)量	Stock Change	-27.49	-13.41
二.加工转换投入(-)产出(+)量	**Input(-) & Output(+) of Transformation**	**1281.78**	**724.53**
1.火力发电	Thermal Power		-11.24
2.供热	Heating Supply		-28.80
3.洗选煤	Coal Washing		
4.炼焦	Coking		
5.炼油及煤制油	Petroleum Refineries	1396.63	764.57
#油品再投入量(-)	Petroleum Products Input (-)	-114.85	
6.制气	Gas Works		
#焦炭再投入量(-)	Coke Input (-)		
7.天然气液化	Natural Gas Liquefaction		
8.煤制品加工	Briquettes		
9.回收能	Recovery of Energy		
三.损失量	**Loss**		
四.终端消费量	**Total Final Consumption**	**150.29**	**93.05**
1.农、林、牧、渔业	Agriculture, Forestry, Animal Husbandry and Fishery		
2.工业	Industry	8.40	93.05
#用作原料、材料	Non-Energy Use	5.45	61.47
3.建筑业	Construction	141.89	
4.交通运输、仓储和邮政业	Transport, Storage and Post		
5.批发、零售业和住宿、餐饮业	Wholesale, Retail Trade and Hotel, Restaurants		
6.其他	Others		
7.生活消费	Residential Consumption		
城镇	Urban		
乡村	Rural		
五.平衡差额	**Statistical Difference**		
六.消费量合计	**Total Energy Consumption**	**265.14**	**133.09**

Continued 2

液化石油气 (万吨) LPG (10^4 tons)	炼厂干气 (万吨) Refinery Gas (10^4 tons)	其他石油制品 (万吨) Other Petroleum Products (10^4 tons)	天然气 (亿立方米) Natural Gas (10^8 cu.m)	液化天然气 (万吨) LNG (10^4 tons)	热力 (万百万千焦) Heat (10^{10} kJ)	电力 (亿千瓦小时) Electricity (10^8 kW•h)	其他能源 (万吨标煤) Other Energy (10^4 tce)
-843.09	**-0.32**	**-1471.81**	**130.95**	**0.85**		**818.81**	**656.16**
			4.15			248.89	656.27
			126.80			572.20	
715.10				462.70			
-1557.74		-1462.66		-462.68		-2.28	
-0.02							
-0.43	-0.32	-9.15		0.83			-0.11
970.50	**120.12**	**1696.27**	**-3.43**	**13.53**	**101030.91**	**4913.85**	**-656.16**
	-3.37	-0.38	-0.46		-4834.48	4913.85	-536.49
	-15.04	-0.96	-0.85		99226.99		-119.67
1209.78	138.53	3226.88					
-239.28		-1529.27					
			-2.12	13.53			
					6638.40		
						165.44	
127.41	**119.80**	**224.46**	**127.52**	**14.38**	**101030.91**	**5567.22**	
0.91						110.06	
53.32	119.80	224.46	79.40	11.34	82767.15	4286.62	
39.77		5.78	1.77	0.04			
			0.10		599.75	45.71	
0.54			6.15	3.04	569.90	100.19	
13.52			8.99		2362.95	140.09	
5.79			6.29		4797.68	279.76	
53.33			26.59		9933.48	604.79	
39.54			20.46		9380.98	317.76	
13.79			6.13		552.50	287.03	
366.69	**138.21**	**1755.07**	**129.08**	**14.38**	**105865.39**	**5732.66**	**656.16**

6-16 河南能源平衡表(实物量)-2017

项 目	Item	煤合计 (万吨) Coal Total (10^4 tons)	原煤 (万吨) Raw Coal (10^4 tons)
一.可供本地区消费的能源量	**Total Primary Energy Supply**	**22685.38**	**27041.50**
1.一次能源生产量	Indigenous Production	11750.64	11750.64
2.外省(区、市)调入量	Moving In from Other Provinces	15818.62	15581.65
3.进口量	Import		
4.境内轮船和飞机在境外的加油量	Domestic Airplanes&Ships Refueling in Abroad		
5.本省(区、市)调出量(-)	Sending Out to Other Provinces(-)	-5429.65	-816.81
6.出口量(-)	Export(-)		
7.境外轮船和飞机在境内的加油量(-)	Oversea Airplanes&Ships Refueling in China(-)		
8.库存增(-)、减(+)量	Stock Change	545.77	526.02
二.加工转换投入(-)产出(+)量	**Input(-) & Output(+) of Transformation**	**-17625.67**	**-22917.58**
1.火力发电	Thermal Power	-10957.10	-10883.51
2.供热	Heating Supply	-1470.53	-1435.75
3.洗选煤	Coal Washing	-1965.69	-10312.67
4.炼焦	Coking	-3028.43	-81.74
5.炼油及煤制油	Petroleum Refineries		
#油品再投入量(-)	Petroleum Products Input (-)		
6.制气	Gas Works	-203.91	-203.91
#焦炭再投入量(-)	Coke Input (-)		
7.天然气液化	Natural Gas Liquefaction		
8.煤制品加工	Briquettes		
9.回收能	Recovery of Energy		
三.损失量	**Loss**		
四.终端消费量	**Total Final Consumption**	**5043.72**	**4107.93**
1.农、林、牧、渔业	Agriculture, Forestry, Animal Husbandry and Fishery	42.00	
2.工业	Industry	4623.91	4018.12
#用作原料、材料	Non-Energy Use	1185.64	1171.88
3.建筑业	Construction	11.32	11.32
4.交通运输、仓储和邮政业	Transport, Storage and Post	2.04	2.04
5.批发、零售业和住宿、餐饮业	Wholesale, Retail Trade and Hotel, Restaurants	59.62	1.62
6.其他	Others	22.20	22.20
7.生活消费	Residential Consumption	282.63	52.63
城镇	Urban	102.67	22.67
乡村	Rural	179.96	29.96
五.平衡差额	**Statistical Difference**	**15.98**	**15.98**
六.消费量合计	**Total Energy Consumption**	**22669.39**	**27025.51**

Energy Balance of Henan (Physical Quantity) -2017

洗精煤 (万吨) Cleaned Coal (10^4 tons)	其他洗煤 (万吨) Other Washed Coal (10^4 tons)	型煤 (万吨) Briquettes (10^4 tons)	煤矸石 (万吨) Gangue (10^4 tons)	焦炭 (万吨) Coke (10^4 tons)	焦炉煤气 (亿立方米) Coke Oven Gas (10^8 cu.m)	高炉煤气 (亿立方米) Blast Furnace Gas (10^8 cu.m)	转炉煤气 (亿立方米) Converter Gas (10^8 cu.m)	其他煤气 (亿立方米) Other Gas (10^8 cu.m)
-2690.05	**-1900.25**	**234.18**	**72.07**	**-59.96**				**-0.25**
		236.97	74.89	332.10				
-2691.11	-1919.49	-2.24		-390.74				-0.25
1.06	19.25	-0.55	-2.82	-1.32				
2690.05	**2601.86**		**-51.40**	**2295.68**	**28.19**	**191.92**	**14.29**	**33.62**
	-73.60		-81.84		-9.48	-85.64	-1.92	
	-34.79		-37.21		-0.15			
5636.74	2710.24		67.64					
-2946.69				2295.68	37.82			
								33.62
						277.56	16.21	
	701.61	**234.18**	**20.67**	**2235.72**	**28.19**	**191.92**	**14.29**	**33.37**
	42.00							
	601.61	4.18	20.67	2177.56	28.19	191.92	14.29	32.90
	13.76			64.09				
				2.40				
	58.00			55.76				0.02
		230.00						0.45
		80.00						0.40
		150.00						0.05
2946.69	**809.99**	**234.18**	**139.71**	**2235.72**	**37.82**	**277.56**	**16.21**	**33.37**

6-16 续表 1 continued

项 目	Item	其他焦化产品(万吨) Other Coking Products (10^4 tons)	油品合计(万吨) Petroleum Products Total (10^4 tons)
一.可供本地区消费的能源量	**Total Primary Energy Supply**	**0.31**	**2222.27**
1.一次能源生产量	Indigenous Production		282.92
2.外省(区、市)调入量	Moving In from Other Provinces		3056.56
3.进口量	Import		
4.境内轮船和飞机在境外的加油量	Domestic Airplanes&Ships Refueling in Abroad		
5.本省(区、市)调出量(-)	Sending Out to Other Provinces(-)		-1114.79
6.出口量(-)	Export(-)		
7.境外轮船和飞机在境内的加油量(-)	Oversea Airplanes&Ships Refueling in China(-)		
8.库存增(-)、减(+)量	Stock Change	0.31	-2.41
二.加工转换投入(-)产出(+)量	**Input(-) & Output(+) of Transformation**	**95.22**	**-37.54**
1.火力发电	Thermal Power		-8.90
2.供热	Heating Supply		-17.01
3.洗选煤	Coal Washing		
4.炼焦	Coking	95.22	
5.炼油及煤制油	Petroleum Refineries		95.46
#油品再投入量(-)	Petroleum Products Input (-)		-107.10
6.制气	Gas Works		
#焦炭再投入量(-)	Coke Input (-)		
7.天然气液化	Natural Gas Liquefaction		
8.煤制品加工	Briquettes		
9.回收能	Recovery of Energy		
三.损失量	**Loss**		**0.32**
四.终端消费量	**Total Final Consumption**	**95.53**	**2184.41**
1.农、林、牧、渔业	Agriculture, Forestry, Animal Husbandry and Fishery		168.84
2.工业	Industry	95.53	455.05
#用作原料、材料	Non-Energy Use	1.22	124.46
3.建筑业	Construction		137.62
4.交通运输、仓储和邮政业	Transport, Storage and Post		834.02
5.批发、零售业和住宿、餐饮业	Wholesale, Retail Trade and Hotel, Restaurants		91.33
6.其他	Others		66.55
7.生活消费	Residential Consumption		431.00
城镇	Urban		244.19
乡村	Rural		186.81
五.平衡差额	**Statistical Difference**		
六.消费量合计	**Total Energy Consumption**	**95.53**	**2222.27**

Continued 1

原油 (万吨) Crude Oil (10^4 tons)	汽油 (万吨) Gasoline (10^4 tons)	煤油 (万吨) Kerosene (10^4 tons)	柴油 (万吨) Diesel Oil (10^4 tons)	燃料油 (万吨) Fuel Oil (10^4 tons)	石脑油 (万吨) Naphtha (10^4 tons)	润滑油 (万吨) Lubricants (10^4 tons)	石蜡 (万吨) Paraffin Waxes (10^4 tons)	溶剂油 (万吨) White Spirit (10^4 tons)
658.44	**492.42**	**9.56**	**750.71**	**16.10**	**24.38**	**0.58**	**0.37**	**0.43**
282.92								
416.72	614.41	73.76	1097.39	436.86	23.57	1.50	0.39	0.61
-25.54	-124.70	-64.26	-345.85	-421.24	-0.08	-0.77		-0.16
-15.66	2.71	0.05	-0.83	0.48	0.90	-0.14	-0.02	-0.02
-640.44	**186.77**	**62.80**	**174.91**	**4.06**	**16.78**	**-0.01**	**0.01**	
			-1.39	-0.38		-0.01		
			-0.13	-6.27				
-640.44	186.77	62.80	176.43	12.04	16.82		0.01	
				-1.34	-0.05			
18.00	**679.19**	**72.36**	**925.62**	**20.16**	**41.16**	**0.57**	**0.38**	**0.43**
	20.00		148.84					
18.00	87.05	0.45	43.47	2.69	41.16	0.57	0.38	0.43
	0.22	0.04	0.27	0.04	41.11		0.33	0.06
	53.95	0.84	64.89	16.45				
	119.64	70.99	600.10	1.02				
	68.51	0.07	21.97					
	31.70		34.76					
	298.34		11.60					
	192.12		1.90					
	106.23		9.70					
658.44	**679.19**	**72.36**	**927.13**	**28.14**	**41.21**	**0.58**	**0.38**	**0.43**

6-16 续表 2

项　目	Item	石油沥青（万吨）Bitumen Asphalt (10^4 tons)	石油焦（万吨）Petroleum Coke (10^4 tons)
一.可供本地区消费的能源量	**Total Primary Energy Supply**	**-9.24**	**75.39**
1.一次能源生产量	Indigenous Production		
2.外省(区、市)调入量	Moving In from Other Provinces	10.06	102.76
3.进口量	Import		
4.境内轮船和飞机在境外的加油量	Domestic Airplanes&Ships Refueling in Abroad		
5.本省(区、市)调出量(-)	Sending Out to Other Provinces(-)	-23.74	-26.86
6.出口量(-)	Export(-)		
7.境外轮船和飞机在境内的加油量(-)	Oversea Airplanes&Ships Refueling in China(-)		
8.库存增(-)、减(+)量	Stock Change	4.44	-0.52
二.加工转换投入(-)产出(+)量	**Input(-) & Output(+) of Transformation**	**16.33**	**11.71**
1.火力发电	Thermal Power		-6.29
2.供热	Heating Supply		-9.37
3.洗选煤	Coal Washing		
4.炼焦	Coking		
5.炼油及煤制油	Petroleum Refineries	16.33	27.37
#油品再投入量(-)	Petroleum Products Input (-)		
6.制气	Gas Works		
#焦炭再投入量(-)	Coke Input (-)		
7.天然气液化	Natural Gas Liquefaction		
8.煤制品加工	Briquettes		
9.回收能	Recovery of Energy		
三.损失量	**Loss**		
四.终端消费量	**Total Final Consumption**	**7.09**	**87.10**
1.农、林、牧、渔业	Agriculture, Forestry, Animal Husbandry and Fishery		
2.工业	Industry	7.09	87.10
#用作原料、材料	Non-Energy Use	4.65	43.05
3.建筑业	Construction		
4.交通运输、仓储和邮政业	Transport, Storage and Post		
5.批发、零售业和住宿、餐饮业	Wholesale, Retail Trade and Hotel, Restaurants		
6.其他	Others		
7.生活消费	Residential Consumption		
城镇	Urban		
乡村	Rural		
五.平衡差额	**Statistical Difference**		
六.消费量合计	**Total Energy Consumption**	**7.09**	**102.76**

Continued 2

液化石油气 (万吨) LPG (10^4 tons)	炼厂干气 (万吨) Refinery Gas (10^4 tons)	其他石油制品 (万吨) Other Petroleum Products (10^4 tons)	天然气 (亿立方米) Natural Gas (10^8 cu.m)	液化天然气 (万吨) LNG (10^4 tons)	热力 (万百万千焦) Heat (10^{10} kJ)	电力 (亿千瓦小时) Electricity (10^8 kW•h)	其他能源 (万吨标煤) Other Energy (10^4 tce)
115.79	**1.29**	**86.07**	**100.39**	**3.98**		**697.18**	**734.46**
			2.89			163.69	201.64
163.49	1.29	113.76	97.47	6.07		564.55	529.14
-48.40		-33.19		-2.42		-31.06	
0.69		5.50	0.03	0.33			3.68
48.25	**21.47**	**59.82**	**-4.43**	**4.33**	**24282.03**	**2575.94**	**-162.59**
	-0.83		-5.77		-2610.16	2575.94	-138.16
	-1.24		-1.16		23387.46		-24.43
48.29	23.70	165.34					
-0.04	-0.16	-105.52					
			3.13				
			-0.63	4.33			
					3504.73		
0.32			**1.70**			**0.02**	
163.71	**22.75**	**145.89**	**94.27**	**8.31**	**24282.03**	**3273.09**	**571.88**
			3.00			88.55	46.03
33.80	22.75	110.11	60.12	8.31	15035.45	2291.30	272.95
32.86	1.11	0.72	3.25	0.21			
1.48			0.05		4.52	35.30	
6.50		35.78	6.52		39.53	179.76	
0.78			2.02		112.70	84.69	118.56
0.09			1.61		0.29	125.41	17.75
121.06			20.95		9089.53	468.08	116.59
50.18			17.51		6236.78	253.54	
70.88			3.44		2852.75	214.54	116.59
164.07	**24.99**	**251.41**	**102.93**	**8.31**	**26892.19**	**3273.12**	**734.47**

6-17 湖北能源平衡表(实物量)-2017

项　目	Item	煤合计 (万吨) Coal Total (10⁴ tons)	原煤 (万吨) Raw Coal (10⁴ tons)
一.可供本地区消费的能源量	**Total Primary Energy Supply**	**11776.95**	**10348.08**
1.一次能源生产量	Indigenous Production	315.50	315.50
2.外省(区、市)调入量	Moving In from Other Provinces	11457.83	10014.71
3.进口量	Import	28.30	28.30
4.境内轮船和飞机在境外的加油量	Domestic Airplanes&Ships Refueling in Abroad		
5.本省(区、市)调出量(-)	Sending Out to Other Provinces(-)		
6.出口量(-)	Export(-)		
7.境外轮船和飞机在境内的加油量(-)	Oversea Airplanes&Ships Refueling in China(-)		
8.库存增(-)、减(+)量	Stock Change	-24.68	-10.43
二.加工转换投入(-)产出(+)量	**Input(-) & Output(+) of Transformation**	**-5464.49**	**-4240.22**
1.火力发电	Thermal Power	-3723.94	-3723.94
2.供热	Heating Supply	-484.96	-484.96
3.洗选煤	Coal Washing	-5.43	-31.32
4.炼焦	Coking	-1250.16	
5.炼油及煤制油	Petroleum Refineries		
#油品再投入量(-)	Petroleum Products Input (-)		
6.制气	Gas Works		
#焦炭再投入量(-)	Coke Input (-)		
7.天然气液化	Natural Gas Liquefaction		
8.煤制品加工	Briquettes		
9.回收能	Recovery of Energy		
三.损失量	**Loss**		
四.终端消费量	**Total Final Consumption**	**6312.47**	**6107.87**
1.农、林、牧、渔业	Agriculture, Forestry, Animal Husbandry and Fishery	203.65	203.65
2.工业	Industry	4899.86	4771.43
#用作原料、材料	Non-Energy Use	538.49	538.39
3.建筑业	Construction	39.98	39.98
4.交通运输、仓储和邮政业	Transport, Storage and Post	54.05	54.05
5.批发、零售业和住宿、餐饮业	Wholesale, Retail Trade and Hotel, Restaurants	265.36	258.80
6.其他	Others	273.76	272.36
7.生活消费	Residential Consumption	575.81	507.60
城镇	Urban	125.24	102.44
乡村	Rural	450.57	405.16
五.平衡差额	**Statistical Difference**	**-0.01**	
六.消费量合计	**Total Energy Consumption**	**11776.96**	**10348.08**

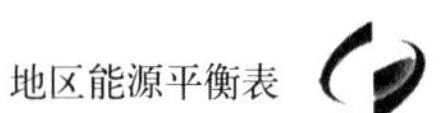

Energy Balance of Hubei (Physical Quantity) -2017

洗精煤 (万吨) Cleaned Coal (10^4 tons)	其他洗煤 (万吨) Other Washed Coal (10^4 tons)	型煤 (万吨) Briquettes (10^4 tons)	煤矸石 (万吨) Gangue (10^4 tons)	焦炭 (万吨) Coke (10^4 tons)	焦炉煤气 (亿立方米) Coke Oven Gas (10^8 cu.m)	高炉煤气 (亿立方米) Blast Furnace Gas (10^8 cu.m)	转炉煤气 (亿立方米) Converter Gas (10^8 cu.m)	其他煤气 (亿立方米) Other Gas (10^8 cu.m)
1224.27	**104.94**	**99.67**	**36.86**	**177.03**	**0.07**			**0.28**
1240.42	105.06	97.64	36.78	190.76	0.07			0.28
-16.15	-0.12	2.03	0.08	-13.73				
-1224.27			**-32.81**	**885.29**	**17.88**	**265.40**	**9.41**	
			-32.81			-93.20	-3.53	
					-18.28		-12.20	
25.89								
-1250.16				885.29	36.17			
						358.60	25.15	
	104.94	**99.67**	**4.06**	**1062.32**	**17.95**	**265.40**	**9.41**	**0.28**
	64.10	64.33	4.06	1062.32	17.95	265.40	9.41	0.28
	0.10			0.16				
		6.56						
		1.40						
	40.84	27.37						
	17.29	5.51						
	23.55	21.86						
1250.16	**104.94**	**99.67**	**36.86**	**1062.32**	**36.23**	**358.60**	**25.14**	**0.28**

6-17 续表 1

项　目	Item	其他焦化产品(万吨) Other Coking Products (10^4 tons)	油品合计(万吨) Petroleum Products Total (10^4 tons)
一.可供本地区消费的能源量	**Total Primary Energy Supply**	**-29.04**	**2581.03**
1.一次能源生产量	Indigenous Production		55.50
2.外省(区、市)调入量	Moving In from Other Provinces		2612.36
3.进口量	Import		
4.境内轮船和飞机在境外的加油量	Domestic Airplanes&Ships Refueling in Abroad		
5.本省(区、市)调出量(-)	Sending Out to Other Provinces(-)	-29.15	-30.24
6.出口量(-)	Export(-)		-31.78
7.境外轮船和飞机在境内的加油量(-)	Oversea Airplanes&Ships Refueling in China(-)		
8.库存增(-)、减(+)量	Stock Change	0.11	-24.82
二.加工转换投入(-)产出(+)量	**Input(-) & Output(+) of Transformation**	**42.74**	**-47.41**
1.火力发电	Thermal Power		-3.38
2.供热	Heating Supply		-4.35
3.洗选煤	Coal Washing		
4.炼焦	Coking	42.74	
5.炼油及煤制油	Petroleum Refineries		586.50
#油品再投入量(-)	Petroleum Products Input (-)		-626.18
6.制气	Gas Works		
#焦炭再投入量(-)	Coke Input (-)		
7.天然气液化	Natural Gas Liquefaction		
8.煤制品加工	Briquettes		
9.回收能	Recovery of Energy		
三.损失量	**Loss**		
四.终端消费量	**Total Final Consumption**	**13.70**	**2533.62**
1.农、林、牧、渔业	Agriculture, Forestry, Animal Husbandry and Fishery		107.40
2.工业	Industry	13.70	570.44
#用作原料、材料	Non-Energy Use	0.71	259.74
3.建筑业	Construction		177.07
4.交通运输、仓储和邮政业	Transport, Storage and Post		1125.08
5.批发、零售业和住宿、餐饮业	Wholesale, Retail Trade and Hotel, Restaurants		127.05
6.其他	Others		117.02
7.生活消费	Residential Consumption		309.55
城镇	Urban		188.65
乡村	Rural		120.90
五.平衡差额	**Statistical Difference**		
六.消费量合计	**Total Energy Consumption**	**13.70**	**2581.03**

Continued 1

原油(万吨) Crude Oil (10^4 tons)	汽油(万吨) Gasoline (10^4 tons)	煤油(万吨) Kerosene (10^4 tons)	柴油(万吨) Diesel Oil (10^4 tons)	燃料油(万吨) Fuel Oil (10^4 tons)	石脑油(万吨) Naphtha (10^4 tons)	润滑油(万吨) Lubricants (10^4 tons)	石蜡(万吨) Paraffin Waxes (10^4 tons)	溶剂油(万吨) White Spirit (10^4 tons)
1428.91	**374.00**	**-23.28**	**378.61**	**128.39**	**38.83**	**10.57**	**-6.45**	**0.20**
55.50								
1381.08	362.80		404.12	163.75	39.00	10.58		0.21
		-23.88					-6.36	
			-1.64	-30.14				
-7.67	11.20	0.60	-23.87	-5.22	-0.17	-0.01	-0.09	-0.01
-1421.80	**375.17**	**120.88**	**488.89**	**1.62**	**112.39**		**9.31**	
			-0.71	-0.11				
			-0.05	-0.03				
-1421.80	375.17	120.88	489.65	1.76	159.38		9.31	
					-46.99			
7.11	**749.18**	**97.61**	**867.51**	**130.00**	**151.22**	**10.57**	**2.85**	**0.20**
	16.06		91.35					
7.11	8.00	1.02	79.98	26.53	151.22	2.10	0.47	0.20
	0.28	0.07	1.18	0.01	151.22	0.08		0.01
	24.89		55.54	2.06				
	419.64	64.11	510.19	99.38		8.48	2.38	
	39.04		52.13					
	103.82	11.17		2.03				
	137.72	21.30	78.32					
	98.10		44.86					
	39.62	21.30	33.46					
1428.91	**749.18**	**97.61**	**868.27**	**130.15**	**198.21**	**10.57**	**2.85**	**0.20**

6-17 续表 2

项　目	Item	石油沥青(万吨) Bitumen Asphalt (10^4 tons)	石油焦(万吨) Petroleum Coke (10^4 tons)
一.可供本地区消费的能源量	**Total Primary Energy Supply**	**74.71**	**8.81**
1.一次能源生产量	Indigenous Production		
2.外省(区、市)调入量	Moving In from Other Provinces	73.60	10.47
3.进口量	Import		
4.境内轮船和飞机在境外的加油量	Domestic Airplanes&Ships Refueling in Abroad		
5.本省(区、市)调出量(-)	Sending Out to Other Provinces(-)		
6.出口量(-)	Export(-)		
7.境外轮船和飞机在境内的加油量(-)	Oversea Airplanes&Ships Refueling in China(-)		
8.库存增(-)、减(+)量	Stock Change	1.11	-1.66
二.加工转换投入(-)产出(+)量	**Input(-) & Output(+) of Transformation**	**18.17**	**108.43**
1.火力发电	Thermal Power		-1.51
2.供热	Heating Supply		
3.洗选煤	Coal Washing		
4.炼焦	Coking		
5.炼油及煤制油	Petroleum Refineries	18.17	109.94
#油品再投入量(-)	Petroleum Products Input (-)		
6.制气	Gas Works		
#焦炭再投入量(-)	Coke Input (-)		
7.天然气液化	Natural Gas Liquefaction		
8.煤制品加工	Briquettes		
9.回收能	Recovery of Energy		
三.损失量	**Loss**		
四.终端消费量	**Total Final Consumption**	**92.88**	**117.24**
1.农、林、牧、渔业	Agriculture, Forestry, Animal Husbandry and Fishery		
2.工业	Industry	1.37	117.24
#用作原料、材料	Non-Energy Use	1.33	23.02
3.建筑业	Construction	91.51	
4.交通运输、仓储和邮政业	Transport, Storage and Post		
5.批发、零售业和住宿、餐饮业	Wholesale, Retail Trade and Hotel, Restaurants		
6.其他	Others		
7.生活消费	Residential Consumption		
城镇	Urban		
乡村	Rural		
五.平衡差额	**Statistical Difference**		
六.消费量合计	**Total Energy Consumption**	**92.88**	**118.75**

Continued 2

液化石油气 (万吨) LPG (10^4 tons)	炼厂干气 (万吨) Refinery Gas (10^4 tons)	其他石油制品 (万吨) Other Petroleum Products (10^4 tons)	天然气 (亿立方米) Natural Gas (10^8 cu.m)	液化天然气 (万吨) LNG (10^4 tons)	热力 (万百万千焦) Heat (10^{10} kJ)	电力 (亿千瓦小时) Electricity (10^8 kW•h)	其他能源 (万吨标煤) Other Energy (10^4 tce)
98.46		**69.26**	**52.22**	**-16.43**		**1000.28**	**325.48**
			1.27			1563.11	312.21
98.99		67.76	50.90			304.67	9.89
				-15.19		-867.50	
-0.53		1.50	0.05	-1.24			3.38
64.89	**38.26**	**36.36**	**-10.84**	**21.02**	**10395.29**	**1043.10**	**-247.22**
	-0.86	-0.19	-5.45		-951.23	1043.10	-234.98
	-2.82	-1.44	-0.90		10086.58		-12.24
64.89	41.94	617.18	-1.39				
		-579.19					
			-3.10	21.02			
					1259.94		
						114.15	
163.36	**38.26**	**105.62**	**41.38**	**4.59**	**10395.29**	**1929.22**	**78.26**
						29.61	
34.37	38.26	102.55	18.34	1.51	9903.18	1228.79	18.15
33.65	2.93	45.95	0.17	0.02			
		3.07			38.89	31.80	
20.89			8.17		6.11	54.22	
35.88			3.84	0.97	447.11	97.96	
			3.77			149.00	
72.21			7.27	2.12		337.84	60.11
45.69			7.27	1.85		222.71	
26.52				0.27		115.13	60.11
163.36	**41.94**	**686.44**	**49.32**	**4.59**	**11346.52**	**2043.37**	**325.49**

6-18 湖南能源平衡表(实物量)-2017

项　　目	Item	煤合计 (万吨) Coal Total (10^4 tons)	原煤 (万吨) Raw Coal (10^4 tons)
一.可供本地区消费的能源量	**Total Primary Energy Supply**	**12404.56**	**11602.33**
1.一次能源生产量	Indigenous Production	1938.02	1938.02
2.外省(区、市)调入量	Moving In from Other Provinces	10337.14	9522.38
3.进口量	Import	232.92	232.92
4.境内轮船和飞机在境外的加油量	Domestic Airplanes&Ships Refueling in Abroad		
5.本省(区、市)调出量(-)	Sending Out to Other Provinces(-)	-156.99	-156.99
6.出口量(-)	Export(-)		
7.境外轮船和飞机在境内的加油量(-)	Oversea Airplanes&Ships Refueling in China(-)		
8.库存增(-)、减(+)量	Stock Change	53.47	65.99
二.加工转换投入(-)产出(+)量	**Input(-) & Output(+) of Transformation**	**-4470.20**	**-4354.13**
1.火力发电	Thermal Power	-2856.76	-2856.76
2.供热	Heating Supply	-295.64	-192.58
3.洗选煤	Coal Washing	-406.09	-1304.79
4.炼焦	Coking	-911.71	
5.炼油及煤制油	Petroleum Refineries		
#油品再投入量(-)	Petroleum Products Input (-)		
6.制气	Gas Works		
#焦炭再投入量(-)	Coke Input (-)		
7.天然气液化	Natural Gas Liquefaction		
8.煤制品加工	Briquettes		
9.回收能	Recovery of Energy		
三.损失量	**Loss**	**22.50**	**20.44**
四.终端消费量	**Total Final Consumption**	**7911.87**	**7227.76**
1.农、林、牧、渔业	Agriculture, Forestry, Animal Husbandry and Fishery	493.92	460.96
2.工业	Industry	5316.03	5185.36
#用作原料、材料	Non-Energy Use		
3.建筑业	Construction	230.17	211.24
4.交通运输、仓储和邮政业	Transport, Storage and Post	307.40	275.39
5.批发、零售业和住宿、餐饮业	Wholesale, Retail Trade and Hotel, Restaurants	487.09	266.90
6.其他	Others	551.31	346.31
7.生活消费	Residential Consumption	525.95	481.60
城镇	Urban	162.89	148.75
乡村	Rural	363.07	332.85
五.平衡差额	**Statistical Difference**		
六.消费量合计	**Total Energy Consumption**	**12404.56**	**11602.33**

Energy Balance of Hunan (Physical Quantity) -2017

洗精煤 (万吨) Cleaned Coal (10^4 tons)	其他洗煤 (万吨) Other Washed Coal (10^4 tons)	型煤 (万吨) Briquettes (10^4 tons)	煤矸石 (万吨) Gangue (10^4 tons)	焦炭 (万吨) Coke (10^4 tons)	焦炉煤气 (亿立方米) Coke Oven Gas (10^8 cu.m)	高炉煤气 (亿立方米) Blast Furnace Gas (10^8 cu.m)	转炉煤气 (亿立方米) Converter Gas (10^8 cu.m)	其他煤气 (亿立方米) Other Gas (10^8 cu.m)
120.75	**107.34**	**574.15**	**180.74**	**293.98**	**0.05**	**1.47**	**0.06**	
134.78	105.82	574.16	186.19	288.32	0.05	1.47	0.06	
				-4.00				
-14.03	1.52	-0.01	-5.45	9.66				
-120.75	**4.68**		**-116.67**	**653.59**	**19.72**	**120.35**	**15.54**	
			-116.67		-3.62	-138.10	-8.57	
	-103.05					-54.47		
790.96	107.73							
-911.71				653.59	23.35			
						312.91	24.11	
	0.34	**1.72**	**0.19**	**2.83**	**0.06**	**0.36**	**0.05**	
	111.68	**572.43**	**63.88**	**944.74**	**19.72**	**121.45**	**15.55**	
		32.96		28.48				
	111.49	19.18	63.88	916.26	19.72	121.45	15.55	
	0.19	18.74						
		32.01						
		220.19						
		205.00						
		44.35						
		14.14						
		30.22						
911.71	**215.07**	**574.15**	**180.74**	**947.57**	**23.40**	**314.38**	**24.17**	

6-18 续表 1

项　目	Item	其他焦化产品(万吨) Other Coking Products (10^4 tons)	油品合计(万吨) Petroleum Products Total (10^4 tons)
一.可供本地区消费的能源量	**Total Primary Energy Supply**	**-23.62**	**1822.76**
1.一次能源生产量	Indigenous Production		
2.外省(区、市)调入量	Moving In from Other Provinces		1830.80
3.进口量	Import		1.45
4.境内轮船和飞机在境外的加油量	Domestic Airplanes&Ships Refueling in Abroad		
5.本省(区、市)调出量(-)	Sending Out to Other Provinces(-)	-23.62	-3.60
6.出口量(-)	Export(-)		-0.07
7.境外轮船和飞机在境内的加油量(-)	Oversea Airplanes&Ships Refueling in China(-)		
8.库存增(-)、减(+)量	Stock Change		-5.82
二.加工转换投入(-)产出(+)量	**Input(-) & Output(+) of Transformation**	**24.70**	**-47.68**
1.火力发电	Thermal Power		-9.30
2.供热	Heating Supply		-8.79
3.洗选煤	Coal Washing		
4.炼焦	Coking	24.70	
5.炼油及煤制油	Petroleum Refineries		80.61
#油品再投入量(-)	Petroleum Products Input (-)		-110.20
6.制气	Gas Works		
#焦炭再投入量(-)	Coke Input (-)		
7.天然气液化	Natural Gas Liquefaction		
8.煤制品加工	Briquettes		
9.回收能	Recovery of Energy		
三.损失量	**Loss**		
四.终端消费量	**Total Final Consumption**	**1.08**	**1775.10**
1.农、林、牧、渔业	Agriculture, Forestry, Animal Husbandry and Fishery		23.01
2.工业	Industry	1.08	304.52
#用作原料、材料	Non-Energy Use		
3.建筑业	Construction		71.97
4.交通运输、仓储和邮政业	Transport, Storage and Post		824.57
5.批发、零售业和住宿、餐饮业	Wholesale, Retail Trade and Hotel, Restaurants		98.83
6.其他	Others		113.86
7.生活消费	Residential Consumption		338.34
城镇	Urban		218.85
乡村	Rural		119.49
五.平衡差额	**Statistical Difference**		**-0.02**
六.消费量合计	**Total Energy Consumption**	**1.08**	**1822.78**

Continued 1

原油 (万吨) Crude Oil (10^4 tons)	汽油 (万吨) Gasoline (10^4 tons)	煤油 (万吨) Kerosene (10^4 tons)	柴油 (万吨) Diesel Oil (10^4 tons)	燃料油 (万吨) Fuel Oil (10^4 tons)	石脑油 (万吨) Naphtha (10^4 tons)	润滑油 (万吨) Lubricants (10^4 tons)	石蜡 (万吨) Paraffin Waxes (10^4 tons)	溶剂油 (万吨) White Spirit (10^4 tons)
770.13	**421.14**	**-3.60**	**442.75**	**89.05**	**-0.02**	**8.52**	**0.07**	**1.53**
775.97	421.12		442.07	87.76		8.51	0.08	
						0.01		1.44
		-3.60						
-5.84	0.02		0.68	1.30	-0.02		-0.01	0.09
-769.23	**220.49**	**64.36**	**191.16**	**-1.09**	**20.32**			**0.62**
			-0.58	-4.56				
			-1.65	-0.86				
-769.23	220.89	64.36	193.40	4.53	20.32			0.62
	-0.40			-0.20				
0.90	**641.62**	**60.76**	**633.91**	**87.96**	**20.32**	**8.52**	**0.07**	**2.15**
	12.75		10.02	0.01		0.01		
0.90	21.42	3.03	35.97	23.29	20.32	0.46	0.07	1.48
	21.18	0.22	49.22	0.06		0.01		0.67
	208.41	55.21	457.20	60.13		4.15		
	63.96	1.68	14.03	1.91		1.38		
	82.53	0.61	19.87	0.97		1.31		
	231.37		47.60	1.58		1.20		
	157.79		16.39	1.11		1.02		
	73.58		31.20	0.47		0.18		
					-0.02			
770.13	**642.03**	**60.76**	**636.15**	**93.59**	**20.32**	**8.52**	**0.07**	**2.15**

6-18 续表 2

项目	Item	石油沥青(万吨) Bitumen Asphalt (10^4 tons)	石油焦(万吨) Petroleum Coke (10^4 tons)
一.可供本地区消费的能源量	**Total Primary Energy Supply**	**1.30**	**0.35**
1.一次能源生产量	Indigenous Production		
2.外省(区、市)调入量	Moving In from Other Provinces	1.31	
3.进口量	Import		
4.境内轮船和飞机在境外的加油量	Domestic Airplanes&Ships Refueling in Abroad		
5.本省(区、市)调出量(-)	Sending Out to Other Provinces(-)		
6.出口量(-)	Export(-)	-0.02	-0.05
7.境外轮船和飞机在境内的加油量(-)	Oversea Airplanes&Ships Refueling in China(-)		
8.库存增(-)、减(+)量	Stock Change		0.40
二.加工转换投入(-)产出(+)量	**Input(-) & Output(+) of Transformation**		**23.94**
1.火力发电	Thermal Power		-2.95
2.供热	Heating Supply		-4.30
3.洗选煤	Coal Washing		
4.炼焦	Coking		
5.炼油及煤制油	Petroleum Refineries		31.19
#油品再投入量(-)	Petroleum Products Input (-)		
6.制气	Gas Works		
#焦炭再投入量(-)	Coke Input (-)		
7.天然气液化	Natural Gas Liquefaction		
8.煤制品加工	Briquettes		
9.回收能	Recovery of Energy		
三.损失量	**Loss**		
四.终端消费量	**Total Final Consumption**	**1.30**	**24.29**
1.农、林、牧、渔业	Agriculture, Forestry, Animal Husbandry and Fishery		
2.工业	Industry	1.30	24.29
#用作原料、材料	Non-Energy Use		
3.建筑业	Construction		
4.交通运输、仓储和邮政业	Transport, Storage and Post		
5.批发、零售业和住宿、餐饮业	Wholesale, Retail Trade and Hotel, Restaurants		
6.其他	Others		
7.生活消费	Residential Consumption		
城镇	Urban		
乡村	Rural		
五.平衡差额	**Statistical Difference**		
六.消费量合计	**Total Energy Consumption**	**1.30**	**31.54**

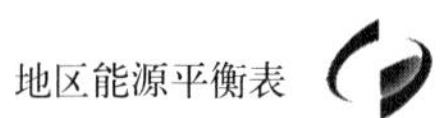

Continued 2

液化石油气 (万吨) LPG (10^4 tons)	炼厂干气 (万吨) Refinery Gas (10^4 tons)	其他石油制品 (万吨) Other Petroleum Products (10^4 tons)	天然气 (亿立方米) Natural Gas (10^8 cu.m)	液化天然气 (万吨) LNG (10^4 tons)	热力 (万百万千焦) Heat (10^{10} kJ)	电力 (亿千瓦小时) Electricity (10^8 kW•h)	其他能源 (万吨标煤) Other Energy (10^4 tce)
35.92		**55.62**	**26.24**	**5.36**		**794.99**	**640.64**
						648.15	
35.93		58.06	26.24	5.36		223.52	640.59
						-76.68	
		-2.44					0.05
70.41	**27.35**	**103.98**	**-0.02**		**7870.20**	**786.52**	**-112.73**
	-1.21		-0.01		-65.74	786.52	-112.73
	-1.98		-0.01		4647.03		
70.41	31.76	212.35					
	-1.22	-108.37					
					3288.91		
						117.14	
106.34	**27.35**	**159.61**	**26.22**	**5.36**	**7870.20**	**1464.37**	**527.91**
0.22			0.09			19.34	164.79
16.07	27.35	128.57	14.96	2.27	7866.00	746.81	164.58
0.60			0.08			22.84	
9.30		30.15	1.73	2.08		56.37	62.28
15.87			2.00	0.97		76.78	
7.68		0.89	2.49		4.21	133.33	
56.60			4.86	0.04		408.90	136.26
42.53			4.77	0.04		197.62	61.17
14.06			0.09			211.28	75.10
106.34	**31.76**	**267.97**	**26.24**	**5.36**	**7935.95**	**1581.51**	**640.65**

6-19 广东能源平衡表(实物量)-2017

项　目	Item	煤合计 (万吨) Coal Total (10^4 tons)	原煤 (万吨) Raw Coal (10^4 tons)
一.可供本地区消费的能源量	**Total Primary Energy Supply**	**17172.10**	**16181.55**
1.一次能源生产量	Indigenous Production		
2.外省(区、市)调入量	Moving In from Other Provinces	11631.44	11437.88
3.进口量	Import	5962.30	5063.25
4.境内轮船和飞机在境外的加油量	Domestic Airplanes&Ships Refueling in Abroad		
5.本省(区、市)调出量(-)	Sending Out to Other Provinces(-)	-375.18	-342.66
6.出口量(-)	Export(-)	-1.03	-1.03
7.境外轮船和飞机在境内的加油量(-)	Oversea Airplanes&Ships Refueling in China(-)		
8.库存增(-)、减(+)量	Stock Change	-45.43	24.11
二.加工转换投入(-)产出(+)量	**Input(-) & Output(+) of Transformation**	**-13422.39**	**-12577.73**
1.火力发电	Thermal Power	-11510.59	-11324.03
2.供热	Heating Supply	-1030.93	-996.12
3.洗选煤	Coal Washing		
4.炼焦	Coking	-859.13	-4.48
5.炼油及煤制油	Petroleum Refineries		
#油品再投入量(-)	Petroleum Products Input (-)		
6.制气	Gas Works	-82.53	-82.53
#焦炭再投入量(-)	Coke Input (-)		
7.天然气液化	Natural Gas Liquefaction		
8.煤制品加工	Briquettes	60.79	-170.57
9.回收能	Recovery of Energy		
三.损失量	**Loss**	**1.85**	**1.85**
四.终端消费量	**Total Final Consumption**	**3747.86**	**3601.97**
1.农、林、牧、渔业	Agriculture, Forestry, Animal Husbandry and Fishery	61.15	61.15
2.工业	Industry	3556.63	3433.30
#用作原料、材料	Non-Energy Use	3.95	3.11
3.建筑业	Construction	4.16	4.16
4.交通运输、仓储和邮政业	Transport, Storage and Post	4.66	4.66
5.批发、零售业和住宿、餐饮业	Wholesale, Retail Trade and Hotel, Restaurants	47.97	47.97
6.其他	Others	2.47	2.47
7.生活消费	Residential Consumption	70.82	48.26
城镇	Urban	36.36	22.43
乡村	Rural	34.46	25.83
五.平衡差额	**Statistical Difference**		
六.消费量合计	**Total Energy Consumption**	**17172.10**	**16181.55**

Energy Balance of Guangdong (Physical Quantity) -2017

洗精煤 (万吨) Cleaned Coal (10^4 tons)	其他洗煤 (万吨) Other Washed Coal (10^4 tons)	型煤 (万吨) Briquettes (10^4 tons)	煤矸石 (万吨) Gangue (10^4 tons)	焦炭 (万吨) Coke (10^4 tons)	焦炉煤气 (亿立方米) Coke Oven Gas (10^8 cu.m)	高炉煤气 (亿立方米) Blast Furnace Gas (10^8 cu.m)	转炉煤气 (亿立方米) Converter Gas (10^8 cu.m)	其他煤气 (亿立方米) Other Gas (10^8 cu.m)
854.65	**48.27**	**87.63**	**231.01**	**350.31**				**21.14**
	97.31	96.25	232.86	383.23				21.14
893.20		5.85						
-32.52								
				-0.01				
-6.03	-49.04	-14.47	-1.85	-32.91				
-854.65		**9.99**	**-220.50**	**590.65**	**18.80**	**216.23**	**17.57**	**1.90**
		-186.56	-220.50		-4.78	-75.49	-6.99	
		-34.81				-18.74	-0.92	-0.07
-854.65				590.65	23.58			
								1.97
		231.36						
						310.46	25.48	
					2.85	**0.52**		
	48.27	**97.62**	**10.51**	**940.96**	**15.95**	**215.71**	**17.57**	**23.04**
	48.27	75.06	10.51	902.78	15.95	215.71	17.57	3.45
	0.84							
				36.95				6.35
				1.23				
		22.56						13.24
		13.93						13.24
		8.63						
854.65	**48.27**	**318.99**	**231.01**	**940.96**	**23.58**	**310.46**	**25.48**	**23.11**

6-19 续表 1

项　目	Item	其他焦化产品(万吨) Other Coking Products (10^4 tons)	油品合计(万吨) Petroleum Products Total (10^4 tons)
一.可供本地区消费的能源量	**Total Primary Energy Supply**	**-26.77**	**6211.76**
1.一次能源生产量	Indigenous Production		1556.29
2.外省(区、市)调入量	Moving In from Other Provinces		1688.19
3.进口量	Import		7284.64
4.境内轮船和飞机在境外的加油量	Domestic Airplanes&Ships Refueling in Abroad		155.64
5.本省(区、市)调出量(-)	Sending Out to Other Provinces(-)	-26.42	-3038.73
6.出口量(-)	Export(-)		-926.32
7.境外轮船和飞机在境内的加油量(-)	Oversea Airplanes&Ships Refueling in China(-)		-236.37
8.库存增(-)、减(+)量	Stock Change	-0.35	-271.58
二.加工转换投入(-)产出(+)量	**Input(-) & Output(+) of Transformation**	**33.84**	**-445.86**
1.火力发电	Thermal Power		-46.46
2.供热	Heating Supply		-139.46
3.洗选煤	Coal Washing		
4.炼焦	Coking	33.84	
5.炼油及煤制油	Petroleum Refineries		524.93
#油品再投入量(-)	Petroleum Products Input (-)		-784.87
6.制气	Gas Works		
#焦炭再投入量(-)	Coke Input (-)		
7.天然气液化	Natural Gas Liquefaction		
8.煤制品加工	Briquettes		
9.回收能	Recovery of Energy		
三.损失量	**Loss**		**11.53**
四.终端消费量	**Total Final Consumption**	**7.07**	**5754.37**
1.农、林、牧、渔业	Agriculture, Forestry, Animal Husbandry and Fishery		138.17
2.工业	Industry	7.07	1361.35
#用作原料、材料	Non-Energy Use	0.11	712.44
3.建筑业	Construction		410.79
4.交通运输、仓储和邮政业	Transport, Storage and Post		2205.64
5.批发、零售业和住宿、餐饮业	Wholesale, Retail Trade and Hotel, Restaurants		330.62
6.其他	Others		99.76
7.生活消费	Residential Consumption		1208.04
城镇	Urban		788.12
乡村	Rural		419.92
五.平衡差额	**Statistical Difference**		
六.消费量合计	**Total Energy Consumption**	**7.07**	**6211.76**

Continued 1

原油 (万吨) Crude Oil (10^4 tons)	汽油 (万吨) Gasoline (10^4 tons)	煤油 (万吨) Kerosene (10^4 tons)	柴油 (万吨) Diesel Oil (10^4 tons)	燃料油 (万吨) Fuel Oil (10^4 tons)	石脑油 (万吨) Naphtha (10^4 tons)	润滑油 (万吨) Lubricants (10^4 tons)	石蜡 (万吨) Paraffin Waxes (10^4 tons)	溶剂油 (万吨) White Spirit (10^4 tons)
5209.32	**583.15**	**-413.50**	**298.39**	**163.83**	**293.44**	**0.45**	**-4.86**	**-95.71**
1556.29								
	823.33		580.35	203.39	81.12			
5211.51	0.72	77.39	0.64	144.54	209.76	50.09	3.82	0.92
		26.45	3.99	125.20				
-1392.83		-153.68				-112.60	-5.22	-87.78
-3.91	-119.08	-341.69	-196.48	-125.49		-1.88	-3.39	-0.22
		-40.15	-5.39	-190.83				
-161.74	-121.82	18.18	-84.72	7.02	2.56	64.84	-0.07	-8.63
-5176.02	**946.36**	**713.20**	**1367.49**	**182.88**	**222.63**	**20.47**	**5.13**	**96.85**
			-2.09	-1.81	-10.75			
			-0.06		-89.78			
-5176.02	946.76	713.39	1370.06	184.69	433.16	20.47	5.13	96.85
	-0.40	-0.19	-0.42		-110.00			
9.88	**0.68**	**0.25**	**0.72**					
23.42	**1528.83**	**299.45**	**1665.16**	**346.71**	**516.07**	**20.92**	**0.27**	**1.14**
	18.27		110.91			8.99		
23.42	55.25	3.04	218.28	97.94	516.07	4.75	0.27	1.14
	0.01	0.31	0.19	9.52	516.07	3.94	0.01	0.49
	50.90	0.31	20.37	0.60		0.06		
	512.73	292.30	1110.91	231.34		7.12		
	117.46		172.64	16.77				
	85.89	0.05	10.94	0.06				
	688.33	3.75	21.11					
	480.46	0.41	4.87					
	207.87	3.34	16.24					
5209.32	**1529.91**	**299.89**	**1668.45**	**348.52**	**726.60**	**20.92**	**0.27**	**1.14**

6-19 续表 2

项　目	Item	石油沥青(万吨) Bitumen Asphalt (10^4 tons)	石油焦(万吨) Petroleum Coke (10^4 tons)
一.可供本地区消费的能源量	**Total Primary Energy Supply**	**-88.59**	**-123.29**
1.一次能源生产量	Indigenous Production		
2.外省(区、市)调入量	Moving In from Other Provinces		
3.进口量	Import	74.48	78.62
4.境内轮船和飞机在境外的加油量	Domestic Airplanes&Ships Refueling in Abroad		
5.本省(区、市)调出量(-)	Sending Out to Other Provinces(-)	-56.40	-145.59
6.出口量(-)	Export(-)	-23.78	-2.72
7.境外轮船和飞机在境内的加油量(-)	Oversea Airplanes&Ships Refueling in China(-)		
8.库存增(-)、减(+)量	Stock Change	-82.89	-53.60
二.加工转换投入(-)产出(+)量	**Input(-) & Output(+) of Transformation**	**429.13**	**173.38**
1.火力发电	Thermal Power		-27.50
2.供热	Heating Supply		-38.46
3.洗选煤	Coal Washing		
4.炼焦	Coking		
5.炼油及煤制油	Petroleum Refineries	429.13	239.34
#油品再投入量(-)	Petroleum Products Input (-)		
6.制气	Gas Works		
#焦炭再投入量(-)	Coke Input (-)		
7.天然气液化	Natural Gas Liquefaction		
8.煤制品加工	Briquettes		
9.回收能	Recovery of Energy		
三.损失量	**Loss**		
四.终端消费量	**Total Final Consumption**	**340.54**	**50.09**
1.农、林、牧、渔业	Agriculture, Forestry, Animal Husbandry and Fishery		
2.工业	Industry	2.94	50.09
#用作原料、材料	Non-Energy Use	2.05	
3.建筑业	Construction	337.60	
4.交通运输、仓储和邮政业	Transport, Storage and Post		
5.批发、零售业和住宿、餐饮业	Wholesale, Retail Trade and Hotel, Restaurants		
6.其他	Others		
7.生活消费	Residential Consumption		
城镇	Urban		
乡村	Rural		
五.平衡差额	**Statistical Difference**		
六.消费量合计	**Total Energy Consumption**	**340.54**	**116.05**

Continued 2

液化石油气 (万吨) LPG (10^4 tons)	炼厂干气 (万吨) Refinery Gas (10^4 tons)	其他石油制品 (万吨) Other Petroleum Products (10^4 tons)	天然气 (亿立方米) Natural Gas (10^8 cu.m)	液化天然气 (万吨) LNG (10^4 tons)	热力 (万百万千焦) Heat (10^{10} kJ)	电力 (亿千瓦小时) Electricity (10^8 kW•h)	其他能源 (万吨标煤) Other Energy (10^4 tce)
495.31	**17.84**	**-124.02**	**138.78**	**315.97**	**-4017.36**	**2626.16**	**454.36**
			89.23			1204.00	
			49.55			3060.44	465.54
605.51	17.84	808.80		900.20			
-68.34		-1016.29		-577.92	-4017.36	-1638.28	
-106.17		-1.51		-28.72			
64.31		84.98		22.41			-11.18
204.86	**74.36**	**293.42**	**-70.32**	**-230.75**	**25348.08**	**3332.81**	**-365.38**
	-4.14	-0.17	-69.16	-218.67	-3782.23	3332.81	-357.84
	-10.68	-0.48	-1.16	-12.08	23954.23		-7.54
298.76	108.11	855.10					-45.32
-93.90	-18.93	-561.03					
							45.32
					5176.08		
				13.01		**226.84**	
700.17	**92.20**	**169.40**	**68.46**	**72.21**	**21330.72**	**5732.13**	**88.98**
						99.94	
126.56	92.20	169.40	42.18	72.21	21326.84	3588.44	88.98
35.44	1.79	142.62	0.06	8.14			
0.95			0.04		0.93	68.89	
51.24			3.24		2.95	109.46	
23.75			8.29			333.07	
2.82			0.37			588.71	
494.85			14.34			943.62	
302.38			14.34			564.71	
192.47						378.91	
794.07	**125.95**	**731.08**	**138.78**	**315.97**	**25112.95**	**5958.97**	**499.68**

6-20 广西能源平衡表(实物量)-2017

项　目	Item	煤合计(万吨) Coal Total (10^4 tons)	原煤(万吨) Raw Coal (10^4 tons)
一.可供本地区消费的能源量	**Total Primary Energy Supply**	**6613.32**	**5951.10**
1.一次能源生产量	Indigenous Production	442.67	442.67
2.外省(区、市)调入量	Moving In from Other Provinces	5222.51	4559.76
3.进口量	Import	1009.39	1009.39
4.境内轮船和飞机在境外的加油量	Domestic Airplanes&Ships Refueling in Abroad		
5.本省(区、市)调出量(-)	Sending Out to Other Provinces(-)		
6.出口量(-)	Export(-)	-5.58	-5.58
7.境外轮船和飞机在境内的加油量(-)	Oversea Airplanes&Ships Refueling in China(-)		
8.库存增(-)、减(+)量	Stock Change	-55.67	-55.14
二.加工转换投入(-)产出(+)量	**Input(-) & Output(+) of Transformation**	**-4030.83**	**-3393.04**
1.火力发电	Thermal Power	-2314.05	-2314.05
2.供热	Heating Supply	-567.11	-567.11
3.洗选煤	Coal Washing	0.65	-43.75
4.炼焦	Coking	-991.87	-308.16
5.炼油及煤制油	Petroleum Refineries		
#油品再投入量(-)	Petroleum Products Input (-)		
6.制气	Gas Works	-158.83	-158.83
#焦炭再投入量(-)	Coke Input (-)		
7.天然气液化	Natural Gas Liquefaction		
8.煤制品加工	Briquettes	0.38	-1.14
9.回收能	Recovery of Energy		
三.损失量	**Loss**		
四.终端消费量	**Total Final Consumption**	**2582.49**	**2558.06**
1.农、林、牧、渔业	Agriculture, Forestry, Animal Husbandry and Fishery	7.96	7.96
2.工业	Industry	2563.62	2539.19
#用作原料、材料	Non-Energy Use	108.59	107.50
3.建筑业	Construction		
4.交通运输、仓储和邮政业	Transport, Storage and Post	0.16	0.16
5.批发、零售业和住宿、餐饮业	Wholesale, Retail Trade and Hotel, Restaurants	2.46	2.46
6.其他	Others		
7.生活消费	Residential Consumption	8.29	8.29
城镇	Urban	4.32	4.32
乡村	Rural	3.97	3.97
五.平衡差额	**Statistical Difference**		
六.消费量合计	**Total Energy Consumption**	**6613.32**	**5951.10**

Energy Balance of Guangxi (Physical Quantity) -2017

洗精煤 (万吨) Cleaned Coal (10^4 tons)	其他洗煤 (万吨) Other Washed Coal (10^4 tons)	型煤 (万吨) Briquettes (10^4 tons)	煤矸石 (万吨) Gangue (10^4 tons)	焦炭 (万吨) Coke (10^4 tons)	焦炉煤气 (亿立方米) Coke Oven Gas (10^8 cu.m)	高炉煤气 (亿立方米) Blast Furnace Gas (10^8 cu.m)	转炉煤气 (亿立方米) Converter Gas (10^8 cu.m)	其他煤气 (亿立方米) Other Gas (10^8 cu.m)
648.32	**10.76**	**3.14**	**9.11**	**500.46**				
647.24	11.97	3.54	9.11	508.88				
				-0.27				
1.08	-1.21	-0.40		-8.15				
-648.32	**9.01**	**1.52**		**703.66**	**21.92**	**210.94**	**12.18**	**48.94**
					-8.19	-114.22	-7.64	
35.39	9.01							
-683.71				703.66	30.11			
								48.94
		1.52						
						325.16	19.82	
	19.77	**4.66**	**9.11**	**1204.12**	**21.92**	**210.94**	**12.18**	**48.94**
	19.77	4.66	9.11	1204.12	21.92	210.94	12.18	48.59
		1.09		13.04				
								0.35
								0.35
683.71	**19.77**	**4.66**	**9.11**	**1204.12**	**30.11**	**325.16**	**19.82**	**48.94**

6-20 续表 1

项目	Item	其他焦化产品(万吨) Other Coking Products (10^4 tons)	油品合计(万吨) Petroleum Products Total (10^4 tons)
一.可供本地区消费的能源量	**Total Primary Energy Supply**		**1355.53**
1.一次能源生产量	Indigenous Production		44.07
2.外省(区、市)调入量	Moving In from Other Provinces		1825.86
3.进口量	Import		116.05
4.境内轮船和飞机在境外的加油量	Domestic Airplanes&Ships Refueling in Abroad		
5.本省(区、市)调出量(-)	Sending Out to Other Provinces(-)		-628.11
6.出口量(-)	Export(-)		
7.境外轮船和飞机在境内的加油量(-)	Oversea Airplanes&Ships Refueling in China(-)		
8.库存增(-)、减(+)量	Stock Change		-2.34
二.加工转换投入(-)产出(+)量	**Input(-) & Output(+) of Transformation**	**42.34**	**-55.92**
1.火力发电	Thermal Power		-0.41
2.供热	Heating Supply		-4.34
3.洗选煤	Coal Washing		
4.炼焦	Coking	42.34	
5.炼油及煤制油	Petroleum Refineries		78.00
#油品再投入量(-)	Petroleum Products Input (-)		-129.17
6.制气	Gas Works		
#焦炭再投入量(-)	Coke Input (-)		
7.天然气液化	Natural Gas Liquefaction		
8.煤制品加工	Briquettes		
9.回收能	Recovery of Energy		
三.损失量	**Loss**		
四.终端消费量	**Total Final Consumption**	**42.34**	**1299.61**
1.农、林、牧、渔业	Agriculture, Forestry, Animal Husbandry and Fishery		89.01
2.工业	Industry	42.34	289.41
#用作原料、材料	Non-Energy Use		87.33
3.建筑业	Construction		2.56
4.交通运输、仓储和邮政业	Transport, Storage and Post		659.32
5.批发、零售业和住宿、餐饮业	Wholesale, Retail Trade and Hotel, Restaurants		63.12
6.其他	Others		20.37
7.生活消费	Residential Consumption		175.82
城镇	Urban		114.76
乡村	Rural		61.06
五.平衡差额	**Statistical Difference**		
六.消费量合计	**Total Energy Consumption**	**42.34**	**1355.53**

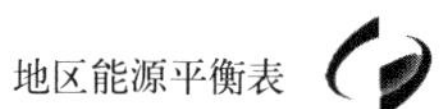

Continued 1

原油 (万吨) Crude Oil (10^4 tons)	汽油 (万吨) Gasoline (10^4 tons)	煤油 (万吨) Kerosene (10^4 tons)	柴油 (万吨) Diesel Oil (10^4 tons)	燃料油 (万吨) Fuel Oil (10^4 tons)	石脑油 (万吨) Naphtha (10^4 tons)	润滑油 (万吨) Lubricants (10^4 tons)	石蜡 (万吨) Paraffin Waxes (10^4 tons)	溶剂油 (万吨) White Spirit (10^4 tons)
1563.03	**-105.16**	**-61.71**	**-46.71**	**4.15**	**13.03**	**0.38**	**0.22**	**0.38**
44.07								
1405.77		0.04	261.67	15.68	12.20	0.32	0.22	0.38
116.05								
	-111.81	-61.48	-311.15	-11.56				
-2.86	6.65	-0.27	2.77	0.03	0.83	0.06		
-1562.50	**497.45**	**112.66**	**608.54**	**6.21**	**-13.03**			
			-0.39	-0.02				
			-0.04	-0.07				
-1562.50	497.45	112.66	608.97	6.30	6.37			
					-19.40			
0.53	**392.29**	**50.95**	**561.83**	**10.36**		**0.38**	**0.22**	**0.38**
	8.05		80.96					
0.53	10.47	0.13	51.32	7.24		0.27	0.22	0.38
	0.81		0.62	0.02				0.07
	2.56							
	223.45	50.82	380.13	3.12		0.11		
	13.63		38.40					
	9.35		11.02					
	124.78							
	83.75							
	41.03							
1563.03	**392.29**	**50.95**	**562.26**	**10.45**	**19.40**	**0.38**	**0.22**	**0.38**

6-20 续表 2

项 目	Item	石油沥青(万吨) Bitumen Asphalt (10^4 tons)	石油焦(万吨) Petroleum Coke (10^4 tons)
一.可供本地区消费的能源量	**Total Primary Energy Supply**	**-48.14**	**24.51**
1.一次能源生产量	Indigenous Production		
2.外省(区、市)调入量	Moving In from Other Provinces		57.84
3.进口量	Import		
4.境内轮船和飞机在境外的加油量	Domestic Airplanes&Ships Refueling in Abroad		
5.本省(区、市)调出量(-)	Sending Out to Other Provinces(-)	-51.48	-26.40
6.出口量(-)	Export(-)		
7.境外轮船和飞机在境内的加油量(-)	Oversea Airplanes&Ships Refueling in China(-)		
8.库存增(-)、减(+)量	Stock Change	3.34	-6.93
二.加工转换投入(-)产出(+)量	**Input(-) & Output(+) of Transformation**	**49.83**	**56.84**
1.火力发电	Thermal Power		
2.供热	Heating Supply		
3.洗选煤	Coal Washing		
4.炼焦	Coking		
5.炼油及煤制油	Petroleum Refineries	49.83	56.84
#油品再投入量(-)	Petroleum Products Input (-)		
6.制气	Gas Works		
#焦炭再投入量(-)	Coke Input (-)		
7.天然气液化	Natural Gas Liquefaction		
8.煤制品加工	Briquettes		
9.回收能	Recovery of Energy		
三.损失量	**Loss**		
四.终端消费量	**Total Final Consumption**	**1.69**	**81.35**
1.农、林、牧、渔业	Agriculture, Forestry, Animal Husbandry and Fishery		
2.工业	Industry		81.35
#用作原料、材料	Non-Energy Use		63.01
3.建筑业	Construction		
4.交通运输、仓储和邮政业	Transport, Storage and Post	1.69	
5.批发、零售业和住宿、餐饮业	Wholesale, Retail Trade and Hotel, Restaurants		
6.其他	Others		
7.生活消费	Residential Consumption		
城镇	Urban		
乡村	Rural		
五.平衡差额	**Statistical Difference**		
六.消费量合计	**Total Energy Consumption**	**1.69**	**81.35**

Continued 2

液化石油气 (万吨) LPG (10^4 tons)	炼厂干气 (万吨) Refinery Gas (10^4 tons)	其他石油制品 (万吨) Other Petroleum Products (10^4 tons)	天然气 (亿立方米) Natural Gas (10^8 cu.m)	液化天然气 (万吨) LNG (10^4 tons)	热力 (万百万千焦) Heat (10^{10} kJ)	电力 (亿千瓦小时) Electricity (10^8 kW•h)	其他能源 (万吨标煤) Other Energy (10^4 tce)
-3.51		**15.06**	**14.21**	**-1.29**		**825.00**	**480.57**
			0.20			783.76	480.57
49.74		22.00	14.01			144.14	
-54.23						-102.90	
0.98		-6.94		-1.29			
67.58	**63.03**	**57.47**	**-0.83**	**2.71**	**10861.66**	**617.35**	**-59.89**
			-0.47		-4550.99	617.35	-146.97
	-4.23				8775.87		-15.92
98.58	67.26	136.24					
-31.00		-78.77					
			-0.36	2.71			
					6636.78		103.00
						59.76	
64.07	**63.03**	**72.53**	**13.38**	**1.42**	**10861.66**	**1382.59**	**420.68**
						30.38	
1.94	63.03	72.53	10.83	1.42	10861.66	858.12	420.68
0.10		22.70	0.03	0.67			
						20.43	
			0.35			34.35	
11.09						50.07	
						101.63	
51.04			2.20			287.61	
31.01			2.20			155.36	
20.03						132.25	
95.07	**67.26**	**151.30**	**13.84**	**1.42**	**15412.65**	**1442.35**	**583.57**

6-21 海南能源平衡表(实物量)-2017

项　目	Item	煤合计(万吨) Coal Total (10^4 tons)	原煤(万吨) Raw Coal (10^4 tons)
一.可供本地区消费的能源量	**Total Primary Energy Supply**	**1099.34**	**1099.34**
1.一次能源生产量	Indigenous Production		
2.外省(区、市)调入量	Moving In from Other Provinces	438.58	438.58
3.进口量	Import	647.09	647.09
4.境内轮船和飞机在境外的加油量	Domestic Airplanes&Ships Refueling in Abroad		
5.本省(区、市)调出量(-)	Sending Out to Other Provinces(-)		
6.出口量(-)	Export(-)		
7.境外轮船和飞机在境内的加油量(-)	Oversea Airplanes&Ships Refueling in China(-)		
8.库存增(-)、减(+)量	Stock Change	13.67	13.67
二.加工转换投入(-)产出(+)量	**Input(-) & Output(+) of Transformation**	**-866.75**	**-866.75**
1.火力发电	Thermal Power	-825.27	-825.27
2.供热	Heating Supply	-41.48	-41.48
3.洗选煤	Coal Washing		
4.炼焦	Coking		
5.炼油及煤制油	Petroleum Refineries		
#油品再投入量(-)	Petroleum Products Input (-)		
6.制气	Gas Works		
#焦炭再投入量(-)	Coke Input (-)		
7.天然气液化	Natural Gas Liquefaction		
8.煤制品加工	Briquettes		
9.回收能	Recovery of Energy		
三.损失量	**Loss**		
四.终端消费量	**Total Final Consumption**	**232.59**	**232.59**
1.农、林、牧、渔业	Agriculture, Forestry, Animal Husbandry and Fishery		
2.工业	Industry	232.59	232.59
#用作原料、材料	Non-Energy Use		
3.建筑业	Construction		
4.交通运输、仓储和邮政业	Transport, Storage and Post		
5.批发、零售业和住宿、餐饮业	Wholesale, Retail Trade and Hotel, Restaurants		
6.其他	Others		
7.生活消费	Residential Consumption		
城镇	Urban		
乡村	Rural		
五.平衡差额	**Statistical Difference**		
六.消费量合计	**Total Energy Consumption**	**1099.34**	**1099.34**

Energy Balance of Hainan (Physical Quantity) -2017

洗精煤 (万吨) Cleaned Coal (10^4 tons)	其他洗煤 (万吨) Other Washed Coal (10^4 tons)	型煤 (万吨) Briquettes (10^4 tons)	煤矸石 (万吨) Gangue (10^4 tons)	焦炭 (万吨) Coke (10^4 tons)	焦炉煤气 (亿立方米) Coke Oven Gas (10^8 cu.m)	高炉煤气 (亿立方米) Blast Furnace Gas (10^8 cu.m)	转炉煤气 (亿立方米) Converter Gas (10^8 cu.m)	其他煤气 (亿立方米) Other Gas (10^8 cu.m)
				0.02				
				0.02				
				0.02				
				0.02				
				0.02				

6-21 续表 1

项　目	Item	其他焦化产品(万吨) Other Coking Products (10^4 tons)	油品合计(万吨) Petroleum Products Total (10^4 tons)
一.可供本地区消费的能源量	**Total Primary Energy Supply**		**460.42**
1.一次能源生产量	Indigenous Production		29.96
2.外省(区、市)调入量	Moving In from Other Provinces		147.44
3.进口量	Import		967.68
4.境内轮船和飞机在境外的加油量	Domestic Airplanes&Ships Refueling in Abroad		
5.本省(区、市)调出量(-)	Sending Out to Other Provinces(-)		-310.25
6.出口量(-)	Export(-)		-386.53
7.境外轮船和飞机在境内的加油量(-)	Oversea Airplanes&Ships Refueling in China(-)		
8.库存增(-)、减(+)量	Stock Change		12.12
二.加工转换投入(-)产出(+)量	**Input(-) & Output(+) of Transformation**		**-46.55**
1.火力发电	Thermal Power		-0.02
2.供热	Heating Supply		-9.14
3.洗选煤	Coal Washing		
4.炼焦	Coking		
5.炼油及煤制油	Petroleum Refineries		359.44
#油品再投入量(-)	Petroleum Products Input (-)		-396.83
6.制气	Gas Works		
#焦炭再投入量(-)	Coke Input (-)		
7.天然气液化	Natural Gas Liquefaction		
8.煤制品加工	Briquettes		
9.回收能	Recovery of Energy		
三.损失量	**Loss**		**0.10**
四.终端消费量	**Total Final Consumption**		**413.74**
1.农、林、牧、渔业	Agriculture, Forestry, Animal Husbandry and Fishery		51.88
2.工业	Industry		50.82
#用作原料、材料	Non-Energy Use		2.85
3.建筑业	Construction		15.71
4.交通运输、仓储和邮政业	Transport, Storage and Post		190.83
5.批发、零售业和住宿、餐饮业	Wholesale, Retail Trade and Hotel, Restaurants		9.62
6.其他	Others		50.47
7.生活消费	Residential Consumption		44.41
城镇	Urban		36.11
乡村	Rural		8.30
五.平衡差额	**Statistical Difference**		**0.03**
六.消费量合计	**Total Energy Consumption**		**460.39**

Continued 1

原油 (万吨) Crude Oil (10^4 tons)	汽油 (万吨) Gasoline (10^4 tons)	煤油 (万吨) Kerosene (10^4 tons)	柴油 (万吨) Diesel Oil (10^4 tons)	燃料油 (万吨) Fuel Oil (10^4 tons)	石脑油 (万吨) Naphtha (10^4 tons)	润滑油 (万吨) Lubricants (10^4 tons)	石蜡 (万吨) Paraffin Waxes (10^4 tons)	溶剂油 (万吨) White Spirit (10^4 tons)
979.99	**-114.25**	**-18.41**	**-119.05**	**-28.08**	**-65.86**			
29.96								
46.85		94.56						
886.48		8.20	50.90	22.10				
	-36.49		-10.68	-21.02	-65.29			
	-80.56	-119.33	-157.12	-29.52				
16.70	2.80	-1.84	-2.15	0.36	-0.57			
-979.33	**224.10**	**133.09**	**229.25**	**47.16**	**65.86**			
			-0.02					
-979.33	224.41	133.09	229.27	50.51	65.86			
	-0.31			-3.35				
	0.10							
0.66	**109.75**	**114.68**	**110.20**	**19.08**				
	2.07		49.81					
0.66	0.42		3.78	4.25				
	6.05		9.66					
	18.95	114.68	42.37	14.83				
	4.42		1.82					
	47.19		2.76					
	30.65							
	24.28							
	6.37							
979.99	**110.16**	**114.68**	**110.22**	**22.43**				

6-21 续表 2

项　目	Item	石油沥青(万吨) Bitumen Asphalt (10^4 tons)	石油焦(万吨) Petroleum Coke (10^4 tons)
一.可供本地区消费的能源量	**Total Primary Energy Supply**	**-8.62**	
1.一次能源生产量	Indigenous Production		
2.外省(区、市)调入量	Moving In from Other Provinces		
3.进口量	Import		
4.境内轮船和飞机在境外的加油量	Domestic Airplanes&Ships Refueling in Abroad		
5.本省(区、市)调出量(-)	Sending Out to Other Provinces(-)	-8.84	
6.出口量(-)	Export(-)		
7.境外轮船和飞机在境内的加油量(-)	Oversea Airplanes&Ships Refueling in China(-)		
8.库存增(-)、减(+)量	Stock Change	0.22	
二.加工转换投入(-)产出(+)量	**Input(-) & Output(+) of Transformation**	**8.62**	
1.火力发电	Thermal Power		
2.供热	Heating Supply		
3.洗选煤	Coal Washing		
4.炼焦	Coking		
5.炼油及煤制油	Petroleum Refineries	8.62	
#油品再投入量(-)	Petroleum Products Input (-)		
6.制气	Gas Works		
#焦炭再投入量(-)	Coke Input (-)		
7.天然气液化	Natural Gas Liquefaction		
8.煤制品加工	Briquettes		
9.回收能	Recovery of Energy		
三.损失量	**Loss**		
四.终端消费量	**Total Final Consumption**		
1.农、林、牧、渔业	Agriculture, Forestry, Animal Husbandry and Fishery		
2.工业	Industry		
#用作原料、材料	Non-Energy Use		
3.建筑业	Construction		
4.交通运输、仓储和邮政业	Transport, Storage and Post		
5.批发、零售业和住宿、餐饮业	Wholesale, Retail Trade and Hotel, Restaurants		
6.其他	Others		
7.生活消费	Residential Consumption		
城镇	Urban		
乡村	Rural		
五.平衡差额	**Statistical Difference**		
六.消费量合计	**Total Energy Consumption**		

Continued 2

液化石油气 (万吨) LPG (10^4 tons)	炼厂干气 (万吨) Refinery Gas (10^4 tons)	其他石油制品 (万吨) Other Petroleum Products (10^4 tons)	天然气 (亿立方米) Natural Gas (10^8 cu.m)	液化天然气 (万吨) LNG (10^4 tons)	热力 (万百万千焦) Heat (10^{10} kJ)	电力 (亿千瓦小时) Electricity (10^8 kW•h)	其他能源 (万吨标煤) Other Energy (10^4 tce)
-51.13		**-114.17**	**41.04**	**17.49**		**109.53**	**29.40**
			1.10			110.06	
		6.03	39.94	17.81		0.23	29.40
-50.17		-117.76				-0.76	
-0.96		-2.44		-0.32			
74.26	**36.26**	**114.18**	**-2.91**		**810.46**	**195.42**	**-22.73**
			-2.62		-561.60	195.42	-22.73
-1.78	-7.36		-0.29		1020.39		
91.86	43.62	491.53					
-15.82		-377.35					
					351.67		
						18.65	
23.13	**36.23**	**0.01**	**38.13**	**17.49**	**810.46**	**286.30**	**6.67**
						14.72	
5.47	36.23	0.01	35.99	16.05	810.46	113.38	6.67
	2.85		23.10				
						10.01	
			0.83	1.44		6.50	
3.38			0.76			26.31	
0.52						57.39	
13.76			0.55			57.99	
11.83			0.55			27.12	
1.93						30.87	
	0.03						
40.73	**43.59**	**377.36**	**41.04**	**17.49**	**1372.06**	**304.95**	**29.40**

6-22 重庆能源平衡表(实物量)-2017

项 目	Item	煤合计(万吨) Coal Total (10^4 tons)	原煤(万吨) Raw Coal (10^4 tons)
一.可供本地区消费的能源量	**Total Primary Energy Supply**	**5646.68**	**5318.58**
1.一次能源生产量	Indigenous Production	1194.20	1194.20
2.外省(区、市)调入量	Moving In from Other Provinces	4764.80	4340.83
3.进口量	Import		
4.境内轮船和飞机在境外的加油量	Domestic Airplanes&Ships Refueling in Abroad		
5.本省(区、市)调出量(-)	Sending Out to Other Provinces(-)	-341.18	-206.29
6.出口量(-)	Export(-)		
7.境外轮船和飞机在境内的加油量(-)	Oversea Airplanes&Ships Refueling in China(-)		
8.库存增(-)、减(+)量	Stock Change	28.86	-10.16
二.加工转换投入(-)产出(+)量	**Input(-) & Output(+) of Transformation**	**-2541.67**	**-3351.65**
1.火力发电	Thermal Power	-1775.76	-1741.20
2.供热	Heating Supply	-268.65	-263.16
3.洗选煤	Coal Washing	-246.98	-1343.34
4.炼焦	Coking	-249.78	-3.95
5.炼油及煤制油	Petroleum Refineries		
#油品再投入量(-)	Petroleum Products Input (-)		
6.制气	Gas Works		
#焦炭再投入量(-)	Coke Input (-)		
7.天然气液化	Natural Gas Liquefaction		
8.煤制品加工	Briquettes	-0.50	
9.回收能	Recovery of Energy		
三.损失量	**Loss**		
四.终端消费量	**Total Final Consumption**	**3105.01**	**1966.93**
1.农、林、牧、渔业	Agriculture, Forestry, Animal Husbandry and Fishery	58.38	35.12
2.工业	Industry	2909.09	1794.27
#用作原料、材料	Non-Energy Use		
3.建筑业	Construction	24.74	24.74
4.交通运输、仓储和邮政业	Transport, Storage and Post	16.12	16.12
5.批发、零售业和住宿、餐饮业	Wholesale, Retail Trade and Hotel, Restaurants	14.93	14.93
6.其他	Others	38.21	38.21
7.生活消费	Residential Consumption	43.54	43.54
城镇	Urban	1.43	1.43
乡村	Rural	42.11	42.11
五.平衡差额	**Statistical Difference**		
六.消费量合计	**Total Energy Consumption**	**5646.68**	**5318.58**

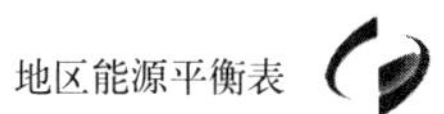

Energy Balance of Chongqing (Physical Quantity) -2017

洗精煤 (万吨) Cleaned Coal (10^4 tons)	其他洗煤 (万吨) Other Washed Coal (10^4 tons)	型煤 (万吨) Briquettes (10^4 tons)	煤矸石 (万吨) Gangue (10^4 tons)	焦炭 (万吨) Coke (10^4 tons)	焦炉煤气 (亿立方米) Coke Oven Gas (10^8 cu.m)	高炉煤气 (亿立方米) Blast Furnace Gas (10^8 cu.m)	转炉煤气 (亿立方米) Converter Gas (10^8 cu.m)	其他煤气 (亿立方米) Other Gas (10^8 cu.m)
71.63	**241.71**	**14.76**	**92.15**	**188.76**				
24.77	384.44	14.76	92.15	229.60				
-13.14	-121.75			-41.02				
60.00	-20.98			0.18				
208.44	**597.68**	**3.86**	**-92.15**	**173.52**	**6.50**	**43.46**	**2.70**	
	-34.56		-96.42		-0.49	-24.80	-0.67	
	-5.49				-0.45			
454.27	642.09		4.27					
-245.83				173.52	7.44			
	-4.36	3.86						
						68.26	3.37	
280.07	**839.39**	**18.62**		**362.28**	**6.50**	**43.46**	**2.70**	
	23.26							
280.07	816.13	18.62		362.28	6.50	43.46	2.70	
525.90	**883.80**	**18.62**	**96.42**	**362.28**	**7.44**	**68.26**	**3.37**	

6-22 续表 1

项　目	Item	其他焦化产品(万吨) Other Coking Products (10^4 tons)	油品合计(万吨) Petroleum Products Total (10^4 tons)
一.可供本地区消费的能源量	**Total Primary Energy Supply**		**907.16**
1.一次能源生产量	Indigenous Production		
2.外省(区、市)调入量	Moving In from Other Provinces		903.85
3.进口量	Import		
4.境内轮船和飞机在境外的加油量	Domestic Airplanes&Ships Refueling in Abroad		
5.本省(区、市)调出量(-)	Sending Out to Other Provinces(-)		
6.出口量(-)	Export(-)		
7.境外轮船和飞机在境内的加油量(-)	Oversea Airplanes&Ships Refueling in China(-)		
8.库存增(-)、减(+)量	Stock Change		3.31
二.加工转换投入(-)产出(+)量	**Input(-) & Output(+) of Transformation**	**7.23**	**-1.03**
1.火力发电	Thermal Power		-1.03
2.供热	Heating Supply		
3.洗选煤	Coal Washing		
4.炼焦	Coking	7.23	
5.炼油及煤制油	Petroleum Refineries		
#油品再投入量(-)	Petroleum Products Input (-)		
6.制气	Gas Works		
#焦炭再投入量(-)	Coke Input (-)		
7.天然气液化	Natural Gas Liquefaction		
8.煤制品加工	Briquettes		
9.回收能	Recovery of Energy		
三.损失量	**Loss**		
四.终端消费量	**Total Final Consumption**	**7.23**	**906.13**
1.农、林、牧、渔业	Agriculture, Forestry, Animal Husbandry and Fishery		23.57
2.工业	Industry	7.23	59.24
#用作原料、材料	Non-Energy Use		
3.建筑业	Construction		47.69
4.交通运输、仓储和邮政业	Transport, Storage and Post		593.76
5.批发、零售业和住宿、餐饮业	Wholesale, Retail Trade and Hotel, Restaurants		51.10
6.其他	Others		20.60
7.生活消费	Residential Consumption		110.17
城镇	Urban		77.60
乡村	Rural		32.57
五.平衡差额	**Statistical Difference**		
六.消费量合计	**Total Energy Consumption**	**7.23**	**907.16**

Continued 1

原油 (万吨) Crude Oil (10^4 tons)	汽油 (万吨) Gasoline (10^4 tons)	煤油 (万吨) Kerosene (10^4 tons)	柴油 (万吨) Diesel Oil (10^4 tons)	燃料油 (万吨) Fuel Oil (10^4 tons)	石脑油 (万吨) Naphtha (10^4 tons)	润滑油 (万吨) Lubricants (10^4 tons)	石蜡 (万吨) Paraffin Waxes (10^4 tons)	溶剂油 (万吨) White Spirit (10^4 tons)
	232.65	**83.44**	**542.31**	**14.25**		**0.32**		
	231.06	82.89	541.28	14.24		0.19		
	1.59	0.55	1.03	0.01		0.13		
			-0.98	**-0.05**				
			-0.98	-0.05				
	232.65	**83.44**	**541.33**	**14.20**		**0.32**		
	10.68		12.89					
	14.10	4.72	27.25	0.59		0.32		
	10.67	0.37	34.63	0.88				
	62.34	76.11	442.58	12.73				
	29.14		10.87					
	19.08		1.52					
	86.64	2.24	11.59					
	68.72	2.24	1.92					
	17.92		9.67					
	232.65	**83.44**	**542.31**	**14.25**		**0.32**		

6-22 续表 2

项 目	Item	石油沥青(万吨) Bitumen Asphalt (10^4 tons)	石油焦(万吨) Petroleum Coke (10^4 tons)
一.可供本地区消费的能源量	**Total Primary Energy Supply**		**12.21**
1.一次能源生产量	Indigenous Production		
2.外省(区、市)调入量	Moving In from Other Provinces		12.21
3.进口量	Import		
4.境内轮船和飞机在境外的加油量	Domestic Airplanes&Ships Refueling in Abroad		
5.本省(区、市)调出量(-)	Sending Out to Other Provinces(-)		
6.出口量(-)	Export(-)		
7.境外轮船和飞机在境内的加油量(-)	Oversea Airplanes&Ships Refueling in China(-)		
8.库存增(-)、减(+)量	Stock Change		
二.加工转换投入(-)产出(+)量	**Input(-) & Output(+) of Transformation**		
1.火力发电	Thermal Power		
2.供热	Heating Supply		
3.洗选煤	Coal Washing		
4.炼焦	Coking		
5.炼油及煤制油	Petroleum Refineries		
#油品再投入量(-)	Petroleum Products Input (-)		
6.制气	Gas Works		
#焦炭再投入量(-)	Coke Input (-)		
7.天然气液化	Natural Gas Liquefaction		
8.煤制品加工	Briquettes		
9.回收能	Recovery of Energy		
三.损失量	**Loss**		
四.终端消费量	**Total Final Consumption**		**12.21**
1.农、林、牧、渔业	Agriculture, Forestry, Animal Husbandry and Fishery		
2.工业	Industry		12.21
#用作原料、材料	Non-Energy Use		
3.建筑业	Construction		
4.交通运输、仓储和邮政业	Transport, Storage and Post		
5.批发、零售业和住宿、餐饮业	Wholesale, Retail Trade and Hotel, Restaurants		
6.其他	Others		
7.生活消费	Residential Consumption		
城镇	Urban		
乡村	Rural		
五.平衡差额	**Statistical Difference**		
六.消费量合计	**Total Energy Consumption**		**12.21**

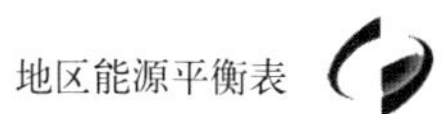

Continued 2

液化石油气 (万吨) LPG (10^4 tons)	炼厂干气 (万吨) Refinery Gas (10^4 tons)	其他石油制品 (万吨) Other Petroleum Products (10^4 tons)	天然气 (亿立方米) Natural Gas (10^8 cu.m)	液化天然气 (万吨) LNG (10^4 tons)	热力 (万百万千焦) Heat (10^{10} kJ)	电力 (亿千瓦小时) Electricity (10^8 kW•h)	其他能源 (万吨标煤) Other Energy (10^4 tce)
21.98			**95.24**			**523.73**	**673.09**
			111.31			259.20	472.17
21.98			2.13			292.16	200.92
			-18.20			-27.63	
			-3.67		**3082.86**	**468.90**	**-115.80**
			-3.37		-1896.94	468.90	-113.67
			-0.30		4979.80		-2.13
			0.36			**58.80**	
21.98			**91.21**		**3082.86**	**933.83**	**557.29**
			1.02			3.35	
0.05			54.49		3082.86	587.00	329.69
			39.65				
1.14			0.26			25.02	
			7.07			23.79	
11.09			4.38			60.27	
			0.07			70.12	
9.70			23.92			164.28	227.60
4.72			23.92			102.26	
4.98						62.02	227.60
21.98			**95.24**		**4979.80**	**992.63**	**673.09**

6-23 四川能源平衡表(实物量)-2017

项　目	Item	煤合计 (万吨) Coal Total (10^4 tons)	原煤 (万吨) Raw Coal (10^4 tons)
一.可供本地区消费的能源量	**Total Primary Energy Supply**	**7855.88**	**6902.32**
1.一次能源生产量	Indigenous Production	4798.51	4798.51
2.外省(区、市)调入量	Moving In from Other Provinces	3430.97	2332.98
3.进口量	Import		
4.境内轮船和飞机在境外的加油量	Domestic Airplanes&Ships Refueling in Abroad		
5.本省(区、市)调出量(-)	Sending Out to Other Provinces(-)	-260.75	-160.24
6.出口量(-)	Export(-)		
7.境外轮船和飞机在境内的加油量(-)	Oversea Airplanes&Ships Refueling in China(-)		
8.库存增(-)、减(+)量	Stock Change	-112.85	-68.93
二.加工转换投入(-)产出(+)量	**Input(-) & Output(+) of Transformation**	**-3863.04**	**-5082.68**
1.火力发电	Thermal Power	-1247.42	-1214.98
2.供热	Heating Supply	-213.24	-213.24
3.洗选煤	Coal Washing	-886.39	-3592.01
4.炼焦	Coking	-1514.98	
5.炼油及煤制油	Petroleum Refineries		
#油品再投入量(-)	Petroleum Products Input (-)		
6.制气	Gas Works		
#焦炭再投入量(-)	Coke Input (-)		
7.天然气液化	Natural Gas Liquefaction		
8.煤制品加工	Briquettes	-1.01	-62.45
9.回收能	Recovery of Energy		
三.损失量	**Loss**		
四.终端消费量	**Total Final Consumption**	**3992.84**	**1819.64**
1.农、林、牧、渔业	Agriculture, Forestry, Animal Husbandry and Fishery	11.60	8.00
2.工业	Industry	3788.34	1624.91
#用作原料、材料	Non-Energy Use	72.39	43.50
3.建筑业	Construction	18.30	18.30
4.交通运输、仓储和邮政业	Transport, Storage and Post	4.20	4.20
5.批发、零售业和住宿、餐饮业	Wholesale, Retail Trade and Hotel, Restaurants	35.10	32.50
6.其他	Others	29.40	29.40
7.生活消费	Residential Consumption	105.90	102.33
城镇	Urban		
乡村	Rural	105.90	102.33
五.平衡差额	**Statistical Difference**		
六.消费量合计	**Total Energy Consumption**	**7855.88**	**6902.32**

Energy Balance of Sichuan (Physical Quantity) -2017

洗精煤 (万吨) Cleaned Coal (10^4 tons)	其他洗煤 (万吨) Other Washed Coal (10^4 tons)	型煤 (万吨) Briquettes (10^4 tons)	煤矸石 (万吨) Gangue (10^4 tons)	焦炭 (万吨) Coke (10^4 tons)	焦炉煤气 (亿立方米) Coke Oven Gas (10^8 cu.m)	高炉煤气 (亿立方米) Blast Furnace Gas (10^8 cu.m)	转炉煤气 (亿立方米) Converter Gas (10^8 cu.m)	其他煤气 (亿立方米) Other Gas (10^8 cu.m)
958.53	**-31.56**	**26.59**	**274.64**	**571.54**				
974.37	89.56	34.06	276.35	608.07				
	-98.43	-2.08		-24.87				
-15.84	-22.69	-5.39	-1.71	-11.66				
-370.59	**1528.79**	**61.44**	**-41.00**	**1072.16**	**25.71**	**210.56**	**4.33**	
	-32.44		-157.42		-10.00	-89.26	-12.80	
			-10.52		-2.56	-13.82		
1144.39	1561.23		126.94					
-1514.98				1072.16	38.27			
		61.44						
						313.64	17.13	
587.94	**1497.23**	**88.03**	**233.64**	**1643.70**	**25.71**	**210.56**	**4.33**	
		3.60						
587.94	1497.23	78.26	233.64	1627.74	25.71	210.56	4.33	
	24.97	3.92		23.61				
				9.96				
				6.00				
		2.60						
		3.57						
		3.57						
2102.92	**1529.67**	**88.03**	**401.58**	**1643.70**	**38.27**	**313.64**	**17.13**	

6-23 续表 1

项　目	Item	其他焦化产品 (万吨) Other Coking Products (10^4 tons)	油品合计 (万吨) Petroleum Products Total (10^4 tons)
一.可供本地区消费的能源量	**Total Primary Energy Supply**	**431.91**	**3221.40**
1.一次能源生产量	Indigenous Production		8.67
2.外省(区、市)调入量	Moving In from Other Provinces	431.91	3233.65
3.进口量	Import		
4.境内轮船和飞机在境外的加油量	Domestic Airplanes&Ships Refueling in Abroad		9.79
5.本省(区、市)调出量(-)	Sending Out to Other Provinces(-)		
6.出口量(-)	Export(-)		
7.境外轮船和飞机在境内的加油量(-)	Oversea Airplanes&Ships Refueling in China(-)		-13.07
8.库存增(-)、减(+)量	Stock Change		-17.64
二.加工转换投入(-)产出(+)量	**Input(-) & Output(+) of Transformation**	**52.00**	**-294.19**
1.火力发电	Thermal Power		-2.02
2.供热	Heating Supply		-10.44
3.洗选煤	Coal Washing		
4.炼焦	Coking	52.00	
5.炼油及煤制油	Petroleum Refineries		-75.56
#油品再投入量(-)	Petroleum Products Input (-)		-206.17
6.制气	Gas Works		
#焦炭再投入量(-)	Coke Input (-)		
7.天然气液化	Natural Gas Liquefaction		
8.煤制品加工	Briquettes		
9.回收能	Recovery of Energy		
三.损失量	**Loss**		
四.终端消费量	**Total Final Consumption**	**483.91**	**2927.21**
1.农、林、牧、渔业	Agriculture, Forestry, Animal Husbandry and Fishery		150.63
2.工业	Industry	483.91	780.32
#用作原料、材料	Non-Energy Use		36.43
3.建筑业	Construction		273.61
4.交通运输、仓储和邮政业	Transport, Storage and Post		910.06
5.批发、零售业和住宿、餐饮业	Wholesale, Retail Trade and Hotel, Restaurants		223.45
6.其他	Others		177.03
7.生活消费	Residential Consumption		412.11
城镇	Urban		251.84
乡村	Rural		160.27
五.平衡差额	**Statistical Difference**		
六.消费量合计	**Total Energy Consumption**	**483.91**	**3221.40**

Continued 1

原油 (万吨) Crude Oil (10^4 tons)	汽油 (万吨) Gasoline (10^4 tons)	煤油 (万吨) Kerosene (10^4 tons)	柴油 (万吨) Diesel Oil (10^4 tons)	燃料油 (万吨) Fuel Oil (10^4 tons)	石脑油 (万吨) Naphtha (10^4 tons)	润滑油 (万吨) Lubricants (10^4 tons)	石蜡 (万吨) Paraffin Waxes (10^4 tons)	溶剂油 (万吨) White Spirit (10^4 tons)
956.37	**687.73**	**269.18**	**525.48**	**129.18**	**3.60**	**1.83**	**0.16**	**0.11**
8.67								
949.55	699.42	271.49	520.73	131.04	3.60	1.90	0.22	0.11
		10.65						
		-13.07						
-1.85	-11.69	0.11	4.75	-1.86		-0.07	-0.06	
-956.37	**280.34**	**46.05**	**291.55**	**-33.77**		**10.88**		
			-0.33	-1.69				
				-10.44				
-956.37	280.34	46.05	291.88	30.59		10.88		
				-52.23				
	968.07	**315.23**	**817.03**	**95.41**	**3.60**	**12.71**	**0.16**	**0.11**
	1.52	0.21	141.90					
	121.73	1.30	88.79	95.41	3.60	0.34	0.16	0.11
	0.36	0.03	1.55		3.60	0.13	0.14	0.04
	42.23	1.70	46.52					
	280.61	302.20	299.68			12.37		
	80.30	6.30	119.80					
	62.00	3.23	109.60					
	379.68	0.29	10.74					
	229.30		6.54					
	150.38	0.29	4.20					
956.37	**968.07**	**315.23**	**817.36**	**159.77**	**3.60**	**12.71**	**0.16**	**0.11**

6-23 续表 2

项　目	Item	石油沥青(万吨) Bitumen Asphalt (10^4 tons)	石油焦(万吨) Petroleum Coke (10^4 tons)
一.可供本地区消费的能源量	**Total Primary Energy Supply**	**111.06**	**29.01**
1.一次能源生产量	Indigenous Production		
2.外省(区、市)调入量	Moving In from Other Provinces	115.54	29.34
3.进口量	Import		
4.境内轮船和飞机在境外的加油量	Domestic Airplanes&Ships Refueling in Abroad		
5.本省(区、市)调出量(-)	Sending Out to Other Provinces(-)		
6.出口量(-)	Export(-)		
7.境外轮船和飞机在境内的加油量(-)	Oversea Airplanes&Ships Refueling in China(-)		
8.库存增(-)、减(+)量	Stock Change	-4.48	-0.33
二.加工转换投入(-)产出(+)量	**Input(-) & Output(+) of Transformation**	**73.82**	
1.火力发电	Thermal Power		
2.供热	Heating Supply		
3.洗选煤	Coal Washing		
4.炼焦	Coking		
5.炼油及煤制油	Petroleum Refineries	73.82	
#油品再投入量(-)	Petroleum Products Input (-)		
6.制气	Gas Works		
#焦炭再投入量(-)	Coke Input (-)		
7.天然气液化	Natural Gas Liquefaction		
8.煤制品加工	Briquettes		
9.回收能	Recovery of Energy		
三.损失量	**Loss**		
四.终端消费量	**Total Final Consumption**	**184.88**	**29.01**
1.农、林、牧、渔业	Agriculture, Forestry, Animal Husbandry and Fishery		
2.工业	Industry	1.82	29.01
#用作原料、材料	Non-Energy Use		11.39
3.建筑业	Construction	183.06	
4.交通运输、仓储和邮政业	Transport, Storage and Post		
5.批发、零售业和住宿、餐饮业	Wholesale, Retail Trade and Hotel, Restaurants		
6.其他	Others		
7.生活消费	Residential Consumption		
城镇	Urban		
乡村	Rural		
五.平衡差额	**Statistical Difference**		
六.消费量合计	**Total Energy Consumption**	**184.88**	**29.01**

Continued 2

液化石油气 (万吨) LPG (10⁴ tons)	炼厂干气 (万吨) Refinery Gas (10⁴ tons)	其他石油制品 (万吨) Other Petroleum Products (10⁴ tons)	天然气 (亿立方米) Natural Gas (10⁸ cu.m)	液化天然气 (万吨) LNG (10⁴ tons)	热力 (万百万千焦) Heat (10¹⁰ kJ)	电力 (亿千瓦小时) Electricity (10⁸ kW•h)	其他能源 (万吨标煤) Other Energy (10⁴ tce)
72.75		**434.94**	**199.00**	**-0.68**		**1851.61**	**756.35**
			339.26			3215.54	261.13
74.62		436.09	20.19	2.38		65.24	495.22
-0.86							
			-160.45			-1429.17	
-1.01		-1.15		-3.06			
10.64	**68.72**	**-86.05**	**-18.84**	**82.59**	**4643.27**	**353.57**	**102.39**
			-3.99		-17.35	353.57	
			-3.06		4660.62		
56.08	68.72	22.45					
-45.44		-108.50					
			-11.79	82.59			
							102.39
			8.02		**4.50**	**179.59**	
83.39	**68.72**	**348.89**	**172.14**	**81.91**	**4638.77**	**2025.59**	**858.74**
7.00			0.02			15.46	56.63
20.44	68.72	348.89	101.61	7.31	4638.77	1197.50	641.00
19.19			30.35				
0.10			0.50			41.14	34.78
15.20			7.92	74.60		48.19	
17.05			12.12			117.99	
2.20			4.54			182.68	
21.40			45.43			422.63	126.33
16.00			41.25			244.43	
5.40			4.18			178.20	126.33
128.83	**68.72**	**457.39**	**187.60**	**81.91**	**4660.62**	**2205.18**	**858.74**

6-24 贵州能源平衡表(实物量)-2017

项目	Item	煤合计(万吨) Coal Total (10^4 tons)	原煤(万吨) Raw Coal (10^4 tons)
一.可供本地区消费的能源量	**Total Primary Energy Supply**	**13671.38**	**16959.68**
1.一次能源生产量	Indigenous Production	16343.80	16343.80
2.外省(区、市)调入量	Moving In from Other Provinces	756.20	756.20
3.进口量	Import	6.57	6.57
4.境内轮船和飞机在境外的加油量	Domestic Airplanes&Ships Refueling in Abroad		
5.本省(区、市)调出量(-)	Sending Out to Other Provinces(-)	-3303.59	
6.出口量(-)	Export(-)		
7.境外轮船和飞机在境内的加油量(-)	Oversea Airplanes&Ships Refueling in China(-)		
8.库存增(-)、减(+)量	Stock Change	-131.60	-146.89
二.加工转换投入(-)产出(+)量	**Input(-) & Output(+) of Transformation**	**-8112.43**	**-11476.66**
1.火力发电	Thermal Power	-6605.04	-3595.80
2.供热	Heating Supply	-1.87	-1.87
3.洗选煤	Coal Washing	-795.81	-7790.42
4.炼焦	Coking	-710.36	-84.43
5.炼油及煤制油	Petroleum Refineries		
#油品再投入量(-)	Petroleum Products Input (-)		
6.制气	Gas Works		
#焦炭再投入量(-)	Coke Input (-)		
7.天然气液化	Natural Gas Liquefaction		
8.煤制品加工	Briquettes	0.64	-4.15
9.回收能	Recovery of Energy		
三.损失量	**Loss**		
四.终端消费量	**Total Final Consumption**	**5297.34**	**5245.23**
1.农、林、牧、渔业	Agriculture, Forestry, Animal Husbandry and Fishery	195.63	195.63
2.工业	Industry	2018.66	1966.55
#用作原料、材料	Non-Energy Use	378.17	373.01
3.建筑业	Construction	25.61	25.61
4.交通运输、仓储和邮政业	Transport, Storage and Post	1.00	1.00
5.批发、零售业和住宿、餐饮业	Wholesale, Retail Trade and Hotel, Restaurants	1210.89	1210.89
6.其他	Others	897.16	897.16
7.生活消费	Residential Consumption	948.38	948.38
城镇	Urban	130.03	130.03
乡村	Rural	818.35	818.35
五.平衡差额	**Statistical Difference**	**261.62**	**237.80**
六.消费量合计	**Total Energy Consumption**	**13409.76**	**16721.88**

Energy Balance of Guizhou (Physical Quantity) -2017

洗精煤 (万吨) Cleaned Coal (10^4 tons)	其他洗煤 (万吨) Other Washed Coal (10^4 tons)	型煤 (万吨) Briquettes (10^4 tons)	煤矸石 (万吨) Gangue (10^4 tons)	焦炭 (万吨) Coke (10^4 tons)	焦炉煤气 (亿立方米) Coke Oven Gas (10^8 cu.m)	高炉煤气 (亿立方米) Blast Furnace Gas (10^8 cu.m)	转炉煤气 (亿立方米) Converter Gas (10^8 cu.m)	其他煤气 (亿立方米) Other Gas (10^8 cu.m)
-3300.37	**12.17**	**-0.10**	**-2.48**	**-295.30**				
-3303.59				-300.23				
3.22	12.17	-0.10	-2.48	4.93				
3324.19	**35.11**	**4.93**	**18.46**	**510.21**	**8.48**	**36.56**	**2.69**	
	-3009.24		-71.68			-18.86	-2.16	
3950.13	3044.48		90.14					
-625.93				510.21	10.18			
					-1.70			
	-0.14	4.93						
						55.43	4.85	
	47.28	**4.83**	**15.98**	**214.90**	**8.48**	**36.56**	**2.69**	
	47.28	4.83	15.98	214.90	5.73	36.56	2.69	
	1.69	3.48		5.48				
					2.75			
					2.75			
23.82								
625.93	**3056.66**	**4.83**	**87.66**	**214.90**	**8.48**	**55.42**	**4.85**	

6-24 续表 1

项　目	Item	其他焦化产品(万吨) Other Coking Products (10^4 tons)	油品合计(万吨) Petroleum Products Total (10^4 tons)
一.可供本地区消费的能源量	**Total Primary Energy Supply**		**987.45**
1.一次能源生产量	Indigenous Production		
2.外省(区、市)调入量	Moving In from Other Provinces		995.44
3.进口量	Import		0.52
4.境内轮船和飞机在境外的加油量	Domestic Airplanes&Ships Refueling in Abroad		
5.本省(区、市)调出量(-)	Sending Out to Other Provinces(-)		
6.出口量(-)	Export(-)		
7.境外轮船和飞机在境内的加油量(-)	Oversea Airplanes&Ships Refueling in China(-)		-0.73
8.库存增(-)、减(+)量	Stock Change		-7.78
二.加工转换投入(-)产出(+)量	**Input(-) & Output(+) of Transformation**	**19.82**	**-2.78**
1.火力发电	Thermal Power		-2.78
2.供热	Heating Supply		
3.洗选煤	Coal Washing		
4.炼焦	Coking	19.82	
5.炼油及煤制油	Petroleum Refineries		
#油品再投入量(-)	Petroleum Products Input (-)		
6.制气	Gas Works		
#焦炭再投入量(-)	Coke Input (-)		
7.天然气液化	Natural Gas Liquefaction		
8.煤制品加工	Briquettes		
9.回收能	Recovery of Energy		
三.损失量	**Loss**		
四.终端消费量	**Total Final Consumption**	**19.82**	**984.67**
1.农、林、牧、渔业	Agriculture, Forestry, Animal Husbandry and Fishery		36.64
2.工业	Industry	19.82	88.03
#用作原料、材料	Non-Energy Use		
3.建筑业	Construction		43.00
4.交通运输、仓储和邮政业	Transport, Storage and Post		447.13
5.批发、零售业和住宿、餐饮业	Wholesale, Retail Trade and Hotel, Restaurants		70.00
6.其他	Others		250.00
7.生活消费	Residential Consumption		49.88
城镇	Urban		26.62
乡村	Rural		23.25
五.平衡差额	**Statistical Difference**		
六.消费量合计	**Total Energy Consumption**	**19.82**	**987.46**

Continued 1

原油 (万吨) Crude Oil (10^4 tons)	汽油 (万吨) Gasoline (10^4 tons)	煤油 (万吨) Kerosene (10^4 tons)	柴油 (万吨) Diesel Oil (10^4 tons)	燃料油 (万吨) Fuel Oil (10^4 tons)	石脑油 (万吨) Naphtha (10^4 tons)	润滑油 (万吨) Lubricants (10^4 tons)	石蜡 (万吨) Paraffin Waxes (10^4 tons)	溶剂油 (万吨) White Spirit (10^4 tons)
	380.42	**48.57**	**480.92**	**0.32**		**0.23**		
	381.02	49.29	489.43	0.32		0.14		
		-0.73						
	-0.60	0.01	-8.51			0.09		
			-2.78					
			-2.78					
	380.41	**48.57**	**478.14**	**0.32**		**0.23**		
	5.98		30.65					
	3.36	1.05	21.15	0.32		0.23		
	18.00		25.00					
	160.05	47.52	239.57					
	40.00		30.00					
	130.00		120.00					
	23.02		11.76					
	15.56		0.97					
	7.46		10.79					
	380.41	**48.57**	**480.92**	**0.32**		**0.23**		

6-24 续表 2

项 目	Item	石油沥青(万吨) Bitumen Asphalt (10^4 tons)	石油焦(万吨) Petroleum Coke (10^4 tons)
一.可供本地区消费的能源量	**Total Primary Energy Supply**	**2.35**	**59.42**
1.一次能源生产量	Indigenous Production		
2.外省(区、市)调入量	Moving In from Other Provinces	1.77	58.23
3.进口量	Import	0.52	
4.境内轮船和飞机在境外的加油量	Domestic Airplanes&Ships Refueling in Abroad		
5.本省(区、市)调出量(-)	Sending Out to Other Provinces(-)		
6.出口量(-)	Export(-)		
7.境外轮船和飞机在境内的加油量(-)	Oversea Airplanes&Ships Refueling in China(-)		
8.库存增(-)、减(+)量	Stock Change	0.06	1.19
二.加工转换投入(-)产出(+)量	**Input(-) & Output(+) of Transformation**		
1.火力发电	Thermal Power		
2.供热	Heating Supply		
3.洗选煤	Coal Washing		
4.炼焦	Coking		
5.炼油及煤制油	Petroleum Refineries		
#油品再投入量(-)	Petroleum Products Input (-)		
6.制气	Gas Works		
#焦炭再投入量(-)	Coke Input (-)		
7.天然气液化	Natural Gas Liquefaction		
8.煤制品加工	Briquettes		
9.回收能	Recovery of Energy		
三.损失量	**Loss**		
四.终端消费量	**Total Final Consumption**	**2.35**	**59.42**
1.农、林、牧、渔业	Agriculture, Forestry, Animal Husbandry and Fishery		
2.工业	Industry	2.35	59.42
#用作原料、材料	Non-Energy Use		
3.建筑业	Construction		
4.交通运输、仓储和邮政业	Transport, Storage and Post		
5.批发、零售业和住宿、餐饮业	Wholesale, Retail Trade and Hotel, Restaurants		
6.其他	Others		
7.生活消费	Residential Consumption		
城镇	Urban		
乡村	Rural		
五.平衡差额	**Statistical Difference**		
六.消费量合计	**Total Energy Consumption**	**2.35**	**59.42**

Continued 2

液化石油气 (万吨) LPG (10^4 tons)	炼厂干气 (万吨) Refinery Gas (10^4 tons)	其他石油制品 (万吨) Other Petroleum Products (10^4 tons)	天然气 (亿立方米) Natural Gas (10^8 cu.m)	液化天然气 (万吨) LNG (10^4 tons)	热力 (万百万千焦) Heat (10^{10} kJ)	电力 (亿千瓦小时) Electricity (10^8 kW•h)	其他能源 (万吨标煤) Other Energy (10^4 tce)
15.16		**0.06**	**17.81**	**-0.58**		**175.19**	**30.74**
			4.15			802.52	30.74
15.18		0.06	13.66				
				-0.39		-627.34	
-0.02				-0.19			
			-4.55	**6.92**	**971.34**	**1209.70**	**-30.74**
			-4.11		-3229.20	1209.70	-30.74
			-0.01		31.78		
			0.71				
			-1.14	6.92			
					4168.75		
						87.24	
15.16		**0.06**	**13.26**	**6.34**	**971.34**	**1297.65**	
						7.69	
0.07		0.06	4.02	1.22	583.51	847.96	
						33.14	
			2.41			31.97	
				0.83		39.70	
						75.49	
15.09			6.83	4.29	387.83	261.71	
10.09			6.43	4.29	387.83	166.82	
5.00			0.40			94.89	
15.16		**0.06**	**16.85**	**6.34**	**4200.54**	**1384.89**	**30.74**

6-25 云南能源平衡表(实物量)-2017

项 目	Item	煤合计 (万吨) Coal Total (10^4 tons)	原煤 (万吨) Raw Coal (10^4 tons)
一.可供本地区消费的能源量	**Total Primary Energy Supply**	**7211.26**	**8245.12**
1.一次能源生产量	Indigenous Production	4674.98	4674.98
2.外省(区、市)调入量	Moving In from Other Provinces	4463.20	4108.65
3.进口量	Import		
4.境内轮船和飞机在境外的加油量	Domestic Airplanes&Ships Refueling in Abroad		
5.本省(区、市)调出量(-)	Sending Out to Other Provinces(-)	-1903.76	-530.57
6.出口量(-)	Export(-)		
7.境外轮船和飞机在境内的加油量(-)	Oversea Airplanes&Ships Refueling in China(-)		
8.库存增(-)、减(+)量	Stock Change	-23.16	-7.94
二.加工转换投入(-)产出(+)量	**Input(-) & Output(+) of Transformation**	**-3229.30**	**-4418.11**
1.火力发电	Thermal Power	-1169.37	-1169.37
2.供热	Heating Supply	-60.70	-60.70
3.洗选煤	Coal Washing	-652.16	-2916.72
4.炼焦	Coking	-1317.82	-225.38
5.炼油及煤制油	Petroleum Refineries		
#油品再投入量(-)	Petroleum Products Input (-)		
6.制气	Gas Works	-34.38	-34.38
#焦炭再投入量(-)	Coke Input (-)		
7.天然气液化	Natural Gas Liquefaction		
8.煤制品加工	Briquettes	5.13	-11.56
9.回收能	Recovery of Energy		
三.损失量	**Loss**		
四.终端消费量	**Total Final Consumption**	**3981.96**	**3827.01**
1.农、林、牧、渔业	Agriculture, Forestry, Animal Husbandry and Fishery	218.49	217.63
2.工业	Industry	3182.51	3074.39
#用作原料、材料	Non-Energy Use		
3.建筑业	Construction	38.23	37.72
4.交通运输、仓储和邮政业	Transport, Storage and Post	12.73	12.73
5.批发、零售业和住宿、餐饮业	Wholesale, Retail Trade and Hotel, Restaurants	112.23	110.32
6.其他	Others	60.31	60.12
7.生活消费	Residential Consumption	357.44	314.10
城镇	Urban	19.26	15.81
乡村	Rural	338.18	298.29
五.平衡差额	**Statistical Difference**		
六.消费量合计	**Total Energy Consumption**	**7211.26**	**8245.12**

Energy Balance of Yunnan (Physical Quantity) -2017

洗精煤 (万吨) Cleaned Coal (10^4 tons)	其他洗煤 (万吨) Other Washed Coal (10^4 tons)	型煤 (万吨) Briquettes (10^4 tons)	煤矸石 (万吨) Gangue (10^4 tons)	焦炭 (万吨) Coke (10^4 tons)	焦炉煤气 (亿立方米) Coke Oven Gas (10^8 cu.m)	高炉煤气 (亿立方米) Blast Furnace Gas (10^8 cu.m)	转炉煤气 (亿立方米) Converter Gas (10^8 cu.m)	其他煤气 (亿立方米) Other Gas (10^8 cu.m)
-74.20	**-956.72**	**-2.95**	**31.64**	**-12.50**				
251.82	102.72	0.01	32.78	147.50				
-308.95	-1062.93	-1.32		-150.38				
-17.07	3.49	-1.64	-1.14	-9.62				
74.19	**1097.92**	**16.69**	**-12.62**	**963.80**	**16.89**	**142.22**	**12.59**	**0.01**
			-13.62			-68.61	-3.68	
1166.63	1097.92		1.00					
-1092.44				963.80	16.89			
								0.01
		16.69						
						210.83	16.27	
	141.20	**13.74**	**19.02**	**951.31**	**16.89**	**142.22**	**12.59**	**0.01**
		0.87		2.65				
	105.68	2.44	19.02	948.46	12.08	142.22	12.59	
	0.51							
		1.91			2.71			
		0.19			0.17			
	35.02	8.33		0.20	1.93			0.01
	2.14	1.31		0.08	1.93			0.01
	32.87	7.02		0.11				
1092.44	**141.20**	**13.74**	**32.64**	**951.31**	**16.89**	**210.83**	**16.27**	**0.01**

6-25 续表 1

项 目	Item	其他焦化产品(万吨) Other Coking Products (10^4 tons)	油品合计(万吨) Petroleum Products Total (10^4 tons)
一.可供本地区消费的能源量	**Total Primary Energy Supply**	**-46.79**	**1289.56**
1.一次能源生产量	Indigenous Production		0.01
2.外省(区、市)调入量	Moving In from Other Provinces		1638.81
3.进口量	Import		
4.境内轮船和飞机在境外的加油量	Domestic Airplanes&Ships Refueling in Abroad		1.21
5.本省(区、市)调出量(-)	Sending Out to Other Provinces(-)	-46.73	-306.78
6.出口量(-)	Export(-)		
7.境外轮船和飞机在境内的加油量(-)	Oversea Airplanes&Ships Refueling in China(-)		-1.21
8.库存增(-)、减(+)量	Stock Change	-0.06	-42.48
二.加工转换投入(-)产出(+)量	**Input(-) & Output(+) of Transformation**	**50.75**	**-62.60**
1.火力发电	Thermal Power		-0.38
2.供热	Heating Supply		-0.01
3.洗选煤	Coal Washing		
4.炼焦	Coking	47.66	
5.炼油及煤制油	Petroleum Refineries		-62.21
#油品再投入量(-)	Petroleum Products Input (-)		
6.制气	Gas Works	3.09	
#焦炭再投入量(-)	Coke Input (-)		
7.天然气液化	Natural Gas Liquefaction		
8.煤制品加工	Briquettes		
9.回收能	Recovery of Energy		
三.损失量	**Loss**		
四.终端消费量	**Total Final Consumption**	**3.96**	**1226.96**
1.农、林、牧、渔业	Agriculture, Forestry, Animal Husbandry and Fishery		31.49
2.工业	Industry	2.94	160.80
#用作原料、材料	Non-Energy Use		
3.建筑业	Construction	1.01	67.66
4.交通运输、仓储和邮政业	Transport, Storage and Post		710.12
5.批发、零售业和住宿、餐饮业	Wholesale, Retail Trade and Hotel, Restaurants		60.88
6.其他	Others		31.82
7.生活消费	Residential Consumption		164.18
城镇	Urban		83.86
乡村	Rural		80.32
五.平衡差额	**Statistical Difference**		
六.消费量合计	**Total Energy Consumption**	**3.96**	**1289.56**

Continued 1

原油 (万吨) Crude Oil (10⁴ tons)	汽油 (万吨) Gasoline (10⁴ tons)	煤油 (万吨) Kerosene (10⁴ tons)	柴油 (万吨) Diesel Oil (10⁴ tons)	燃料油 (万吨) Fuel Oil (10⁴ tons)	石脑油 (万吨) Naphtha (10⁴ tons)	润滑油 (万吨) Lubricants (10⁴ tons)	石蜡 (万吨) Paraffin Waxes (10⁴ tons)	溶剂油 (万吨) White Spirit (10⁴ tons)
401.96	**240.98**	**91.99**	**451.30**	**-7.00**		**0.83**	**0.03**	**0.38**
0.01								
439.56	332.29	91.61	604.44	3.03		0.92	0.02	0.36
		1.21						
	-96.98		-151.12	-9.39		-0.07		
		-1.21						
-37.61	5.67	0.38	-2.02	-0.64		-0.02	0.01	0.02
-401.93	**103.76**	**21.84**	**155.84**	**7.57**				
			-0.38					
			-0.01					
-401.93	103.76	21.84	156.23	7.57				
0.03	**344.74**	**113.82**	**607.14**	**0.57**		**0.83**	**0.02**	**0.38**
	8.60	0.08	22.81					
0.03	4.15	0.09	40.62	0.57		0.46	0.02	0.38
	23.96	1.92	41.78					
	137.49	111.61	460.65			0.37		
	33.69		12.03					
	21.09	0.13	8.74					
	115.75		20.51					
	63.72		7.88					
	52.04		12.62					
401.96	**344.74**	**113.82**	**607.53**	**0.57**		**0.83**	**0.02**	**0.38**

6-25 续表 2

项 目	Item	石油沥青（万吨） Bitumen Asphalt (10^4 tons)	石油焦（万吨） Petroleum Coke (10^4 tons)
一.可供本地区消费的能源量	**Total Primary Energy Supply**	**12.36**	**89.60**
1.一次能源生产量	Indigenous Production		
2.外省(区、市)调入量	Moving In from Other Provinces	41.42	91.65
3.进口量	Import		
4.境内轮船和飞机在境外的加油量	Domestic Airplanes&Ships Refueling in Abroad		
5.本省(区、市)调出量(-)	Sending Out to Other Provinces(-)	-25.78	
6.出口量(-)	Export(-)		
7.境外轮船和飞机在境内的加油量(-)	Oversea Airplanes&Ships Refueling in China(-)		
8.库存增(-)、减(+)量	Stock Change	-3.28	-2.05
二.加工转换投入(-)产出(+)量	**Input(-) & Output(+) of Transformation**	**1.06**	
1.火力发电	Thermal Power		
2.供热	Heating Supply		
3.洗选煤	Coal Washing		
4.炼焦	Coking		
5.炼油及煤制油	Petroleum Refineries	1.06	
#油品再投入量(-)	Petroleum Products Input (-)		
6.制气	Gas Works		
#焦炭再投入量(-)	Coke Input (-)		
7.天然气液化	Natural Gas Liquefaction		
8.煤制品加工	Briquettes		
9.回收能	Recovery of Energy		
三.损失量	**Loss**		
四.终端消费量	**Total Final Consumption**	**13.42**	**89.60**
1.农、林、牧、渔业	Agriculture, Forestry, Animal Husbandry and Fishery		
2.工业	Industry	13.42	89.60
#用作原料、材料	Non-Energy Use		
3.建筑业	Construction		
4.交通运输、仓储和邮政业	Transport, Storage and Post		
5.批发、零售业和住宿、餐饮业	Wholesale, Retail Trade and Hotel, Restaurants		
6.其他	Others		
7.生活消费	Residential Consumption		
城镇	Urban		
乡村	Rural		
五.平衡差额	**Statistical Difference**		
六.消费量合计	**Total Energy Consumption**	**13.42**	**89.60**

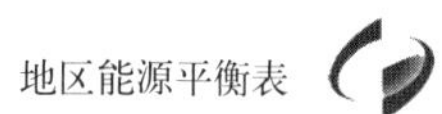

Continued 2

液化石油气 (万吨) LPG (10^4 tons)	炼厂干气 (万吨) Refinery Gas (10^4 tons)	其他石油制品 (万吨) Other Petroleum Products (10^4 tons)	天然气 (亿立方米) Natural Gas (10^8 cu.m)	液化天然气 (万吨) LNG (10^4 tons)	热力 (万百万千焦) Heat (10^{10} kJ)	电力 (亿千瓦小时) Electricity (10^8 kW•h)	其他能源 (万吨标煤) Other Energy (10^4 tce)
28.58		**-21.45**	**10.13**	**-3.16**	**13.39**	**1295.15**	**153.64**
			0.04			2715.41	153.64
33.50			10.09		13.39	0.27	
						14.08	
-3.58		-19.86		-3.17		-1418.95	
						-15.65	
-1.34		-1.59		0.01			
14.85	**11.07**	**23.34**		**4.03**	**862.97**	**239.66**	**-53.97**
					-3477.42	239.66	-53.36
					856.90		-0.61
14.85	11.07	23.34					
			0.59				
			-0.59	4.03			
					3483.49		
						106.83	
43.44	**11.07**	**1.89**	**10.13**	**0.87**	**876.36**	**1431.26**	**99.67**
			0.01			16.92	
0.35	11.07	0.03	8.80	0.55	873.40	994.42	99.67
						34.55	
				0.32		28.73	
15.16			0.08		2.96	50.84	
		1.86	0.04			89.04	
27.92			1.19			216.76	
12.26			1.19			105.89	
15.66						110.87	
						-3.29	
43.44	**11.07**	**1.89**	**9.57**	**0.87**	**4353.78**	**1538.09**	**153.64**

6-26 陕西能源平衡表(实物量)-2017

项　目	Item	煤合计(万吨) Coal Total (10^4 tons)	原煤(万吨) Raw Coal (10^4 tons)
一.可供本地区消费的能源量	**Total Primary Energy Supply**	**20100.44**	**30610.10**
1.一次能源生产量	Indigenous Production	57102.48	57102.48
2.外省(区、市)调入量	Moving In from Other Provinces	1833.21	1489.87
3.进口量	Import		
4.境内轮船和飞机在境外的加油量	Domestic Airplanes&Ships Refueling in Abroad		
5.本省(区、市)调出量(-)	Sending Out to Other Provinces(-)	-38887.65	-28015.13
6.出口量(-)	Export(-)		
7.境外轮船和飞机在境内的加油量(-)	Oversea Airplanes&Ships Refueling in China(-)		
8.库存增(-)、减(+)量	Stock Change	52.40	32.88
二.加工转换投入(-)产出(+)量	**Input(-) & Output(+) of Transformation**	**-16436.61**	**-27005.90**
1.火力发电	Thermal Power	-6126.58	-5101.30
2.供热	Heating Supply	-680.40	-675.45
3.洗选煤	Coal Washing	-2665.56	-15333.77
4.炼焦	Coking	-6544.36	-5468.45
5.炼油及煤制油	Petroleum Refineries	-420.71	-420.71
#油品再投入量(-)	Petroleum Products Input (-)		
6.制气	Gas Works		
#焦炭再投入量(-)	Coke Input (-)		
7.天然气液化	Natural Gas Liquefaction		
8.煤制品加工	Briquettes	0.99	-6.23
9.回收能	Recovery of Energy		
三.损失量	**Loss**		
四.终端消费量	**Total Final Consumption**	**3632.99**	**3586.35**
1.农、林、牧、渔业	Agriculture, Forestry, Animal Husbandry and Fishery	19.75	19.75
2.工业	Industry	3127.55	3083.68
#用作原料、材料	Non-Energy Use	1372.64	1372.64
3.建筑业	Construction	11.89	11.89
4.交通运输、仓储和邮政业	Transport, Storage and Post	18.78	18.78
5.批发、零售业和住宿、餐饮业	Wholesale, Retail Trade and Hotel, Restaurants	66.78	66.78
6.其他	Others	115.44	115.44
7.生活消费	Residential Consumption	272.80	270.04
城镇	Urban	59.09	58.37
乡村	Rural	213.71	211.66
五.平衡差额	**Statistical Difference**	**30.84**	**17.84**
六.消费量合计	**Total Energy Consumption**	**20069.60**	**30592.26**

Energy Balance of Shaanxi (Physical Quantity) -2017

洗精煤 (万吨) Cleaned Coal (10^4 tons)	其他洗煤 (万吨) Other Washed Coal (10^4 tons)	型煤 (万吨) Briquettes (10^4 tons)	煤矸石 (万吨) Gangue (10^4 tons)	焦炭 (万吨) Coke (10^4 tons)	焦炉煤气 (亿立方米) Coke Oven Gas (10^8 cu.m)	高炉煤气 (亿立方米) Blast Furnace Gas (10^8 cu.m)	转炉煤气 (亿立方米) Converter Gas (10^8 cu.m)	其他煤气 (亿立方米) Other Gas (10^8 cu.m)
-2198.62	**-8308.27**	**-2.77**	**11.85**	**-3220.81**				
225.90	117.44		11.98	128.74				
-2489.65	-8382.87			-3359.30				
65.13	-42.84	-2.77	-0.13	9.75				
2198.62	**8363.46**	**7.22**	**53.66**	**4050.41**	**4.28**	**51.75**	**6.42**	
	-1025.28		-543.95		-51.22	-40.96		
	-4.94		-1.44			-27.05		
3274.53	9393.68		599.05					
-1075.91				4050.41	57.80			
					-2.31			
		7.22						
						119.76	6.42	
	42.19	**4.45**	**65.51**	**829.60**	**4.28**	**51.75**	**6.42**	
	42.19	1.69	65.51	829.60	4.28	51.75	6.42	
				74.52				
		2.76						
		0.72						
		2.05						
	13.00							
1075.91	**1072.41**	**4.45**	**610.90**	**829.60**	**55.50**	**119.76**	**6.42**	

6-26 续表 1

项　目	Item	其他焦化产品（万吨）Other Coking Products (10^4 tons)	油品合计（万吨）Petroleum Products Total (10^4 tons)
一.可供本地区消费的能源量	**Total Primary Energy Supply**	**-150.51**	**775.51**
1.一次能源生产量	Indigenous Production		3489.82
2.外省(区、市)调入量	Moving In from Other Provinces		163.43
3.进口量	Import		
4.境内轮船和飞机在境外的加油量	Domestic Airplanes&Ships Refueling in Abroad		
5.本省(区、市)调出量(-)	Sending Out to Other Provinces(-)	-150.51	-2857.68
6.出口量(-)	Export(-)		
7.境外轮船和飞机在境内的加油量(-)	Oversea Airplanes&Ships Refueling in China(-)		
8.库存增(-)、减(+)量	Stock Change		-20.06
二.加工转换投入(-)产出(+)量	**Input(-) & Output(+) of Transformation**	**161.78**	**97.74**
1.火力发电	Thermal Power		
2.供热	Heating Supply		-2.26
3.洗选煤	Coal Washing		
4.炼焦	Coking	264.29	
5.炼油及煤制油	Petroleum Refineries	-102.51	117.76
#油品再投入量(-)	Petroleum Products Input (-)		-17.76
6.制气	Gas Works		
#焦炭再投入量(-)	Coke Input (-)		
7.天然气液化	Natural Gas Liquefaction		
8.煤制品加工	Briquettes		
9.回收能	Recovery of Energy		
三.损失量	**Loss**		**20.74**
四.终端消费量	**Total Final Consumption**	**11.27**	**852.51**
1.农、林、牧、渔业	Agriculture, Forestry, Animal Husbandry and Fishery		51.94
2.工业	Industry	11.27	133.33
#用作原料、材料	Non-Energy Use	9.54	5.31
3.建筑业	Construction		79.39
4.交通运输、仓储和邮政业	Transport, Storage and Post		397.83
5.批发、零售业和住宿、餐饮业	Wholesale, Retail Trade and Hotel, Restaurants		51.73
6.其他	Others		19.53
7.生活消费	Residential Consumption		118.77
城镇	Urban		78.28
乡村	Rural		40.49
五.平衡差额	**Statistical Difference**		
六.消费量合计	**Total Energy Consumption**	**113.78**	**775.51**

Continued 1

原油 (万吨) Crude Oil (10^4 tons)	汽油 (万吨) Gasoline (10^4 tons)	煤油 (万吨) Kerosene (10^4 tons)	柴油 (万吨) Diesel Oil (10^4 tons)	燃料油 (万吨) Fuel Oil (10^4 tons)	石脑油 (万吨) Naphtha (10^4 tons)	润滑油 (万吨) Lubricants (10^4 tons)	石蜡 (万吨) Paraffin Waxes (10^4 tons)	溶剂油 (万吨) White Spirit (10^4 tons)
1853.57	**-335.31**	**0.24**	**-348.82**	**-137.63**	**-28.04**	**-0.57**	**-27.17**	**0.09**
3489.82								
	64.22	0.97	35.02	0.05		0.21		0.03
-1640.03	-395.50		-378.79	-123.83	-28.24	-0.80	-26.80	
3.78	-4.03	-0.73	-5.05	-13.85	0.20	0.02	-0.37	0.06
-1770.63	**612.73**	**49.76**	**722.61**	**142.63**	**28.04**	**0.70**	**27.17**	
			-0.01					
-1770.63	612.73	49.76	722.63	157.08	28.04	0.70	27.17	
				-14.45				
20.74								
62.20	**277.42**	**50.00**	**373.79**	**5.00**		**0.13**		**0.09**
	9.20		41.89	0.06				
62.20	22.57	0.22	38.10	1.73		0.13		0.09
	0.20		1.38					0.04
	8.96		21.91	0.91				
	112.95	49.78	230.35	2.30				
	19.88		24.01					
	8.07		11.46					
	95.78		6.08					
	71.01		0.21					
	24.77		5.87					
1853.57	**277.42**	**50.00**	**373.81**	**19.46**		**0.13**		**0.09**

6-26 续表 2

项　目	Item	石油沥青(万吨) Bitumen Asphalt (10^4 tons)	石油焦(万吨) Petroleum Coke (10^4 tons)
一.可供本地区消费的能源量	**Total Primary Energy Supply**	**23.43**	**-5.74**
1.一次能源生产量	Indigenous Production		
2.外省(区、市)调入量	Moving In from Other Provinces	58.62	3.56
3.进口量	Import		
4.境内轮船和飞机在境外的加油量	Domestic Airplanes&Ships Refueling in Abroad		
5.本省(区、市)调出量(-)	Sending Out to Other Provinces(-)	-39.48	-8.64
6.出口量(-)	Export(-)		
7.境外轮船和飞机在境内的加油量(-)	Oversea Airplanes&Ships Refueling in China(-)		
8.库存增(-)、减(+)量	Stock Change	4.29	-0.66
二.加工转换投入(-)产出(+)量	**Input(-) & Output(+) of Transformation**	**24.71**	**9.20**
1.火力发电	Thermal Power		
2.供热	Heating Supply		
3.洗选煤	Coal Washing		
4.炼焦	Coking		
5.炼油及煤制油	Petroleum Refineries	24.71	9.20
#油品再投入量(-)	Petroleum Products Input (-)		
6.制气	Gas Works		
#焦炭再投入量(-)	Coke Input (-)		
7.天然气液化	Natural Gas Liquefaction		
8.煤制品加工	Briquettes		
9.回收能	Recovery of Energy		
三.损失量	**Loss**		
四.终端消费量	**Total Final Consumption**	**48.13**	**3.46**
1.农、林、牧、渔业	Agriculture, Forestry, Animal Husbandry and Fishery		
2.工业	Industry	1.23	3.46
#用作原料、材料	Non-Energy Use	0.23	3.46
3.建筑业	Construction	46.90	
4.交通运输、仓储和邮政业	Transport, Storage and Post		
5.批发、零售业和住宿、餐饮业	Wholesale, Retail Trade and Hotel, Restaurants		
6.其他	Others		
7.生活消费	Residential Consumption		
城镇	Urban		
乡村	Rural		
五.平衡差额	**Statistical Difference**		
六.消费量合计	**Total Energy Consumption**	**48.13**	**3.46**

Continued 2

液化石油气 (万吨) LPG (10^4 tons)	炼厂干气 (万吨) Refinery Gas (10^4 tons)	其他石油制品 (万吨) Other Petroleum Products (10^4 tons)	天然气 (亿立方米) Natural Gas (10^8 cu.m)	液化天然气 (万吨) LNG (10^4 tons)	热力 (万百万千焦) Heat (10^{10} kJ)	电力 (亿千瓦小时) Electricity (10^8 kW•h)	其他能源 (万吨标煤) Other Energy (10^4 tce)
-32.97		**-185.58**	**115.00**	**-80.44**		**-3.69**	**62.24**
			419.40			227.98	21.95
		0.75	6.89	4.41		166.97	39.66
-32.90		-182.68	-311.74	-94.28		-398.64	
-0.07		-3.65	0.45	9.43			0.63
61.91		**188.92**	**-45.59**	**225.40**	**14471.94**	**1586.05**	**-31.05**
			-1.23		-2085.65	1586.05	-30.66
	-2.24		-1.92		12637.69		-0.39
61.91	2.24	192.23	-9.09				
		-3.30					
			-33.34	225.40			
					3919.91		
28.94		**3.35**	**69.41**	**144.96**	**14471.94**	**1582.36**	**31.19**
0.80						41.89	
0.25		3.35	39.96	28.97	7118.99	1027.02	31.19
			0.15				
0.70			0.01		58.63	28.91	
2.45			2.86	115.99	96.10	65.12	
7.84			7.39		649.76	70.91	
			0.56		1324.59	112.67	
16.91			18.64		5223.88	235.82	
7.06			18.05		5223.88	146.87	
9.85			0.59			88.95	
28.94	**2.24**	**6.65**	**83.89**	**144.96**	**16557.60**	**1582.36**	**62.24**

6-27 甘肃能源平衡表(实物量)-2017

项目	Item	煤合计(万吨) Coal Total (10^4 tons)	原煤(万吨) Raw Coal (10^4 tons)
一.可供本地区消费的能源量	**Total Primary Energy Supply**	**6360.81**	**6235.02**
1.一次能源生产量	Indigenous Production	3738.40	3738.40
2.外省(区、市)调入量	Moving In from Other Provinces	4692.22	4158.35
3.进口量	Import		
4.境内轮船和飞机在境外的加油量	Domestic Airplanes&Ships Refueling in Abroad		
5.本省(区、市)调出量(-)	Sending Out to Other Provinces(-)	-2199.82	-1800.00
6.出口量(-)	Export(-)		
7.境外轮船和飞机在境内的加油量(-)	Oversea Airplanes&Ships Refueling in China(-)		
8.库存增(-)、减(+)量	Stock Change	130.01	138.27
二.加工转换投入(-)产出(+)量	**Input(-) & Output(+) of Transformation**	**-4591.67**	**-4602.50**
1.火力发电	Thermal Power	-3156.50	-3156.50
2.供热	Heating Supply	-617.28	-616.00
3.洗选煤	Coal Washing	-175.56	-746.10
4.炼焦	Coking	-631.08	-72.65
5.炼油及煤制油	Petroleum Refineries		
#油品再投入量(-)	Petroleum Products Input (-)		
6.制气	Gas Works	-11.25	-11.25
#焦炭再投入量(-)	Coke Input (-)		
7.天然气液化	Natural Gas Liquefaction		
8.煤制品加工	Briquettes		
9.回收能	Recovery of Energy		
三.损失量	**Loss**		
四.终端消费量	**Total Final Consumption**	**1769.14**	**1632.52**
1.农、林、牧、渔业	Agriculture, Forestry, Animal Husbandry and Fishery	58.00	51.00
2.工业	Industry	1194.64	1157.02
#用作原料、材料	Non-Energy Use	117.98	111.43
3.建筑业	Construction	17.00	17.00
4.交通运输、仓储和邮政业	Transport, Storage and Post	45.50	45.50
5.批发、零售业和住宿、餐饮业	Wholesale, Retail Trade and Hotel, Restaurants	28.00	28.00
6.其他	Others	32.00	32.00
7.生活消费	Residential Consumption	394.00	302.00
城镇	Urban	60.00	31.00
乡村	Rural	334.00	271.00
五.平衡差额	**Statistical Difference**		
六.消费量合计	**Total Energy Consumption**	**6360.81**	**6235.02**

Energy Balance of Gansu (Physical Quantity) -2017

洗精煤 (万吨) Cleaned Coal (10^4 tons)	其他洗煤 (万吨) Other Washed Coal (10^4 tons)	型煤 (万吨) Briquettes (10^4 tons)	煤矸石 (万吨) Gangue (10^4 tons)	焦炭 (万吨) Coke (10^4 tons)	焦炉煤气 (亿立方米) Coke Oven Gas (10^8 cu.m)	高炉煤气 (亿立方米) Blast Furnace Gas (10^8 cu.m)	转炉煤气 (亿立方米) Converter Gas (10^8 cu.m)	其他煤气 (亿立方米) Other Gas (10^8 cu.m)
423.66	**-400.77**	**102.90**	**34.87**	**33.69**				
428.53		105.34	34.87					
	-399.82							
-4.87	-0.95	-2.44		33.69				
-423.66	**435.77**	**-1.28**	**-32.87**	**471.65**	**11.13**	**71.20**	**3.43**	**3.14**
			-53.10		-0.66	-8.63	-0.49	
		-1.28	-7.07		-0.09	-0.46	-0.04	-0.33
134.77	435.77		27.30					
-558.43				471.65	11.88			
								3.47
						80.29	3.96	
	35.00	**101.62**	**2.00**	**505.34**	**11.13**	**71.20**	**3.43**	**3.14**
		7.00						
	35.00	2.62	2.00	505.34	10.93	71.20	3.43	3.14
	4.06	2.49		35.14				
		92.00			0.20			
		29.00			0.20			
		63.00						
558.43	**35.00**	**102.90**	**62.17**	**505.34**	**11.88**	**80.29**	**3.96**	**3.47**

6-27 续表 1

项　目	Item	其他焦化产品(万吨) Other Coking Products (10^4 tons)	油品合计(万吨) Petroleum Products Total (10^4 tons)
一.可供本地区消费的能源量	**Total Primary Energy Supply**		**906.94**
1.一次能源生产量	Indigenous Production		827.00
2.外省(区、市)调入量	Moving In from Other Provinces		673.70
3.进口量	Import		
4.境内轮船和飞机在境外的加油量	Domestic Airplanes&Ships Refueling in Abroad		
5.本省(区、市)调出量(-)	Sending Out to Other Provinces(-)		-554.00
6.出口量(-)	Export(-)		
7.境外轮船和飞机在境内的加油量(-)	Oversea Airplanes&Ships Refueling in China(-)		
8.库存增(-)、减(+)量	Stock Change		-39.76
二.加工转换投入(-)产出(+)量	**Input(-) & Output(+) of Transformation**	**20.00**	**-162.01**
1.火力发电	Thermal Power		-1.37
2.供热	Heating Supply		-15.30
3.洗选煤	Coal Washing		
4.炼焦	Coking	20.00	
5.炼油及煤制油	Petroleum Refineries		-145.34
#油品再投入量(-)	Petroleum Products Input (-)		
6.制气	Gas Works		
#焦炭再投入量(-)	Coke Input (-)		
7.天然气液化	Natural Gas Liquefaction		
8.煤制品加工	Briquettes		
9.回收能	Recovery of Energy		
三.损失量	**Loss**		
四.终端消费量	**Total Final Consumption**	**20.00**	**744.93**
1.农、林、牧、渔业	Agriculture, Forestry, Animal Husbandry and Fishery		41.30
2.工业	Industry	20.00	228.21
#用作原料、材料	Non-Energy Use	0.36	62.08
3.建筑业	Construction		39.50
4.交通运输、仓储和邮政业	Transport, Storage and Post		264.30
5.批发、零售业和住宿、餐饮业	Wholesale, Retail Trade and Hotel, Restaurants		18.22
6.其他	Others		67.00
7.生活消费	Residential Consumption		86.40
城镇	Urban		54.30
乡村	Rural		32.10
五.平衡差额	**Statistical Difference**		
六.消费量合计	**Total Energy Consumption**	**20.00**	**906.94**

Continued 1

原油 (万吨) Crude Oil (10^4 tons)	汽油 (万吨) Gasoline (10^4 tons)	煤油 (万吨) Kerosene (10^4 tons)	柴油 (万吨) Diesel Oil (10^4 tons)	燃料油 (万吨) Fuel Oil (10^4 tons)	石脑油 (万吨) Naphtha (10^4 tons)	润滑油 (万吨) Lubricants (10^4 tons)	石蜡 (万吨) Paraffin Waxes (10^4 tons)	溶剂油 (万吨) White Spirit (10^4 tons)
1460.11	**-215.55**	**-100.50**	**-233.14**	**-0.97**	**25.53**	**-0.11**	**-3.63**	**-0.44**
827.00								
634.29					25.35			
	-192.16	-100.35	-219.09	-1.61		-1.60	-3.64	-0.41
-1.18	-23.39	-0.15	-14.05	0.64	0.18	1.49	0.01	-0.03
-1440.79	**424.83**	**108.52**	**532.35**	**3.37**	**2.61**	**0.21**	**3.67**	**0.49**
			-0.20	-0.01				
			-0.05	-0.46				
-1440.79	424.83	108.52	532.60	3.84	2.61	0.21	3.67	0.49
19.32	**209.28**	**8.02**	**299.21**	**2.40**	**28.14**	**0.10**	**0.04**	**0.05**
	6.30		35.00					
19.32	4.50	0.20	16.11	2.40	28.14	0.10	0.04	0.05
	0.02	0.11	0.21		28.14			
	13.50		16.00					
	54.48	7.82	202.00					
	12.50		5.00					
	48.00		19.00					
	70.00		6.10					
	44.00		3.00					
	26.00		3.10					
1460.11	**209.28**	**8.02**	**299.46**	**2.87**	**28.14**	**0.10**	**0.04**	**0.05**

6-27 续表 2

项　目	Item	石油沥青 (万吨) Bitumen Asphalt (10^4 tons)	石油焦 (万吨) Petroleum Coke (10^4 tons)
一.可供本地区消费的能源量	**Total Primary Energy Supply**	**14.00**	**-10.59**
1.一次能源生产量	Indigenous Production		
2.外省(区、市)调入量	Moving In from Other Provinces	14.06	
3.进口量	Import		
4.境内轮船和飞机在境外的加油量	Domestic Airplanes&Ships Refueling in Abroad		
5.本省(区、市)调出量(-)	Sending Out to Other Provinces(-)		-7.45
6.出口量(-)	Export(-)		
7.境外轮船和飞机在境内的加油量(-)	Oversea Airplanes&Ships Refueling in China(-)		
8.库存增(-)、减(+)量	Stock Change	-0.06	-3.14
二.加工转换投入(-)产出(+)量	**Input(-) & Output(+) of Transformation**		**41.90**
1.火力发电	Thermal Power		
2.供热	Heating Supply		
3.洗选煤	Coal Washing		
4.炼焦	Coking		
5.炼油及煤制油	Petroleum Refineries		41.90
#油品再投入量(-)	Petroleum Products Input (-)		
6.制气	Gas Works		
#焦炭再投入量(-)	Coke Input (-)		
7.天然气液化	Natural Gas Liquefaction		
8.煤制品加工	Briquettes		
9.回收能	Recovery of Energy		
三.损失量	**Loss**		
四.终端消费量	**Total Final Consumption**	**14.00**	**31.31**
1.农、林、牧、渔业	Agriculture, Forestry, Animal Husbandry and Fishery		
2.工业	Industry	4.00	31.31
#用作原料、材料	Non-Energy Use	0.22	5.66
3.建筑业	Construction	10.00	
4.交通运输、仓储和邮政业	Transport, Storage and Post		
5.批发、零售业和住宿、餐饮业	Wholesale, Retail Trade and Hotel, Restaurants		
6.其他	Others		
7.生活消费	Residential Consumption		
城镇	Urban		
乡村	Rural		
五.平衡差额	**Statistical Difference**		
六.消费量合计	**Total Energy Consumption**	**14.00**	**31.31**

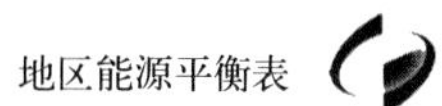

Continued 2

液化石油气 (万吨) LPG (10^4 tons)	炼厂干气 (万吨) Refinery Gas (10^4 tons)	其他石油制品 (万吨) Other Petroleum Products (10^4 tons)	天然气 (亿立方米) Natural Gas (10^8 cu.m)	液化天然气 (万吨) LNG (10^4 tons)	热力 (万百万千焦) Heat (10^{10} kJ)	电力 (亿千瓦小时) Electricity (10^8 kW•h)	其他能源 (万吨标煤) Other Energy (10^4 tce)
-17.09		**-10.68**	**28.36**	**3.98**		**457.77**	**6.54**
			1.77			635.23	6.54
			26.59	3.98		186.77	
-17.01		-10.68				-364.23	
-0.08							
28.14	**91.21**	**41.48**	**-1.68**	**-0.34**	**12271.25**	**713.91**	**-6.43**
	-1.16		-0.96		-512.26	713.91	-6.43
	-14.79		-0.72	-0.34	10982.47		
28.14	107.16	41.48					
					1801.04		
						55.40	
11.05	**91.21**	**30.80**	**26.68**	**3.64**	**12271.25**	**1108.97**	**0.11**
						45.84	
0.03	91.21	30.80	10.23	3.64	8558.25	831.87	0.11
0.01		27.71	3.26	0.01			
					70.00	16.37	
			3.70		290.00	44.61	
0.72			2.60		115.00	30.82	
			5.70		105.00	48.13	
10.30			4.45		3133.00	91.33	
7.30			4.45		3133.00	50.58	
3.00						40.75	
						7.31	
11.05	**107.16**	**30.80**	**28.36**	**3.98**	**12783.51**	**1164.37**	**6.54**

6-28 青海能源平衡表(实物量)-2017

项　目	Item	煤合计(万吨) Coal Total (10^4 tons)	原煤(万吨) Raw Coal (10^4 tons)
一.可供本地区消费的能源量	**Total Primary Energy Supply**	**1747.02**	**1760.23**
1.一次能源生产量	Indigenous Production	841.74	841.74
2.外省(区、市)调入量	Moving In from Other Provinces	638.62	638.62
3.进口量	Import		
4.境内轮船和飞机在境外的加油量	Domestic Airplanes&Ships Refueling in Abroad		
5.本省(区、市)调出量(-)	Sending Out to Other Provinces(-)	-50.30	-32.40
6.出口量(-)	Export(-)		
7.境外轮船和飞机在境内的加油量(-)	Oversea Airplanes&Ships Refueling in China(-)		
8.库存增(-)、减(+)量	Stock Change	316.95	312.27
二.加工转换投入(-)产出(+)量	**Input(-) & Output(+) of Transformation**	**-1173.63**	**-1188.94**
1.火力发电	Thermal Power	-717.25	-717.25
2.供热	Heating Supply	-212.10	-212.10
3.洗选煤	Coal Washing	-21.55	-118.10
4.炼焦	Coking	-222.73	-141.48
5.炼油及煤制油	Petroleum Refineries		
#油品再投入量(-)	Petroleum Products Input (-)		
6.制气	Gas Works		
#焦炭再投入量(-)	Coke Input (-)		
7.天然气液化	Natural Gas Liquefaction		
8.煤制品加工	Briquettes		
9.回收能	Recovery of Energy		
三.损失量	**Loss**	**2.86**	**2.86**
四.终端消费量	**Total Final Consumption**	**570.52**	**568.43**
1.农、林、牧、渔业	Agriculture, Forestry, Animal Husbandry and Fishery	3.17	3.17
2.工业	Industry	420.10	418.02
#用作原料、材料	Non-Energy Use	5.56	4.73
3.建筑业	Construction	4.73	4.73
4.交通运输、仓储和邮政业	Transport, Storage and Post	4.95	4.95
5.批发、零售业和住宿、餐饮业	Wholesale, Retail Trade and Hotel, Restaurants	9.56	9.56
6.其他	Others	22.50	22.50
7.生活消费	Residential Consumption	105.49	105.49
城镇	Urban	32.21	32.21
乡村	Rural	73.29	73.29
五.平衡差额	**Statistical Difference**	**0.01**	
六.消费量合计	**Total Energy Consumption**	**1747.01**	**1760.23**

Energy Balance of Qinghai (Physical Quantity) -2017

洗精煤 (万吨) Cleaned Coal (10^4 tons)	其他洗煤 (万吨) Other Washed Coal (10^4 tons)	型煤 (万吨) Briquettes (10^4 tons)	煤矸石 (万吨) Gangue (10^4 tons)	焦炭 (万吨) Coke (10^4 tons)	焦炉煤气 (亿立方米) Coke Oven Gas (10^8 cu.m)	高炉煤气 (亿立方米) Blast Furnace Gas (10^8 cu.m)	转炉煤气 (亿立方米) Converter Gas (10^8 cu.m)	其他煤气 (亿立方米) Other Gas (10^8 cu.m)
-9.68	**-3.53**		**0.91**	**67.64**				
				80.11				
-14.60	-3.30							
4.92	-0.23		0.91	-12.47				
9.69	**5.62**			**151.36**	**0.60**	**13.15**		
					-0.32			
					-0.01	-4.54		
90.93	5.62							
-81.25				151.36	0.93			
						17.69		
	2.08		**0.91**	**219.00**	**0.60**	**13.15**		
	2.08		0.91	219.00	0.60	13.15		
	0.83			27.70				
81.25	**2.08**		**0.91**	**219.00**	**0.93**	**17.69**		

6-28 续表 1

项目	Item	其他焦化产品(万吨) Other Coking Products (10^4 tons)	油品合计(万吨) Petroleum Products Total (10^4 tons)
一.可供本地区消费的能源量	**Total Primary Energy Supply**	**-4.45**	**344.38**
1.一次能源生产量	Indigenous Production		228.00
2.外省(区、市)调入量	Moving In from Other Provinces		196.33
3.进口量	Import		
4.境内轮船和飞机在境外的加油量	Domestic Airplanes&Ships Refueling in Abroad		
5.本省(区、市)调出量(-)	Sending Out to Other Provinces(-)	-4.47	-81.10
6.出口量(-)	Export(-)		
7.境外轮船和飞机在境内的加油量(-)	Oversea Airplanes&Ships Refueling in China(-)		
8.库存增(-)、减(+)量	Stock Change	0.02	1.15
二.加工转换投入(-)产出(+)量	**Input(-) & Output(+) of Transformation**	**5.12**	**-11.08**
1.火力发电	Thermal Power		-0.03
2.供热	Heating Supply		
3.洗选煤	Coal Washing		
4.炼焦	Coking	5.12	
5.炼油及煤制油	Petroleum Refineries		-11.05
#油品再投入量(-)	Petroleum Products Input (-)		
6.制气	Gas Works		
#焦炭再投入量(-)	Coke Input (-)		
7.天然气液化	Natural Gas Liquefaction		
8.煤制品加工	Briquettes		
9.回收能	Recovery of Energy		
三.损失量	**Loss**		
四.终端消费量	**Total Final Consumption**	**0.67**	**333.30**
1.农、林、牧、渔业	Agriculture, Forestry, Animal Husbandry and Fishery		9.17
2.工业	Industry	0.67	127.90
#用作原料、材料	Non-Energy Use		39.82
3.建筑业	Construction		20.67
4.交通运输、仓储和邮政业	Transport, Storage and Post		107.79
5.批发、零售业和住宿、餐饮业	Wholesale, Retail Trade and Hotel, Restaurants		22.30
6.其他	Others		14.38
7.生活消费	Residential Consumption		31.10
城镇	Urban		17.39
乡村	Rural		13.70
五.平衡差额	**Statistical Difference**		
六.消费量合计	**Total Energy Consumption**	**0.67**	**344.38**

Continued 1

原油 (万吨) Crude Oil (10^4 tons)	汽油 (万吨) Gasoline (10^4 tons)	煤油 (万吨) Kerosene (10^4 tons)	柴油 (万吨) Diesel Oil (10^4 tons)	燃料油 (万吨) Fuel Oil (10^4 tons)	石脑油 (万吨) Naphtha (10^4 tons)	润滑油 (万吨) Lubricants (10^4 tons)	石蜡 (万吨) Paraffin Waxes (10^4 tons)	溶剂油 (万吨) White Spirit (10^4 tons)
152.53	**8.37**	**0.02**	**85.36**	**-3.88**		**0.29**		
228.00								
	8.37		85.39			0.29		
-77.22				-3.88				
1.75		0.02	-0.03					
-150.18	**51.68**		**66.88**	**4.08**				
			-0.02	-0.01				
-150.18	51.68		66.90	4.10				
2.35	**60.05**	**0.02**	**152.24**	**0.20**		**0.29**		
	2.47		6.41			0.29		
2.35	3.88		17.08	0.20				
			0.15	0.05				
	5.86		11.77					
	10.81	0.02	96.94					
	4.59		7.86					
	6.52		7.85					
	25.92		4.32					
	15.37		1.37					
	10.55		2.95					
152.53	**60.05**	**0.02**	**152.26**	**0.22**		**0.29**		

6-28 续表 2

项　目	Item	石油沥青(万吨) Bitumen Asphalt (10^4 tons)	石油焦(万吨) Petroleum Coke (10^4 tons)
一.可供本地区消费的能源量	**Total Primary Energy Supply**	**5.34**	**79.57**
1.一次能源生产量	Indigenous Production		
2.外省(区、市)调入量	Moving In from Other Provinces	5.34	80.27
3.进口量	Import		
4.境内轮船和飞机在境外的加油量	Domestic Airplanes&Ships Refueling in Abroad		
5.本省(区、市)调出量(−)	Sending Out to Other Provinces(-)		
6.出口量(−)	Export(-)		
7.境外轮船和飞机在境内的加油量(−)	Oversea Airplanes&Ships Refueling in China(-)		
8.库存增(−)、减(+)量	Stock Change		-0.70
二.加工转换投入(−)产出(+)量	**Input(-) & Output(+) of Transformation**		
1.火力发电	Thermal Power		
2.供热	Heating Supply		
3.洗选煤	Coal Washing		
4.炼焦	Coking		
5.炼油及煤制油	Petroleum Refineries		
#油品再投入量(−)	Petroleum Products Input (-)		
6.制气	Gas Works		
#焦炭再投入量(−)	Coke Input (-)		
7.天然气液化	Natural Gas Liquefaction		
8.煤制品加工	Briquettes		
9.回收能	Recovery of Energy		
三.损失量	**Loss**		
四.终端消费量	**Total Final Consumption**	**5.35**	**79.57**
1.农、林、牧、渔业	Agriculture, Forestry, Animal Husbandry and Fishery		
2.工业	Industry	2.31	79.57
#用作原料、材料	Non-Energy Use	2.31	32.83
3.建筑业	Construction	3.04	
4.交通运输、仓储和邮政业	Transport, Storage and Post		
5.批发、零售业和住宿、餐饮业	Wholesale, Retail Trade and Hotel, Restaurants		
6.其他	Others		
7.生活消费	Residential Consumption		
城镇	Urban		
乡村	Rural		
五.平衡差额	**Statistical Difference**		
六.消费量合计	**Total Energy Consumption**	**5.35**	**79.57**

Continued 2

液化石油气 (万吨) LPG (10^4 tons)	炼厂干气 (万吨) Refinery Gas (10^4 tons)	其他石油制品 (万吨) Other Petroleum Products (10^4 tons)	天然气 (亿立方米) Natural Gas (10^8 cu.m)	液化天然气 (万吨) LNG (10^4 tons)	热力 (万百万千焦) Heat (10^{10} kJ)	电力 (亿千瓦小时) Electricity (10^8 kW•h)	其他能源 (万吨标煤) Other Energy (10^4 tce)
3.86		**12.91**	**50.15**	**-4.32**		**525.83**	
			64.01			465.40	
3.86		12.81				115.13	
			-13.86	-4.32		-54.70	
		0.10					
6.86	**6.03**	**3.57**	**-1.56**	**4.39**	**3869.88**	**161.19**	
			-0.27		-602.88	161.19	
			-0.62		3821.83		
6.86	6.03	3.57					
			-0.67	4.39			
					650.93		
			0.86		**26.89**	**23.15**	
10.72	**6.03**	**16.47**	**47.73**	**0.07**	**3842.99**	**663.87**	
						2.49	
	6.03	16.47	33.75	0.07	3273.51	594.10	
		4.47	13.63				
			0.17			4.82	
0.01			2.46			8.00	
9.85			2.38		102.57	9.65	
			4.56		112.36	17.47	
0.86			4.42		354.56	27.35	
0.66			4.16		354.56	18.72	
0.20			0.26			8.63	
10.72	**6.03**	**16.47**	**49.55**	**0.07**	**4472.76**	**687.02**	

6-29 宁夏能源平衡表(实物量)-2017

项　目	Item	煤合计 (万吨) Coal Total (10^4 tons)	原煤 (万吨) Raw Coal (10^4 tons)
一.可供本地区消费的能源量	**Total Primary Energy Supply**	**11057.92**	**11216.12**
1.一次能源生产量	Indigenous Production	7643.59	7643.59
2.外省(区、市)调入量	Moving In from Other Provinces	4501.09	4071.88
3.进口量	Import		
4.境内轮船和飞机在境外的加油量	Domestic Airplanes&Ships Refueling in Abroad		
5.本省(区、市)调出量(-)	Sending Out to Other Provinces(-)	-1680.06	-1025.67
6.出口量(-)	Export(-)		
7.境外轮船和飞机在境内的加油量(-)	Oversea Airplanes&Ships Refueling in China(-)		
8.库存增(-)、减(+)量	Stock Change	593.30	526.31
二.加工转换投入(-)产出(+)量	**Input(-) & Output(+) of Transformation**	**-8427.00**	**-8808.66**
1.火力发电	Thermal Power	-5665.01	-5654.59
2.供热	Heating Supply	-700.47	-670.74
3.洗选煤	Coal Washing	-359.91	-1600.77
4.炼焦	Coking	-1049.01	-237.65
5.炼油及煤制油	Petroleum Refineries	-637.97	-637.97
#油品再投入量(-)	Petroleum Products Input (-)		
6.制气	Gas Works	-14.27	-6.94
#焦炭再投入量(-)	Coke Input (-)		
7.天然气液化	Natural Gas Liquefaction		
8.煤制品加工	Briquettes	-0.37	
9.回收能	Recovery of Energy		
三.损失量	**Loss**		
四.终端消费量	**Total Final Consumption**	**2631.20**	**2407.37**
1.农、林、牧、渔业	Agriculture, Forestry, Animal Husbandry and Fishery	4.99	4.99
2.工业	Industry	2536.60	2314.01
#用作原料、材料	Non-Energy Use	506.73	452.14
3.建筑业	Construction	4.28	4.28
4.交通运输、仓储和邮政业	Transport, Storage and Post	4.67	4.67
5.批发、零售业和住宿、餐饮业	Wholesale, Retail Trade and Hotel, Restaurants	4.15	4.15
6.其他	Others	20.62	20.62
7.生活消费	Residential Consumption	55.89	54.65
城镇	Urban	2.85	2.85
乡村	Rural	53.04	51.80
五.平衡差额	**Statistical Difference**	**-0.27**	**0.09**
六.消费量合计	**Total Energy Consumption**	**11058.20**	**11216.02**

Energy Balance of Ningxia (Physical Quantity) -2017

洗精煤 (万吨) Cleaned Coal (10^4 tons)	其他洗煤 (万吨) Other Washed Coal (10^4 tons)	型煤 (万吨) Briquettes (10^4 tons)	煤矸石 (万吨) Gangue (10^4 tons)	焦炭 (万吨) Coke (10^4 tons)	焦炉煤气 (亿立方米) Coke Oven Gas (10^8 cu.m)	高炉煤气 (亿立方米) Blast Furnace Gas (10^8 cu.m)	转炉煤气 (亿立方米) Converter Gas (10^8 cu.m)	其他煤气 (亿立方米) Other Gas (10^8 cu.m)
348.74	**-509.58**	**2.65**	**-0.03**	**-231.00**				
364.59	60.61	4.00		323.38				
-51.23	-602.26	-0.90		-582.50				
35.38	32.06	-0.46	-0.03	28.12				
-348.71	**732.07**	**-1.71**	**36.71**	**754.74**	**14.92**	**18.09**	**1.05**	**4.94**
	-10.42		-159.01		-1.05	-17.28		
	-26.17	-3.56	-0.92		-0.52	-2.17		
462.66	778.20		196.64					
-811.36				754.74	16.49			
	-7.32							4.94
	-2.21	1.85						
						37.53	1.05	
	222.59	**1.24**	**36.81**	**524.01**	**14.93**	**18.09**	**1.05**	**4.94**
	222.59		36.81	524.01	14.93	18.09	1.05	4.94
	54.59			102.09				
		1.24						
		1.24						
0.03	**-0.09**	**-0.30**	**-0.13**	**-0.27**				
811.36	**268.71**	**4.80**	**196.75**	**524.01**	**16.49**	**37.53**	**1.05**	**4.94**

6-29 续表 1

项　　目	Item	其他焦化产品（万吨）Other Coking Products (10^4 tons)	油品合计（万吨）Petroleum Products Total (10^4 tons)
一.可供本地区消费的能源量	**Total Primary Energy Supply**	**-49.91**	**113.23**
1.一次能源生产量	Indigenous Production		0.70
2.外省(区、市)调入量	Moving In from Other Provinces	1.09	910.24
3.进口量	Import		
4.境内轮船和飞机在境外的加油量	Domestic Airplanes&Ships Refueling in Abroad		
5.本省(区、市)调出量(-)	Sending Out to Other Provinces(-)	-51.00	-780.38
6.出口量(-)	Export(-)		
7.境外轮船和飞机在境内的加油量(-)	Oversea Airplanes&Ships Refueling in China(-)		
8.库存增(-)、减(+)量	Stock Change		-17.32
二.加工转换投入(-)产出(+)量	**Input(-) & Output(+) of Transformation**	**54.38**	**88.77**
1.火力发电	Thermal Power		-0.37
2.供热	Heating Supply		-0.09
3.洗选煤	Coal Washing		
4.炼焦	Coking	54.38	
5.炼油及煤制油	Petroleum Refineries		244.59
#油品再投入量(-)	Petroleum Products Input (-)		-155.36
6.制气	Gas Works		
#焦炭再投入量(-)	Coke Input (-)		
7.天然气液化	Natural Gas Liquefaction		
8.煤制品加工	Briquettes		
9.回收能	Recovery of Energy		
三.损失量	**Loss**		
四.终端消费量	**Total Final Consumption**	**4.57**	**202.21**
1.农、林、牧、渔业	Agriculture, Forestry, Animal Husbandry and Fishery		7.30
2.工业	Industry	4.57	46.42
#用作原料、材料	Non-Energy Use	4.29	9.03
3.建筑业	Construction		20.36
4.交通运输、仓储和邮政业	Transport, Storage and Post		105.86
5.批发、零售业和住宿、餐饮业	Wholesale, Retail Trade and Hotel, Restaurants		1.75
6.其他	Others		2.99
7.生活消费	Residential Consumption		17.54
城镇	Urban		12.26
乡村	Rural		5.28
五.平衡差额	**Statistical Difference**	**-0.10**	**-0.21**
六.消费量合计	**Total Energy Consumption**	**4.57**	**113.44**

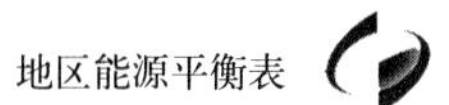

Continued 1

原油(万吨) Crude Oil (10^4 tons)	汽油(万吨) Gasoline (10^4 tons)	煤油(万吨) Kerosene (10^4 tons)	柴油(万吨) Diesel Oil (10^4 tons)	燃料油(万吨) Fuel Oil (10^4 tons)	石脑油(万吨) Naphtha (10^4 tons)	润滑油(万吨) Lubricants (10^4 tons)	石蜡(万吨) Paraffin Waxes (10^4 tons)	溶剂油(万吨) White Spirit (10^4 tons)
591.41	**-216.65**	**-18.69**	**-174.39**	**61.29**	**-59.83**	**0.34**	**0.01**	**-11.63**
0.70								
590.75	74.95		76.40	111.09		0.39	0.02	
	-282.13	-18.26	-241.10	-49.17	-59.60			-11.24
-0.04	-9.47	-0.43	-9.68	-0.63	-0.23	-0.05		-0.39
-591.37	**247.59**	**18.70**	**301.89**	**-60.74**	**59.86**			**11.63**
			-0.24	-0.13				
			-0.09					
-591.37	247.59	18.70	302.22	25.92	59.86			11.63
				-86.52				
	31.30	**0.01**	**127.22**	**0.71**		**0.34**	**0.01**	
	0.85		6.45					
	0.64	0.01	6.00	0.71		0.12	0.01	
	0.08		0.28	0.18			0.01	
	2.53		16.08					
	8.22		97.42			0.22		
	1.31		0.44					
	2.16		0.83					
	15.59							
	11.19							
	4.40							
0.04	**-0.36**		**0.28**	**-0.15**	**0.03**	**0.01**		
591.37	**31.30**	**0.01**	**127.55**	**87.37**		**0.34**	**0.01**	

6-29 续表 2

项　目	Item	石油沥青(万吨) Bitumen Asphalt (10^4 tons)	石油焦(万吨) Petroleum Coke (10^4 tons)
一.可供本地区消费的能源量	**Total Primary Energy Supply**	**2.65**	**35.69**
1.一次能源生产量	Indigenous Production		
2.外省(区、市)调入量	Moving In from Other Provinces	2.56	28.56
3.进口量	Import		
4.境内轮船和飞机在境外的加油量	Domestic Airplanes&Ships Refueling in Abroad		
5.本省(区、市)调出量(-)	Sending Out to Other Provinces(-)	-0.04	
6.出口量(-)	Export(-)		
7.境外轮船和飞机在境内的加油量(-)	Oversea Airplanes&Ships Refueling in China(-)		
8.库存增(-)、减(+)量	Stock Change	0.14	7.13
二.加工转换投入(-)产出(+)量	**Input(-) & Output(+) of Transformation**		
1.火力发电	Thermal Power		
2.供热	Heating Supply		
3.洗选煤	Coal Washing		
4.炼焦	Coking		
5.炼油及煤制油	Petroleum Refineries		
#油品再投入量(-)	Petroleum Products Input (-)		
6.制气	Gas Works		
#焦炭再投入量(-)	Coke Input (-)		
7.天然气液化	Natural Gas Liquefaction		
8.煤制品加工	Briquettes		
9.回收能	Recovery of Energy		
三.损失量	**Loss**		
四.终端消费量	**Total Final Consumption**	**2.67**	**35.69**
1.农、林、牧、渔业	Agriculture, Forestry, Animal Husbandry and Fishery		
2.工业	Industry	0.92	35.69
#用作原料、材料	Non-Energy Use	0.61	5.57
3.建筑业	Construction	1.75	
4.交通运输、仓储和邮政业	Transport, Storage and Post		
5.批发、零售业和住宿、餐饮业	Wholesale, Retail Trade and Hotel, Restaurants		
6.其他	Others		
7.生活消费	Residential Consumption		
城镇	Urban		
乡村	Rural		
五.平衡差额	**Statistical Difference**	**-0.02**	
六.消费量合计	**Total Energy Consumption**	**2.67**	**35.69**

Continued 2

液化石油气 (万吨) LPG (10⁴ tons)	炼厂干气 (万吨) Refinery Gas (10⁴ tons)	其他石油制品 (万吨) Other Petroleum Products (10⁴ tons)	天然气 (亿立方米) Natural Gas (10⁸ cu.m)	液化天然气 (万吨) LNG (10⁴ tons)	热力 (万百万千焦) Heat (10¹⁰ kJ)	电力 (亿千瓦小时) Electricity (10⁸ kW•h)	其他能源 (万吨标煤) Other Energy (10⁴ tce)
-25.38		**-71.60**	**25.54**	**-23.63**		**-189.46**	
						236.56	
16.25		9.27	25.54	102.40		101.05	
-40.92		-77.91		-126.74		-527.07	
-0.70		-2.97		0.72			
29.33		**71.86**	**-11.88**	**61.15**	**8791.57**	**1167.76**	
			-1.99		-449.07	1167.76	-7.44
			-1.02		8578.87		
88.48		81.55					
-59.15		-9.69					
			-8.87	61.15			
					661.78		7.44
						24.79	
3.96		**0.28**	**13.66**	**37.47**	**8791.57**	**953.51**	
						18.66	
2.01		0.28	8.27	0.07	5886.57	857.88	
0.44		1.87	3.39				
					80.00	5.73	
			1.38	19.80	35.00	7.77	
			0.86	5.10	475.00	14.19	
			0.65	0.80	865.00	21.92	
1.95			2.50	11.70	1450.00	27.35	
1.07			2.24	11.10	1450.00	17.02	
0.88			0.26	0.60		10.33	
-0.01		**-0.02**		**0.06**			
63.11		**9.97**	**17.10**	**37.47**	**9240.65**	**978.30**	**7.44**

6-30 新疆能源平衡表(实物量)-2017

项 目	Item	煤合计 (万吨) Coal Total (10^4 tons)	原煤 (万吨) Raw Coal (10^4 tons)
一.可供本地区消费的能源量	**Total Primary Energy Supply**	**18409.47**	**18273.90**
1.一次能源生产量	Indigenous Production	18779.91	18779.91
2.外省(区、市)调入量	Moving In from Other Provinces	307.29	90.13
3.进口量	Import	70.71	70.71
4.境内轮船和飞机在境外的加油量	Domestic Airplanes&Ships Refueling in Abroad		
5.本省(区、市)调出量(-)	Sending Out to Other Provinces(-)	-1663.28	-1565.07
6.出口量(-)	Export(-)		
7.境外轮船和飞机在境内的加油量(-)	Oversea Airplanes&Ships Refueling in China(-)		
8.库存增(-)、减(+)量	Stock Change	914.84	898.22
二.加工转换投入(-)产出(+)量	**Input(-) & Output(+) of Transformation**	**-16734.45**	**-16794.90**
1.火力发电	Thermal Power	-11289.00	-11288.24
2.供热	Heating Supply	-2041.67	-2039.45
3.洗选煤	Coal Washing	-277.56	-1220.25
4.炼焦	Coking	-2693.44	-1814.18
5.炼油及煤制油	Petroleum Refineries		
#油品再投入量(-)	Petroleum Products Input (-)		
6.制气	Gas Works	-432.78	-432.78
#焦炭再投入量(-)	Coke Input (-)		
7.天然气液化	Natural Gas Liquefaction		
8.煤制品加工	Briquettes		
9.回收能	Recovery of Energy		
三.损失量	**Loss**		
四.终端消费量	**Total Final Consumption**	**3635.46**	**3439.44**
1.农、林、牧、渔业	Agriculture, Forestry, Animal Husbandry and Fishery	205.00	205.00
2.工业	Industry	2656.14	2460.12
#用作原料、材料	Non-Energy Use		
3.建筑业	Construction	30.00	30.00
4.交通运输、仓储和邮政业	Transport, Storage and Post	50.85	50.85
5.批发、零售业和住宿、餐饮业	Wholesale, Retail Trade and Hotel, Restaurants	62.00	62.00
6.其他	Others	58.36	58.36
7.生活消费	Residential Consumption	573.11	573.11
城镇	Urban	72.60	72.60
乡村	Rural	500.51	500.51
五.平衡差额	**Statistical Difference**	**-1960.44**	**-1960.44**
六.消费量合计	**Total Energy Consumption**	**20369.91**	**20234.34**

Energy Balance of Xinjiang (Physical Quantity) -2017

洗精煤 (万吨) Cleaned Coal (10^4 tons)	其他洗煤 (万吨) Other Washed Coal (10^4 tons)	型煤 (万吨) Briquettes (10^4 tons)	煤矸石 (万吨) Gangue (10^4 tons)	焦炭 (万吨) Coke (10^4 tons)	焦炉煤气 (亿立方米) Coke Oven Gas (10^8 cu.m)	高炉煤气 (亿立方米) Blast Furnace Gas (10^8 cu.m)	转炉煤气 (亿立方米) Converter Gas (10^8 cu.m)	其他煤气 (亿立方米) Other Gas (10^8 cu.m)
221.68	**-89.57**	**3.46**	**1.44**	**-586.68**				**-6.13**
214.26		2.90		46.78				
	-98.21			-671.04				-6.13
				-10.34				
7.42	8.64	0.56	1.44	47.92				
-221.05	**281.50**		**21.22**	**1590.57**	**13.70**	**87.77**	**2.70**	**6.29**
	-0.76		-90.78		-2.60	-14.63	-1.80	
	-2.22		-14.77		-2.48	-17.52	-9.40	
658.21	284.48		126.77					
-879.26				1590.57	18.78			
								6.29
						119.92	13.90	
0.63	**191.93**	**3.46**	**22.66**	**1003.89**	**13.70**	**87.77**	**2.70**	**0.16**
0.63	191.93	3.46	22.66	1003.89	10.72	87.59	2.70	0.16
					1.10			
					1.88	0.18		
					1.88	0.17		
						0.01		
879.89	**194.91**	**3.46**	**128.21**	**1003.89**	**18.78**	**119.92**	**13.90**	**0.16**

6-30 续表 1

项　目	Item	其他焦化产品(万吨) Other Coking Products (10^4 tons)	油品合计(万吨) Petroleum Products Total (10^4 tons)
一.可供本地区消费的能源量	**Total Primary Energy Supply**	**-135.42**	**1601.93**
1.一次能源生产量	Indigenous Production		2591.82
2.外省(区、市)调入量	Moving In from Other Provinces		61.52
3.进口量	Import		1128.58
4.境内轮船和飞机在境外的加油量	Domestic Airplanes&Ships Refueling in Abroad		4.94
5.本省(区、市)调出量(-)	Sending Out to Other Provinces(-)	-136.66	-2164.03
6.出口量(-)	Export(-)		-1.67
7.境外轮船和飞机在境内的加油量(-)	Oversea Airplanes&Ships Refueling in China(-)		-0.78
8.库存增(-)、减(+)量	Stock Change	1.24	-18.45
二.加工转换投入(-)产出(+)量	**Input(-) & Output(+) of Transformation**	**156.16**	**-53.03**
1.火力发电	Thermal Power		
2.供热	Heating Supply		-6.42
3.洗选煤	Coal Washing		
4.炼焦	Coking	156.16	
5.炼油及煤制油	Petroleum Refineries		39.83
#油品再投入量(-)	Petroleum Products Input (-)		-86.44
6.制气	Gas Works		
#焦炭再投入量(-)	Coke Input (-)		
7.天然气液化	Natural Gas Liquefaction		
8.煤制品加工	Briquettes		
9.回收能	Recovery of Energy		
三.损失量	**Loss**		
四.终端消费量	**Total Final Consumption**	**20.74**	**1548.90**
1.农、林、牧、渔业	Agriculture, Forestry, Animal Husbandry and Fishery		107.66
2.工业	Industry	20.74	519.88
#用作原料、材料	Non-Energy Use		
3.建筑业	Construction		98.22
4.交通运输、仓储和邮政业	Transport, Storage and Post		588.20
5.批发、零售业和住宿、餐饮业	Wholesale, Retail Trade and Hotel, Restaurants		57.05
6.其他	Others		80.01
7.生活消费	Residential Consumption		97.88
城镇	Urban		69.33
乡村	Rural		28.55
五.平衡差额	**Statistical Difference**		
六.消费量合计	**Total Energy Consumption**	**20.74**	**1601.93**

Continued 1

原油 (万吨) Crude Oil (10⁴ tons)	汽油 (万吨) Gasoline (10⁴ tons)	煤油 (万吨) Kerosene (10⁴ tons)	柴油 (万吨) Diesel Oil (10⁴ tons)	燃料油 (万吨) Fuel Oil (10⁴ tons)	石脑油 (万吨) Naphtha (10⁴ tons)	润滑油 (万吨) Lubricants (10⁴ tons)	石蜡 (万吨) Paraffin Waxes (10⁴ tons)	溶剂油 (万吨) White Spirit (10⁴ tons)
2532.00	**-107.05**	**-7.61**	**-268.43**	**-53.04**	**-17.41**	**1.20**		**0.31**
2591.82								
		35.49				0.48		0.33
1110.26						0.18		
		4.94						
-1156.98	-102.38	-48.59	-272.46	-52.39	-18.99			
	-1.62					-0.05		
		-0.78						
-13.10	-3.05	1.33	4.03	-0.65	1.58	0.59		-0.02
-2482.37	**392.49**	**83.57**	**916.20**	**53.33**	**17.41**			
			-0.01	-0.03				
-2482.37	392.49	83.57	916.21	53.36	19.47			
					-2.06			
49.63	**285.44**	**75.96**	**647.77**	**0.29**		**1.20**		**0.31**
	19.40		88.26					
49.63	5.58	0.07	65.47	0.29		1.05		0.31
	5.56		21.50			0.01		
	120.75	75.89	384.50			0.11		
	17.25		38.20			0.02		
	42.00		38.00			0.01		
	74.90		11.84					
	51.90		10.14					
	23.00		1.70					
2532.00	**285.44**	**75.96**	**647.78**	**0.32**	**2.06**	**1.20**		**0.31**

6-30 续表 2 continued

项　目	Item	石油沥青(万吨) Bitumen Asphalt (10^4 tons)	石油焦(万吨) Petroleum Coke (10^4 tons)
一.可供本地区消费的能源量	**Total Primary Energy Supply**	**-153.81**	**-48.50**
1.一次能源生产量	Indigenous Production		
2.外省(区、市)调入量	Moving In from Other Provinces		5.15
3.进口量	Import		
4.境内轮船和飞机在境外的加油量	Domestic Airplanes&Ships Refueling in Abroad		
5.本省(区、市)调出量(-)	Sending Out to Other Provinces(-)	-142.98	-55.36
6.出口量(-)	Export(-)		
7.境外轮船和飞机在境内的加油量(-)	Oversea Airplanes&Ships Refueling in China(-)		
8.库存增(-)、减(+)量	Stock Change	-10.83	1.71
二.加工转换投入(-)产出(+)量	**Input(-) & Output(+) of Transformation**	**251.66**	**194.26**
1.火力发电	Thermal Power		
2.供热	Heating Supply		
3.洗选煤	Coal Washing		
4.炼焦	Coking		
5.炼油及煤制油	Petroleum Refineries	255.56	194.26
#油品再投入量(-)	Petroleum Products Input (-)	-3.90	
6.制气	Gas Works		
#焦炭再投入量(-)	Coke Input (-)		
7.天然气液化	Natural Gas Liquefaction		
8.煤制品加工	Briquettes		
9.回收能	Recovery of Energy		
三.损失量	**Loss**		
四.终端消费量	**Total Final Consumption**	**97.85**	**145.76**
1.农、林、牧、渔业	Agriculture, Forestry, Animal Husbandry and Fishery		
2.工业	Industry	20.67	145.76
#用作原料、材料	Non-Energy Use		
3.建筑业	Construction	70.95	
4.交通运输、仓储和邮政业	Transport, Storage and Post	6.23	
5.批发、零售业和住宿、餐饮业	Wholesale, Retail Trade and Hotel, Restaurants		
6.其他	Others		
7.生活消费	Residential Consumption		
城镇	Urban		
乡村	Rural		
五.平衡差额	**Statistical Difference**		
六.消费量合计	**Total Energy Consumption**	**101.75**	**145.76**

Continued 2

液化石油气 (万吨) LPG (10^4 tons)	炼厂干气 (万吨) Refinery Gas (10^4 tons)	其他石油制品 (万吨) Other Petroleum Products (10^4 tons)	天然气 (亿立方米) Natural Gas (10^8 cu.m)	液化天然气 (万吨) LNG (10^4 tons)	热力 (万百万千焦) Heat (10^{10} kJ)	电力 (亿千瓦小时) Electricity (10^8 kW•h)	其他能源 (万吨标煤) Other Energy (10^4 tce)
-16.24		**-259.49**	**123.78**	**-55.00**		**206.96**	
			307.04			641.90	
20.07				3.01		3.96	
18.14			389.33				
-54.23		-259.67	-572.16	-58.37		-438.90	
-0.22		0.18	-0.43	0.36			
58.84	**106.19**	**355.39**	**-19.08**	**55.20**	**39949.60**	**2368.88**	**1.38**
			-3.57		-1117.66	2368.88	-9.76
	-6.38		-15.98		40042.11		-2.90
65.53	125.59	416.16					
-6.69	-13.02	-60.77					
			8.76				
			-8.29	55.20			
					1025.15		14.04
						74.21	
42.60	**106.19**	**95.90**	**104.70**	**0.20**	**39949.60**	**2501.63**	**1.38**
					110.00	132.12	
28.96	106.19	95.90	72.73	0.20	16732.19	2128.70	1.38
0.20			0.04		32.30	16.53	
0.72			10.50		100.00	30.54	
1.58			6.42		3843.20	33.52	
			2.89		3515.00	73.65	
11.14			12.12		15616.91	86.57	
7.29			11.37		15616.91	56.55	
3.85			0.75			30.02	
49.29	**125.59**	**156.67**	**124.92**	**0.20**	**41067.26**	**2575.84**	**14.04**

七、香港、澳门特别行政区能源数据

Chapter 7 Energy Data for Hong Kong and Macao Special Administrative Region

7-1 香港主要能源及相关指标
Major Energy and Related Indicators of Hong Kong

项　目 Item	1990	2000	2005	2010	2014	2015	2016
一次能源供应总量（百万吨标准油） Total Primary Energy Supply (Mtoe)	8.62	13.59	12.57	13.67	14.16	13.90	14.53
能源净进口量（百万吨标准油） Net Energy Imports (Mtoe)	11.81	19.82	23.00	31.47	27.48	28.90	29.92
油净进口量（百万吨标准油） Net Oil Imports (Mtoe)	6.45	12.86	13.58	21.25	16.12	18.44	19.42
油可供量（百万吨标准油） Oil Supply (Mtoe)	3.21	6.58	3.09	3.36	2.70	3.34	3.92
发电量（百万千瓦小时） Electricity generation (GW·h)	28938	31331	38451	38387	39909	38028	38258
能源最终消费量（百万吨标准油） Total Final Consumption of Energy (Mtoe)	5.22	9.38	7.46	8.20	8.97	8.96	9.11
人口数（百万人） Population (millions)	5.7	6.7	6.8	7.0	7.2	7.3	7.3
国内生产总值（10亿美元,2010年价） GDP (10^9 US$,2010 prices)	104.1	153.4	188.6	228.6	258.0	264.4	269.8
人均国内生产总值（美元,2010年价） Per Capita GDP (US$,2010 prices)	18263	22896	27735	32657	35833	36205	36959
人均能源供应量（吨标准油/人） TPES/Population (toe/capita)	1.51	2.03	1.85	1.95	1.97	1.90	1.98
人均电力消费量（千瓦小时/人） Electricity consumption/Population(kW·h/capita)	4178	5447	5879	5974	6074	6397	6382

资料来源：国际能源署《世界能源平衡表》。
Sources：World Energy Balances, IEA.

7-2 香港电力、煤气、水消费量
Consumption of Electricity, Gas and Water of Hong Kong

用　途	Use	2012	2013	2014	2015	2016	2017
电力（万亿焦耳）	**Electricity (terajoule)**						
住宅	Residential	41189	39941	43415	42368	43120	42127
商业	Commercial	102050	101683	102885	103893	103739	103893
工业	Industrial	11282	11190	11281	11436	11252	11196
街灯	Street Lighting	390	387	386	386	390	389
出口中国内地	Export to the Mainland of China	6617	5940	4414	4273	4338	4828
总计	Total	161528	159141	162381	162356	162838	162432
煤气（万亿焦耳）	**Gas (terajoule)**						
住宅	Residential	15473	15266	15400	14941	15437	15319
商业	Commercial	11556	11678	11762	11813	11900	12161
工业	Industrial	1331	1612	1673	1649	1477	1569
总计	Total	28360	28556	28835	28403	28814	29049
水(万立方米)	**Water (10^4 Cubic Meters)**	**93500**	**93300**	**95900**	**93700**	**98700**	**98000**

资料来源:《中国统计年鉴》。
Sources: China Statistical Yearbook.

7-3 香港油产品净进口量
Hong Kong Net Imports of Oil Products

年 份 Year	航空汽油与煤油(千公升) Aviation Gasoline and Kerosene (kilolitre)	无铅车用汽油(千公升) Unleaded Motor Gasoline (kilolitre)	轻质柴油、重质柴油与石脑油(千公升) Gas Oil, Diesel Oil and Naphtha (kilolitre)	燃料油(千公升) Fuel Oil (kilolitre)	液化石油气(公吨) LPG (ton)	天然气(公吨) Natural Gas (ton)
2006	5543549	425146	5075975	5915645	430821	2161321
2007	6261518	471418	4762939	7089613	385614	2019160
2008	6003457	447546	3582774	6625377	393208	2335754
2009	5807816	485331	7457229	6949268	381818	2268441
2010	6510406	512091	6576001	9731120	389001	2819069
2011	6990394	535880	5357958	7715460	399725	2245129
2012	6674012	546563	4492756	7263198	390508	2067391
2013	7050700	546062	4286927	7492322	375612	1947708
2014	6959479	497730	4090929	6309426	398240	1872188
2015	7380462	684924	6045939	7644214	377958	2388734
2016	7878127	671717	6779194	7242194	361962	2452208
2017	7787355	625679	7269099	8075000	377769	2444030

资料来源:《香港能源统计》,下同。
Sources: Hong Kong Energy Statistics, the same applies following.

7-4 香港煤产品进口留用量
Hong Kong Retained Imports of Coal Products

单位：公吨 (ton)

年 份 Year	蒸馏煤与其他煤产品 Steam Coal and Other Coal	木炭 Wood Charcoal	无烟煤 Anthracite
2006	11403420	6491	139
2007	12261438	3945	
2008	11344961	7374	162
2009	12331385	5831	389
2010	10324200	3932	99
2011	12528714	6094	163
2012	12350726	4954	9
2013	12971504	2524	2
2014	13788766	6935	131
2015	11184339	4908	141
2016	11161173	3470	
2017	10502586	3283	

7-5 香港电力生产、消费和进出口
Hong Kong Electricity Production,Consumption,Imports and Exports

单位：万亿焦耳 (terajoule)

年 份 Year	本地发电厂产电 Electricity Generated at Local Plant	由大陆进口 Imports of Electrcity from Mainland of China	系统损耗 System Loss	出口往大陆 Exports of Electricity to Mainland of China	由电表量度的本地电力耗用 Local Electricity Consumption as Measured at Meter Point
2006	139005	37442	14943	16300	145204
2007	140212	37233	15847	14527	147072
2008	136765	38883	15514	12789	147345
2009	139420	39468	16089	13432	149366
2010	137850	37838	15590	9392	150705
2011	140495	38646	17064	10645	151432
2012	139506	40160	18139	6617	154911
2013	140628	35889	17376	5940	153201
2014	143291	37038	17948	4414	157967
2015	136525	42272	16441	4273	158083
2016	137356	41835	16352	4338	158500
2017	132902	45274	15744	4828	157604

7-6 澳门电力供应及消耗
Supply and Consumption of Electricity of Macao

单位：百万千瓦小时 (10^6 kW·h)

项目 Item	2005	2010	2013	2014	2015	2016	2017
总供应量 Total available supply	2368	3864	4472	4740	5017	5294	5417
生产 Gross production	2027	1077	414	641	962	988	1465
进口 Imports	341	2786	4059	4099	4054	4306	3952
本地购入 Local purchases							
总消耗量 Total consumption	2368	3864	4472	4740	5017	5294	5417
产电量损耗及流失量 Losses during production	80	48	35	42	59	57	66
输电及配电流失量 Transmission and distribution losses	128	160	146	166	124	158	139
自耗量 Own consumption of the energy sector	47	40	59	64	52	41	42
最终消耗 Final consumption	2112	3615	4232	4469	4781	5037	5170
免费电力供应 Free supply of electricity	6	5	5	6	6	6	6
售电量 Sales volume	2106	3610	4227	4463	4775	5031	5164
售电价值（百万澳门元） Sales value (Million MOP)	2596	4379	5578	5916	6245	6299	6272

资料来源：《澳门统计年鉴》。
Sources: Macao Statistical Yearbook.

7-7 澳门电力、燃料及水消费量
Consumption of Electricity, Fuel and Water of Macao

用途	Use	2013	2014	2015	2016	2017
电力（万千瓦小时）	Electricity (10^4 kw·h)					
住宅	Residential	94224	105859	109745	111588	111439
工业	Industrial	13030	13484	14520	15642	16224
商业及公共照明	Commercial and Public Light	315982	327523	353807	376479	389319
燃料	Fule					
重油(万公升)	Fule Oil (10^4 litres)	5745	5760	15058	15903	12289
轻柴油(万公升)	Gas oil and Diesel (10^4 litres)	18838	12271	13504	12243	11786
汽油(万公升)	Gasoline (10^4 litres)	9324	9959	10020	10231	10413
液化石油气(公吨)	LPG (ton)	44805	44686	44374	44607	41936
水(万立方米)	Water (10^4 Cubic Meters)	7845	8349	8494	8670	8844

资料来源：《中国统计年鉴》。
Sources: China Statistical Yearbook.

附录 1　台湾省能源数据

Appendix Ⅰ　Energy Data for Taiwan Province

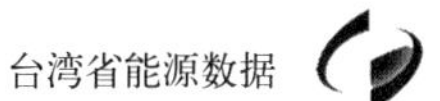

附录1-1 台湾省主要能源及相关指标

Major Energy Related Indicators of Taiwan Province

项 目 Item	1990	2000	2005	2010	2014	2015	2016
能源生产量（百万吨标准油）Energy Production (Mtoe)	10.65	11.79	12.48	12.95	13.64	12.31	10.86
净进口量（百万吨标准油）Net Imports (Mtoe)	41.67	79.23	95.32	101.46	101.70	101.70	103.22
一次能源供应量（百万吨标准油）Total Primary Energy Supply (Mtoe)	47.75	84.84	102.27	110.80	110.23	109.10	109.67
油净进口量（百万吨标准油）Net Oil Imports (Mtoe)	28.68	45.08	48.37	47.96	46.92	46.13	46.66
油供应量（百万吨标准油）Oil Supply (Mtoe)	25.86	38.27	43.27	44.17	42.38	42.59	42.93
发电量（百万千瓦小时）Electricity Supply (GWh)	88398	180552	223523	243935	256904	254990	260842
终端能源消费量（百万吨标准油）Total Final Consumption of Energy (Mtoe)	29.42	48.69	61.03	68.07	68.01	69.38	70.28
人口数（百万人）Population (10^6 persons)	20.20	21.90	22.70	23.20	23.40	23.40	23.50
国内生产总值（10亿美元，2010年价）GDP (10^9 US$,2010 prices)	155.10	296.70	361.60	446.10	502.00	506.10	513.20
人均国内生产总值（美元，2010年价）Per Capita GDP (US$, 2010 prices)	7678	13548	15930	19228	21453	21628	21838
人均能源供应量（吨标准油/人）Per Capita Energy Supply (toe/capita)	2.36	3.87	4.51	4.78	4.71	4.66	4.67
人均电力消费量（千瓦小时/人）Electricity consumption/population (kW·h/capita)	4194	8031	9616	10230	10747	10669	10880

资料来源:国际能源署《世界能源平衡表》。
Sources: World Energy Balances, IEA.

附录1-2 台湾省分行业电力消费量
Taiwan Province Electricity Consumption by Sector

单位：百万千瓦小时 (GWh)

年 份 Year	总计 Total	农、林、牧、渔业 Farming,Forestry, Animal Husbandry, Fishery	采掘业 Mining and Quarrying	制造业 Manufacturing	建筑业 Construction	批发及零售业 Wholesale and Retail Trades	运输及仓储业 Transport and Storage	住宿及餐饮业 Hotels and Catering Services
2007	128226	2620	462	91042	575	6302	2669	2574
2008	128644	2600	380	91207	566	6020	3005	2545
2009	121348	2582	338	85298	488	5701	3003	2547
2010	134135	2616	419	97113	472	5631	3143	2680
2011	138161	2726	435	101220	501	5461	3211	2744
2012	139134	2708	416	102170	542	5372	3277	2776
2013	142529	2751	469	105131	561	5320	3394	2854
2014	144579	2833	495	106758	626	5239	3494	2940
2015	145302	2916	482	106852	630	5243	3605	3047
2016	148697	2919	457	109594	589	5273	3727	3166
2017	153116	3034	448	113340	564	5167	3839	3212

资料来源：中国台湾省编辑的《统计年鉴》，下同。
Sources: Statistical Yearbook, Taiwan Province of China, the same applies to tables following.

附录1-3 台湾省能源供给总量及构成
Taiwan Province Energy Supply and Composition

年 份 Year	供给量总计(百万公升油当量) Total Supply (10^3 kl oil equivalent)	占供给总量的比重(%) As Percentage of Total Supply (%)						
		煤炭 Coal	石油 Petroleum	天然气 Natural Gas	生物质及废弃物 Biomass and waste	水力发电 Hydro power	核能发电 Nuclear Power	其他 Other
2006	136711	30.1	52.1	7.7	1.1	0.3	8.4	0.3
2007	143961	30.1	52.4	7.8	1.1	0.3	8.2	0.1
2008	139289	30.3	50.8	8.8	1.3	0.3	8.5	0.1
2009	136482	28.2	52.6	8.7	1.2	0.3	8.8	0.1
2010	143079	29.5	50.0	10.3	1.2	0.3	8.4	0.2
2011	138916	31.7	46.1	11.7	1.3	0.3	8.8	0.2
2012	141691	30.0	47.8	12.1	1.3	0.4	8.3	0.2
2013	144229	30.5	47.4	11.9	1.3	0.4	8.4	0.2
2014	148592	29.6	48.3	12.1	1.2	0.3	8.3	0.2
2015	146198	29.7	48.2	13.2	1.2	0.3	7.2	0.2
2016	146686	29.3	48.9	13.7	1.2	0.4	6.3	0.2
2017	146653	30.2	48.4	15.1	1.1	0.4	4.4	0.3

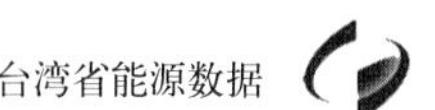

附录1-4　台湾省能源消费总量及分部门消费构成

Taiwan Province Energy Consumption and Composition by Sector

年　份 Year	消费总计 (百万公升油当量) Total Energy Consumption (10^3 kl oil equivalent)	占消费总量比重(%)　As Percentage of Total Energy Consumption(%)						
		农业部门 Agriculture	工业部门 Industry	能源部门 Energy	运输部门 Transportation	服务业部门 Services	住宅部门 Residential	非能源消费 Non-energy Use
2006	77444	1.1	34.4	7.9	17.8	7.7	8.2	22.9
2008	78785	0.9	32.6	6.7	16.0	7.6	8.1	28.0
2009	78392	0.8	31.0	6.6	16.3	7.5	8.2	29.7
2010	83544	0.7	32.6	6.6	15.8	7.2	7.7	29.4
2011	81312	0.7	34.1	6.8	16.4	7.2	7.9	26.7
2012	81496	0.8	33.7	6.7	16.1	7.1	7.7	27.9
2013	84090	0.7	33.3	6.6	15.6	7.0	7.4	29.4
2014	85066	0.8	32.5	7.1	15.6	7.0	7.5	29.6
2015	85216	0.8	31.7	7.0	15.9	7.1	7.5	30.1
2016	85742	0.8	31.8	6.8	16.2	7.0	7.7	29.6
2017	85263	0.8	32.0	6.9	16.1	7.2	7.7	29.4

附录1-5　台湾省发电购量和售电量

Taiwan Province Electricity Generation and Sale

单位：　百万千瓦小时　　(GWh)

年　份 Year	发电量　Electricity Generation					售电量　Electricity Sale			损失 Loss
	总计 Total	水力发电 Hydro power	火力发电 Thermal Power	核能发电 Nuclear Power	再生能源发电 Renewable Power	总计 Total	工业用电 Industry Consumption	住户及商业用电 Residence and Commerce	
2007	201856	3924	154142	38961	4828	187075	128226	58848	9590
2008	200241	3459	152636	39260	4886	186931	128644	58288	8584
2009	193605	3290	145756	39981	4579	179239	121348	57890	9418
2010	207385	3047	159112	40029	5197	193313	134135	59179	9669
2011	213042	2889	164085	40522	5546	198637	138161	60476	10149
2012	211708	2924	162621	38887	7276	198391	139134	59256	9360
2013	213429	3174	162857	40079	7319	201945	142529	59416	7251
2014	219224	3108	166527	40801	8787	205956	144579	61377	8960
2015	219104	3023	165417	35143	15521	206491	145302	61189	8145
2016	225791	3282	180451	30461	11597	212531	148697	63835	8682
2017	231080	3322	194952	21560	11246	217213	153116	64097	8827

附录 2　有关国家和地区能源数据

Appendix Ⅱ　Energy Data for Related Countries or Areas

 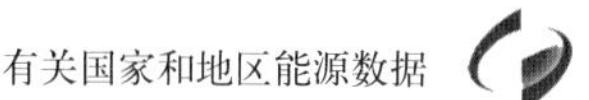

附录2-1 人口数
Population

单位：百万人 (millions)

国家和地区	Contury or Area	1973	1980	1990	2000	2005	2010	2015	2016	比重% Percent of World
世界总计	**World**	**3911.9**	**4434.8**	**5280.1**	**6111.0**	**6509.0**	**6921.3**	**7343.3**	**7429.3**	**100.00**
OECD合计	**OECD Total**	**919.7**	**984.9**	**1072.9**	**1156.5**	**1197.2**	**1240.4**	**1276.9**	**1284.5**	**17.29**
美国	United States	211.9	227.7	250.2	282.4	296.0	309.8	321.2	323.4	4.35
日本	Japan	108.9	117.1	123.6	126.8	127.8	128.0	127.1	127.0	1.71
墨西哥	Mexico	57.1	70.4	87.1	100.9	107.2	114.3	121.0	122.3	1.65
德国	Germany	79.0	78.3	79.4	81.5	81.3	80.3	81.7	82.3	1.11
土耳其	Turkey	38.1	44.4	55.1	64.3	68.6	73.0	77.4	78.2	1.05
法国	France	53.3	55.2	58.2	60.9	63.1	65.0	66.6	66.9	0.90
英国	United Kingdom	56.2	56.3	57.2	58.9	60.4	62.8	65.1	65.6	0.88
意大利	Italy	54.8	56.4	56.7	56.9	58.2	59.8	60.7	60.6	0.82
韩国	Korea	34.1	38.1	42.9	47.0	48.2	49.6	51.0	51.2	0.69
西班牙	Spain	35.3	38.0	39.3	40.6	43.7	46.6	46.4	46.5	0.63
波兰	Poland	33.4	35.6	38.0	38.3	38.2	38.5	38.5	38.4	0.52
加拿大	Canada	22.5	24.5	27.7	30.7	32.2	34.0	35.8	36.3	0.49
澳大利亚	Australia	13.6	14.8	17.3	19.3	20.5	22.3	24.1	24.5	0.33
非OECD合计	**NON-OECD Total**	**2992.1**	**3449.9**	**4207.1**	**4954.5**	**5311.8**	**5680.9**	**6066.4**	**6144.8**	**82.71**
中国	China	881.9	981.2	1135.2	1262.6	1303.7	1337.7	1371.2	1378.7	18.56
印度	India	593.1	696.8	870.1	1053.1	1144.1	1231.0	1309.1	1324.2	17.82
印度尼西亚	Indonesia	124.2	147.5	181.4	211.5	226.7	242.5	258.2	261.1	3.51
巴西	Brazil	102.6	121.2	149.4	175.3	186.9	196.8	206.0	207.7	2.80
巴基斯坦	Pakistan	63.1	78.1	107.7	138.5	153.9	170.6	189.4	193.2	2.60
尼日利亚	Nigeria	60.1	73.5	95.3	122.4	138.9	158.6	181.2	186.0	2.50
孟加拉	Bangladesh	68.7	81.5	106.2	131.6	143.4	152.1	161.2	163.0	2.19
俄罗斯	Russia			148.3	146.6	143.5	142.8	144.1	144.3	1.94
菲律宾	Philippines	39.0	47.4	61.9	78.0	86.3	93.7	101.7	103.3	1.39
埃塞俄比亚	Ethiopia	31.0	35.3	48.1	66.5	76.7	87.7	99.9	102.4	1.38
埃及	Egypt	37.5	44.1	57.4	69.9	76.8	84.1	93.8	95.7	1.29
伊朗	Islamic Republic of Iran	30.9	38.7	56.2	66.1	70.4	74.6	79.4	80.3	1.08
刚果	Dem. Rep. of the Congo	21.7	26.4	34.6	47.1	54.8	64.5	76.2	78.7	1.06

资料来源：国际能源署《世界能源平衡表》，下同。
Sources: World Energy Balances,IEA, the same applies to tables following.

附录2-2 国内生产总值汇率算法(2010年价格)
Gross Domestic Products Using Exchange Rates(2010 US$)

单位：10亿美元 (billion US$)

国家和地区	Contury or Area	1973	1980	1990	2000	2005	2010	2015	2016	比重% Percent of World
世界总计	**World**	**22768.1**	**28406.4**	**37943.1**	**49978.2**	**58084.4**	**65943.9**	**75596.7**	**77362.4**	**100.00**
OECD合计	**OECD Total**	**17864.0**	**21610.5**	**29399.3**	**38347.6**	**42665.8**	**44767.4**	**48949.3**	**49786.9**	**64.36**
美国	United States	5490.3	6529.2	9064.4	12713.1	14408.1	14964.4	16672.7	16920.3	21.87
日本	Japan	2392.7	3019.3	4703.6	5348.9	5672.3	5700.1	5996.4	6052.7	7.82
德国	Germany	1729.0	2040.5	2568.6	3123.9	3213.8	3417.1	3709.6	3781.7	4.89
法国	France	1224.0	1492.1	1907.3	2346.5	2547.2	2646.8	2777.5	2810.5	3.63
英国	United Kingdom	1147.6	1231.3	1642.5	2095.2	2400.4	2441.2	2705.3	2757.6	3.56
意大利	Italy	1074.6	1379.8	1749.2	2060.2	2158.7	2125.1	2062.9	2080.6	2.69
加拿大	Canada	616.8	781.3	1014.1	1342.7	1524.5	1613.5	1802.5	1828.0	2.36
澳大利亚	Australia	417.5	502.7	675.2	957.4	1131.6	1297.3	1493.1	1522.4	1.97
西班牙	Spain	558.7	653.9	873.1	1149.5	1358.1	1431.6	1418.1	1464.5	1.89
韩国	Korea	79.5	141.1	362.9	710.0	894.7	1094.5	1268.8	1305.9	1.69
墨西哥	Mexico	347.7	537.8	643.2	915.2	982.7	1057.8	1223.4	1259.0	1.63
土耳其	Turkey	172.2	219.0	364.0	520.9	658.1	771.9	1087.8	1122.5	1.45
荷兰	Netherlands	354.1	425.6	530.5	734.7	785.1	836.4	870.9	890.1	1.15
非OECD合计	**NON-OECD Total**	**4904.0**	**6795.9**	**8543.8**	**11630.6**	**15418.6**	**21176.5**	**26647.4**	**27575.5**	**35.64**
中国	China	223.8	341.4	829.6	2237.1	3569.9	6100.6	8908.3	9505.2	12.29
印度	India	211.0	271.7	466.5	802.8	1111.2	1656.6	2301.4	2464.9	3.19
巴西	Brazil	637.7	1010.4	1192.7	1538.7	1774.8	2208.9	2331.9	2248.1	2.91
俄罗斯	Russian Federation			1413.9	951.6	1281.3	1524.9	1631.6	1628.0	2.10
印度尼西亚	Indonesia	109.8	181.5	309.8	453.4	571.2	755.1	988.1	1037.7	1.34
沙特阿拉伯	Saudi Arabia	237.6	355.7	293.9	379.2	461.6	528.2	678.7	690.6	0.89
中国，台北	Chinese Taipei	41.4	82.5	155.1	296.7	361.6	446.1	506.1	513.2	0.66
伊朗	Islamic Republic of Iran	226.5	165.1	205.5	281.9	368.5	467.8	456.9	486.8	0.63
尼日利亚	Nigeria	112.6	143.8	130.9	157.5	260.5	369.1	464.3	457.1	0.59
阿根廷	Argentina	186.8	226.3	194.4	303.2	333.6	423.6	455.5	445.0	0.58
南非	South Africa	152.7	191.9	222.9	267.0	322.2	375.3	418.4	419.6	0.54
泰国	Thailand	41.3	66.5	141.6	217.7	283.8	341.1	393.7	406.4	0.53
委内瑞拉	Venezuela	182.8	216.6	235.0	289.0	327.8	393.2	395.2	324.0	0.42

附录2-3 能源生产总量

Total Production of Energy

单位：百万吨标准油 (Mtoe)

国家和地区	Contury or Area	1973	1980	1990	2000	2005	2010	2015	2016	比重% Percent of World
世界总计	**World**	**6213.97**	**7301.93**	**8808.63**	**10029.16**	**11558.05**	**12808.14**	**13811.05**	**13763.99**	**100.00**
OECD合计	**OECD Total**	**2457.60**	**2913.38**	**3445.51**	**3841.54**	**3854.64**	**3896.97**	**4163.76**	**4063.54**	**29.52**
美国	United States	1456.38	1553.39	1652.61	1667.39	1631.14	1724.48	2022.55	1915.69	13.92
加拿大	Canada	198.24	207.17	276.46	374.90	401.49	401.39	472.03	475.71	3.46
澳大利亚	Australia	67.99	85.41	157.53	233.56	265.17	323.36	381.15	390.49	2.84
墨西哥	Mexico	47.28	147.04	195.54	229.31	263.50	222.54	189.59	180.46	1.31
法国	France	44.18	52.60	111.89	130.64	137.17	136.09	138.58	131.56	0.96
英国	United Kingdom	108.52	197.86	208.01	272.50	205.34	148.50	118.31	120.07	0.87
德国	Germany	171.66	185.63	186.16	135.22	137.10	128.93	119.93	115.92	0.84
非OECD合计	**NON-OECD Total**	**3756.37**	**4388.56**	**5363.13**	**6187.62**	**7703.41**	**8911.17**	**9647.30**	**9700.45**	**70.48**
中国	China	431.39	615.51	880.88	1123.65	1671.38	2235.42	2513.71	2360.49	17.15
俄罗斯	Russia			1293.22	978.11	1203.37	1279.51	1334.44	1373.68	9.98
沙特阿拉伯	Saudi Arabia	388.54	533.64	368.44	475.84	570.93	531.46	648.63	670.56	4.87
印度	India	144.07	181.11	280.49	350.79	400.69	503.60	537.94	557.48	4.05
印度尼西亚	Indonesia	94.89	125.05	168.57	237.51	279.64	378.36	426.42	434.33	3.16
伊朗	Islamic Republic of Iran	309.73	80.76	187.84	253.67	310.67	342.27	322.62	391.09	2.84
巴西	Brazil	51.25	64.35	104.15	147.65	194.71	246.63	276.61	283.33	2.06
尼日利亚	Nigeria	136.92	144.89	146.30	197.93	233.55	253.98	254.18	239.77	1.74
阿联酋	Unite Arab Emirates	76.14	90.22	110.20	153.89	175.40	177.75	229.64	236.65	1.72
伊拉克	Iraq	102.86	135.49	110.34	134.92	97.84	124.61	182.83	233.64	1.70
卡塔尔	Qatar	29.53	26.48	27.70	59.48	89.33	178.38	223.52	228.39	1.66
科威特	Kuwait	160.23	93.60	50.37	114.23	146.76	134.56	167.85	174.51	1.27
委内瑞拉	Venezuela	201.18	137.39	144.75	215.81	223.03	197.90	183.34	168.42	1.22
南非	South Africa	40.36	73.17	114.54	145.11	156.37	161.40	162.04	162.88	1.18
哈萨克斯坦	Kazakhstan			90.98	78.58	118.65	156.88	164.09	162.69	1.18
阿尔及利亚	Algeria	56.49	65.74	100.11	142.23	166.67	150.53	142.78	153.28	1.11
哥伦比亚	Colombia	17.19	17.71	48.18	72.33	78.60	105.93	128.10	124.54	0.90
马来西亚	Malaysia	6.09	17.66	48.37	77.56	95.58	89.32	96.50	97.67	0.71
安哥拉	Angola	11.68	11.30	28.65	43.44	70.43	98.47	100.52	97.10	0.71
土库曼斯坦	Turkmenistan			73.02	45.98	61.62	47.26	81.26	77.04	0.56

附录2-4 能源生产量/一次能源供应量(能源自给率)
Energy Production/TPES (self-sufficiency)

国家和地区	Contury or Area	1973	1980	1990	2000	2005	2010	2015	2016
世界	**World**	**1.019**	**1.013**	**1.004**	**0.999**	**1.006**	**0.995**	**1.010**	**1.000**
OECD合计	**OECD Total**	**0.657**	**0.716**	**0.760**	**0.724**	**0.696**	**0.718**	**0.790**	**0.770**
澳大利亚	Australia	1.192	1.227	1.829	2.160	2.337	2.540	3.046	3.010
加拿大	Canada	1.244	1.079	1.308	1.478	1.471	1.526	1.681	1.698
墨西哥	Mexico	0.899	1.546	1.581	1.520	1.459	1.246	1.025	0.975
美国	United States	0.842	0.861	0.863	0.733	0.703	0.778	0.925	0.884
瑞典	Sweden	0.238	0.398	0.629	0.642	0.670	0.647	0.746	0.709
英国	United Kingdom	0.498	0.997	1.010	1.222	0.921	0.729	0.651	0.671
荷兰	Netherlands	0.916	1.116	0.901	0.775	0.767	0.844	0.652	0.619
法国	France	0.245	0.274	0.500	0.519	0.503	0.517	0.557	0.539
瑞士	Switzerland	0.226	0.351	0.423	0.481	0.424	0.482	0.498	0.485
德国	Germany	0.513	0.520	0.530	0.402	0.406	0.395	0.389	0.374
以色列	Israel	0.792	0.020	0.037	0.035	0.113	0.166	0.325	0.361
西班牙	Spain	0.220	0.233	0.384	0.259	0.212	0.270	0.282	0.285
比利时	Belgium	0.142	0.173	0.273	0.236	0.239	0.259	0.201	0.271
意大利	Italy	0.171	0.152	0.173	0.164	0.162	0.190	0.237	0.224
韩国	Korea	0.313	0.225	0.243	0.183	0.204	0.180	0.188	0.182
日本	Japan	0.092	0.126	0.170	0.202	0.195	0.200	0.074	0.083
非OECD合计	**NON-OECD Total**	**1.726**	**1.482**	**1.328**	**1.388**	**1.366**	**1.257**	**1.203**	**1.199**
沙特阿拉伯	Saudi Arabia	53.716	17.157	6.351	4.862	4.658	2.865	2.926	3.187
委内瑞拉	Venezuela	10.571	4.213	3.663	4.216	4.086	2.734	3.057	2.998
印度尼西亚	Indonesia	2.487	2.245	1.709	1.526	1.561	1.829	1.894	1.887
俄罗斯	Russia			1.471	1.579	1.846	1.857	1.879	1.876
伊朗	Islamic Republic of Iran	15.006	2.122	2.709	2.062	1.799	1.675	1.372	1.579
南非	South Africa	0.821	1.075	1.277	1.312	1.279	1.170	1.192	1.160
巴西	Brazil	0.625	0.565	0.743	0.788	0.904	0.928	0.937	0.996
阿根廷	Argentina	0.858	0.928	1.051	1.346	1.265	1.011	0.862	0.878
中国	China	1.011	1.029	1.008	0.994	0.938	0.881	0.840	0.798
埃及	Egypt	1.228	2.218	1.701	1.324	1.267	1.158	0.877	0.785
印度	India	0.902	0.905	0.917	0.796	0.779	0.719	0.643	0.646
泰国	Thailand	0.523	0.508	0.634	0.608	0.557	0.599	0.558	0.569
中国，台北	Chinese Taipei	0.286	0.208	0.223	0.139	0.122	0.117	0.113	0.099

附录2-5 能源供应量/GDP(2010年价格)
TPES/GDP(2010 US$)

单位：吨标准油/千美元 (toe per thousand US$)

国家和地区	Contury or Area	1973	1980	1990	2000	2005	2010	2015	2016
世界	**World**	**0.268**	**0.254**	**0.231**	**0.201**	**0.198**	**0.195**	**0.181**	**0.178**
OECD合计	**OECD Total**	**0.209**	**0.188**	**0.154**	**0.138**	**0.130**	**0.121**	**0.108**	**0.106**
韩国	Korea	0.271	0.292	0.256	0.265	0.235	0.228	0.215	0.216
加拿大	Canada	0.258	0.246	0.208	0.189	0.179	0.163	0.156	0.153
墨西哥	Mexico	0.151	0.177	0.192	0.165	0.184	0.169	0.151	0.147
美国	United States	0.315	0.276	0.211	0.179	0.161	0.148	0.131	0.128
比利时	Belgium	0.204	0.173	0.145	0.141	0.129	0.124	0.105	0.110
瑞典	Sweden	0.170	0.157	0.147	0.120	0.114	0.104	0.084	0.088
法国	France	0.147	0.129	0.117	0.107	0.107	0.099	0.089	0.087
澳大利亚	Australia	0.137	0.138	0.128	0.113	0.100	0.098	0.084	0.085
荷兰	Netherlands	0.175	0.151	0.127	0.103	0.104	0.101	0.085	0.084
德国	Germany	0.194	0.175	0.137	0.108	0.105	0.096	0.083	0.082
西班牙	Spain	0.092	0.104	0.103	0.106	0.105	0.089	0.084	0.082
以色列	Israel	0.149	0.119	0.120	0.107	0.098	0.099	0.082	0.079
意大利	Italy	0.111	0.095	0.084	0.083	0.086	0.082	0.074	0.073
日本	Japan	0.134	0.114	0.093	0.097	0.092	0.088	0.072	0.070
英国	United Kingdom	0.190	0.161	0.125	0.106	0.093	0.083	0.067	0.065
瑞士	Switzerland	0.056	0.058	0.056	0.051	0.049	0.045	0.039	0.037
非OECD合计	**NON-OECD Total**	**0.444**	**0.436**	**0.473**	**0.383**	**0.366**	**0.335**	**0.301**	**0.293**
伊朗	Islamic Republic of Iran	0.091	0.231	0.337	0.436	0.469	0.437	0.515	0.509
俄罗斯	Russian Federation			0.622	0.651	0.509	0.452	0.435	0.450
印度	India	0.757	0.736	0.655	0.549	0.463	0.423	0.363	0.350
泰国	Thailand	0.378	0.331	0.296	0.332	0.349	0.346	0.342	0.341
南非	South Africa	0.322	0.355	0.402	0.414	0.379	0.367	0.325	0.335
埃及	Egypt	0.271	0.287	0.360	0.294	0.380	0.334	0.317	0.331
中国	China	1.907	1.752	1.053	0.505	0.499	0.416	0.336	0.311
沙特阿拉伯	Saudi Arabia	0.030	0.087	0.197	0.258	0.266	0.351	0.327	0.305
印度尼西亚	Indonesia	0.348	0.307	0.318	0.343	0.314	0.274	0.228	0.222
中国，台北	Chinese Taipei	0.316	0.338	0.308	0.286	0.283	0.248	0.216	0.214
阿根廷	Argentina	0.191	0.185	0.237	0.203	0.201	0.186	0.188	0.194
委内瑞拉	Venezuela	0.104	0.151	0.168	0.177	0.167	0.184	0.152	0.173
巴西	Brazil	0.129	0.113	0.118	0.122	0.121	0.120	0.127	0.127

附录2-6 人均能源供应量
TPES/Population

单位：吨标准油/人 (toe per capita)

国家和地区	Contury or Area	1973	1980	1990	2000	2005	2010	2015	2016
世界	**World**	**1.560**	**1.625**	**1.662**	**1.642**	**1.766**	**1.860**	**1.862**	**1.852**
OECD合计	**OECD Total**	**4.067**	**4.130**	**4.225**	**4.587**	**4.626**	**4.378**	**4.126**	**4.107**
加拿大	Canada	7.085	7.830	7.630	8.265	8.468	7.736	7.836	7.724
美国	United States	8.163	7.925	7.655	8.052	7.834	7.156	6.811	6.700
韩国	Korea	0.632	1.082	2.167	4.003	4.364	5.046	5.345	5.511
澳大利亚	Australia	4.191	4.701	4.984	5.609	5.549	5.698	5.186	5.292
比利时	Belgium	4.729	4.744	4.809	5.666	5.554	5.517	4.744	5.004
瑞典	Sweden	4.773	4.872	5.514	5.360	5.714	5.428	4.641	4.955
荷兰	Netherlands	4.614	4.550	4.496	4.739	4.989	5.076	4.347	4.378
德国	Germany	4.239	4.562	4.426	4.132	4.150	4.065	3.773	3.766
法国	France	3.378	3.477	3.844	4.136	4.319	4.052	3.733	3.653
日本	Japan	2.942	2.943	3.545	4.080	4.083	3.898	3.387	3.352
瑞士	Switzerland	2.936	3.138	3.585	3.449	3.467	3.335	2.961	2.855
英国	United Kingdom	3.879	3.523	3.598	3.787	3.689	3.245	2.789	2.725
以色列	Israel	2.368	2.017	2.460	2.892	2.650	3.045	2.709	2.686
西班牙	Spain	1.463	1.782	2.289	3.005	3.251	2.742	2.562	2.580
意大利	Italy	2.176	2.319	2.584	3.012	3.203	2.904	2.512	2.490
墨西哥	Mexico	0.921	1.351	1.421	1.495	1.685	1.563	1.528	1.514
非OECD合计	**NON-OECD Total**	**0.727**	**0.858**	**0.960**	**0.900**	**1.061**	**1.247**	**1.322**	**1.316**
沙特阿拉伯	Saudi Arabia	1.077	3.193	3.553	4.713	5.127	6.764	7.026	6.520
俄罗斯	Russian Federation			5.930	4.225	4.541	4.823	4.927	5.074
中国，台北	Chinese Taipei	0.847	1.567	2.360	3.868	4.505	4.776	4.659	4.671
伊朗	Islamic Republic of Iran	0.668	0.984	1.233	1.860	2.452	2.740	2.963	3.085
南非	South Africa	2.017	2.340	2.438	2.463	2.568	2.705	2.472	2.512
中国	China	0.484	0.609	0.770	0.895	1.366	1.896	2.182	2.146
泰国	Thailand	0.389	0.464	0.741	1.148	1.513	1.754	1.962	2.012
阿根廷	Argentina	1.412	1.488	1.408	1.661	1.710	1.909	1.971	1.967
委内瑞拉	Venezuela	1.506	2.125	1.990	2.090	2.038	2.494	1.925	1.779
巴西	Brazil	0.799	0.940	0.939	1.069	1.152	1.351	1.433	1.370
埃及	Egypt	0.214	0.342	0.562	0.574	0.802	0.868	0.846	0.901
印度尼西亚	Indonesia	0.307	0.378	0.544	0.736	0.790	0.853	0.872	0.881
印度	India	0.269	0.287	0.351	0.419	0.450	0.569	0.639	0.651

附录2-7　煤生产量
Coal Production

单位：百万吨标准油 (Mtoe)

国家和地区	Contury or Area	1973	1980	1990	2000	2005	2010	2015	2016	比重% Percent of World
世界总计	**World**	**1474.00**	**1799.65**	**2223.30**	**2278.40**	**2997.73**	**3663.20**	**2886.39**	**3657.19**	**100.00**
中国	China	206.79	310.72	518.39	713.50	1227.03	1722.49	1882.74	1718.90	47.00
美国	United States	333.36	447.92	542.32	536.86	565.28	531.84	431.28	348.46	9.53
澳大利亚	Australia	40.25	51.90	106.10	164.58	201.58	246.56	298.58	292.03	7.99
印度	India	32.74	47.84	93.34	130.64	163.31	212.87	263.52	271.21	7.42
印度尼西亚	Indonesia	0.09	0.17	5.85	45.45	98.23	186.31	245.07	248.85	6.80
俄罗斯	Russian Federation			192.38	128.54	157.43	166.36	200.27	209.16	5.72
南非	South Atrica	35.14	66.76	100.16	126.93	138.37	143.94	144.53	144.55	3.95
哥伦比亚	Colombia	1.84	2.71	13.89	24.86	38.39	48.33	55.61	58.83	1.61
波兰	Poland	100.73	120.35	98.97	71.30	68.86	55.38	53.87	52.31	1.43
哈萨克斯坦	Kazakhstan			58.01	34.13	38.28	48.55	47.11	45.20	1.24
德国	Germany	141.40	143.14	121.77	60.63	56.48	45.91	43.00	39.72	1.09
加拿大	Canada	11.70	20.25	37.93	34.41	34.55	33.95	30.77	30.02	0.82
乌克兰	Ukraine			86.81	36.35	34.68	33.71	20.29	22.87	0.63
英国	United Kingdom	75.89	73.96	53.61	18.66	12.07	10.84	5.11	2.50	0.07

附录2-8 原油和天然气凝析液生产量
Production of Crude Oil, NGL and Additives

单位：百万吨标油 (Mtoe)

国家和地区	Contury or Area	1973	1980	1990	2000	2005	2010	2015	2016	比重% Percent of World
世界总计	**World**	**2938.39**	**3173.56**	**3241.41**	**3702.74**	**4050.25**	**4083.96**	**4411.17**	**4473.27**	**100.00**
沙特阿拉伯	Saudi Arabia	387.01	524.49	348.96	445.06	524.97	471.56	577.35	596.39	13.33
美国	United States	534.59	498.35	432.54	365.61	322.55	347.60	582.41	560.15	12.52
俄罗斯	Russian Federation			526.25	323.26	468.71	506.54	536.28	550.36	12.30
伊拉克	Iraq	101.83	134.37	106.85	132.26	95.80	119.97	176.89	227.05	5.08
加拿大	Canada	96.53	83.64	94.15	128.43	142.94	167.16	226.27	224.02	5.01
伊朗	Islamic Republic of Iran	298.72	75.86	167.42	202.58	224.22	218.37	163.67	217.62	4.86
中国	China	54.58	107.85	138.31	163.08	181.43	203.16	214.76	199.89	4.47
阿联酋	United Arab Emirates	75.09	83.91	93.34	123.01	135.34	136.22	180.83	187.10	4.18
科威特	Kuwait	155.28	87.97	47.08	106.39	136.71	124.97	154.04	160.39	3.59
委内瑞拉	Venezuela	191.53	124.47	122.72	182.20	191.12	169.36	155.56	140.01	3.13
巴西	Brazil	8.60	9.47	33.39	65.34	86.94	109.59	130.01	134.38	3.00
墨西哥	Mexico	27.49	114.64	153.28	171.19	197.52	155.26	130.95	124.69	2.79
尼日利亚	Nigeria	103.54	103.93	90.18	117.60	131.35	129.17	106.49	92.26	2.06
挪威	Norway	1.51	24.34	83.66	167.75	135.28	95.35	86.74	91.28	2.04
安哥拉	Angola	8.33	7.58	23.83	37.60	63.75	90.26	91.33	86.92	1.94
哈萨克斯坦	Kazakhstan			26.45	36.10	63.85	82.99	82.73	81.30	1.82
卡塔尔	Qatar	28.24	23.63	22.14	37.69	49.47	71.08	75.09	78.07	1.75
阿尔及利亚	Algeria	52.57	54.22	61.24	72.32	90.94	78.50	71.33	72.68	1.62
阿曼	Oman	15.20	14.77	35.87	51.27	41.67	43.34	49.27	50.66	1.13
英国	United Kingdom	0.55	82.59	95.25	131.67	88.47	65.45	47.05	49.29	1.10
哥伦比亚	Colombia	9.84	6.65	23.03	35.83	27.42	40.92	52.57	46.47	1.04
印度尼西亚	Indonesia	67.43	79.50	74.59	71.60	53.45	48.44	40.44	42.63	0.95
阿塞拜疆	Azerbaijan			12.57	14.09	22.33	51.14	41.87	41.28	0.92
印度	India	7.35	10.74	35.32	37.24	37.68	43.14	41.88	41.21	0.92
马来西亚	Malaysia	4.43	13.71	30.63	32.28	37.41	34.40	33.57	35.18	0.79
埃及	Egypt	8.64	30.26	46.23	36.11	32.76	35.23	35.11	34.71	0.78
阿根廷	Argentina	22.16	25.97	26.09	41.38	37.76	35.35	30.80	29.55	0.66
厄瓜多尔	Ecuador	10.77	10.65	15.02	21.02	25.99	24.47	27.72	28.08	0.63
利比亚	Libya	109.04	92.20	67.98	71.01	88.41	89.90	22.03	20.87	0.47

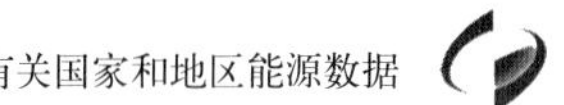

附录2-9 天然气生产量
Production of Natural Gas

单位：百万吨标准油 (Mtoe)

国家和地区	Contury or Area	1973	1980	1990	2000	2005	2010	2015	2016	比重% Percent of World
世界总计	**World**	**991.26**	**1240.61**	**1688.73**	**2065.38**	**2369.25**	**2714.68**	**2989.36**	**3032.41**	**100.00**
美国	United States	502.76	454.69	418.21	446.95	421.56	494.79	636.67	627.32	20.69
俄罗斯	Russian Federation			516.82	470.74	515.84	540.16	524.33	538.40	17.75
伊朗	Iran	10.05	3.66	19.12	49.85	83.46	121.72	155.73	169.07	5.58
卡塔尔	Qatar	1.29	2.85	5.56	21.78	39.86	107.30	148.43	150.33	4.96
加拿大	Canada	61.38	63.64	88.58	148.36	154.14	132.43	139.15	146.03	4.82
中国	China	5.01	11.96	12.80	22.76	41.27	80.16	112.65	114.54	3.78
挪威	Norway		22.77	24.15	46.28	75.04	94.72	102.85	102.34	3.37
阿尔及利亚	Algeria	3.64	11.48	38.85	69.85	75.61	71.97	71.42	80.56	2.66
沙特阿拉伯	Saudi Arabia	1.54	9.15	19.49	30.78	45.97	59.90	71.27	74.17	2.45
澳大利亚	Australia	3.38	7.47	17.14	28.54	31.35	44.48	56.38	72.51	2.39
土库曼斯坦	Turkmenistan			68.79	38.21	51.31	36.90	68.17	64.97	2.14
印度尼西亚	Indonesia	0.33	14.97	42.14	61.16	65.58	74.81	65.49	64.56	2.13
马来西亚	Malaysia	0.10	2.24	15.49	42.56	55.37	51.01	57.84	57.23	1.89
阿联酋	United Arab Emirates	1.05	6.30	16.86	30.88	40.06	41.54	48.74	49.47	1.63
乌兹别克斯坦	Uzbekistan			33.01	45.94	49.11	48.96	50.66	45.85	1.51
荷兰	Netherlands	53.76	68.91	54.53	52.76	56.18	64.72	39.44	38.08	1.26
阿根廷	Argentina	5.75	8.55	17.02	34.32	39.93	35.37	33.56	35.96	1.19
英国	United Kingdom	24.45	31.32	40.93	97.55	79.40	49.79	34.96	35.81	1.18
哈萨克斯坦	Kazakhstan			5.77	7.62	15.83	24.61	33.36	35.06	1.16
尼日利亚	Nigeria	0.35	1.24	3.27	10.18	19.77	26.58	35.69	32.92	1.09
墨西哥	Mexico	10.55	21.56	22.76	33.39	38.46	42.58	34.37	30.43	1.00
埃及	Egypt	0.07	1.59	6.73	14.44	42.63	46.41	31.29	29.70	0.98
特立尼达和多巴哥	Trinidad and Tobago	1.59	2.44	4.70	12.19	26.50	35.83	31.99	28.96	0.96
阿曼	Oman		0.31	2.44	9.06	17.92	23.76	28.28	28.87	0.95
印度	India	0.63	1.26	10.57	23.07	25.94	42.96	26.19	25.92	0.85
泰国	Thailand			4.99	15.64	18.50	24.73	25.79	25.30	0.83
巴基斯坦	Pakistan	2.86	5.03	10.08	16.67	25.64	26.99	25.22	25.05	0.83

附录2-10 终端能源消费量
Total Final Consumption of Energy

单位：百万吨标准油 (Mtoe)

国家和地区	Contury or Area	1973	1980	1990	2000	2005	2010	2015	2016	比重% Percent of World
世界	**World**	**4661.14**	**5367.74**	**6270.99**	**7035.49**	**7978.08**	**8832.15**	**9427.78**	**9555.32**	**100.00**
OECD合计	**OECD Total**	**2815.68**	**2941.69**	**3108.90**	**3637.36**	**3756.65**	**3702.74**	**3631.69**	**3668.93**	**38.40**
美国	United States	1315.46	1311.37	1293.56	1546.29	1563.08	1512.99	1507.75	1515.03	15.86
日本	Japan	233.98	231.88	288.26	330.76	333.64	313.70	297.31	294.05	3.08
德国	Germany	241.72	248.67	240.79	231.40	230.69	228.90	220.18	223.93	2.34
加拿大	Canada	131.43	155.07	161.79	191.54	195.94	190.28	192.77	191.40	2.00
韩国	Korea	17.49	31.29	64.91	127.11	140.45	157.69	173.22	178.71	1.87
法国	France	142.23	141.29	141.66	162.16	167.61	159.99	150.48	152.16	1.59
英国	United Kingdom	143.23	131.29	138.17	150.74	148.72	137.99	125.98	128.23	1.34
墨西哥	Mexico	39.74	65.93	83.32	95.27	105.99	117.25	119.81	121.76	1.27
意大利	Italy	96.56	102.23	114.95	128.84	141.29	133.75	118.86	117.90	1.23
西班牙	Spain	38.54	48.12	60.61	85.49	102.06	92.24	79.69	82.28	0.86
澳大利亚	Australia	39.58	46.79	56.66	69.58	72.23	76.58	80.78	81.25	0.85
荷兰	Netherlands	47.66	54.32	54.57	60.00	64.53	66.87	56.56	57.86	0.61
比利时	Belgium	33.73	32.29	32.14	41.71	41.86	42.55	41.92	42.25	0.44
非OECD合计	**NON-OECD Total**	**1661.39**	**2247.67**	**2959.83**	**3124.32**	**3902.73**	**4770.83**	**5412.09**	**5487.89**	**57.43**
中国	China	363.54	487.31	657.59	781.19	1226.64	1626.86	1957.52	1969.37	20.61
印度	India	143.37	173.90	242.88	313.98	357.67	483.61	552.33	572.29	5.99
俄罗斯	Russia			625.05	417.88	411.97	446.64	456.71	469.77	4.92
巴西	Brazil	72.72	95.90	111.34	153.35	171.86	210.94	227.28	224.27	2.35
伊朗	Islamic Republic of Iran	16.60	27.58	54.71	94.79	126.82	157.57	180.66	188.48	1.97
印度尼西亚	Indonesia	34.13	49.65	79.97	120.23	132.72	142.89	166.37	164.73	1.72
沙特阿拉伯	Saudi Arabia	3.07	21.14	39.49	63.52	83.42	120.65	144.23	139.59	1.46
泰国	Thailand	10.88	15.18	28.87	50.58	69.89	84.90	98.93	97.50	1.02
中国，台北	Chinese Taipei	9.41	18.52	29.42	48.69	61.03	68.07	69.38	70.28	0.74
南非	South Africa	37.09	43.74	51.05	55.71	63.17	66.34	70.27	70.00	0.73
阿根廷	Argentina	24.81	29.30	30.07	47.21	50.82	56.70	62.04	62.00	0.65
埃及	Egypt	7.11	13.29	23.20	31.48	42.09	52.89	55.52	58.05	0.61
委内瑞拉	Venezuela	12.29	21.56	25.82	32.85	40.70	49.12	37.54	32.73	0.34

附录2-11　煤炭供应量
Primary Supply of Coal

单位：百万吨标准油 (Mtoe)

国家和地区	Contury or Area	1973	1980	1990	2000	2005	2010	2015	2016	比重% Percent of World
世界	**World**	**1496.20**	**1782.73**	**2220.18**	**2316.12**	**2993.75**	**3652.30**	**3850.53**	**3730.89**	**100.00**
OECD合计	**OECD Total**	**844.47**	**965.63**	**1078.53**	**1100.76**	**1148.14**	**1090.70**	**944.62**	**892.90**	**23.93**
美国	United States	311.05	376.23	460.12	533.94	558.36	502.61	374.04	341.57	9.16
日本	Japan	57.86	59.65	76.12	96.72	110.07	114.71	117.65	114.38	3.07
韩国	Korea	8.15	13.53	25.38	41.95	49.66	73.45	80.84	81.47	2.18
德国	Germany	139.40	141.02	128.59	84.82	81.90	78.95	79.41	77.23	2.07
波兰	Poland	74.70	99.80	78.87	56.35	54.66	54.74	48.33	49.19	1.32
澳大利亚	Australia	22.58	27.32	34.89	48.15	51.03	50.47	42.92	43.75	1.17
土耳其	Turkey	5.15	6.99	16.85	22.83	22.39	31.21	34.50	38.34	1.03
加拿大	Canada	15.26	20.58	24.26	31.61	29.66	22.48	18.07	16.96	0.45
捷克	Czech Republic	35.58	33.45	31.45	21.64	20.24	18.74	16.45	16.59	0.44
墨西哥	Mexico	1.82	2.37	4.13	6.88	12.16	13.26	11.44	12.38	0.33
英国	United Kingdom	76.43	68.80	63.11	36.53	37.91	30.97	23.91	11.85	0.32
意大利	Italy	8.10	11.68	14.63	12.56	16.47	13.67	12.30	10.98	0.29
西班牙	Spain	9.00	12.43	19.27	20.94	20.57	7.75	13.34	10.50	0.28
非OECD合计	**NON-OECD Total**	**651.73**	**817.10**	**1141.65**	**1215.37**	**1845.60**	**2561.60**	**2905.91**	**2837.98**	**76.07**
中国	China	204.68	312.53	530.52	664.72	1203.69	1790.42	1996.62	1916.21	51.36
印度	India	31.51	44.31	92.70	145.92	184.22	279.03	379.67	379.56	10.17
俄罗斯	Russian Federation			191.11	119.99	112.58	101.44	116.48	113.29	3.04
南非	South Africa	33.84	47.68	66.54	81.78	91.94	100.50	94.19	98.11	2.63
印度尼西亚	Indonesia	0.08	0.16	3.55	12.01	22.13	31.84	41.03	43.31	1.16
中国，台北	Chinese Taipei	2.28	3.88	11.36	29.91	38.13	40.64	39.68	40.67	1.09
哈萨克斯坦	Kazakhstan			39.95	19.76	28.49	34.51	34.24	35.36	0.95
乌克兰	Ukraine			83.06	38.55	37.30	38.25	30.11	32.45	0.87
越南	Viet Nam	1.55	2.27	2.22	4.37	8.26	14.65	24.95	27.64	0.74
马来西亚	Malaysia	0.01	0.05	1.36	2.31	6.89	14.60	17.52	18.82	0.50
巴西	Brazil	2.31	5.93	9.67	13.01	12.99	14.47	17.68	15.92	0.43
泰国	Thailand	0.10	0.47	3.82	7.67	11.50	16.36	16.86	15.42	0.41

附录2-12 石油供应量
Primary Supply of Oil

单位：百万吨标准油 (Mtoe)

国家和地区	Contury or Area	1973	1980	1990	2000	2005	2010	2015	2016	比重% Percent of Word
世界	**World**	**2817.70**	**3104.51**	**3233.90**	**3662.92**	**4000.75**	**4139.70**	**4347.26**	**4390.20**	**100.00**
OECD合计	**OECD Total**	**1967.47**	**1945.54**	**1875.63**	**2116.69**	**2193.26**	**1970.95**	**1898.69**	**1896.25**	**43.19**
美国	United States	817.49	796.93	756.84	871.15	929.18	806.52	789.54	787.29	17.93
日本	Japan	248.93	233.68	250.39	255.17	243.14	202.69	183.59	176.75	4.03
韩国	Korea	13.31	26.65	49.73	99.04	92.49	95.11	102.68	109.80	2.50
德国	Germany	158.70	143.86	121.44	124.81	116.76	104.70	101.24	101.43	2.31
加拿大	Canada	79.39	88.52	76.51	87.10	95.02	96.28	104.55	98.55	2.24
墨西哥	Mexico	32.47	64.45	80.79	89.33	102.03	94.43	90.35	88.19	2.01
法国	France	119.81	106.32	84.03	82.22	88.23	77.02	72.27	69.68	1.59
英国	United Kingdom	108.90	79.34	76.37	73.22	72.92	63.65	60.10	60.73	1.38
意大利	Italy	90.30	88.23	83.32	86.85	80.25	65.30	53.56	51.53	1.17
西班牙	Spain	37.60	49.77	45.47	62.10	68.07	58.16	49.26	50.70	1.15
澳大利亚	Australia	26.58	30.07	31.20	34.15	36.91	41.61	41.89	43.07	0.98
土耳其	Turkey	12.48	15.62	23.40	30.40	28.74	31.50	38.70	42.11	0.96
荷兰	Netherlands	30.46	28.86	25.61	28.07	32.37	31.48	27.72	28.21	0.64
非OECD合计	**NON-OECD Total**	**666.15**	**980.59**	**1156.01**	**1272.42**	**1488.78**	**1810.17**	**2064.78**	**2095.49**	**47.73**
中国	China	51.93	88.59	118.79	220.81	317.82	427.96	533.73	544.96	12.41
印度	India	24.28	33.20	61.10	111.99	124.59	161.59	207.31	216.79	4.94
俄罗斯	Russia			263.78	126.11	129.20	139.08	156.74	173.26	3.95
沙特阿拉伯	Saudi Arabia	5.70	21.95	38.51	67.08	76.59	125.60	150.43	136.25	3.10
巴西	Brazil	37.94	55.64	58.89	88.23	87.11	104.73	115.48	109.34	2.49
伊朗	Islamic Republic of Iran	16.43	32.58	50.40	68.53	85.26	79.55	76.52	76.93	1.75
印度尼西亚	Indonesia	10.73	20.23	33.35	57.87	65.45	67.97	71.45	70.23	1.60
泰国	Thailand	7.42	10.71	17.96	31.88	43.57	44.95	53.14	55.44	1.26
伊拉克	Iraq	3.62	8.60	18.18	23.31	24.29	32.34	40.79	47.99	1.09
中国，台北	Chinese Taipei	9.32	20.04	25.86	38.27	43.27	44.17	42.59	42.93	0.98
埃及	Egypt	6.53	11.33	22.85	22.37	28.28	34.04	39.14	37.88	0.86
阿根廷	Argentina	25.33	26.35	21.07	23.47	22.95	31.44	32.13	31.16	0.71
委内瑞拉	Venezuela	9.14	19.57	18.61	23.20	27.94	43.96	32.43	28.19	0.64

 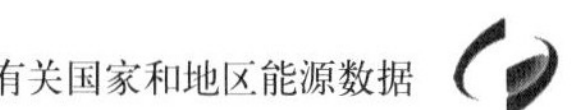

附录2-13 天然气供应量
Primary Supply of Gas

单位：百万吨标准油 (Mtoe)

国家和地区	Contury or Area	1973	1980	1900	2000	2005	2010	2015	2016	比重% Percent of Word
世界	**World**	**977.01**	**1231.86**	**1663.52**	**2072.07**	**2359.23**	**2735.49**	**2943.69**	**3034.95**	**100.00**
OECD合计	**OECD Total**	**706.52**	**778.30**	**845.26**	**1163.99**	**1215.52**	**1324.64**	**1375.89**	**1421.57**	**46.84**
美国	United States	514.66	476.92	438.36	547.74	507.22	556.08	646.77	652.88	21.51
日本	Japan	5.07	21.40	44.12	65.63	70.65	85.88	100.21	101.70	3.35
加拿大	Canada	37.29	45.57	54.74	74.26	80.69	78.70	87.30	94.76	3.12
德国	Germany	28.65	51.21	54.98	71.85	77.78	75.90	65.15	70.33	2.32
英国	United Kingdom	25.11	40.32	47.20	87.40	85.45	84.82	61.70	69.41	2.29
墨西哥	Mexico	10.50	19.14	23.13	35.48	46.11	54.24	64.66	66.18	2.18
意大利	Italy	14.23	22.73	39.00	57.94	70.65	68.06	55.30	58.08	1.91
韩国	Korea			2.73	17.01	27.38	38.64	39.35	41.31	1.36
法国	France	13.50	21.64	26.03	35.77	41.03	42.62	35.04	38.29	1.26
土耳其	Turkey			2.86	12.64	22.79	31.39	39.38	38.26	1.26
澳大利亚	Australia	3.38	7.47	14.79	19.27	18.97	28.44	32.23	34.55	1.14
非OECD合计	**NON-OECD Total**	**270.49**	**453.56**	**818.26**	**908.08**	**1143.71**	**1410.85**	**1567.76**	**1613.34**	**53.16**
俄罗斯	Russian Federation			367.39	319.01	349.67	383.54	364.25	371.31	12.23
中国	China	5.01	11.96	12.80	20.76	38.79	89.38	158.59	170.78	5.63
伊朗	Islamic Republic of Iran	3.22	3.66	17.48	52.63	83.84	122.15	155.31	166.36	5.48
沙特阿拉伯	Saudi Arabia	1.54	9.15	19.49	30.78	45.97	59.90	71.27	74.17	2.44
阿联酋	United Arab Emirates	1.05	4.12	14.18	25.05	35.22	49.35	60.13	60.50	1.99
印度	India	0.63	1.26	10.57	23.07	31.81	54.40	43.22	47.03	1.55
埃及	Egypt	0.07	1.59	6.73	14.44	29.99	35.81	36.77	44.82	1.48
阿根廷	Argentina	7.20	10.43	18.84	30.44	35.82	37.99	42.95	44.65	1.47
卡达尔	Qatar	1.29	2.85	5.56	9.47	13.77	22.93	43.46	41.98	1.38
印度尼西亚	Indonesia	0.33	4.95	15.82	26.57	29.27	38.82	37.87	39.09	1.29
泰国	Thailand			4.99	17.37	25.93	32.97	37.75	36.94	1.22
马来西亚	Malaysia	0.10	2.24	6.80	24.73	31.87	31.20	37.54	35.76	1.18
阿尔及利亚	Algeria	1.55	5.83	12.17	16.84	20.52	23.32	34.42	34.66	1.14
乌兹别克斯坦	Uzbekistan			32.49	41.67	39.91	37.23	33.89	32.75	1.08
巴西	Brazil	0.16	0.82	3.24	7.91	16.73	23.03	35.21	29.85	0.98

附录2-14 总发电量
Total Electricity Generation

单位：百万千瓦小时 (GWh)

国家和地区	Contury or Area	1973	1980	1990	2000	2005	2010	2015	2016	比重% Percent of Word
世界总计	**World**	**6131143**	**8283485**	**11851614**	**15440737**	**18296932**	**21484396**	**24284203**	**24973021**	**100.00**
中国	China	168689	300630	621268	1355738	2500466	4197204	5843715	6187107	24.78
美国	United States	1965509	2427320	3202813	4025885	4268887	4354363	4297048	4299595	17.22
印度	India	72796	120409	292732	569688	715656	980423	1372770	1477564	5.92
俄罗斯	Russian Federation			1082152	876468	951159	1036116	1065623	1088945	4.36
日本	Japan	465387	572531	860581	1057928	1102176	1120560	1042792	1051795	4.21
加拿大	Canada	270081	373278	482041	605596	620461	604249	668035	667327	2.67
德国	Germany	374352	466340	547650	572313	615800	626583	640967	643531	2.58
巴西	Brazil	64726	139380	222821	348910	403033	515745	581652	578889	2.32
韩国	Korea	14825	37239	105371	288526	387874	496718	549047	558816	2.24
法国	France	182508	257308	417199	535184	571210	564478	565366	551338	2.21
沙特阿拉伯	Saudi Arabia	2949	20452	69208	126191	176124	240067	338342	344809	1.38
英国	United Kingdom	281352	284071	317755	374375	395426	378921	336185	336440	1.35
墨西哥	Mexico	37100	66962	115837	205675	250768	275537	310719	320353	1.28
伊朗	Isiamic Republic of Iran	12093	22380	59102	121383	178088	232959	280633	289094	1.16
意大利	Italy	143916	183474	213147	269941	296840	298773	281562	287943	1.15
土耳其	Turkey	12425	23275	57543	124922	161956	211208	261783	274408	1.10
西班牙	Spain	75660	109226	151206	220921	289445	298320	277792	271309	1.09
中国，台北	Chinese Taipei	20735	42607	88398	180552	223523	243935	254990	260842	1.04
澳大利亚	Australia	64411	95234	154287	209864	228347	252614	251331	256319	1.03
南非	South Africa	64390	98951	165385	207837	242055	256648	246736	249453	1.00
印度尼西亚	Indonesia	2370	7502	32667	93325	127529	169755	233984	248613	1.00
波兰	Poland	83908	120941	134415	143174	155359	157089	164341	166153	0.67
乌克兰	Ukraine			298626	171269	185913	188828	162108	162940	0.65
瑞典	Sweden	78060	96316	145984	145231	158365	148460	161931	155891	0.62

附录2-15　国内生产总值电耗(2010年价)
Electricity Consumption/GDP (2010 US$)

单位：千瓦小时/美元　　(kW•h per US$)

国家和地区	Contury or Area	1973	1980	1990	2000	2005	2010	2015	2016
世界	**World**	**0.248**	**0.268**	**0.287**	**0.283**	**0.288**	**0.300**	**0.297**	**0.299**
OECD合计	**OECD Total**	**0.232**	**0.243**	**0.243**	**0.240**	**0.233**	**0.230**	**0.209**	**0.208**
非OECD合计	**NON-OECD Total**	**0.307**	**0.348**	**0.440**	**0.428**	**0.443**	**0.450**	**0.458**	**0.463**
英国	United Kingdom	0.229	0.214	0.187	0.172	0.158	0.147	0.122	0.120
意大利	Italy	0.125	0.127	0.134	0.146	0.154	0.153	0.150	0.148
德国	Gemany	0.213	0.222	0.205	0.175	0.183	0.174	0.154	0.151
澳大利亚	Australia	0.136	0.173	0.216	0.204	0.188	0.182	0.160	0.160
日本	Japan	0.185	0.182	0.176	0.191	0.187	0.190	0.168	0.167
法国	France	0.137	0.163	0.182	0.188	0.190	0.190	0.170	0.170
印度尼西亚	Indonesia	0.018	0.038	0.095	0.182	0.198	0.204	0.214	0.218
巴西	Brazil	0.089	0.121	0.182	0.216	0.211	0.210	0.224	0.231
委内瑞拉	Venezuela	0.079	0.142	0.207	0.223	0.233	0.231	0.206	0.232
美国	United States	0.331	0.343	0.323	0.303	0.281	0.277	0.248	0.245
加拿大	Canada	0.374	0.402	0.441	0.389	0.358	0.329	0.301	0.294
阿根廷	Argentina	0.129	0.153	0.219	0.254	0.281	0.277	0.300	0.306
韩国	Korea	0.170	0.247	0.280	0.391	0.420	0.440	0.421	0.417
沙特阿拉伯	Saudi Arabia	0.012	0.054	0.222	0.309	0.341	0.414	0.461	0.459
泰国	Thailand	0.157	0.207	0.283	0.419	0.441	0.455	0.452	0.486
印度	India	0.284	0.365	0.509	0.518	0.483	0.478	0.491	0.493
中国，台北	Chinese Taipei	0.456	0.483	0.547	0.594	0.604	0.532	0.494	0.498
伊朗	Islamic Republic of Iran	0.052	0.126	0.258	0.360	0.394	0.419	0.517	0.520
南非	South Africa	0.392	0.524	0.700	0.771	0.689	0.620	0.545	0.537
俄罗斯	Russia			0.700	0.801	0.646	0.600	0.582	0.595
中国	China	0.693	0.810	0.699	0.560	0.651	0.645	0.623	0.621
埃及	Egypt	0.247	0.315	0.425	0.493	0.588	0.596	0.654	0.654

附录2-16 人均电力消费量
Electricity Consumption/Population

单位：千瓦小时/人 (kW•h per capita)

国家和地区	Contury or Area	1973	1980	1900	2000	2005	2010	2015	2016
世界	**World**	**1443**	**1719**	**2065**	**2318**	**2574**	**2861**	**3057**	**3110**
OECD合计	**OECD Total**	**4502**	**5341**	**6654**	**7947**	**8290**	**8285**	**8023**	**8048**
非OECD合计	**NON-OECD Total**	**503**	**685**	**894**	**1004**	**1286**	**1677**	**2012**	**2078**
加拿大	Canada	10242	12804	16167	17037	16919	15594	15166	14844
美国	United States	8572	9841	11687	13660	13683	13374	12854	12825
中国，台北	Chinese Taipei	1221	2236	4194	8031	9616	10230	10669	10880
韩国	Korea	397	914	2373	5907	7796	9716	10482	10618
澳大利亚	Australia	4158	5869	8419	10129	10430	10579	9884	9911
沙特阿拉伯	Saudi Arabia	415	1961	3995	5638	6590	7973	9921	9818
日本	Japan	4060	4706	6705	8068	8324	8437	7917	7974
法国	France	3156	4423	5970	7229	7658	7744	7071	7148
德国	Gemany	4654	5796	6646	6697	7238	7399	7015	6956
俄罗斯	Russia			6673	5198	5770	6410	6588	6715
意大利	Italy	2458	3105	4145	5300	5709	5443	5099	5081
英国	United Kingdom	4669	4683	5357	6115	6270	5702	5089	5033
中国	China	176	282	511	993	1782	2944	4046	4279
南非	South Africa	2455	3456	4240	4587	4664	4564	4148	4031
伊朗	Islamic Republic of Iran	384	538	943	1535	2060	2631	2979	3153
阿根廷	Argentina	956	1234	1300	2078	2393	2847	3145	3109
泰国	Thailand	161	291	709	1448	1915	2307	2590	2868
巴西	Brazil	553	1013	1457	1892	2007	2361	2539	2504
委内瑞拉	Venezuela	1145	1998	2449	2635	2849	3131	2612	2383
埃及	Egypt	194	375	663	962	1241	1551	1744	1783
印度	India	101	142	273	395	469	643	864	918
印度尼西亚	Indonesia	16	46	163	390	500	634	821	865

附录2-17 煤净进口量
Net Import of Coal

单位：百万吨标准油 (Mtoe)

国家和地区	Contury or Area	1973	1980	1990	2000	2005	2010	2015	2016
中国	China	-2.11	-3.17	-11.04	-44.09	-40.35	84.26	99.15	123.91
日本	Japan	40.89	47.55	71.72	95.31	109.79	114.00	117.00	113.77
印度	India	-0.26	0.32	4.13	14.22	25.19	69.33	119.30	109.75
韩国	Korea	0.34	3.47	15.73	39.14	46.93	72.95	81.13	81.37
中国，台北	Chinese Taipei	0.10	3.12	12.23	28.99	38.60	40.56	40.22	40.57
德国	Germany	-3.07	-1.34	3.34	21.66	25.95	31.64	36.07	38.26
土耳其	Turkey	0.01	0.53	3.92	9.07	11.72	14.65	21.86	23.38
巴西	Brazil	1.41	3.70	7.90	10.33	10.61	12.11	14.85	13.67
意大利	Italy	7.73	11.65	13.74	13.14	16.37	13.79	12.32	10.70
荷兰	Netherlands	1.54	3.72	8.65	7.92	8.22	9.18	12.29	9.29
法国	France	9.49	20.23	12.82	12.84	13.36	12.08	8.67	8.01
西班牙	Spain	2.13	4.11	7.07	12.84	14.42	6.73	10.23	7.75
英国	United Kingdom	-0.87	1.40	8.53	14.46	27.26	16.05	14.59	6.02
以色列	Israel			2.43	6.04	7.72	7.38	6.58	5.23
比利时	Belgium	4.55	7.18	9.61	7.32	5.24	3.69	3.10	2.81
波兰	Poland	-26.17	-20.56	-20.12	-16.31	-12.99	-2.74	-5.53	-5.80
哈萨克斯坦	Kazakhstan			-18.06	-14.61	-9.96	-13.18	-13.06	-10.82
北朝鲜	DPR of Korea	0.33	0.44	1.65	-0.09	-1.63	-2.76	-11.96	-13.50
加拿大	Canada	2.83	-0.04	-11.90	-4.22	-4.23	-12.21	-12.91	-13.53
蒙古	Mongolia			-0.14	0.01	-1.43	-11.32	-9.84	-16.08
美国	United States	-30.32	-57.01	-65.87	-28.30	-9.86	-36.80	-37.92	-31.00
南非	South Africa	-1.30	-19.07	-33.62	-46.05	-46.43	-43.45	-50.35	-46.45
哥伦比亚	Colombia	-0.05	-0.96	-8.84	-23.12	-34.85	-45.11	-48.23	-55.01
俄罗斯	Russian Federation			-5.33	-10.10	-42.12	-70.64	-85.45	-95.03
印度尼西亚	Indonesia		-0.04	-2.30	-33.45	-76.10	-154.47	-204.04	-205.53
澳大利亚	Australia	-17.65	-27.81	-67.27	-121.43	-150.98	-190.35	-253.83	-251.85

注：负数表示净出口。
Note: Negative numbers show net export.

附录2-18 石油净进口量
Net Import of Oil

单位：百万吨标准油 (Mtoe)

国家和地区	Contury or Area	1973	1980	1990	2000	2005	2010	2015	2016
中国	China	-1.84	-17.44	-24.15	74.68	143.52	252.86	344.97	380.23
美国	United States	303.36	340.08	374.40	549.54	659.40	508.20	266.23	273.75
日本	Japan	273.08	251.70	263.30	270.02	257.69	212.06	192.51	185.77
印度	India	17.54	23.27	27.39	77.10	90.32	123.53	172.43	183.89
韩国	Korea	13.22	27.28	51.72	109.50	102.49	108.80	116.94	125.54
德国	Germany	160.84	148.86	122.12	126.89	123.65	112.11	108.26	109.24
法国	France	128.66	112.32	85.91	89.84	95.79	83.20	78.80	75.20
新加坡	Singapore	12.24	8.00	24.50	39.71	44.63	62.15	69.24	71.95
西班牙	Spain	41.01	49.92	49.66	71.50	79.97	69.47	61.80	61.76
意大利	Italy	98.34	92.76	85.14	87.96	78.55	66.80	52.43	51.88
中国，台北	Chinese Taipei	10.35	21.38	28.68	45.08	48.37	47.97	46.13	46.66
土耳其	Turkey	8.84	13.74	21.24	29.25	28.07	30.55	42.06	44.26
荷兰	Netherlands	41.73	38.15	33.54	43.36	49.58	45.98	44.85	42.65
泰国	Thailand	8.28	12.16	17.59	27.51	34.70	31.99	36.74	38.30
比利时	Belgium	31.46	26.41	22.26	29.56	32.78	32.82	31.36	30.27
英国	United Kingdom	115.95	1.93	-11.00	-46.72	-2.74	10.89	26.87	25.06
希腊	Greece	11.58	13.22	14.34	19.32	20.11	17.02	14.59	13.95
利比亚	Libya	-109.39	-87.37	-60.60	-58.76	-74.94	-73.72	-10.54	-10.57
厄瓜多尔	Ecuador	-9.15	-6.31	-10.08	-13.68	-17.60	-13.63	-14.62	-15.87
墨西哥	Mexico	5.72	-47.58	-70.41	-76.60	-91.78	-57.24	-36.94	-31.74
阿曼	Oman	-13.92	-13.58	-33.66	-48.84	-38.93	-38.14	-43.39	-45.28
阿尔及利亚	Algeria	-49.08	-45.75	-51.35	-62.39	-79.28	-61.10	-51.92	-53.00
哈萨克斯坦	Kazakhstan			-4.97	-27.67	-54.69	-70.07	-67.69	-64.60
尼日利亚	Nigeria	-101.01	-95.52	-79.40	-105.64	-117.14	-108.46	-89.05	-69.26
卡塔尔	Qatar	-28.11	-23.21	-20.54	-38.06	-46.13	-65.12	-70.75	-73.08
安哥拉	Angola	-7.27	-6.40	-22.46	-37.91	-61.51	-84.75	-83.32	-79.74
挪威	Norway	6.58	-14.70	-72.83	-157.13	-123.77	-84.85	-76.54	-82.20
委内瑞拉	Venezuela	-181.43	-103.51	-100.78	-157.45	-169.27	-125.27	-121.57	-110.62
加拿大	Canada	-14.49	8.44	-14.86	-39.04	-43.87	-69.08	-121.20	-125.13
伊朗	Iran	-279.48	-42.16	-116.13	-133.63	-139.47	-131.87	-82.26	-137.96
科威特	Kuwait	-151.56	-79.06	-42.90	-95.07	-118.43	-104.01	-136.60	-141.41
阿联酋	United Arab Emirates	-74.79	-78.80	-77.86	-104.05	-111.60	-108.27	-142.91	-149.77
伊拉克	Iraq	-97.64	-125.45	-88.21	-108.25	-70.74	-86.70	-137.63	-174.88
俄罗斯	Russian Federation			-261.26	-192.21	-334.92	-356.33	-359.87	-360.36
沙特阿拉伯	Saudi Arabia	-367.79	-497.39	-307.04	-373.94	-444.33	-349.01	-423.12	-446.87

注：负数表示净出口。
Note: Negative numbers show net export.

附录2-19 天然气净进口量
Net Import of Gas

单位：百万吨标准油 (Mtoe)

国家和地区	Contury or Area	1973	1980	1990	2000	2005	2010	2015	2016
日本	Japan	2.79	19.54	42.29	63.47	67.86	82.65	97.84	99.22
德国	Germany	12.30	35.32	41.75	56.87	61.94	61.64	58.68	62.28
中国	China				-2.01	-2.48	9.22	45.94	56.24
意大利	Italy	1.65	11.77	25.31	47.01	59.84	61.60	50.00	53.29
韩国	Korea			2.68	17.07	26.11	39.29	38.94	39.61
法国	France	7.56	16.18	24.37	35.78	40.72	39.55	34.52	37.90
土耳其	Turkey			2.68	12.05	22.13	30.79	39.36	37.61
英国	United Kingdom	0.67	9.00	6.18	-9.31	5.97	33.90	26.47	32.34
西班牙	Spain	0.93	1.41	3.69	15.47	30.25	30.95	23.77	24.72
美国	United States	22.12	21.68	33.19	82.21	84.18	60.76	22.46	16.87
中国，台北	Chinese Taipei			0.76	5.17	8.35	12.94	15.35	15.99
白俄罗斯	Belarus			12.69	14.21	16.70	17.91	15.60	15.48
比利时	Belgium	7.11	8.89	8.22	13.28	14.82	16.79	13.87	14.38
泰国	Thailand				1.73	7.43	8.24	11.96	11.64
波兰	Poland	1.39	4.31	6.77	6.61	8.53	8.87	9.95	11.47
阿联酋	United Arab Emirates		-2.18	-2.68	-5.83	-4.84	7.81	11.39	11.03
乌克兰	Ukraine			73.48	47.27	48.26	29.55	13.29	8.81
阿根廷	Argentina	1.45	1.89	1.82	-3.89	-4.11	2.61	9.38	8.69
捷克	Czech Republic	0.72	2.41	4.79	7.48	7.53	6.85	6.16	6.72
文莱	Brunei Darssalam	-1.27	-7.77	-6.26	-7.63	-8.16	-7.59	-7.19	-6.77
阿曼	Oman				-3.67	-10.48	-8.86	-7.19	-7.78
乌兹别克斯坦	Uzbekistan			-0.52	-4.26	-9.20	-11.73	-16.76	-13.10
尼日利亚	Nigeria				-4.42	-10.76	-17.75	-21.51	-19.01
马来西亚	Malaysia		-0.01	-8.69	-17.83	-23.50	-19.81	-20.30	-21.47
印度尼西亚	Indonesia		-10.02	-26.32	-34.60	-36.31	-35.98	-27.62	-25.47
澳大利亚	Australia			-2.35	-9.27	-12.38	-16.04	-24.15	-37.97
土库曼斯坦	Turkmenistan			-56.53	-27.31	-37.06	-19.55	-46.82	-43.62
阿尔及利亚	Algeria	-2.09	-5.65	-26.68	-53.01	-55.09	-48.65	-37.00	-45.90
加拿大	Canada	-22.78	-18.38	-32.52	-81.35	-79.57	-60.38	-49.46	-51.77
挪威	Norway		-21.90	-22.17	-42.14	-70.97	-88.48	-96.74	-96.76
卡塔尔	Qatar				-12.31	-26.09	-84.36	-104.97	-108.35
俄罗斯	Russian Federation			-145.28	-146.07	-161.22	-150.68	-157.74	-167.78

注：负数表示净出口。
Note: Negative numbers show net export.

附录2-20 主要高耗能产品单位能耗中外比较
Energy Consumption for Main Energy Intensive Products by Comparing China with Selected Countries

1. 火电厂发电煤耗 Gross Coal Consumption Rate for Fossil-Fired Power Plant

单位: 克标准煤/千瓦小时 (gce/kW·h)

国家	Country	1990	1995	2000	2005	2010	2011	2012	2013	2014	2015	2016	2017
中国①	China	392	379	363	343	312	308	305	302	300	297	294	292
日本②	Japan	317	315	303	301	294	295	294	291	287			

注(Notes): ①6MW以上机组(>6MW Unit).
②九大电力公司平均(Average level of 9 key electricity companies).

资料来源(Sources): 1.中国电力企业联合会(China Electricity Council).
2.The Institute of Energy Economics, Japan, Handbook of Energy and Economic Statistics in Japan.

2. 火电厂供电煤耗 Net Coal Consumption Rate for Fossil-fired Power Plant

单位: 克标准煤/千瓦小时 (gce/kW·h)

国家	Country	1990	1995	2000	2005	2010	2011	2012	2013	2014	2015	2016	2017
中国	China	427	412	392	370	333	329	325	321	319	315	312	309
日本	Japan	332	331	316	314	306	306	305	302	298			
意大利	Italy	326	319	315	288	275	274						

资料来源(Sources): 1.中国电力企业联合会(China Electricity Council).
2.The Institute of Energy Economics, Japan, Handbook of Energy and Economic Statistics in Japan.
3.International Energy Agency, Electricity Information.

2017年电源结构 2017 Power Generation by Source

单位: % (%)

国家	Country	石油 (Petroleum)	天然气 (Natural Gas)	煤炭 (Coal)	核电 (Nuclear Power)	水电 (Hydropower)	可再生能源 (Renewable Energy)	其他 (Others)
中国	China	0.2	3.0	67.2	3.8	17.8	7.3	0.7
美国	United States	0.5	32.0	30.7	19.8	6.9	9.8	0.3
日本	Japan	5.4	39.2	33.6	2.9	7.8	9.7	1.4
意大利	Italy	3.0	49.0	11.1	—	12.3	23.1	1.5

资料来源(Sources): BP Statistical Review of World Energy.

3. 钢可比能耗　Comparable Energy Consumption for Steel

单位：千克标准煤/吨　　(kgce/tn)

国家	Country	1990	1995	2000	2005	2006	2010	2011	2012	2013	2014	2015	2016	2017
中国[①]	China	997	976	784	732		681	675	674	662	654	644	640	634
德国	Germany			602		576								
日本	Japan	629	656	646	640		612	614	616	608	615			

注(Notes)：①大中型钢铁企业平均值(Average level of key enterprises).
②综合能耗中的电耗，均按发电煤耗折算标准得(In the full energy consumption, all of conversion from electric to coal equivalent according to gross coal consumption for fossil-fired power plant).

资料来源(Sources)：1.中国钢铁工业协会(China Iron and Steel Association).
2.德国钢铁协会(German Steel Federation).
3.The Institute of Energy Economics, Japan, Handbook of Energy and Economic Statistics in Japan.

4. 电解铝交流电耗　Alternating Current Power Consumption for Electrolytic Aluminium

单位：千瓦时/吨　　(kW·h/t)

国家	Country	1990	1995	2000	2005	2010	2011	2012	2013	2014	2015	2016	2017
中国	China	17100	16620	15418	14575	13979	13913	13844	13740	13596	13562	13599	13577
国际先进水平	International Advanced Level	14400	14400	14400	14100	12900	12900	12900	12900	12900	12900	12900	

资料来源(Sources)：中国有色金属工业协会(China Ferrous Metals Industry Association).

5. 水泥综合能耗　Fully Energy Consumption for Cement

单位：千克标准煤/吨　　(kgce/tn)

国家	Country	1990	1995	2000	2005	2010	2011	2012	2013	2014	2015	2016	2017
中国	China	201	199	172	149	143	142	140	139	138	137	135	135
德国	Germany					101				97			
日本	Japan	123	124	126	127	130	116	122	126	111			

注(Notes)：综合能耗中的电耗，均按发电煤耗折算标准煤(In the full energy consumption, all of conversion from electric to coal equivalent according to gross coal consumption for fossil-fired power plant).

资料来源(Sources)：1.中国水泥协会(China Cement Association).
2.德国水泥工程协会(Verein Deutscher Zementwerke,VDZ).
3.The Institute of Energy Economics, Japan, Handbook of Energy and Economic Statistics in Japan.

6. 乙烯综合能耗　Fully Energy Consumption for Ethylene

单位：　千克标准煤/吨　　　(kgce/tn)

国家　Country	1990	2000	2005	2010	2011	2012	2013	2014	2015	2016	2017
中国①　China	1580	1125	1073	950	895	893	879	860	854	842	841
国际先进水平　International Advanced Level	897	714	629②	629	629	629	629	629	629	629	

注(Notes)：①主要用石油脑油作原料(Feedstocks of ethylene production is used naphtha mainly).

②中东地区平均值，主要用乙烷作原料(Average level of Middle-East region, feedstocks of ethylene production is uesd ethane mainly).

③综合能耗中，电耗按发电煤耗折算标准煤(In the full energy consumption, all of conversion from electric to coal equivalant according to gross coal consumption for fossil-fired power plant).

资料来源(Sources)：中国石油和化学工业联合会(China Petroleum and Chemical Industry Federation).

7. 合成氨综合能耗　Fully Energy Consumption for Sythetic Ammonia

单位：　千克标准煤/吨　　　(kgce/tn)

国家　Country	1990	1995	2000	2005	2010	2011	2012	2013	2014	2015	2016	2017
中国①　China	2035	1849	1699	1650	1587	1568	1552	1532	1540	1495	1486	1464
美国②　United States	1000	1000	1000	990	990	990	990	990	990	990	990	

注(Notes)：①大、中、小型装置平均值，2014年煤占合成氨原料76%(Average level of large. medium and small size installation. In 2014, the coal amount to 76% of the feedstocks for sythetic ammonia).

②以天然气为原料的大型装置的平均值，2010年天然气占合成氨原料98%(Average level of large size installation by natural gas. In 2010, the natural gas amount to 98% of the feedstocks for sythetic ammonia).

资料来源(Sources)：同表6 (Same Table 6).

8. 纸和纸板综合能耗　Full Energy Consumption for Paper and Paperboard

单位：　千克标准煤/吨　　　(kgce/tn)

国家　Country	1990	2000	2005	2010	2011	2012	2013	2014	2015	2016	2017
中国　China	1550	1540	1380	1200	1170	1128	1087	1050	1045	1027	1006
日本　Japan	744	678	640	581	531	508	530	506			

注(Notes)：产品能耗为自制浆企业平均(Average level of enterprises which made pulp by oneself).

资料来源(Sources)：1.中国造纸协会(China Paper Association).

2 .The Institute of Energy Economics, Japan, Handbook of Energy and Economic Statistics in Japan, 2016 Edition.

附录 3　主要统计指标解释

Appendix Ⅲ Explanatory Notes of Main Statistical Indicators

主要统计指标解释

国内生产总值(GDP) 指一个国家所有常住单位在一定时期内生产活动的最终成果。国内生产总值有三种表现形态，即价值形态、收入形态和产品形态。从价值形态看，它是所有常住单位在一定时期内生产的全部货物和服务价值与同期投入的全部非固定资产货物和服务价值的差额，即所有常住单位的增加值之和；从收入形态看，它是所有常住单位在一定时期内创造并分配给常住单位和非常住单位的初次收入之和；从产品形态看，它是所有常住单位在一定时期内最终使用的货物和服务价值与货物和服务净出口价值之和。在实际核算中，国内生产总值有三种计算方法，即生产法、收入法和支出法。三种方法分别从不同的方面反映国内生产总值及其构成。

三次产业 三产业的划分是世界上较为常用的产业结构分类，但各国的划分不尽一致。根据《国民经济行业分类》(GB/T 4754—2011)，我国的三次产业划分是：

第一产业 是指农、林、牧、渔业（不含农、林、牧、渔服务业)。

第二产业 是指采矿业（不含开采辅助活动)，制造业（不含金属制品、机械和设备修理业)，电力、热力、燃气及水生产和供应业，建筑业。

第三产业 即服务业，是指除第一产业、第二产业以外的其他行业。

能源生产总量 指一定时期内全国（地区）一次能源生产量的总和，是观察全国（地区）能源生产水平、规模、过程构成和发展速度的总量指标。一次能源生产量包括原煤、原油、天然气、水电、核电及其他动力能（如风能、地热能等）发电量。不包括低热值燃料生产量、太阳热能等的利用和由一次能源加工转换而成的二次能源产量。

能源消费总量 指一定地域内（国家或地区）国民经济各行业和居民家庭在一定时期消费的各种能源的总和。能源消费总量分为三部分，即终端能源消费量、能源加工转换损失量和损失量。

(1) 终端能源消费量指一定时期内全国（地区）各行业和居民生活消费的各种能源在扣除了用于加工转换二次能源消费量和损失量以后的数量。

(2) 能源加工转换损失量指一定时期内全国（地区）投入加工转换的各种能源数量之和与产出各种能源产品之和的差额。它是观察能源在加工转换过程中损失量变化的指标。

(3) 能源损失量指一定时期内能源在输送、分配、储存过程中发生的损失和由客观原因造成的各种损失量。不包括各种气体能源放空、放散量。

能源生产弹性系数 是研究能源生产增长速度与国民经济增长速度之间关系的指标。计算公式：

$$\text{能源生产弹性系数}=\frac{\text{能源生产总量年平均增长速度}}{\text{国民经济年平均增长速度}}$$

本资料采用国内生产总值指标计算国民经济年平均增长速度。

电力生产弹性系数 是研究电力生产增长速度与国民经济增长速度之间关系的指标。计算公式：

$$电力生产弹性系数=\frac{电力生产量年平均增长速度}{国民经济年平均增长速度}$$

能源消费弹性系数 反映能源消费增长速度与国民经济增长速度之间比例关系的指标。计算公式：

$$能源消费弹性系数=\frac{能源消费总量年平均增长速度}{国民经济年平均增长速度}$$

电力消费弹性系数 反映电力消费增长速度与国民经济增长速度之间比例关系的指标。计算公式：

$$电力消费弹性系数=\frac{电力消费量年平均增长速度}{国民经济年平均增长速度}$$

能源加工转换效率 指一定时期内能源经过加工转换后，产出的各种能源产品的数量与投入加工转换的各种能源数量的比率。它是观察能源加工转换装置和生产工艺先进与落后、管理水平高低等的重要指标。计算公式：

$$能源加工转换效率=\frac{加工转换产出量}{加工转换投入量}\times 100\%$$

Explanatory Notes on Main Statistical Indicators

Gross Domestic Product (GDP): refers to the final products produced by all resident units in a country during a certain period of time. Gross domestic product is expressed in three different perspectives, namely value, income, and products respectively. GDP in its value perspective refers to the balance of total value of all goods and services produced by all resident units during a certain period of time, minus the total value of input of goods and services of the nature of non-fixed assets; in other words, it is the sum of the value-added of all resident units. GDP from the perspective of income includes the primary income created by all resident units and distributed to resident and non-resident units. GDP from the perspective of products refers to the value of all goods and services for final demand by all resident units plus the net exports of goods and services during a given period of time. In the practice of national accounting, gross domestic product is calculated from three approaches, namely production approach, income approach and expenditure approach, which reflect gross domestic product and its composition from different angles.

Three Strata of Industry: Classification of economic activities into three strata of industry is a common practice in the world, although the grouping varies to some extent from country to country. In China, according to Industrial classification for National Economic Activities (GB/T 4754—2011), economic activities are categorized into the following three strata of industry:

Primary industry: refers to agriculture, forestry, animal husbandry and fishery industries (not including services in support of agriculture, forestry, animal husbandry and fishery industries).

Secondary industry: refers to mining and quarrying (not including support activities for mining), manufacturing (not including repair service of metal products, machinery and equipment), production and supply of electricity, heat, gas and water, and construction.

Tertiary industry: refers to all other economic activities not included in the primary or secondary industries.

Total Energy Production: refers to the total production of primary energy by all energy producing enterprises in the country (region) in a given period of time. It is a comprehensive indicator to show the capacity, scale, composition and development of energy production of the country (region). The production of primary energy includes that of coal, crude oil, natural gas, hydro power and electricity generated by other means such as wind power and geothermal power. However, it excludes the production of fuels of low calorific value, solar thermal and the secondary energy converted from the primary energy.

Total Energy Consumption: refers to the total consumption of energy of various kinds of national economy industries and residents in a certain area (country or region) in a given period of time. Total energy consumption can be divided into three parts:

(1) Final Energy Consumption: refers to the total energy consumption by industry and residential in the country (region) in a given period of time, but excludes the consumption in conversion of the primary energy into the secondary energy and the loss in the process of energy transformation.

(2) Loss During Energy Transformation: refers to the total input of various kinds of energy for transformation, minus the total output of various kinds of energy in the country in a given period of time. It is an indicator to show the loss that occurs during the process of energy transformation.

(3) Loss: refers to the total of the loss of energy during the course of energy transport, distribution and storage and the loss caused by any objective reason in a given period of time. The loss of various kinds of gas due to gas discharges and stocktaking is excluded.

Elasticity of Energy Production: is an indicator to show the relationship between the growth rate of energy production and the growth rate of the national economy. The formula is:

$$Elasticity\ of\ Energy\ Production = \frac{average\ annual\ growth\ rate\ of\ energy\ production}{average\ annual\ growth\ rate\ of\ national\ economy}$$

The gross domestic products (GDP) is used to calculate the growth rate of national economy in this book.

Elasticity of Electricity Production: is an indicator to show the relationship between the growth rate of electricity production and the growth rate of the national economy. The formula is:

$$Elasticity\ of\ Electricity\ Production = \frac{average\ annual\ growth\ rate\ of\ electricity\ production}{average\ annual\ growth\ rate\ of\ national\ economy}$$

Elasticity of Energy Consumption: is an indicator to show the relationship between the growth rate of energy consumption and the growth rate of the national economy. The formula is:

$$Elasticity\ of\ Energy\ Consumption = \frac{average\ annual\ growth\ rate\ of\ energy\ consumption}{average\ annual\ growth\ rate\ of\ national\ economy}$$

Elasticity of Electricity Consumption: is an indicator to show the relationship between the growth rate of electricity consumption and the growth rate of the national economy. The formula is:

$$Elasticity\ of\ Electricity\ Consumption = \frac{average\ annual\ growth\ rate\ of\ electricity\ consumption}{average\ annual\ growth\ rate\ of\ national\ economy}$$

Efficiency of Energy Transformation: refers to the ratio of the total output of energy products after transformation and the total input of energy for transformation in the same reference period. It is an indicator to show the current conditions of energy processing and conversion equipment, production technique and management. The formula is:

$$Efficiency\ of\ Energy\ Transformation = \frac{output\ of\ energy\ from\ transformation}{input\ of\ energy\ for\ transformation}$$

附录 4　各种能源折标准煤参考系数

Appendix Ⅳ　Conversion Factors from Physical Units to Coal Equivalent

各种能源折标准煤参考系数

能源名称	平均低位发热量	折标准煤系数
原煤	20 908 千焦 /(5 000 千卡)/ 千克	0.7143 千克标准煤 / 千克
洗精煤	26 344 千焦 /(6 300 千卡)/ 千克	0.9000 千克标准煤 / 千克
其它洗煤		
洗中煤	8 363 千焦 /(2 000 千卡)/ 千克	0.2857 千克标准煤 / 千克
煤泥	8 363～12 545 千焦 /(2 000～3 000 千卡)/ 千克	0.2857～0.4286 千克标准煤 / 千克
焦炭	28 435 千焦 /(6 800 千卡)/ 千克	0.9714 千克标准煤 / 千克
原油	41 816 千焦 /(10 000 千卡)/ 千克	1.4286 千克标准煤 / 千克
燃料油	41 816 千焦 /(10 000 千卡)/ 千克	1.4286 千克标准煤 / 千克
汽油	43 070 千焦 /(10 300 千卡)/ 千克	1.4714 千克标准煤 / 千克
煤油	43 070 千焦 /(10 300 千卡)/ 千克	1.4714 千克标准煤 / 千克
柴油	42 652 千焦 /(10 200 千卡)/ 千克	1.4571 千克标准煤 / 千克
液化石油气	50 179 千焦 /(12 000 千卡)/ 千克	1.7143 千克标准煤 / 千克
炼厂干气	45 998 千焦 /(11 000 千卡)/ 千克	1.5714 千克标准煤 / 千克
天然气	32 238～38 931 千焦 /(7 700～9 310 千卡)/ 立方米	1.1000～1.3300 千克标准煤 / 立方米
焦炉煤气	16 726～17 981 千焦/(4 000～4 300 千卡)/ 立方米	0.5714～0.6143 千克标准煤 / 立方米
其它煤气		
发生炉煤气	5 227 千焦 /(1 250 千卡)/ 立方米	0.1786 千克标准煤 / 立方米
重油催化裂解煤气	19 235 千焦 /(4 600 千卡)/ 立方米	0.6571 千克标准煤 / 立方米
重油热裂解煤气	35 544 千焦 /(8 500 千卡)/ 立方米	1.2143 千克标准煤 / 立方米
焦炭制气	16 308 千焦 /(3 900 千卡)/ 立方米	0.5571 千克标准煤 / 立方米
压力气化煤气	15 054 千焦 /(3 600 千卡)/ 立方米	0.5143 千克标准煤 / 立方米
水煤气	10 454 千焦 /(2 500 千卡)/ 立方米	0.3571 千克标准煤 / 立方米
煤焦油	33 453 千焦 /(8 000 千卡)/ 千克	1.1429 千克标准煤 / 千克
粗苯	41 816 千焦 /(10 000 千卡)/ 千克	1.4286 千克标准煤 / 千克
热力(当量)		0.03412 千克标准煤 / 百万焦耳 (0.14286 千克标准煤 /1000 千卡)
电力(当量)	3 600 千焦 /(860 千卡)/ 千瓦小时	0.1229 千克标准煤 / 千瓦小时
(等价)	按当年火电发电标准煤耗计算	
生物质能		
人粪	18 817 千焦 /(4 500 千卡)/ 千克	0.643 千克标准煤 / 千克
牛粪	13 799 千焦 /(3 300 千卡)/ 千克	0.471 千克标准煤 / 千克
猪粪	12 545 千焦 /(3 000 千卡)/ 千克	0.429 千克标准煤 / 千克
羊、驴、马、骡粪	15 472 千焦 /(3 700 千卡)/ 千克	0.529 千克标准煤 / 千克
鸡粪	18 817 千焦 /(4 500 千卡)/ 千克	0.643 千克标准煤 / 千克
大豆秆、棉花秆	15 890 千焦 /(3 800 千卡)/ 千克	0.543 千克标准煤 / 千克
稻秆	12 545 千焦 /(3 000 千卡)/ 千克	0.429 千克标准煤 / 千克
麦秆	14 635 千焦 /(3 500 千卡)/ 千克	0.500 千克标准煤 / 千克
玉米秆	15 472 千焦 /(3 700 千卡)/ 千克	0.529 千克标准煤 / 千克
杂草	13 799 千焦 /(3 300 千卡)/ 千克	0.471 千克标准煤 / 千克
树叶	14 635 千焦 /(3 500 千卡)/ 千克	0.500 千克标准煤 / 千克
薪柴	16 726 千焦 /(4 000 千卡)/ 千克	0.571 千克标准煤 / 千克
沼气	20 908 千焦 /(5 000 千卡)/ 立方米	0.714 千克标准煤 / 立方米

Conversion Factors from Physical Unit to Coal Equivalent

Energy	Average Low Calorific Value	Conversion Factor
Raw Coal	20 908 kjoule / (5 000 kcal) / kg	0.7143 kgce / kg
Cleaned Coal	26 344 kjoule / (6 300 kcal) / kg	0.9000 kgce / kg
Other Washed Coal		
Middlings	8 363 kjoule / (2 000 kcal) / kg	0.2857 kgce / kg
Slimes	8 363～12 545 kjoule / (2 000～3 000kcal)/ kg	0.2857～0.4286 kgce / kg
Coke	28 435 kjoule / (6 800 kcal) / kg	0.9714 kgce / kg
Crude Oil	41 816 kjoule / (10 000 kcal) / kg	1.4286 kgce / kg
Fuel Oil	41 816 kjoule / (10 000 kcal) / kg	1.4286 kgce / kg
Gasoline	43 070 kjoule / (10 300 kcal) / kg	1.4714 kgce / kg
Kerosene	43 070 kjoule / (10 300 kcal) / kg	1.4714 kgce / kg
Diesel	42 652 kjoule / (10 200 kcal) / kg	1.4571 kgce / kg
Liquefied Petroleum Gas	50 179 kjoule / (12 000 kcal) / kg	1.7143 kgce / kg
Refinery Gas	45 998 kjoule / (11 000 kcal) / kg	1.5714 kgce / kg
Natural Gas	32 238～38 931kjoule / (7 700～9 310 kcal) / cu.m	1.1000～1.3300 kgce / cu.m
Coke Oven Gas	16 726～17 981kKjoule/ (4 000～ 4 300kcal)/ cu.m	0.5714～0.6143 kgce / cu.m
Other Coal Gas		
By Gas Furnace	5 227 kjoule / (1 250 kcal) / cu.m	0.1786 kgce / cu.m
By Heavy Oil Catalytic Cracking	19 235 kjoule / (4 600 kcal) / cu.m	0.6571 kgce / cu.m
By Heavy Oil Thermal Cracking	35 544 kjoule / (8 500 kcal) / cu.m1.2143 kgce / cu.m	
Coke Gas	16 308 kjoule / (3 900 kcal) / cu.m	0.5571 kgce / cu.m
By Pressure Gasification	15 054 kjoule / (3 600 kcal) / cu.m	0.5143 kgce / cu.m
Water Coal Gas	10 454 kjoule / (2 500 kcal) / cu.m	0.3571 kgce / cu.m
Coal Tar	33 453 kjoule / (8 000 kcal) / kg	1.1429 kgce / kg
Benzene	41 816 kjoule / (10 000 kcal) / kg	1.4286 kgce / kg
Heat (in calorific value)	0.03412 kgce / Mjoule	(0.14286 kgce / 1000 kcal)
Electricity (in calorific value)	3 600 kjoule / (860 kcal) / kW·h	0.1229 kgce / kW·h
(in coal equivalent)	calculated by average coal input for thermal power generation in the year	
Biomass Energy		
Night Soil1	8 817 kjoule / (4 500 kcal) / kg	0.643 kgce / kg
Cow Dung	13 799 kjoule / (3 300 kcal) / kg	0.471 kgce / kg
Pig Dung	12 545 kjoule / (3 000 kcal) / kg	0.429 kgce / kg
Sheep/Donkey/Horse/Mule Dung	15 472 kjoule / (3 700 kcal) / kg	0.529 kgce / kg
Poultry Manure	18 817 kjoule / (4 500 kcal) / kg	0.643 kgce / kg
Soybean Stalk, Cotton Stalk	15 890 kjoule / (3 800 kcal) / kg	0.543 kgce / kg
Paddy Stalk	12 545 kjoule / (3 000 kcal) / kg	0.429 kgce / kg
Wheat stalk	14 635 kjoule / (3 500 kcal) / kg	0.500 kgce / kg
Maize Stalk	15 472 kjoule / (3 700 kcal) / kg	0.529 kgce / kg
Fireweed	13 799 kjoule / (3 300 kcal) / kg	0.471 kgce / kg
Leaves	14 635 kjoule / (3 500 kcal) / kg	0.500 kgce / kg
Firewood	16 726 kjoule / (4 000 kcal) / kg	0.571 kgce / kg
Biogas	20 908 kjoule / (5 000 kcal) / cu.m	0.714 kgce / cu.m